新建济南至青岛高速铁路工程总结

（下　册）

济青高速铁路有限公司　编著

中国铁道出版社有限公司

2021年·北京

目　　录

（下　　册）

第四篇　工程施工

第五篇　科技创新与质量创优

附　　录

第四篇

工 程 施 工

第一章　大型临时设施工程

第一节　重点大型临时工程的设置情况

大型临时设施的设置遵循国家土地政策，尽量减少土地占用量，充分考虑永临结合，有效利用预留工程和社会闲置场所，严格控制其规模、标准和投资，高度重视环境保护、水土保持、文物保护和能源节约。

全线具备设置铺轨基地条件的车站有 3 个，通过方案比选，利用益羊铁路寿光站货场新建寿光铺轨基地，该基地位于 DK141 以北约 18 km 处的益羊铁路寿光货场内，货场满足设置铺轨基地条件，利用牵出线出岔，新修便线(8.463 km)，占地约 140 亩。

简支箱梁预制场的设置规模一般按照 500～800 孔考虑，全线预制架设箱梁 7 823 孔(其中单线箱梁 234 孔)，综合分析全线桥梁分布情况、区段梁孔数量、地形条件、供梁距离等因素，全线共设置梁场 12 个。

轨道板预制场主要选在附近砂、石料等建材资源丰富、交通运输便利、水电供应充足，地质条件较好，建厂工程量较小的地方，节省投资。同时根据轨道板生产线的生产能力、存放能力与无砟轨道线路的轨道板施工相匹配来设置，据此全线在临朐设置轨道板预制场及 11 处临时轨道板及双块式轨枕存放场。

混凝土集中拌和站主要选择在地势平坦、靠近线路、具有良好施工水源的地方，同时也可利用废旧厂房以减少临时用地，减少复垦工作量，布点主要由拌和站的供应半径与经济性决定，场地规模和大小根据最高月所需供应量确定，全线共设混凝土拌和站 14 处(不包括制梁场拌和站)。

级配碎石拌和站主要根据沿线路基分布情况，20～30 km 设置 1 处，共 10 处。

汽车运输便道根据重点工程分布和沿线交通条件，结合材料供应计划和运输设备条件等设置，各施工单位都保证沿线有一条贯通的主便道，与地方干线公路交叉处施工便道每侧不少于 50 m 的混凝土硬化路面。为确保雨雪期的材料供应，便道标准采用硬底泥结碎石路面，地质软弱地段，采用换填后混凝土路面，同时根据现场需求设置会车道。全线共设置通往重点工程及大临设施的临时便道 367.56 km，其中新建便道 116.6 km，改扩建既有道路 92.1 km，利用地方既有道路 159.4 km。

全线主要大型临时工程分布情况见表 4-1-1。

表 4-1-1　主要大型临时工程分布一览表

序号	名称	位置
1	1 号混凝土拌和站	平陵城
2	1 号级配碎石拌和站	济南东
3	2 号混凝土拌和站	DK11＋700

续上表

序号	名称	位置
4	章丘制梁场	DK18＋700
5	2 号级配碎石拌和站	张胡村线路所
6	3 号混凝土拌和站	DK30＋500
7	4 号混凝土拌和站	DK37＋700
8	5 号混凝土拌和站	DK49＋500
9	3 号级配碎石拌和站	邹平南
10	邹平制梁场	DK63＋900
11	6 号混凝土拌和站	DK77＋000
12	4 号级配碎石拌和站	淄博北
13	淄博北制梁场	DK93＋500
14	7 号混凝土拌和站	DK105＋000
15	临淄制梁场	DK117＋700
16	8 号混凝土拌和站	DK133＋500
17	5 号级配碎石拌和站	青州北
18	青州制梁场	DK149＋100
19	9 号混凝土拌和站	DK160＋500
20	潍坊西制梁场	DK173＋500
21	10 号混凝土拌和站	DK183＋200
22	6 号级配碎石拌和站	潍坊北
23	潍坊东制梁场	DK194＋200
24	11 号混凝土拌和站	DK213＋000
25	7 号级配碎石拌和站	DK210＋500
26	昌邑制梁场	DK230＋500
27	12 号混凝土拌和站	DK241＋500
28	高密西制梁场	DK245＋800
29	8 号级配碎石拌和站	高密北
30	13 号混凝土拌和站	DK265＋500
31	高密东制梁场	DK267＋100
32	胶州制梁场	DK277＋200
33	9 号级配碎石拌和站	胶州北
34	14 号混凝土拌和站	DK287＋000
35	10 号级配碎石拌和站	红岛
36	红岛制梁场	DK298＋500

第二节　代表性大型临时设施建设方案

一、邹平制梁场

（一）总体布局

邹平制梁场位于山东省滨州市邹平县长山镇后栗村，线路里程 DK72＋000 左侧，占地约 213 亩。该制梁场分为生产区和办公生活区，其平面布置如图 4-1-1 所示。生产区内设混凝土拌和站、龙门吊、制梁台座、存梁台座、提梁台座、静载试验台座、工地试验室、材料库、钢筋加工车间等生产设施。办公生活区设会议室、办公室、宿舍、食堂、浴室等生活设施。根据架梁进度和预制工艺要求，并充分考虑极端气候影响，确定该制梁场规模为月生产能力 72 孔，最大存梁能力为 177 孔（含制梁台座、提梁台座）。

图 4-1-1　邹平制梁场平面图

（二）制　梁　区

制梁区全长 515 m，宽度 38 m，主要包括制梁台座、内模拼装检修区、整体式钢筋绑扎台座、搬运机走行通道、钢绞线穿束和拔管区、张拉作业区等，并采用 4 台 45 t-38 m 龙门吊辅助作业，1 台可移动布料机、1 台汽车泵、1 台输送泵、4 台混凝土罐车进行混凝土浇筑。

制梁区内设置 12 座制梁台座（10×32 m＋1×24 m＋1×24/20 m），台座中心距按 41.5 m 考虑，台座端部间距按 8.3 m 设计，按品字形布置。设置内模清理拼装区域 6 处，用于内模的整体拖拉及拼装调试。

制梁台座与外模按 1∶1 配置，制梁台座与内模按 1∶2 配置。设置整体式钢筋绑扎台座 4 套（3×32/24 m ＋1×20 m），配备 3 套 32 m（其中 1 套与 24 m 共用）、1 套 20 m 绑扎胎具。

（三）存　梁　区

存梁区长 516 m，宽 125 m，总占地面积 64 500 m^2，主要包括存梁台座、静载试验台座、轮胎式搬运梁机通道。终张拉、压浆、封锚作业在两侧梁端搬梁机通道上完成。

设置 80 座双层存梁台座（59×32 m＋7×32/24 m＋7×24 m＋7×24/20 m），提梁机工作区设置 5 座单层存梁台座用于跨墩提梁，不考虑制梁台座存梁，具备 165 孔的存梁能力，包括制梁台座最大存梁能力 177 孔。存梁 4 个支点按相对地面标高 0.8 m 设计，存梁状态下箱梁纵向相邻梁中心间距 41.5 m，横向相邻 2 孔梁间距 0.2～0.7 m。

提梁台座设置在两台 36 m-450 t 龙门吊区内，与存梁台座相对应，按单层存梁台座设计，用于跨墩提梁架设箱梁。轮胎式搬运梁机横向通道宽 8.9 m，长 160 m，纵向通道宽 30 m，长 516 m。

（四）钢筋车间

钢筋车间采用轻型钢结构，按日产 2.5 孔梁的钢筋加工及存放能力进行设计。总面积为 4 752 m^2。主要分钢筋存放区，钢筋下料调直区，钢筋弯制区、钢筋对焊区、半成品存放区。

钢筋加工车间设计位置与整体式钢筋绑扎台座相对应，整体式梁体钢筋吊装时按龙门吊最短行驶距离考虑，设置在制梁区中部。钢材存放区内设置 2 台 10 t 跨度 13.5 m 的龙门吊，用于钢筋吊运、堆码等作业。

（五）拌　和　站

根据《铁路工地混凝土拌和站标准化管理实施意见》相关要求，建设梁场标准化混凝土拌和站，承担箱梁预制混凝土供应任务。该场设计生产能力为 72 孔/月，单日生产约 2.5 孔。32 m 箱梁单孔混凝土需求量为 316 m^3，高峰单日混凝土需求量为 790 m^3。按照现行验标要求，混凝土浇筑时间不超过 6 h，即 790 m^3 混凝土在 15 h 内浇筑完成，混凝土需求量为 53 m^3/h。

按照 HZS150 混凝土拌和站额定生产能力，设置 2 座 HZS150 系列混凝土搅拌站，拌和站呈 L 形布置，配备 2 辆装载机，4 辆 8 m^3 混凝土输送罐车，1 台 HBT80 混凝土输送泵、1 台混凝土布料机、1 台汽车泵。

拌和站采用封闭式管理，包括粉料（水泥、粉煤灰）罐、砂石料仓、骨料清洗区、搅拌站、砂石上料仓、蓄水池及三级污水处理沉淀几个基本功能区池，各功能区有明确界线标识。拌和站场地采取混凝土硬化，硬化面设 1% 的排水坡度自然排水。场区内设机械车辆停放区，保证机械车辆摆放整齐有序，上料通道畅通无阻。

（六）试　验　室

建设梁场试验室，使之具备抗冻、抗渗性能试验条件，具备对粗细骨料、水泥、混凝土、掺合料的常规检验条件，具备钢筋、钢绞线、锚具的力学及工艺性能试验条件，满足对制梁技术的检验要求。

试验室工作间建筑面积 908 m^2，设标养室、成型室、集料室、胶材室、化学室、活塞压力室、力学室、计量室、样品室、办公室等，标准养护室可满足日产 2.5 孔箱梁的试件存放要求。

（七）材　料　库

材料库占地面积 1 325 m^2，采用 7 m 跨的轻钢结构，并用彩钢板进行全封闭。棚内分区分类存放，主要分为锚具、锚垫板、螺旋筋、夹片、限位板、工具锚存放区、氧气乙炔存放区、支座板存放区、接触网支柱预埋件存放区、泄水管存放区等，袋装水泥、压浆剂、膨胀剂单独密闭存放。存放区域设置 200 mm 高的存料平台。每个存放区域之间横向间距 1 m，便于进仓抽检；纵向通道宽 2.5 m，便于叉车叉取。各存放区域设置固定标识牌，设置进出口，高度满足叉车进仓要求。二三项材料存放区采用单间房屋，位置设在物资办公室旁。材料库临近施工道路一侧设置 180 t 地磅，用于进场材料称重。

（八）办公生活区

办公区设置于场地东南侧，总占地约 4 500 m^2（包括生活区内地面），房屋均采用轻钢彩板结构，办公生活区均进行绿化，办公区设会议室、场长室、副场长室、总工室、招待室、监理办公室、工程部、安质部、工经部、财务部、综合办公室；食堂设置储藏室、小餐厅、操作室、大餐厅等办公房屋和宿舍，采用办公住宿分区设置；住宿区设男女浴室、卫生间、开水房等生活设施。

工人生活区采用双层彩钢结构，占地面积 1 600 m^2，区内设宿舍、厨房、浴室、卫生间、仓库、管理人员房屋及办公室等功能性房屋，可满足该场 450 名工人生活住宿需求。

二、寿光铺轨基地

（一）工程概况

寿光铺轨基地是 JQGTSG-5 标铺轨基地，基地设在既有益羊铁路寿光站货场内，利用益羊铁路寿光站 7 道到货 2 之间的空地，设置长轨存放场、道岔、轨料存放拼装区。为济南东至青岛（DK1＋800～DK306＋773.246）范围内的正线 620.62 km 和站线 77.168 km 铺轨以及对应段线路有关附属工程的施工提供基地保障。

轨料存放区主要包括道岔组装存放区、轨排拼装区、扣配件存放区、500 m 长轨存放区等，并铺设龙门吊走行线 342 延米，安装 4 台 21 m-12.5 t 移动式龙门吊用于场内各项吊装作业，安装 72 台 3 t-17 m/21 m 固定式门吊两套，用于 500 m 长轨条的装卸。3 t 固定式门吊每 14 m 设置一台，均匀布置，基础采用 C30 混凝土基础。承轨台每 5.5 m 设置一处，基础用 C30 混凝土灌注，底宽 1.5 m，上宽 0.5 m，高度 0.6 m，在高度 0.3 m 处分台阶。台座上面采用钢板钢轨作为横担梁，横担顶面水平，相邻高差不大于 10 mm，整体高差不大于 20 mm。图 4-1-2 为寿光铺轨基地平面布置示意图。

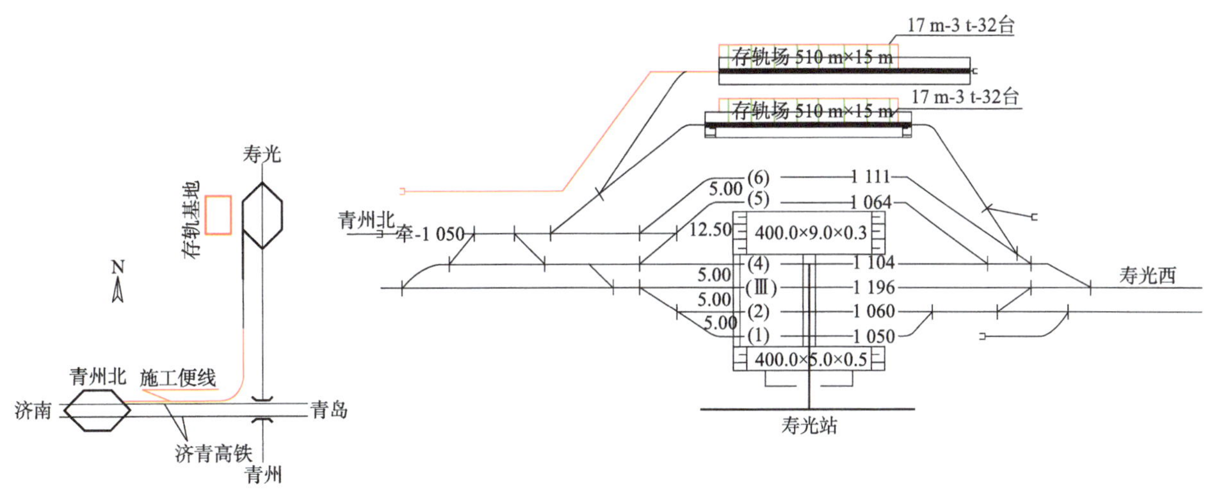

图 4-1-2　寿光铺轨基地接入青州北站平面布置示意图

寿光铺轨基地设置两个长轨存放场地，如图 4-1-3 所示，长轨存放Ⅰ场利用既有寿光站 7 股作为长轨装卸线；长轨存放Ⅱ场从货 2 线出岔，新铺新 2 股作为长轨装卸线；新铺 X3、X4 道岔作为机车调头线；利用货 2 线作为存车线；新修了机车检修库；在长轨存放Ⅱ场北侧设置了轨排拼装区。

图 4-1-3 寿光铺轨基地长轨存放Ⅰ、Ⅱ场

与其他铺轨基地比较，该铺轨基地规模大，铺轨基地长轨存放Ⅰ场和Ⅱ场共计可存放长轨 300 km；租用了寿光站货场，减少了占用农田；利用了寿光站硬化地面，节约了成本；铺轨基地与寿光站采用了隔离栅栏隔开，减少了外部干扰。

(二)铺轨基地选址

铺轨基地的选址最初存在三个方案：铺轨基地设在 DK141 北侧，桥下提轨上线(方案 1)；铺轨基地设在寿光站货场，区间出岔(方案 2)；铺轨基地设在寿光站货场，从寿光站牵出线接轨(方案 3)。对于方案 1，龙门吊跨度及高度大，作业效率低，施工作业安全风险大；对于方案 2，自益羊线区间出岔，需征得山东省地方铁路局同意，行车安全风险增大；对于方案 3，利用了寿光站 7 股、货 2 线，寿光站货场内的平货位和部分高站台，既有地面都已硬化，符合安全文明工地的建设标准。通过多次对现场进行实地勘察，反复讨论，权衡利弊，认为方案 3 在安全性和经济上最适用，最终采用该方案。

(三)铺轨基地建设

1. 加强施工现场管理。在施工现场管理中，一是对于固定门吊基础混凝土、存轨台位基础混凝土外形尺寸严格控制，做好质量控制；二是严格执行施工技术交底制度，且记录齐全。三是对于监理指令中提出的问题及时予以整改并在复检验收合格后才进行下道工序的施工。四是建立三级自检体系，从项目部到劳务公司，再到班组，分级检验。

为了保证施工机械能够正常运转，指派专人对施工机械定期或不定期进行检修维护，发现问题，及时解决，并做好相关检测记录，减少机械设备故障的发生。选择性能精良、满足施工需求的机械设备，最大限度提高机械利用率。对于所使用的固定式门吊特种设备 72 台，全部报当地特种设备检测单位检测，并取得了检测合格证书。

2. 抓好安全文明施工。在安全管理上，加强对人的不安全行为、物的不安全状态和环境的不安全因素等 3 个方面的管理。凡进入工地现场的工人，都严格执行“三级”安全生产教育，并经双方签字认可，先教育后上岗。同时，根据施工进展情况，针对不同岗位、不同作业部位进行安全技术交底，使工人熟悉安全技术操作规程，了解自己工作岗位的不安全因素和预防措施，增强安全生产意识，在思想上筑起一道安全防线。

3. 加强对工程进度的控制。在进度管理上，根据设计图纸和工期要求，认真编制好进度控制计划，在实施中加强监督检查和管理，通过对工程实际进度与计划进度的对比，找出存在偏差及原因。结合工程实际，及时对计划调整完善，并有针对性地采取经济、技术、组织、合同措施等，做好纠偏补漏工作，确保施工管理工作向既定的目标有计划、有步骤地进行。

2016 年 9 月底长轨存放Ⅰ场具备了长轨存放条件，提前完成目标，2016 年 11 月 8 日长轨存放Ⅰ场通过了济青公司组织的验收。

第二章　路 基 工 程

济青高铁正线路基工程总长为36.0 km，其中区间路基13.7 km，站场路基22.3 km，占线路全长的11.7%。路基土(石)方总量1 106.27万m^3，其中区间挖方30.25万m^3，填方153.08万m^3。站场挖方10.38万m^3，填方912.56万m^3。正线路基个别设计工点共计44处，个别路基工点类型主要有路堤坡面防护、浸水路堤、低路堤、地质断裂带地区路基、路堑坡面防护、挡土墙、U形槽、土质地基处理等，其中路堑坡面防护主要位于青阳隧道进出口段，U形槽位于机场隧道进出口段，浸水路基主要是坑塘浸水和内涝浸水地段，低路堤主要位于缓丘地带，挡土墙主要为车站内站房范围挡墙，土质地基加固处理全线均有分布。

第一节　工 艺 试 验

路基施工前需对地基处理的桩基、路堤各部填筑、过渡段等工程，选择有代表性的试验区段先进行工艺试验，以取得工艺和相关参数，在按照相关管理办法组织验收合格后再全面展开。本部分以路基基床底层填筑工艺试验和潍坊北站PHC管桩工艺试验作为样例予以介绍。

一、路基填筑工艺试验

(一)试验目的和内容

1. 试验目的

确定施工过程中压实机具组合方式，压路机行走速度、碾压方式、碾压遍数，填料施工含水率的控制范围，适宜的松铺厚度等施工参数。在达到各项设计指标要求的同时，选定最佳的机械配置和施工组织，从而指导路基施工。

2. 试验内容

DK51+765.87～DK52+040段，路基全长274.13 m。根据现场实际情况采用20 t压路机进行路基基床底层路堤填筑试验。

填筑采用路基断面全宽纵向分层填筑，填料虚铺厚度按表4-2-1分别施作。挖掘机挖装，自卸汽车运输，推土机摊铺填料，平地机辅以人工精确找平，测量人员用仪器测量填土高程以控制摊铺厚度。强振压实(第三遍)进行观测点的压实系数K、地基系数K_{30}、E_{vd}三项指标试验检测，直至达到设计要求，最后静压一遍收光填层表面。每一填筑层完成经检测合格后进行下一道工序的施工。

通过试验段的实际操作及对试验数据的分析，确定不同含水率、不同填筑厚度时的压实质量与碾压遍数、碾压方式、行驶速度之间的关系，并绘制关系曲线图。取得填料含水率的控制范围、松铺系数、碾压方式、碾压遍数等参数，为路基基床底层路堤填筑施工提供依据。

表 4-2-1　基床表层以下路堤试验段试验内容

机械型号	松铺厚度(cm)	填层	压实方法及检测试验			
			碾压不检测		每碾压一遍按规定项目和频次检测	
20 t	33	1	静压 1 遍、弱振 1 遍	强振 2 遍	强振 n 遍	静压收光 1 遍
	34	2				
	35	3				

(二)试验段路基施工相关要求

1. 填料要求

(1)路基以下路堤填料的最大粒径不大于 60 mm。

(2)每批填料填筑前先进行含水量检测,如含水量过大或过小采取铧犁翻晒或洒水等措施进行处理,再通过试验进行控制,以保证填料的含水量维持在允许的误差范围内。

2. 施工工艺要求

(1)施工准备→对填料进行室内试验、确定合理的级配、最佳含水量及最大干密度→松铺厚度、碾压遍数参数确定→压路机行进速度参数确定→机械设备种类确定→对试验资料进行整理、分析→确定整体试验段填筑工艺参数→编制试验段工艺试验报告。

(2)填料分层填筑,单层最大压实厚度不大于 30 cm,每一摊铺层填料中的粗细填料摊铺均匀,无粗集料或细集料窝。较大粒径石块均匀地分布于填筑层中,石块间的空隙用较小碎石、石屑等材料填充密实,并使层厚均匀、层面平整。

(3)路基基床底层路堤填筑采用的压实标准见表 4-2-2。

表 4-2-2　路基基床底层路堤填筑采用的压实标准

填料	压实标准		
	压实系数 K	地基系数 K_{30}(MPa/m)	动态变形模量 E_{vd}
砂类土及细砾土	≥0.95	≥130	≥40
碎石类及粗砾土		≥150	

(三)试验段施工

试验段路堤单层施工流程:施工准备→测量放线→上土摊铺→初平→精平→初压:静压 1 遍、强振 1 遍→压实质量、压实厚度检测→续压续检:从强振 2 遍后每强振 1 遍,检测 1 次→数据分析,编制试验成果书→指导下步大面积施工。

1. 测量放样:每层填筑前均进行放样,高程采用每个横断面两侧均用标杆并划好分层填筑线,为保证路基边缘的压实度,坡脚每边宽出设计 50 cm。工程技术人员、测量人员每 20 m 一断面用全站仪和水准仪精确测量,并在边桩上标示出填高,再在桩边打入竹条,竹条 33 cm、34 cm、35 cm 处用红色施工绳绑扎,用以控制填筑厚度。

2. 上填料作业:填筑中,采用挖掘机挖装、自卸车运输。松铺厚度分别按照 0.33 m、0.34 m、0.35 m 进行填筑。填土区段内按照网格化布料,纵向网格线间距不大于 10 m。网格线间距根据运料车的车容量计算确定,可采取单车一格或双车一格卸料,如图 4-2-1 所示。卸土布料设有专人指挥，确保卸料均匀，便于摊铺、平整，用以控制推土机作业厚度。在填土前、填土平整后、碾压后测量各测点标高，以确定填筑松铺系数。

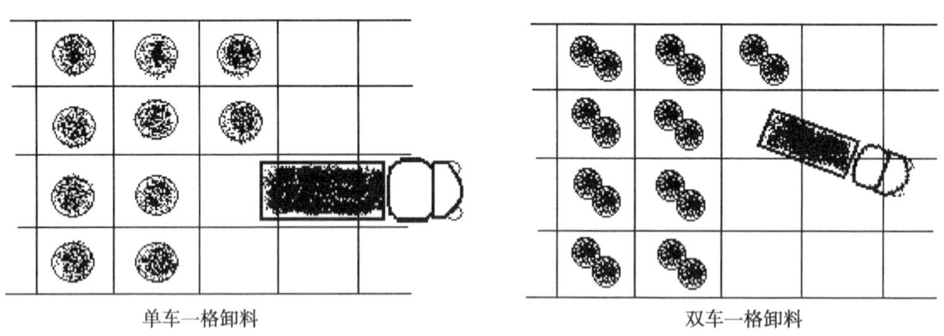

图 4-2-1　网格线间距确定

3. 现场含水量控制：填料碾压前控制其含水量在最佳含水量±2%范围内。当填料含水量较低时，增湿通过现场试验后，计算并严格控制加水量。当填料含水量过大时，将填料摊铺晾晒，含水量满足 9.4%～14.4%后进行填筑。

4. 填料摊铺：填料摊铺每全断面卸满 10 m，使用推土机进行初平，再用平地机辅以人工进行平整。填层面无显著的局部凹凸，并做成向两侧 4%的横向排水坡，避免出现凹凸不平引起积水。填料在摊铺整平时，严禁产生“集料窝”现象。如出现填料大颗粒或小颗粒集中现象，人工进行翻挖拌和，确保填料级配均匀。

5. 初压：当松铺厚度、平整度符合要求时开始碾压。20 t 重型振动压路机在全宽范围内碾压。根据“由两侧向中间，先静压、后弱振，再强振”的操作程序，先静压 1 遍，再弱振碾压 1 遍，再强振碾压 1 遍，完成初压。先静压或微振消除填料颗粒间空隙，再强振打破土颗粒骨架，土颗粒更加紧密，最后微振、静压，使表层土颗粒之间紧密结合，确保填料均匀密实。碾压时，行与行轮迹重叠 0.4 m，沉降观测点周围 1 m 范围内压路机压不到的地方采用打夯机夯实。碾压工艺如图 4-2-2 所示。

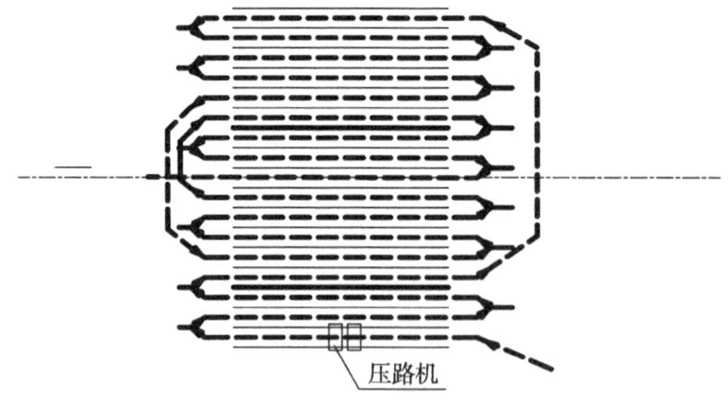

图 4-2-2　碾压工艺流程图

6. 压实检测：用 20 t 振动压路机每遍碾压后，检测压实系数 K、地基系数 K_{30}、E_{vd} 三项检测指标，根据试验检测结果确定强振碾压遍数，以提高工效。

7. 续压检测：对试验段填层进行续压续检，每强振一遍检测一次，检测方法同前，并详细记录压实厚度、碾压次数、压实质量等相关数据。

（四）分层碾压遍数

第一层碾压方式：第一遍静压、第二遍弱振、第三遍强振、第四遍强振、第五遍强振、第六遍强振、收面。

第二层和第三层碾压方式相同：第一遍静压、第二遍弱振、第三遍强振、第四遍强振、第五遍强振、第六遍强振、第七遍强振、收面。

（五）试验成果分析

试验段完成后，将填筑过程标高测量数据、K_{30}、压实系数 K、E_{vd} 等检测指标整理汇总，通过数据分析，取得了如下工艺参数。

1. 机械设备组合：通过试验总结出最佳机械组合为挖机 2 台，运输车 10 辆，平均运距为 20 km，平地机 1 台，20 t 压路机 1 台，T-160 和 T-220 型推土机 2 台，以上机械组合为单工作面施工设备配备最佳组合。

2. 通过现场实测得出三层 A 组料压路机的最佳碾压速度为 3.5 km/h，碾压方式为第一遍静压、第二遍弱振、第三遍强振、第四遍强振、第五遍强振、第六遍强振、第七遍强振、收面，碾压遍数为七遍后，含水率、压实系数 K、地基系数 K_{30}、E_{vd} 指标均能满足设计要求。

3. 填料的施工含水率控制范围：试验结果显示现场检测合格情况下，含水率在 9.4%～14.4%范围内波动，压实系数随着碾压遍数的增加而增大。

4. 松铺系数及松铺厚度

(1)压实厚度：经试验得出，最佳压实厚度为 30 cm。

(2)松铺系数：经过测量数据统计分析，第 1、2、3 层 A 组料松铺厚度分别为 34 cm、33 cm、35 cm，A 组料填筑在达到规范要求的指标下，松铺系数为 1.14。

二、PHC 管桩工艺试验

潍坊北站路基基底全部采用管桩加固，桩径 0.4 m，桩间距 2.4 m，正方形布置，桩长分为 17 m、19 m、20 m、22 m、23 m、24 m、25 m、28 m、30 m，设计单桩承载力为 600～900 kN，共36 309 根。

施工前选择代表性地段进行成桩工艺试验，核对设计地质条件，确定施工工艺和停止沉桩的控制标准，现场根据不同的桩长和沉桩方式分别进行试验。设计管桩沉桩采用锤击法或静压法施工，现场两种施工工艺均进行了试验，通过管桩工艺试验，取得如下成果。

1. 管桩就位后对中和调直这道工序对成桩质量起关键作用。"调直"一是要使桩身垂直，二是要使桩身、桩帽、桩锤的中心线重合，并按规范要求底桩起吊就位插入地面时桩身的垂直度偏差不大于 0.5%。管桩桩身测量包括打桩架导杆的垂直度，随时量测桩身的垂直度，实际试桩垂直度满足设计及规范要求。

2. 桩顶标高、桩长控制通过水准仪观测标记来控制桩顶标高，打桩结束后项目部质检员和现场监理工程师共同对打入桩长进行测量确认。

3. 工艺试验中发现因存在薄层坚硬地层无法穿透时，采取引孔的方法，先引孔后进行管桩施工，引孔孔径较管桩桩径小 50 mm，引孔深度不超过管桩桩长的 2/3 且底部未引孔长度不小于 3 m。如果施工作业场地邻近村庄、居民区、建筑物等对噪声、振动敏感的地点，采用静压法施工，但液压静力压桩机吨位大，不利于运输和倒运，具体施工方法需统筹考虑。

4. 沉桩终桩标准以保证管桩设计长度为主，贯入度（静压力）双控；引孔后采用锤击法施工，满足总锤击数 2 500 击以内，最后 1 m 锤击数不少于 100 击；静压法和锤击法两种施工方法沉桩后均满足实测承载力不低于 1.35 倍设计单桩承载力的要求，其余各项指标均满足设计及规范要求，管桩工艺试验效果较好，对现场施工起到了指导性作用。

第二节　地基处理

济青高铁正线路基地基处理主要工程量包括：CFG 桩（ϕ0.4 m）102.14×10^4 m，CFG 桩（ϕ0.5 m）11.31×10^4 m，螺杆桩 38.26×10^4 m，管桩（ϕ0.4 m）430.04×10^4 m，钢筋混凝土钻孔灌注桩（ϕ0.8 m）6.91×10^4 m，冲击碾压 34.99×10^4 m^2，C35 钢筋混凝土（桩帽）19.43×10^4 m^3，C35 钢筋混凝土（筏板）15.45×10^4 m^3，碎石垫层 113.7×10^4 m^3，土工格栅（260 kN）153.77×10^4 m^2，土工格室 TGLG10(cm)34.40×10^4 m^2，预压土方 106.90×10^4 m^3。本部分主要对采用钻孔桩、螺旋桩和预应力桩进行地基加固处理进行阐述。

一、钻孔桩地基处理

以 DK54＋350～＋550 段为例，对地基采用钻孔灌注桩加固处理进行阐述，该段桩径为 ϕ0.8 m，正方形布置，桩间距 4～6 m，桩长 29～35 m，桩身混凝土强度 C35。钻孔桩桩顶设 0.2 m 厚碎石垫层＋0.1 m 厚 C20 素混凝土，其上设 C35 钢筋混凝土筏板，厚 0.8 m。

（一）工艺流程与施工顺序

钻孔桩施工工艺流程如图 4-2-3 所示。

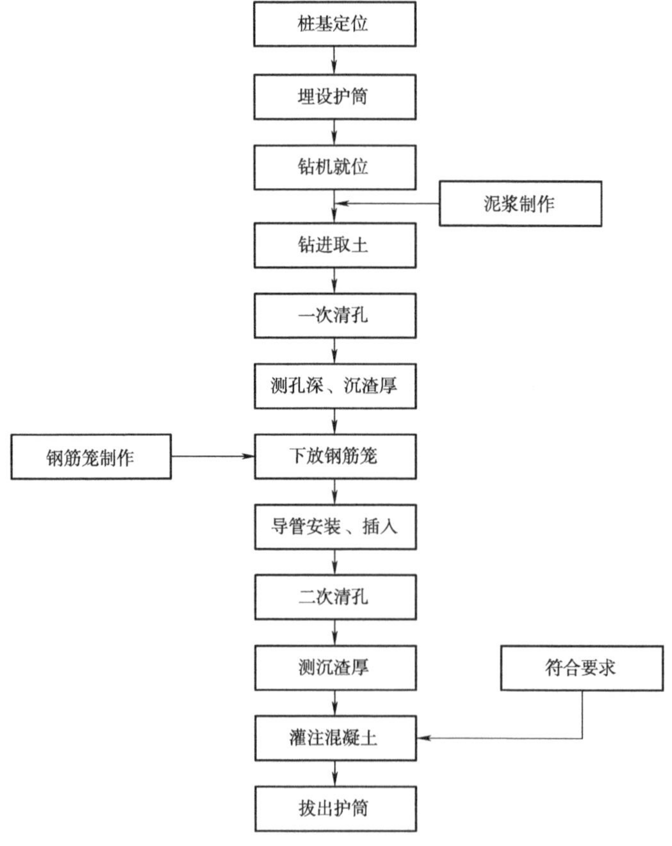

图 4-2-3　钻孔桩施工工艺流程图

钻孔灌注桩使用旋挖钻钻进，该段共计 29 块筏板，以 3 个筏板为一组施工单元，先安排旋挖钻机从 DK54＋559.44 处沿线路右侧先施工第 1 号筏板的第 1 排桩，再施工第 2 号筏板的第 1 排桩，最后施工第 3 号筏板的第 1 排桩。第 1 排桩施工完成后，返回施工 1～3 号筏板的第 2 排桩，最后以同样循环方式，反复循环作业，如图 4-2-4 所示。

（二）施工过程控制

1. 旋挖钻机的设置及调整

施钻时先进行旋挖钻机的钻杆起立及调垂，将钻杆从运输状态位置起升到工作状态位置。同时对起立过程中钻杆左右倾斜角度进行保护。

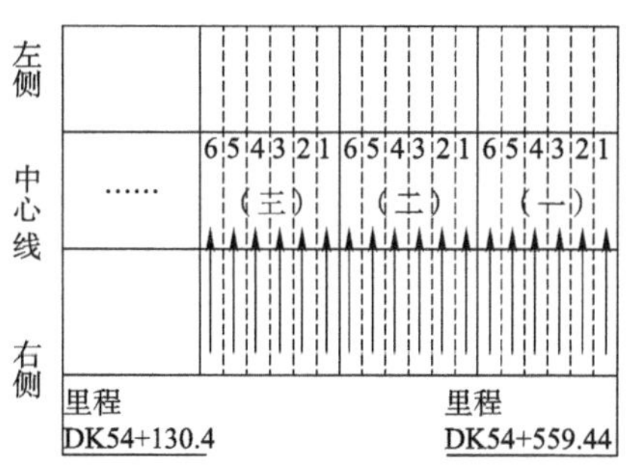

图 4-2-4　钻孔桩施工顺序

在钻孔作业之前对钻杆进行调垂，分为手动调垂、自动调垂两种方式。在钻杆相对零位±5°范围内进行自动调垂作业；而钻杆超出相对零位±5°范围时进行手动调垂工作。在调垂过程中，通过实时监测桅杆的位置状态，使钻杆最终达到作业成孔的设定位置。

2. 钻孔作业

钻孔时先将钻斗着地，并进行清零操作，记录钻机钻头的原始位置。开孔时，以钻斗自重并加压作为钻进动力，一次进尺短条形柱显示当前钻头的钻孔深度，长条形柱动态显示钻头的运动位置，孔深的数字显示此孔的总深度。施工过程中通过钻机本身的三向垂直控制系统反复检查成孔的垂直度，确保成孔质量。

钻孔过程中根据地质情况控制进尺速度：由硬地层钻到软地层时，适当加快钻进速度；当软地层变为硬地层时，减速慢进；在易缩径的地层中，适当增加扫孔次数，防止缩径；钻渣及时运出工地，弃运到合适的地点以达到环境保护的要求。

钻孔达到设计深度后，核实地质情况，确认满足设计和验标要求后，报请监理工程师验收，监理工程师验收合格后，立即进行清孔。清孔的目的是清除钻渣和沉淀层，尽量减少孔底沉淀厚度，防止桩底存留过厚沉渣而降低桩的承载力。

3. 钢筋笼制作及安装

钢筋笼在钢筋场集中加工制作，采用钢筋笼运输车进行运输，人工配合吊车进行安装。在钢筋笼顶部用一个辅助钢筋笼将钢筋笼接长至孔口，用型钢固定，以提高钢筋笼的定位速度和质量。钢筋笼安装前清除粘附的泥土和油渍，保证钢筋与混凝土紧密黏结，安装过程钢筋笼缓慢下放，从而保证孔壁的质量。根据吊车的吊装高度，预先将钢筋笼拼装接长，提前吊起等待下放，从而提前了混凝土灌注时间，并保证了孔壁的完整。

4. 下放导管

采用专用的螺旋丝扣导管，内径 300 mm，中间节长 2.7 m，最下节长 3.8～4 m，配备 0.5 m、1 m、1.5 m 非标准节。安装时逐节量取导管实际长度并按序编号，以便混凝土灌注过程中控制埋管深度，并注意橡皮圈是否安置和检查导管两头丝扣有无破丝等，以免出现导管进水等现象。

5. 水下混凝土灌注

灌注混凝土前对混凝土输送管路及料斗洒水润湿，然后在料斗下口安装隔水设施，待储料斗储满混凝土后，开始灌注水下混凝土。在混凝土的灌注过程中采取了一系列提高混凝土浇筑效率的措施，一是混凝土导管进场前进行探伤检验，确保导管制作质量，定期对导管的进行水密、接头抗拉试验和管壁磨损程度进行检验，确保混凝土浇筑过程中导管不会出问题。二是加强设备的保养维护力度，确保混凝土生产设备在浇桩过程中不出现故障。三是严格控制混凝土的拌制质量，提高混凝土的和易性能，减小堵管率。四是严格监控混凝土的浇筑过程，确保首批混凝土的浇筑效果，将导管的埋深始终控制在 2～6 m 以内，防止提空导管和混凝土浇筑困难。五是加强施工组织，钻孔桩混凝土浇筑是多工段、多工种配合的施工生产，每根钻孔桩浇筑时，均有现场负责人现场组织协调，确保施工顺利。

二、螺杆桩施工

以青阳隧道进出口段为例，对路基采用螺杆桩进行地基加固处理进行阐述。螺杆桩桩径 0.5 m，螺杆桩间距 2.2 m，正方形布置，桩体强度等级为 C20，螺杆桩顶设置 C35 钢筋混凝土桩帽，尺寸 1.5 m×1.5 m×0.4 m。基础顶面 0.5 m 碎石垫层，设计路基基床表层宽度 13.6 m，路堤基床表层厚 0.4 m，采用级配碎石填筑，基床底层厚 2.3 m，基床底层顶部铺设 0.15 m 厚中粗砂并夹铺一层两布一膜不透水土工布，加强防排水，以下 2.15 m 采用 A、B 组土填筑，基床以下路堤采用 A、B 组土或 C 组碎石、砾石类填料填筑。

(一)工艺流程

螺杆桩施工工艺流程如图 4-2-5 所示，施工过程如图 4-2-6 所示。

(二)工艺过程控制

1. 螺杆桩施工顺序一般采用从线路中心向两侧顺序推进，地下有松散砂层时，采取跳跃式进行施工，或采用凝固时间间隔进行施工以防桩孔间串浆。

2. 螺杆桩施工时，桩机就位后用钻机塔身的前后和左右的垂直标杆检查塔身导杆，校正位置，使钻杆垂直对准桩位中心，确保螺杆桩垂直度容许偏差不大于 1%。桩位容许偏差不大于 5 cm，桩径允许偏差不大于 2 cm。

3. 螺杆桩成桩过程

(1)下钻过程中桩机自控系统严格控制钻杆下降速度和旋转速度使二者匹配，要求钻杆旋转 2 周以上，螺杆钻杆下降一个螺距，钻至螺杆桩直杆段设计深度，在土体中形成圆柱状；随后钻杆旋转一周，螺杆钻杆下降一个螺距，钻至螺杆桩螺纹段设计深度，在土体中形成螺纹状。

(2)钻头钻至设计标高后，桩机反向旋转提升钻杆，提钻过程中自控系统严格控制钻杆提升速度和旋转速度，与下降时一样保持同步和匹配。与此同时制备好的细石混凝土迅速填充(泵送)由于钻杆旋转提升所产生的带螺纹型空间和钻杆直接提升或正向旋转提升所产生的带圆柱形空间，形成螺杆桩。

(3)螺杆桩成孔到设计标高后，停止钻进，开始泵送混合料，当钻杆芯管充满混合料后钻杆反向旋转提升钻杆。

(4)提拔速度控制在 2～3 m/min，成桩过程连续进行，避免因后台供料慢而出现停机待料。提钻时钻头达到一定位置停止泵压混凝土，由钻杆内的混凝土充填至桩标高且不直提钻杆。

(5)桩顶标高高出设计标高不少于 0.5 m，灌注成桩完成后，用水泥袋盖好桩头进行保护。

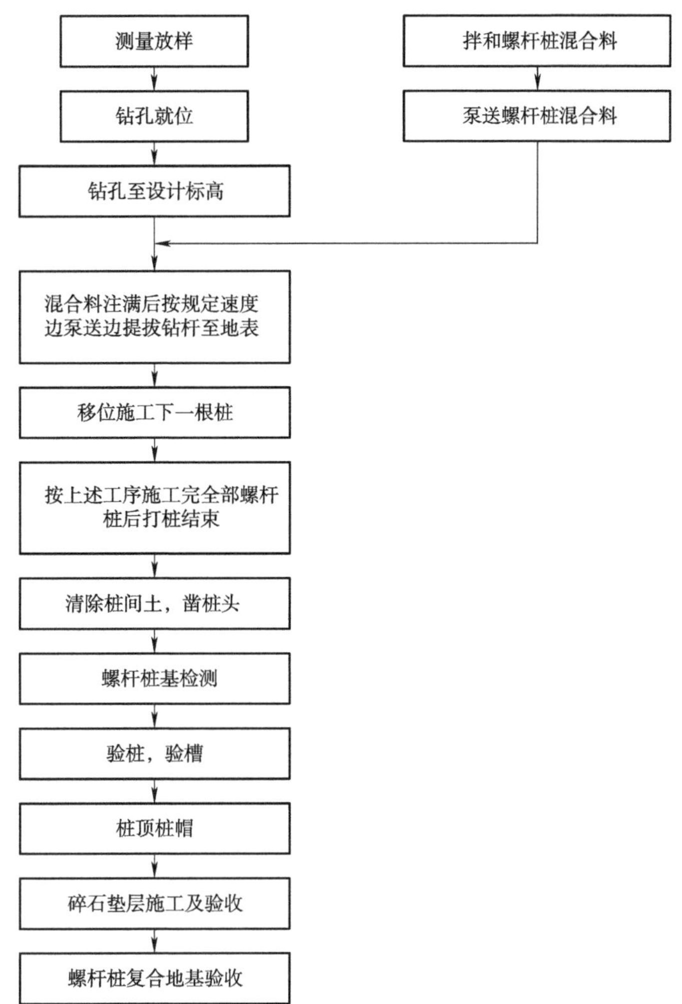

图 4-2-5 螺杆桩施工工艺流程图

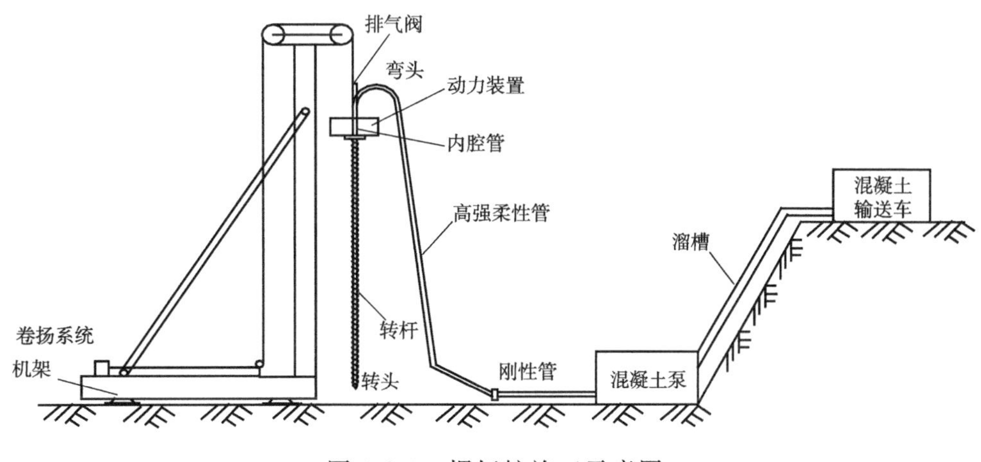

图 4-2-6 螺杆桩施工示意图

4. 及时清运打桩弃土是保证螺杆桩正常施工的重要环节，弃土堆放远离桩基加固施工场地，清运时不对设计桩顶标高以下桩身造成损害，不扰动桩间土，不破坏工作面未施工桩位。

5. 螺杆桩桩体强度达到设计强度的 70％以后人工开挖设计桩顶高程以上保护土层及桩间土，开挖时不扰动基底土，不碰撞桩体，不超挖。

6. 保护土层清除后，截除桩顶 50 cm 桩头，桩顶允许偏差 0～+20 mm。如果在基槽开挖和截桩时造成桩体断至桩顶设计标高以下过多，接桩至设计桩顶标高，剔平凿毛桩顶并用水冲洗干净，用与桩体材料、配比相同的混合料接桩，并超出桩周 200 mm。

7. 螺杆桩身施工完毕，一般 28 d 后进行检测，检测包括低应变对桩身质量和静荷载试验对承载力的检测。静荷载试验数量取桩总根数的 2‰，且不小于 3 根；低应变检测取桩总数的 10%；单桩承载力不得低于设计值，桩基检测验收合格后，进行下一步工序施工。

三、预应力管桩施工

(一)工艺流程

PHC 预应力钢筋混凝土管桩沉桩施工工艺流程如图 4-2-7 所示。

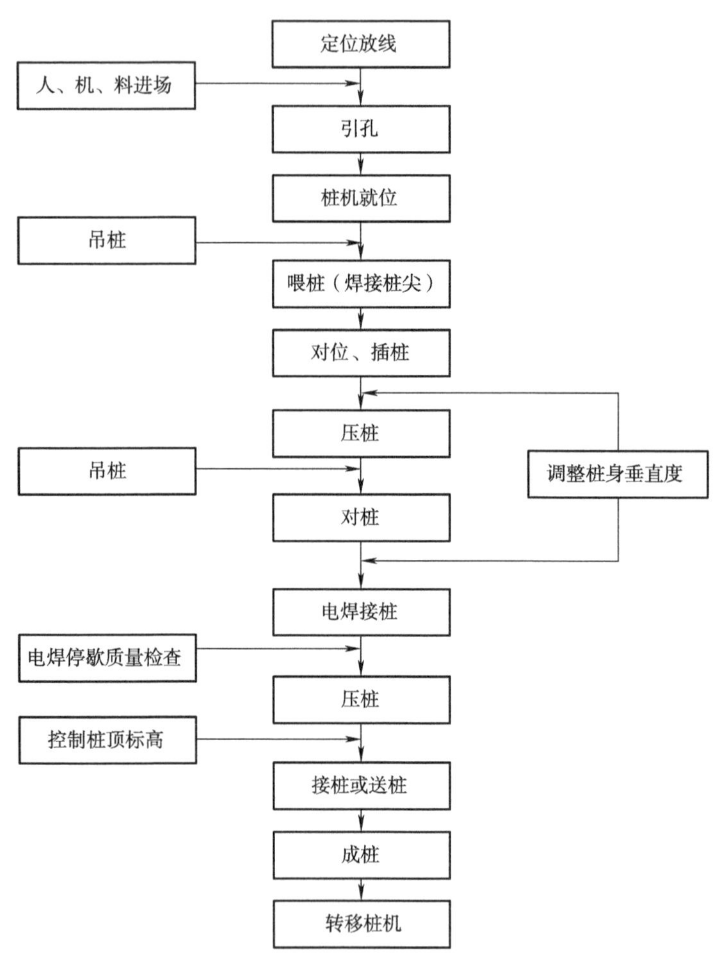

图 4-2-7　预应力管桩施工工艺流程图

(二)施工过程控制

1. 管桩的验收、堆放、吊运

管桩进场后，按照《先张法预应力混凝土管桩》(GB 13476—2009)的国家标准及地方标准对管桩的外观、桩径、壁厚、桩身弯曲度、桩端头板的平整度、桩身强度以及桩身上的材料标识等按规范进行验收。

现场管桩堆放场地平整，采用木垫按二点法做相应支垫，且支撑点大致在同一水平面上。

当管桩在场地内堆放时，不超过 4 层；当在桩位附近准备施工时单层放置，且设支垫。管桩堆放按照不同型号、规格分类堆放。

单根管桩吊运时采用两头勾吊法，竖起时采用一个吊点吊桩，吊点设在距桩上端 0.293 倍桩长处。管桩起吊运输过程中平稳轻放，以免受振动、冲撞。

2. 引　　孔

钻机就位时，事先检查钻机的性能状态是否良好，保证钻机工作正常。钻进多采用减压钻进，即孔底的钻压不超过钻杆、锤头、压块重力之和的 80%（扣除浮力），以避免或减少斜孔、弯孔和扩孔现象。根据工程土层情况，不同地层采用不同的钻头和钻压，根据该工程土层情况，采用普通旋挖钻头。

钻头和钻杆停留在孔内时不终止钻孔，因为土的压力会阻止它们转动，从而可能使钻机被粘留在所钻的孔内（卡钻）；在钻孔时不将钻杆反转，因为驱动体和顶端体的螺纹连接可能被松开，这会使得钻具掉落在孔内。

按钻孔深度要求，钻杆通过连接钻杆来加长钻孔深度，但钻杆总重不超越桩架底盘的最大负荷；钻孔引孔达到深度后终孔进行一次清孔，清孔时将钻头提离孔底 10～20 cm 空转。钻机机身垂直度控制主要依靠机械自带平衡仪表及交叉两个经纬仪或吊线锤。

3. 沉　　桩

（1）静压法沉桩

用钢丝绳绑住桩身单点起吊，小心移入桩机，然后调平桩机，开动纵横向油缸移动桩机调整对中，第一节桩垂直度偏差控制在 0.5%以内，其他节桩垂直度偏差控制在 1%以内，同时利用相互垂直两个方向的线坠和钢尺或带刻度的长条水准尺检查垂直度。通过桩机导架的旋转、滑动进行调整，确保管桩位置和垂直度符合要求后压桩。第一节桩入土 30～50 cm 后检查和校正垂直度，开动压桩装置，严格记录压桩时间和各压力表读数，判断桩的质量及承载力，保持连续压桩并控制压桩速度在 1 m/min。

（2）锤击法沉桩

根据设计要求和地质状况进行桩锤选用，该工程锤击采用重锤低击，坠锤落距不大于 2 m。打桩开始时用较低落距，第一节垂直度偏差控制在 0.5%以内，其他节管桩垂直度控制在 1%以内，垂直度控制使用垂直方向的两个带刻度的长条水准尺或钢卷尺配合两个线坠控制，垂直度符合要求后压桩。确认桩锤、桩帽与桩身保持在同一轴线上，管桩插入桩位中心后，先用桩锤自重将桩插入地下 30～50 cm，桩身稳定后，调正桩身、桩锤、桩帽的中心线重合，使之与打入方向成一直线。当入土达到一定深度，确认方向无误后，再按规定的落距锤击。在锤击施工时，为避免桩顶的损坏，在桩帽或送桩器与桩之间埋设弹性衬垫，经轻打压实后的厚度不小于 120 mm，严禁用桩送桩的施工方法进行。

4. 接　　桩

接桩采用钢端板焊接法连接。接桩时，其入土部分桩段的桩头高出地面 0.5～1.0 m。上、下节桩段保持顺直，错位偏差不大于 2 mm，同时保证焊缝饱满连续。下节桩的桩头处设导向箍以方便上节桩就位，上下节桩轴线偏斜控制不大于 0.3%，并使各节偏斜反向错开。

管桩对接前，上下端板表面用钢丝刷清理干净，坡口处露出金属光泽，对接后，上下桩接触面不密实，存有缝隙时，用厚度不超过 5 mm 的钢片嵌填，达到饱满为止，并焊接牢固。采用普通电弧焊，焊接层数不得少于两层，内层焊渣清理干净后方能施焊外层，焊缝饱满连续。焊接时先在坡口圆周上对称点焊 4～6 点，待上下桩节固定后拆除导向箍再分层对称施焊。焊接完成后，自然冷却不少于 8 min 后继续施工。

5. 送桩或截桩

为将管桩打到设计标高，采用送桩器，送桩器用钢板制作，长 4 m。设计送桩器的原则是打入阻力不能太大，容易拔出，能将冲击力有效地传到桩上，并能重复使用。当管桩露出地面或未能送到设计顶标高时截桩。截桩用专门的截桩器，不用大锤横向敲击、冲撞。送桩完成后，移动调整机械进行下一根管桩的施工。

第三节　一般填料路堤工程

一、工艺流程

一般填料路堤填筑按"三阶段、四区段、八流程"施工，如图 4-2-8 所示。填料分层填筑，单层最大压实厚度不大于 30 cm，每一摊铺层填料中的粗细填料摊铺均匀，无粗集料或细集料窝。较大粒径石块均匀分布于填筑层中，石块间的空隙用较小碎石、石屑等材料填充密实，并使层厚均匀、层面平整，路堤单层施工流程如图 4-2-9 所示。基床表层填筑按"三阶段、四区段、六流程"组织施工。

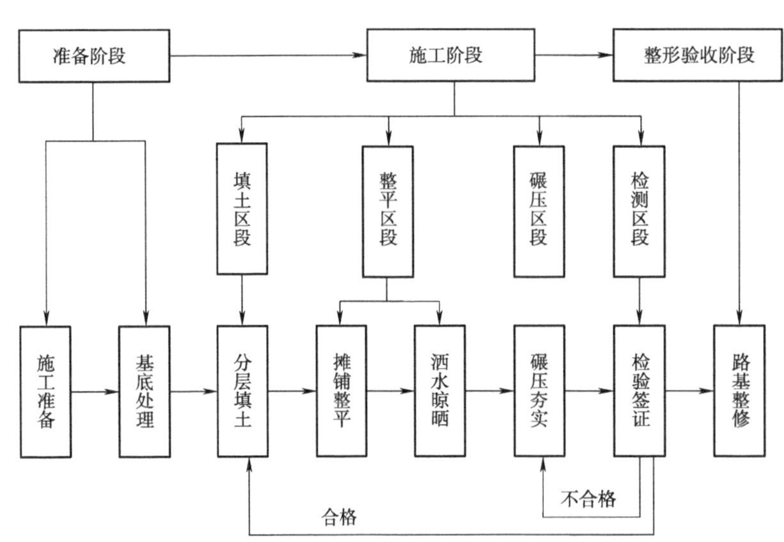

图 4-2-8　路堤填筑施工工艺流程图

二、基床底层及以下施工过程控制

(一)填土、摊铺、平整

填料分层填筑，且尽量减少层数，每层厚度不大于 30 cm。土方路堤填筑至路床顶面最后一层的压实层厚度不小于 10 cm。

填土区段按照网格化布料，用推土机或平地机摊铺平整，使填层在纵向和横向平顺均匀，保证压路机碾压轮表面能基本均匀接触层面进行压实，达到最佳碾压效果。

推土机摊铺平整的同时，对路肩进行初步压实，保证压路机进行压实时，压到路肩而不致

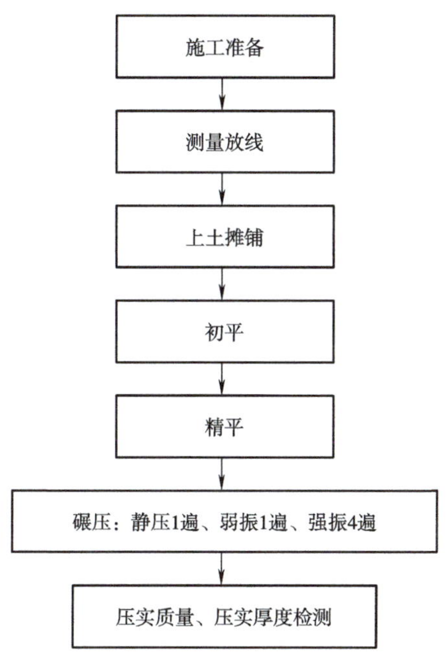

图 4-2-9　路堤单层施工流程

滑坡。初压工序之后用平地机精平，局部凹坑采用人工修整。

（二）碾　　压

碾压时由路基两侧开始向中心纵向碾压，按照初压、复压、终压三步骤进行，且初压低速，复压中速、终压快速。压路机按 S 形走行，如图 4-2-10 所示，相邻两行碾压轮迹至少重叠 30 cm，保证不漏压。水量适宜的填料及时碾压，防止松散填料暴露时间过长，导致含水量损失难以压实；含水量不适宜的填料进行调整处理后碾压。

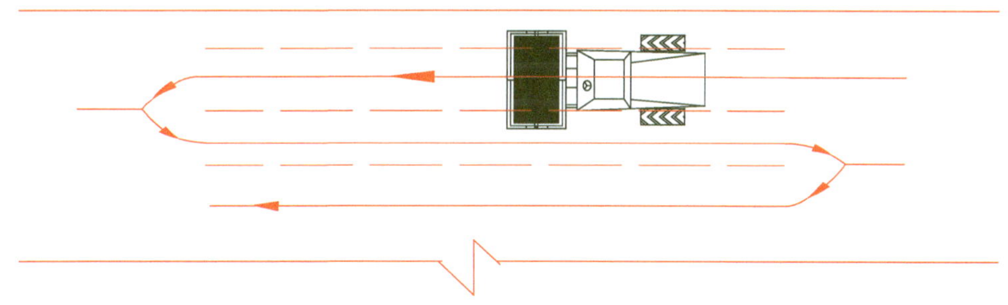

图 4-2-10　压路机碾压走行路图

（三）断面控制

填方断面边坡线按每侧超填宽度 30～50 cm 进行控制，为保证断面几何尺寸准确无误。每隔 20～50 m 用标杆和红色施工线绳做成标准几何断面，路基横断面控制如图 4-2-11 所示。

（四）路基整形与边坡压实

路基整修在路基工程陆续完毕、所有排水构造物已经完成并在回填之后进行。整形前恢复各项标桩，并按设计图纸要求检查路基的中线位置、宽度、纵横坡、边坡及相应的标高。

带线控制边坡坡度，直线段每隔 20 m 设置一道坡度标志线，并用坡度尺实时检测实际坡度。两侧超填的宽度予以切除，采用挖掘机和人工联合整形。

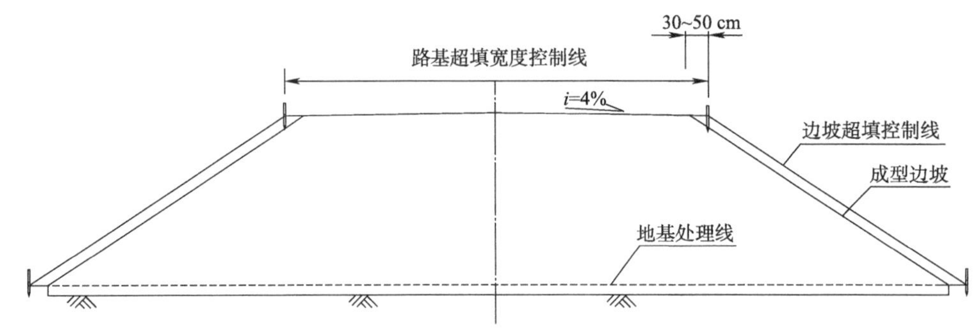

图 4-2-11　路基横断面控制示意图

三、基床表层施工过程控制

(一)基床底层与表层结合部处理

基床底层验收合格后，人工铺设 7.5 cm 厚中粗砂(颗粒级配良好，质地坚硬，砂中不得含有杂草、树根等有机杂质，含泥量不得超过 3%)，再铺设一层复合土工膜(采用复合土工布，断裂强度大于 25 kN/m，顶破强度大于 4 kN，膜厚大于 0.35 mm，同时耐腐蚀、抗老化的土工材料)，其上再铺设 7.5 cm 厚中粗砂，经现场监理验收合格后进入下道工序。

(二)测量放样

采用全站仪根据坐标法放样每 10 m 的中桩，采用光学水准仪测量路堤顶高程。根据路堤顶标高计算出每个桩号路基坡脚距中桩距离，定位出边线，用白石灰撒出填筑边线，路堤中线至边缘距离、厚度、宽度、横坡、平整度的允许偏差、检验数量及检验见表 4-2-3。

表 4-2-3　路堤中线至边缘各检验项目的允许偏差、检验数量及检验方法

检验项目	允许偏差	沿线路纵向每 100 m 抽样检验数量	检验方法
中线至边缘距离	±50 mm/+50 mm,0	5 处	尺量
厚度	±30 mm	5 处	水准仪测
宽度	不小于设计值	3 处	尺量
横坡	±5%	5 个断面	坡度尺量
平整度	不大于 15 mm	10 处	2.5 m 长直尺量测

(三)摊铺、碾压

根据计算每车所能摊铺的面积，在填筑面上用灰线划出方格网，再进行卸料，用推土机推平，人工配合整平。另在路肩每隔 10 m 立钢筋，按松铺厚度挂线碾压前对松铺厚度进行检查，符合要求后进行初碾压。

按照“先静后振、先慢后快、纵向到底、横向到边、轮迹重叠”的原则，从两侧向中心做纵向进退式碾压：即先静压 1 遍，弱振碾压 2 遍，强振碾压 3 遍，完成初压。碾压时，各区段接头处互相重叠压实，纵向搭接长度不得不小 2.0 m，纵向行与行之间的轮迹重叠控制在 0.4～0.5 m，上下两层填筑接头处错开，控制在 3.5～4.0 m。碾压采用柳工 22 压路机。碾压速度由慢到快，静压行走时最大速度不超过 4 km/h，振动压实速度为 2.6～2.8 km/h，碾压时由两侧向中间。

第四节 特殊路基施工

济青高铁沿线地质、地形条件复杂，内含多种特殊条件或不良地质情况，主要有地面塌陷、地面沉降等不良地质，松软土及软土、膨胀土等特殊岩土路基，以及浸水路堤、低路堤、U形槽等特殊路基。本部分主要以DK210＋375.00～DK213＋254.54段为例，对浸水路堤的施工过程进行阐述。

DK210＋375.00～DK213＋254.54段浸水路基穿越沂沭断裂带中的安丘～莒县断裂，该断裂部位基岩出露断裂切割白垩系青山组火山岩地层。受断裂构造影响，该段路基第四系覆盖厚度变化较大，跨越全新活动断裂，工程地质条件差。断裂部位地层岩性变化较大，易造成不均匀沉降。地下水埋深3.1～8.21 m，水位季节变化幅度3～5 m。地震动峰值加速度为0.20g，土壤最大冻结深度0.50 m。该段路基设计采用有砟轨道路基，路基面每侧加宽1.0 m，浸水路基防护高程为21.0 m。

一、施工过程控制

浸水路堤填筑也按“三阶段、四区段、八流程”施工，具体流程如图4-2-8所示。

(一)施工放样

为保证断面几何尺寸准确无误，直线段边桩设置间距20 m，曲线段边桩设置间距10 m，用红油漆标明里程桩号，并测出纵断面高程及横断面高程，计算出各桩号的路基填筑宽度，放出路基边坡线。为保证修整边坡后的路堤边缘有足够的压实度以及施工机械的安全，每层填料的摊铺宽度两侧均超出路堤设计边坡线50 cm，并用白灰撒成两条明显的填筑边线，在路堤填筑完成后，刷坡至设计宽度。

(二)填　　筑

浸水路堤采用渗水土填筑，填筑前首先放出线路中桩和填筑边线，每20 m钉出边线木桩，为保证路基边缘的压实度，边线比设计线每边宽出50 cm。按自卸汽车每车25方(m^3)和松铺厚度计算出摊铺面积，摊铺面积划分网格，以达到控制松铺厚度的目的。

浸水路堤填筑松铺厚度为30 cm和35 cm，摊铺网格尺寸根据松铺厚度确定。当松铺厚度为30 cm时，网格尺寸20 m×20 m，每格卸5车料；当松铺厚度为35 cm时，网格尺寸18 m×20 m，每格卸5车料。

(三)摊铺整平

根据摊铺网格确定堆放密度，同时埋桩挂线，标示松铺厚度；填料摊铺完后，先用推土机初平，再用平地机精平，填层整平，厚度均匀，压实层表面大致平整。每层表面做成4%的横坡，以利于路基面的排水。人工对凹陷处进行修补，减少集料窝发生几率。填料先初平，后精平。在填筑过程中分别采取多种松铺厚度进行工艺性试验，分别进行各项试验，对试验结果进行分析对比得出该种填料最佳松铺厚度。

(四)碾　　压

用重型振动压路机碾压，选用SN20M振动压路机进行碾压，压实作业施工顺序为：直线地段，由两侧路肩开始向线路中心碾压；曲线地段，由内侧路肩向外侧路肩进行碾压。当填料接近最佳含水率时，用重型压路机在路基全宽内碾压至要求的压实密度，碾压完成后表面无明显的碾压轮痕迹。碾压时，各区段交接处相互重叠压实，纵向搭接长度不小于 2.0 m，纵向行与行之间的轮迹重叠不小于 40 cm，上下两层填筑接头错开不小于 3.0 m。两作业区段之间的衔接处纵向搭接拌和长度不小于 2.0 m。

压路机行驶速度不超过 4 km/h。碾压做到及时碾压、压够遍数、压到边缘、压到接合部、不漏压、无偏压、无死角、碾压均匀。作业工序转换设临时标志，实行"一层一验"制度。碾压过程中，表面始终保持湿润，无"弹簧"、松散、起皮等现象产生。

碾压要求静压一遍，弱振碾压一遍，强振 1～6 遍（仍达不到设计压实标准，继续增加强振遍数，直至满足规定压实标准），随即同步检测强振各遍的各项指标（K、K_{30}），结果满足设计及规范要求后，最后再静压一遍清除轮迹。

（五）路基整形与边坡压实

随每填层的铺筑、碾压进程同步整修，保证填筑边坡整齐平顺，使碾压设备能够行走到边。为防止雨水淋刷浸泡引起边坡坍塌，每填筑 0.9～1.5 m 厚，对边坡进行拍实夯压。同时，在路基两侧筑挡水坎。每 15～20 m 修整临时引水槽，防止雨水对边坡的冲刷。

压实过程中安排技术人员、检测人员记录压路机的碾压速度、碾压顺序、碾压遍数及压实度检测等情况，以整理出指导大面积路基填筑施工的总结报告。

（六）土工格栅铺设

浸水路堤边坡水平宽度 3 m 范围内由坡脚至基床表层下每隔 0.6 m 铺设一层抗拉强度为 30 kN/m 的双向土工格栅。浸水路堤本体自基底至基床表层下每隔 1.2 m 通铺一层聚丙烯单向拉伸塑料土工格栅（TGDG120）。

铺设土工格栅时，先将碾压达到规定压实标准要求的填土表层整平，格栅每幅纵向搭接长 0.3 m，沿线路横向采用整幅，当需要接长土工格栅时接口不超过两处，搭接宽度不小于 0.5 m。铺设多层土工格栅时，其上下层接缝交替错开，错开距离不小于 3 m。

（七）沉降观测设置

根据设计要求，该段内 DK210＋200、＋250、＋300、＋350 处设置 A1 型路基沉降监测面。A1 型监测断面包括沉降监测桩和沉降板。沉降监测桩每断面设置 5 个，施工完基床底层后，预压土填筑前，距左、右中心线 4.7 m 处于基床底层顶面埋设两个沉降监测桩，其余三个在基床表层施工完成后布置于双线路基中心及两侧路肩 1 m 处的基床表层顶面上；沉降板位于路堤中心，基底铺设碎石垫层的地段埋设于垫层顶面，随填土高度增高而逐渐接高测杆及保护套杆。

沉降数据按照提交资料要求及时整理、分析、汇总，及时绘制路基面、填料及路基各项监测的荷载—时间—沉降过程曲线，并按有关规定整理成册，报送有关单位进行沉降分析、评估。

路基填筑过程中及时整理路堤中心沉降监测点的沉降量，当路堤中心地基处理沉降观测点沉降量大于 10 mm/d 时，及时通知项目部，并停止填筑施工待沉降稳定后再恢复填土，必要时采用卸载措施。

二、工艺参数

（一）最佳机械组合

最佳机械组合为：ZL50 装载机 1 台，徐工 160 平地机一台，SN20M 振动压路机 2 台，

SD160 型推土机 1 台，以上机械组合为单工作面施工设备配备最佳组合。

（二）填料最佳含水率控制

填料最佳含水率为 5.2%，运至现场的材料天然含水率因天气变化不稳定，所以及时检测到场填料的天然含水率并根据结果进行翻开晾晒或洒水处理。由于路基施工处于夏季和秋季，一般气温高，水分散热快，施工中水分容易蒸发，故施工含水率控制在 5%～6%。

（三）松铺厚度及松铺系数

最佳压实厚度：(30±2) cm。

松铺系数：经过现场测量统计分析，松铺厚度为 35 cm，松铺系数为 1.163，因而，松铺系数控制在 1.16 左右。

松铺厚度：根据最佳压实厚度×松铺系数＝30×1.16＝35 cm，故松铺厚度控制为 (35±2) cm。

（四）碾压速度及碾压遍数

碾压遍数：推土机粗平后静压一遍，平地机精平后弱振碾压一遍，强振碾压 4 遍，最后再静压一遍收面。

碾压方式：推土机粗平→静压→平地机精平→弱振→强振→静压。碾压时先两边后中间，纵向行与行碾压错轮重叠不小于 40 cm，以确保碾压的均匀性。停车时先减振，再使压路机自然停振，以保证表层不受破坏，禁止反复轻压。

碾压速度：碾压速度先慢后快，头两遍以 1.5～2 km/h 进行碾压，以后采用 2.0～2.5 km/h，最大速度不超过 4 km/h。禁止在已完成或正在碾压的路段上“调头”或“急刹车”。

第五节　路堑施工

土方开挖不论开挖工程量和开挖深度的大小均从最高处自上而下逐层纵向进行。路堑挖方从顶部开始，以保证设计的坡率及边坡大面平顺。开挖时使工作面带有微小的横坡，以利排水。路堑挖方过程中，及时设置排水沟渠，以便排水，路堑挖方弃土按照规定要求弃于指定弃土场内，并对弃土场进行相应防护。本部分以 DK51＋760.87～DK54＋559.454 段为例，对路堑施工过程进行阐述。该段内线路中心最大挖深 11.12 m，边坡坡率为 1∶1.5，高度 8 m 为一级，级间设 3 m 宽边坡平台，全段路堑通过山前冲洪积倾斜平原，地形起伏较大，植被稀疏。

一、土方路堑施工工艺流程

土方路堑施工具体工艺流程如图 4-2-12 所示。

二、路堑开挖施工工艺

路堑开挖根据地形情况采用挖掘机配合自卸汽车运输开挖，对施工场地狭窄地段无法进入机械时采用人工配合进行机械施工，靠近设计标高及边坡处时辅以人工开挖。综合路堑整体挖深不大、设计横向宽度较大、机械作业空间大等因素，选择混合式开挖法。将横挖法与通道纵挖法混合使用，路堑纵向长度和挖深都很大时，先将路堑纵向挖通，然后沿横向坡面挖掘，以增加开挖坡面，每一个坡面设一个机械施工班组进行作业。

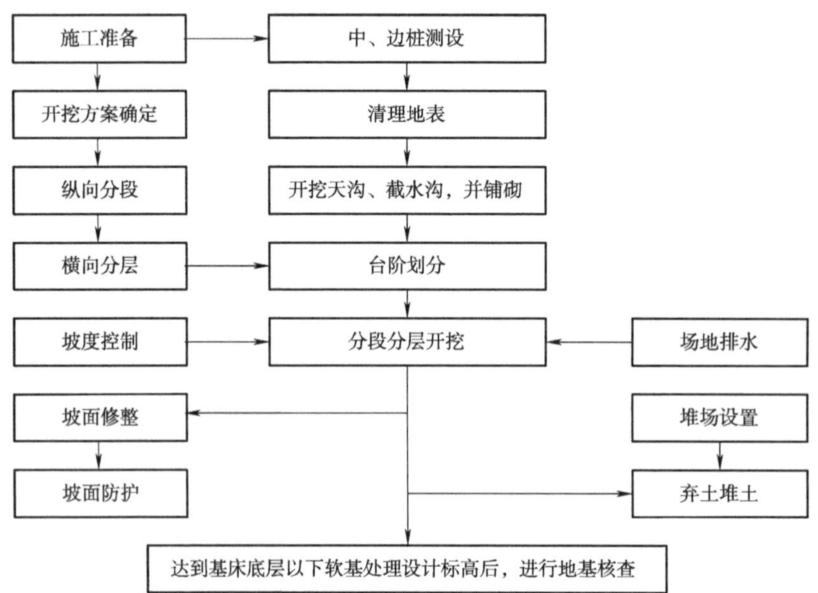

图 4-2-12 路堑施工流程

路堑挖方合理安排运输通道与掘进工作面的位置及施工次序，做到运输、排水、挖掘、防护互不干扰。按设计边坡自上而下分层逐层开挖方式，开挖面保持不小于4%的排水坡，严禁积水，并且保持边坡平顺。每段开挖工作完成后，及时对边坡进行防护，当防护不能紧跟开挖进行时，暂时留一定厚度的保护层，做护坡时再刷坡。路基防护、排水工程与路基成型协调进行，开挖一阶、防护一阶，与路基成型平行流水作业，并紧随路基尽早完成。

当路堑开挖至设计标高时，核查地质是否与设计资料相符，如与设计资料相符，按设计和规范要求进行地基处理施工。路堑地段的附属工程及时施作，并紧随路基成型尽早完成。路基相关配套工程紧随路基施工，并制定相应的保护措施，确保路基及相关工程及时完成。

三、开挖施工作业要点

1. 开挖过程中先放线确保路堑的宽度、边坡坡度符合设计要求。放线宽度按照设计线加宽预留20～30 cm，在机械开挖时坡面完成后采用人工刷坡，刷坡工作紧跟，开挖坡面严禁超挖，保持坡面平顺。

2. 开挖出的土石运到弃土场或填筑路基，耕植土储存于指定地点用于复耕或植被护坡。弃土场在施工完成后，及时进行地表种植土的覆盖和植被防护，防止水土流失。

3. 路堑开挖无论是人工或机械作业，均严格控制路基设计标高，不超挖。为保证路基基底处理的质量，机械开挖预留20～30 cm，在地基施工完毕后，采用人工开挖至设计标高，这是确保地基处理质量的关键。

4. 施工中严格控制开挖边线、边坡坡度。每层测量放样一次，及时纠正偏差，对于需要设防护的边坡，按设计要求及时支护，以免长期暴露造成坡面坍塌。

5. 对坡面中出现的坑穴、凹槽进行杂物清理，用护坡同标号浆砌片石或混凝土嵌补整平。

6. 路堑堑顶截水沟、排水沟设置符合排水措施要求，纵向排水坡度不小于4%，所有排水沟渠的开挖，从下游出口向上游开挖。

四、资源配置

(一)主要人员配置

分部经理1人、负责路基分部全面工作,副经理2人,负责现场生产指挥、协调、劳动力安排,分部总工1人、分部技术总负责,安全员1人、全面负责施工中的安全,技术2人、负责现场技术指导和管理,质检员1人、全面负责施工中的质量,试验人员1人、全面负责现场的试验工作,测量工程师1人、全面负责施工中的测量工作。

(二)主要机械设备配置(表4-2-4)

表4-2-4 施工机械设备表

序号	机械名称	规格型号	单位	数量	用途
1	挖掘机	日立350	台	4	挖土方施工
2	推土机	SD16	台	2	平整弃土
3	自卸汽车	15 t	辆	20	拉运弃土

(三)主要测量仪器(表4-2-5)

表4-2-5 主要测量仪器表

序号	设备名称	规格型号	单位	数量
1	全站仪	TS02	台	1
2	电子水准仪	天宝03	套	1
3	钢尺	50 m	把	3

第六节 过渡段施工

路基过渡段是结构的薄弱环节,为保证路基的纵向刚度均匀性变化,在轨道基础竖向刚度出现突变的路基与涵洞、路堤与路堑、路基与隧道等分界处均设置了相应的过渡结构。过渡段尽量在构筑物施工完成后立即进行,留足沉降观测期,施工条件不成熟时留好台阶,待条件成熟时再施工。本部分以DK29+441.14～DK36+445.23段为例,对该段的过渡段施工过程进行阐述,该段路基过渡段型式包括路涵过渡段和路桥过渡段。

一、施工过程控制

路基过渡段施工工艺流程:基底处理→基坑回填→测量放样→填料卸载→碾压→覆盖养生→压实检测。

(一)基底处理

对基底、基坑进行清理,做到基坑底部无先期施工中所产生的垃圾及松土(杂土)。

(二)基坑回填

根据设计要求回填基坑,桥台基坑回填料采用C20混凝土回填,涵洞基坑采用掺3%水泥级配碎石回填。路堤基底原地面平整后，用振动碾压机碾压密实，压实质量满足 $E_{vd} \geqslant$ 30 MPa。

(三)测量放样

测放过渡段位置中线和填筑边线，为保证路肩压实质量，放样时每侧按 50 cm 加宽，并根据技术交底放样出级配碎石填筑范围。

(四)填料卸载

填料为掺 3%水泥级配碎石，由自卸卡车运输，拌和后填料在 4 h 内使用完成。过渡段两侧根据设计，采用同路基、相同土进行填筑。采用大型碾压设备，填筑松铺厚度为 33 cm，靠近台背和横向结构物 2 m 范围内及大型碾压设备碾压不到的位置，采用小型碾压设备，填筑松铺厚度为 17 cm。

(五)摊铺整平

采用大型机械进行碾压施工，局部碾压不到的采用小型夯实机具夯实，松铺厚度为15 cm、20 cm、25 cm，采用平地机＋人工配合进行摊铺。根据计划施工松铺厚度进行摊铺，使用推土机初平、平地机精平、人工配合，控制平整面无显著的局部凹凸，摊平过程中使用水准仪不断测量松铺厚度。

(六)碾　　压

摊铺整平后，松铺厚度、平整度和含水量符合要求即开始碾压。碾压时遵循先两侧后中间，先静压后弱振、再强振的原则进行碾压作业(速度控制在 2～4 km/h)。碾压轮迹重叠不少于 50 cm，纵向搭接长度不小于 2 m；做到无漏压，无死角，压实均匀，并达到规定的压实质量要求。碾压时采取从两侧向中心的顺序，纵向进退式碾压。

桥台后及横向构筑物两侧 2.0 m 范围以外采用大型压路机碾压，距桥台及横向结构物 2.0 m 范围以内及大型压路机碾压不到的部位采用小型振动压实，适当减少分层厚度，靠近桥台或横向结构物的部位，平行于桥台尾部或横向结构物壁进行横向碾压。碾压结束后用塑料布覆盖养生。

(七)压实检测

基床表层以下过渡段级配碎石填层的压实质量按表 4-2-6 规定的三项指标控制。

表 4-2-6　基床表层以下过渡段级配碎石填筑压实标准

项目	压实系数 K	地基系数 K_{30}	动态变形模量 E_{vd}
压实标准	$K \geqslant 0.95$	$K_{30} \geqslant 150$ MPa/m	$E_{vd} \geqslant 50$ MPa

基床表层过渡段级配碎石填层的压实质量按表 4-2-7 规定的三项指标控制。

表 4-2-7　基床表层级配碎石填筑压实标准

填料	压实标准		
	压实系数 K	地基系数 K_{30}	动态变形模量 E_{vd}
级配碎石	$K \geqslant 0.97$	$K_{30} \geqslant 190$ MPa/m	$E_{vd} \geqslant 55$ MPa

每个过渡段每压实层抽样检验压实系数 3 点，其中距路基两侧填筑级配碎石边线 1 m 处左、右各 1 点，路基中部 1 点。每填高约 30 cm 抽样检验动态变形模量 3 点，其中 1 点靠近桥

台后横向结构物边缘处；每填高约 60 cm 检验地基系数 2 点，其中距路基填筑级配碎石边线 2 m 处 1 点，路基中部 1 点。

二、资源配置

(一)路基过渡段填筑段负责人员安排

施工现场负责人 1 人，现场技术负责人 1 人，质量安全工程师 1 人，现场技术员 2 人；试验负责人 1 人，测量负责人 1 人。

(二)机械配置及主要使用仪器

机械配置及主要使用仪器见表 4-2-8、表 4-2-9。

表 4-2-8　机械配置表

序号	设备名称	规格型号	数量	备注
1	推土机	山推 160	1	平场
2	振动压路机	柳工 22	1	碾压
3	洒水车	14 t	1	洒水
4	装载机	LG953	1	装料
5	挖掘机	300	1	装料
6	平地机	PT180	1	摊铺整平
7	小型平板振动夯	HZR200	1	夯实

表 4-2-9　主要仪器设备表

序号	机械名称	型号	数量
1	全站仪	TC402	1
2	水准仪	DSZ2	1
3	电子天平	JMA50002	1
4	环刀	—	4
5	烘箱	ZS-15	1
6	载荷板	300 mm	1
7	千斤顶	QF140/100	2
8	手动油泵	SDB-80A	1
10	支座	ZX	1
11	横梁	GYZF4400×50(NR)	1
12	百分表	GT1252、GT1253	1
13	电动重型击实仪	BH-30	1

第七节　路基防排水施工

路基排水系统主要包括边坡排水沟、堑顶天沟、侧沟、线间沟。排水沟、天沟一般采用底宽0.4 m、深0.6 m梯形沟，边坡坡率为1∶1，混凝土壁厚0.2 m。一般地段侧沟为宽0.6 m、深度0.8 m、混凝土壁厚0.2 m的矩形水沟。

一、路堤排水沟施工

排水沟采用滑模工艺施工，工艺流程：平整场地、测量放线→沟槽开挖→滑模机就位调试→混凝土浇筑→伸缩缝设置→混凝土养护。

（一）平整场地、测量放线

根据路基边坡防护结构的基础标高，对地界范围内的原地面进行清理和整平，并碾压密实，场地向外做成4%的排水坡。场地平整后，按照排水沟设计位置进行放样，直线段每隔20 m，曲线段每隔10 m，放出排水沟开挖内边线。施工人员将放样出的控制桩向路基内侧引进0.5 m，以控制排水沟的开挖位置及标高，避免排水沟开挖过程中破坏控制桩。

（二）沟槽开挖

根据放样的水沟中线和水沟两侧开挖边线，按照水沟设计尺寸，采用特制专用异形铲斗按照水沟设计尺寸开挖，铲斗上设有深度限位杆，直线误差不大于2 cm，深度误差不大于3 cm，一次性开挖到位，开挖后沟壁及沟底表面光滑，线型流畅。

（三）滑模机就位调试

根据滑模机两侧滑轮宽度在沟槽两侧安放工字钢作为滑模机的行走轨道，工字钢采用钢筋头固定牢靠，将滑模机就位，施工前对滑模机进行全面的性能检查，检查油料、液压装置各配件是否完好，中控箱线路是否完好。启动发电机，通过中控箱启动液压系统，首先采用手动运行，确定推进器工作正常后，切换至自动运行档位，暂停液压系统。

（四）混凝土浇筑

混凝土采用拌和站集中拌制，滑模施工混凝土坍落度控制在50～70 mm范围内，施工时考虑气温和运输距离等方面造成的坍落度损失，适时调整施工配合比。混凝土运输到现场后，给设备喂料仓中加入混凝土，启动液压系统，滑模机自动完成混凝土摊铺。摊铺缓慢、均匀，连续不断，摊铺速度控制在1 m/min左右。当料的稠度发生变化时，先调整振捣频率，后改变摊铺速度。作业时注意喂料仓两侧给料量充足，混凝土采用漏斗送料，混凝土摊铺成型后，人工紧跟进行抹面收光处理，确保线型平直、圆顺。

（五）伸缩缝设置

混凝土初凝前采用切缝刀每隔20 m切割一道贯通伸缩缝，缝宽2 cm，缝内填塞沥青麻筋。

二、侧沟、线间排水沟施工

侧沟、线间排水沟施工工艺流程：测量放样→基槽开挖→钢筋安装→底板模板安装→底板混凝土浇筑→侧壁钢筋绑扎→侧壁模板安装→侧壁混凝土浇筑→养护。

（一）测量放样

技术人员按照设计图纸放样，水沟起点中桩、折点中桩、终点中桩和中间每隔 20 m 加密水沟中线桩。

（二）基槽开挖

水沟开挖时，严格控制标高，不超挖，一旦超挖回填后用打夯机夯实。开挖基槽时，排水沟两侧各加宽 50 cm 作业面。

（三）钢筋绑扎

钢筋由加工厂集中加工，钢筋运至现场下垫上盖。钢筋保护层厚度 3 cm，保护层采用绑扎同等级标号的混凝土垫块进行控制。钢筋绑扎自检合格后，在碎石垫层需要向侧沟排水处，靠近路堤一侧，沿线路方向每隔 1 m 设一个泄水孔，采用直径 10 cmPVC 管，泄水管进口处采用 0.3 m×0.3 m 的透水土工布包裹，泄水口出口处高于侧沟底不小于 0.2 m。

（四）安装模板

模板制作和安装具备支立牢固、板缝紧密、表面平整、线型顺直、标高一致等特点。现浇水沟模板的纵向、横向和对角线允许偏差值分别为±10 mm、±20 mm 和±10 mm。

（五）混凝土施工

模板加固完成报检合格后进行混凝土浇筑施工。排水沟混凝土施工两侧对称分层浇筑，每层厚度不大于 40 cm，混凝土振捣间隔距离不大于 30 cm，振捣充分。混凝土强度达到设计强度的 70%后进行拆模。

（六）伸缩缝施工

沿线路方向每隔 20 m 设伸缩缝一道，缝宽 2 cm，缝内填塞沥青麻筋。混凝土浇筑时先将 2 cm 厚木板预埋在沉降缝处，待沉降缝两侧混凝土初凝后，将木板拔出，填塞沥青麻筋。

第八节　路基防护工程施工

济青高铁主要采用带截水槽的 C25 混凝土拱形骨架和扶壁式挡土墙进行护坡防护和路基支挡，拱形骨架内满铺 C25 正六边形混凝土空心块，空心块内孔植草并种植紫穗槐；扶壁式挡土墙由墙面板、趾板、踵板和扶壁组成，属薄壁式挡墙，其主要特点是构造简单、施工方便，墙身断面较小，自身质量轻，可以较好地发挥材料的强度性能，能适应承载力较低的地基，相比于传统支挡结构，节约了资源，缩短了工期，降低了成本，提高了工程质量，保证了施工安全。

一、拱形骨架护坡施工

（一）工艺流程

拱形骨架、正六边形空心块施工工艺流程：施工准备→测量放线→整修边坡→施工放样→沟槽开挖→立模支护→报检验收→浇筑骨架→洒水养护→安装正六边形空心块→种植植被→实体验收。

（二）施工过程控制

1. 测量放线

在施工拱形骨架护坡前，已填筑完成的路基要按设计边坡线进行刷坡。从骨架护坡起始位置开始放线，先设第一拱拱形骨架，最外侧主骨架宽 0.6 m，然后按正常拱架宽度进行放线。放线前先确定原地面的高程，根据边坡的高度，路堤从上往下布置拱架，路堑从下往上布置拱架。依据设计放样骨架拱圈的位置，保证骨架拱圈的顺畅性及整体线型的圆顺性，与设计文件有出入的地方合理布置，尤其边坡边角处的放样，测量放样过程中及时做好护桩工作。

2. 基础、坡面开挖

根据测量放样的边线开挖骨架基础，为防止扰动基床本体及路堑边坡稳定性，采用机械开挖时，预留 5～10 cm 的保护层人工清理。基坑垂直于坡面的主骨架宽 0.6 m，拱部骨架宽 0.4 m。施工前先清刷坡面浮土，填补坑凹，使坡面大体平整。对相邻级边坡间的平台做整平夯实处理，同时保证一定的单向纵坡，以保证平台水沟的稳定性及排水顺畅性。根据放样后的骨架拱圈位置，采用小型机具配合人工挖方。对不稳定的挖方槽底及坡面做换填夯实处理。同一级边坡挖方顺序是：由上至下，一步到位，槽底密实平顺，不超挖。

3. 模板安装

模板安装前，先安装钢管架的稳固架，稳固架采用钢管临时锚固坡面的方法。骨架模板采用钢模板立模，立模前先检查模板平整度。模板使用前涂刷脱模剂，模板接缝采用双面胶带纸塞缝。模板安装中保证接缝紧密，板体顺直，严格控制模板错台，安装后的模板保证一定的整体稳定性。模板安装完成后，挂线对模板进行精调，确保模板安装尺寸符合设计要求。模板调整好后，对模板进行加固，顶面和侧面采用钢管加固。模板拆除时，按照混凝土的浇筑顺序逐级拆除，拆除后的模板集中放置，并对模板面板进行清理。

4. 混凝土浇筑

混凝土浇筑前，人工清除基槽表面松散颗粒。混凝土采用混凝土罐车运输，采用泵送混凝土入模，混凝土按 30 cm 厚分层浇筑，插入式振捣器进行振捣。混凝土浇筑过程中对已成型的坡面采用抹子进行原浆收面，当混凝土强度达到 2.5 MPa 后，拆除拱形骨架侧模，侧模拆除后及时对侧面混凝土进行休整。混凝土的浇筑运输采用车泵＋滑槽的方式。为保证混凝土的搅拌质量，在混凝土搅拌过程中严格控制混凝土的和易性及坍落度。混凝土浇筑时，严格控制振捣质量，以混凝土停止下沉，不再冒出气泡，表面呈现平坦、泛浆现象为振捣标准。混凝土浇筑完成后，及时对拱形骨架混凝土进行土工布覆盖，洒水养护，养护期为 14 d。

5. 沉降缝施工

沿线路方向，每隔 4～5 个拱(10～15 m)在拱顶处自底镶边至顶镶边贯通设置一条沉降缝，缝宽 2 cm，缝间采用沥青模板进行封闭。

6. 正六边形空心块安装

拱圈及骨架施工完毕后，在骨架内安装正六边形空心块，按照尺寸自下而上铺设，拼装排列整齐、平顺、紧密、美观，并与坡面及相邻骨架衔接密贴、稳固，如图 4-2-13 所示。

图 4-2-13　骨架施工完成整体图

7. 植草护坡

空心块部分回填种植土，空心块内植草并每隔一个空心块种植两株紫穗槐。在春季时，对拱架内洒水，撒播草籽，草籽选用根系发达茎矮叶茂且适于该地区成活的多年生草种,对草籽发芽成活过稀部位进行补种。

(三)施工质量检验

1. 骨架护坡各部允许偏差、检验数量及检验方法见表 4-2-10。

表 4-2-10　骨架护坡各部允许偏差、检验数量及检验方法

<table>
<tr><th>序号</th><th>检验项目</th><th>允许偏差</th><th>检验数量</th><th>检验方法</th></tr>
<tr><td>1</td><td>平面位置</td><td>±50 mm</td><td>每段护坡抽样检验 4 点</td><td rowspan="3">采用符合精度要求的仪器量测</td></tr>
<tr><td>2</td><td>基底高程</td><td>±50 mm</td><td>每段护坡抽样检验 3 点</td></tr>
<tr><td>3</td><td>坡顶高程</td><td>$^{0}_{-20}$ mm</td><td>每段护坡抽样检验 3 点</td></tr>
<tr><td>4</td><td>骨架净距</td><td>±50 mm</td><td rowspan="3">每段护坡抽样检验 6 点(上、中、下部各 2 处)</td><td>尺量</td></tr>
<tr><td>5</td><td>骨架宽度及边槽高度</td><td>大于或等于设计值</td><td>尺量</td></tr>
<tr><td>6</td><td>骨架厚度及嵌置深度</td><td>大于或等于设计值</td><td>尺量</td></tr>
<tr><td>7</td><td>护肩、镶边及基础的厚度、宽度</td><td>大于或等于设计值</td><td>每段护坡抽样检验 3 组</td><td>尺量</td></tr>
<tr><td>8</td><td>踏步宽度、厚度</td><td>大于或等于设计值</td><td>每踏步抽样检验 1 处</td><td>尺量</td></tr>
<tr><td>9</td><td>坡面平整度</td><td>≤40 mm</td><td>每段护坡抽样检验 3 处</td><td>3 m 长直尺测</td></tr>
</table>

注:每 50 m 护坡作为一段,每段护坡长不足 50 m 按 50 m 计。

2. 混凝土预制件防护各部允许偏差、检验数量及检验方法见表 4-2-11。

表 4-2-11　混凝土预制件防护各部允许偏差、检验数量及检验方法

<table>
<tr><th>序号</th><th colspan="2">检验项目</th><th>允许偏差</th><th>检验数量</th><th>检验方法</th></tr>
<tr><td>1</td><td colspan="2">平面位置</td><td>±50 mm</td><td>每段护坡抽样检验 4 点</td><td rowspan="3">采用符合精度要求的仪器量测</td></tr>
<tr><td>2</td><td colspan="2">基底高程</td><td>±50 mm</td><td>每段护坡抽样检验 3 点</td></tr>
<tr><td>3</td><td colspan="2">坡顶高程</td><td>$^{0}_{-20}$ mm</td><td>每段护坡抽样检验 3 点</td></tr>
<tr><td>4</td><td colspan="2">坡率</td><td>±0.5%</td><td>每段护坡抽样检验 3 点</td><td>吊锤线</td></tr>
<tr><td>5</td><td colspan="2">护肩、镶边及基础厚宽</td><td>大于或等于设计值</td><td>每段护坡抽样检验 3 组</td><td>尺量</td></tr>
<tr><td>6</td><td colspan="2">反滤层、垫层厚度</td><td>大于或等于设计值</td><td>每踏步抽样检验 1 处</td><td>尺量</td></tr>
<tr><td>7</td><td colspan="2">坡面平整度</td><td>15 mm</td><td>每段护坡抽样检验 3 处</td><td>3 m 长直尺测</td></tr>
<tr><td rowspan="3">8</td><td rowspan="3">混凝土板外形尺寸</td><td>边长</td><td>$^{+6}_{-3}$ mm</td><td rowspan="3">按混凝土预制件数量的 2%抽样检验</td><td rowspan="3">尺量</td></tr>
<tr><td>对角线长</td><td>$^{+6}_{-3}$ mm</td></tr>
<tr><td>厚度</td><td>$^{+4}_{-2}$ mm</td></tr>
</table>

二、扶壁式挡土墙

扶壁式挡土墙是一种轻型支挡结构,依靠墙身自重和踵板上方填土的重力来保证其稳定性,而且墙趾板显著地增大了抗倾覆稳定性,并大大减小了基底应力。

（一）工艺流程

扶壁式挡土墙的施工工艺流程：施工准备→测量放线→基坑开挖及基础施工→墙身及扶壁钢筋绑扎→墙身及扶壁混凝土浇筑→养护及拆模→墙背回填。

（二）施工过程控制

1. 测量放样

根据施工图纸划分施工段，测定挡土墙墙趾处路基中心线及基础主轴线、墙顶轴线、挡土墙起讫点和横断面，注明高程和开挖深度。每根轴线均在基线两端延长线上设 4 个桩点，并分别以混凝土包封保护，放测桩位时，测定中心桩及挡土墙的基础地面高程，临时水准点设置在施工干扰区域之外，测量结果符合精度要求并与相邻路段水准点相闭合。

2. 基坑开挖及基础施工

人工配合机械开挖基坑，并在基坑四周布置横向排水沟，根据现场情况合理设置基坑防护，按设计要求在基坑底部施工垫层。

3. 钢筋施工

钢筋采用集中加工成型，施工现场绑扎焊接的方法进行作业。钢筋在制作前进行调直和除锈，钢筋调直及除锈均保证钢筋无损伤。钢筋接头采用双面焊时，焊接长度不小于 $5d$（d 为钢筋直径）；采用单面搭接焊时搭接长度不小于 $10d$；采用闪光对焊时接头周缘有适当的镦粗部分，并呈均匀的毛刺外形，钢筋表面无明显的烧伤或裂纹，接头弯折的角度不大于 3°，接头轴线的偏移不大于 $0.1d$，且不大于 2 mm。受压区同截面内的接头数量与钢筋总截面面积的百分比不超过 50%，受拉区同截面内的接头数量与钢筋总截面面积的百分比不超过 25%。

底板钢筋：根据设计在垫层面测量放样，布设 C45 混凝土垫块（保护层）。在垫块上铺设横向钢筋，铺设纵向钢筋及时绑扎，以蹬筋为马蹬，按设计位置布设并绑扎上层钢筋，穿上层纵向钢筋，在交叉点处与上层横向钢筋焊接。底板钢筋安装绑扎焊接成型后，墙面板平行推进安装，绑扎钢筋。

墙体钢筋：搭设碗扣式脚手架，绑扎墙体部位钢筋。首先焊接内侧竖向钢筋，再焊接定位外侧钢筋；其次绑扎横钢筋并在绑扎处点焊，连接牢固，确保钢筋间距和保护层的厚度；最后穿纵向钢筋定位后绑扎。

4. 模板及支撑

挡墙模板采用普通标准模板，模板支撑体系采用对拉，对拉螺杆直径 ϕ20 mm，间距横向为 800 mm，纵向根据背楞确定，最大为 1 100 mm。为了便于模板安装，采用单面支架支撑，支架间距为 1 200 mm，在施工底板时候预埋 ϕ20 mm 地脚螺栓（固定支架），间距为 600 mm。

模板安装时，将刷好脱模剂的模板吊装到基坑内，接口处打磨清理干净，贴双面胶或海绵，两片模板和缝就位，模板间用螺栓紧固拧牢，模板支立完成以后进行校模，调整垂直度偏差至规范允许范围之内，按一定的间距对脚手架支撑系统进行水平面内和铅垂面内剪刀撑加固，确保模板及支架系统的稳定性。

如图 4-2-14 所示，模板工程检验合格后进行混凝土的浇筑，为确保混凝土后期强度增长做好混凝土的养护。模板拆除严格执行规范要求，时间允许的情况下尽量推迟，以利于混凝土保温保湿性能，汽车吊配合模板拆除，拆模时不影响混凝土养护，拆模后继续进行养护。

图 4-2-14 扶壁式挡土墙浇筑

5. 墙背填土

在挡土墙混凝土的强度达到设计强度的75%进行墙背回填。由最低处分层填起，回填均匀，摊铺平整，并设不小于3%的横坡，逐层填筑，逐层碾压夯实，不向墙背斜坡填筑。分几个作业段回填，两段交接处不在同一时间填筑时，则先填地段按1∶1的坡度分层留台阶；两地段同时填筑时，则分层相互交叠衔接，其搭接长度，不小于2 m。大型压实机械距离墙身及扶壁一定距离碾压，碾压不到的地方采用小型夯机夯实。

第九节 路基沉降控制与评估

按照监测位置来分类，路基变形监测主要分为路基面的沉降观测、路基基底沉降观测、路基坡脚位移观测以及过渡段沉降观测等。但是实际工程中，路基工程沉降变形观测主要是路基面沉降观测和地基沉降观测。路基施工过程中，根据不同的结构部位、填方高度、地基条件、堆载预压等具体情况来设置沉降变形观测断面；同时根据施工过程中掌握的地形、地质变化情况调整或增设观测断面。

一、监测断面的设置原则

观测断面如图4-2-15所示。包括沉降观测桩和沉降板，沉降观测桩每断面设置3个，布置于双线路基中心及左右线中心两侧各3.2 m处；沉降板每断面设置1个，布置于双线路基中心，位移观测边桩设置于两侧坡脚外2 m、12 m处。

二、监测测试项目与内容

路基沉降监测包括路基面沉降监测、基底沉降监测。

(一)沉降及位移监测元件埋设方法

1. 沉降观测桩：待基床表层级配碎石施工完成后，在观测断面通过测量埋置在设计位置，埋置深度0.3 m，桩周0.15 m用C15混凝土浇筑固定，完成埋设后按二级测量标准测量桩顶高程作为初始读数。

2. 沉降板：埋设位置按设计位置经测量确定，埋设位置处可垫10 cm砂垫层找平，埋设时确保测杆与地面垂直。放好沉降板后回填一定厚度的垫层，再套上保护套管，保护套管略低于

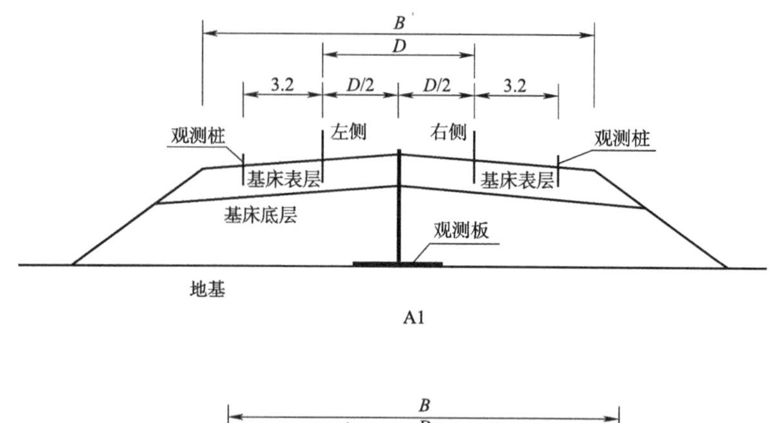

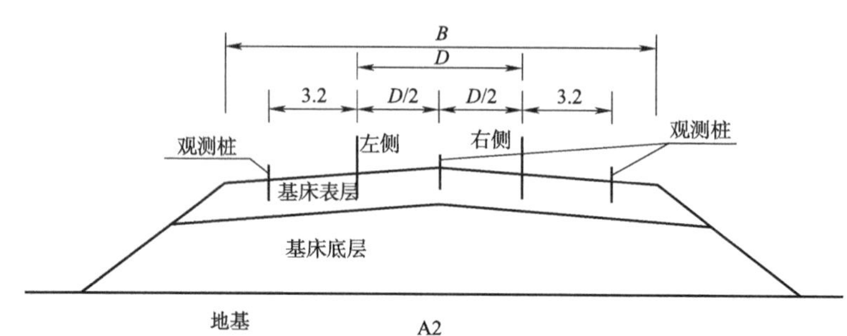

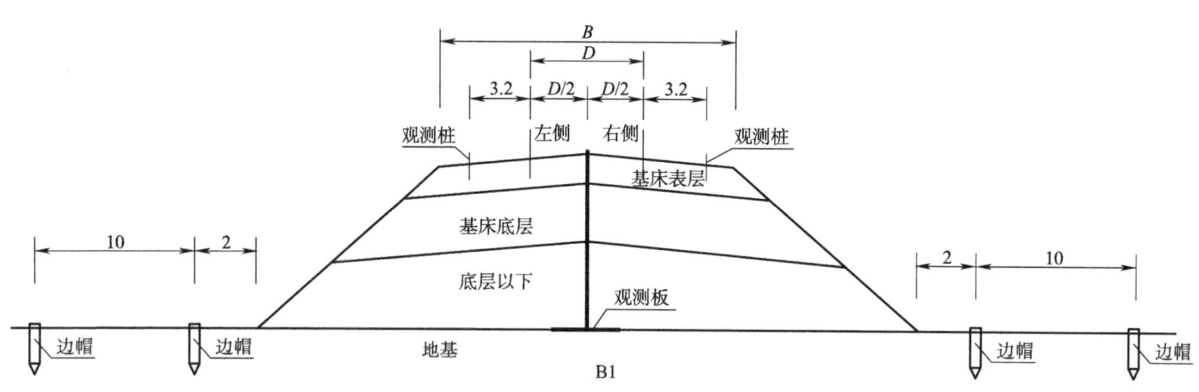

图 4-2-15　沉降变形监测断面(单位:m)

沉降板测杆,上口加盖封住管口,并在其四周填筑相应填料稳定套管。完成埋设后按二级测量标准测量沉降板测杆杆顶高程作为初始读数,随着路基填筑施工逐渐接高沉降板测杆和保护套管,每次接长高度以 0.5 m 为宜,接长前后测量杆顶高程变化量确定接高量。金属测杆用内接头连接,保护套管用 PVC 管外接头连接。

3. 位移边桩:位移观测边桩采用 C15 钢筋混凝土预制,断面采用 15 cm×15 cm 正方形,长度不小于 1.5 m,并在桩顶预埋半圆形不锈钢耐磨测头。边桩埋置深度在地表以下不小于 1.4 m,桩顶露出地面不大于 10 cm。埋置方法采用洛阳铲或开挖埋设,桩周以 C15 混凝土浇筑固定,确保边桩埋置稳定。完成埋设后采用水准仪、全站仪测量边桩标高及距基桩的距离作为初始读数。

(二)观测方法

1. 沉降板观测方法

采用水准测量方法,按测量精度要求和频次定期观测沉降板测杆顶面测点高程。沉降板观测时在测杆头上套一个专用的测量帽。测量帽下部以刚好套入测杆为宜,测量帽上部以中心为一半球型的测点。在沉降板测杆接高时同时测量接高前后的测杆高程。

2. 路基沉降观测桩观测方法

采用水准测量方法，按测量精度要求和频次定期观测路肩观测桩顶面测点高程。

3. 位移观测边桩观测方法

采用水平位移观测方法，按测量精度要求和频次定期观测位移观测边桩水平位移。

三、测量频度

变形监测分四阶段进行。

1. 路基填筑期间的监测，主要监测填土施工期间地基土的沉降以及路堤坡脚边桩位移；

2. 路基填土施工完成后，自然沉落期及摆放期的变形监测，该阶段对路基面沉降、路基填筑部分及路基基底沉降进行系统的监测，直到工后沉降评估满足要求铺设轨道为止；

3. 铺设轨道施工期间监测；

4. 路基填筑期间、铺设轨道后及试运营期的监测，监测频率：路堤填筑期间，1 次/填筑一层；沉降量突变时 2～3 次/d；两次填筑间隔时间较长时，1 次/3 d；填筑完成后至铺设轨道期间，第 1 个月 1 次/周，第 2～3 个月 1 次/2 周，第 3 个月后 1 次/月；轨道铺设后第 1 个月 1 次/2 周，第 2～3 个月 1 次/月，3～12 个月 1 次/3 月。

四、沉降的评估方法与措施

路基施工至设计高程后，持续监测不少于 3 个月，并绘制“时间—填土高—沉降量”曲线，按实测沉降推算法或沉降的反演分析法，分析并推算总沉降量、工后沉降值以及后期沉降速率，并初步分析推测最终沉降完成时间，确定铺轨时间。根据分析结果，结合工期要求，验证、调整设计措施使地基处理达到预定的变形控制要求。当评估结果表明沉降还不能满足轨道的要求时，则研究确定或延长路基摆放时间继续监测，或采取地基加固措施，即进行“监测—评估—调整”循环，直至满足轨道铺设要求为止。

五、沉降观测的控制标准、观测资料整理分析、沉降分析

1. 沉降观测水准测量采用二等水准测量标准，观测精度不得大于±1 mm，读数取位至 0.1 mm，位移观测测距仪误差±5 mm，方向水平角误差为±2.5″。

路堤边桩水平位移小于 5 mm/d，垂直位移小于 10 mm/d；路基中心沉降板沉降量小于 10 mm/d。填筑过程中沉降量超出以上控制值时停止填筑，加大监测频率，待沉降稳定后再继续填土，必要时采用卸载措施。

2. 观测资料整理、分析及要求

沉降观测资料及时整理、汇总分析，并提供给设计单位修正完善设计。在路基填筑过程中，根据观测结果整理绘制“填土高—时间—沉降量”关系曲线图，分析土体的发展趋势，判断地基的稳定性。同时结合预测总沉降推算工后沉降，确定路基以上结构的施工。

3. 沉降分析

路基施工前，采用复合模量法（E_s法）、折减系数法（e-p 法、e-$\log p$ 法等）等计算模式对路基沉降进行推算。在现场路基填筑过程中，由实测沉降数据分析寻求适宜于各段路基的沉降计

算方法，并推算施工不同时期的剩余沉降。在预压土方卸载前及路基轨道工程施工前进行剩余沉降及稳定性分析，当其满足设计要求时进入下道工序施工。

4. 资料整理要求

采用统一的路基沉降观测记录表格，做好观测数据的记录与整理，观测资料齐全、详细、规范，符合设计要求；所有测试数据真实准确，不造假；记录清晰，不涂改；有测试、记录人员签名；所测数据当天及时输入电脑，分析、整理、核对无误后在计算机内保存；按照提交资料要求及时对测试数据进行整理、分析、汇总，及时绘制路基面、填料及路基各项观测的荷载—时间—沉降过程曲线，并按有关规定整理成册，报送有关单位进行沉降分析、评估。

第十节　路基水沟滑膜施工技术的应用及效果

一、水沟滑模施工技术简介

滑模现浇混凝土排水沟技术是用滑模机取代了定型钢模板，其行走、供料、振动和转向等均采用电动液压控制系统，传感器控制转向和升降，纵横坡找平，导向轮定位线型和轨道控制高程等均得到具体量化的控制，精度高，其使用效果具备"刚度好、强度大、表面光洁、线型美观、施工速度快、节省经费、保护环境"优点，在全线获得了推广应用。

二、滑模技术应用和改进过程

（一）滑模技术的选用

水沟施工前期采用支设定型钢模工艺，施工过程中出现了诸多问题，一是模板固定需要工具及配件多，周转材料消耗多，周期长；二是投入的人员多，作业面小，造成窝工情况严重；三是模板固定措施采取不当会造成混凝土浇筑过程中模板上浮、错台等现象；四是混凝土浇筑过程中存在振捣不密实，出现"蜂窝麻面"情况。针对支模浇筑工艺施工的局限性，济青公司组织施工单位开展了工法考察与成功案例分析，选定了滑模现浇混凝土排水沟技术，用滑模机取代定型钢模板，并通过试验对滑模技术进行了改进。

（二）滑模工艺的改进

1. 滑模机行走问题

滑模机向前行走时，水沟两侧的凹槽轨道起导向作用。第一次施工选用轨道为了方便周转采用了过薄的槽钢，自身抗位移能力低，施工时由于滑模机向前运动的不平衡力作用，造成了轨道的位移，使得水沟外观线型不顺直。通过对滑模轨道加固，换用 6 mm 厚槽钢固定在 10 cm×10 cm 方木上再安装在沟槽两侧作为行走轨道，避免了上述问题。

2. 混凝土性能问题

混凝土坍落度通过多次的试验最终确定在 60 mm 左右能达到最佳效果；梯形槽钢板内模安装附着式振捣器实现了对浇筑混凝土的不间断振捣，能轻易振捣出浆，方便人工收光抹面；由于混凝土坍落度比较小，混凝土无法采用罐车进行运输，而采用自卸车在运输过程中又无法进行二次搅拌，混凝土的工作性能损失较大，为此在滑模机进料口设置了二次搅拌装置，通过二次搅拌改善了混凝土的工作性能。

3. 沟槽开挖问题

沟槽开挖时根据梯形沟的尺寸制作了专用的定型挖斗，一次开挖成型，线型得到有效控制，而且开挖出的基底及侧壁通过挤压以后非常密实。

通过多次实际应用和技术改进使该项技术更好地满足了施工需求，提高了施工工效和经济效益，经过多次观摩推广使该项施工技术得到了更广泛的应用。

(三)滑模工艺的适用范围

1. 平面曲线半径大于 200 m；

2. 纵向坡度大于 30°，需要逆向即上坡行驶；

3. 开槽时根据不同的水沟尺寸定制不同的挖掘机挖斗，岩石地段用破碎锤进行开挖，开槽完成后适用于大部分槽形及土质条件(滑模机可根据槽形定制加工)。

三、滑模工艺实施过程

滑模施工工艺流程：平整场地、测量放线→沟槽开挖→混凝土浇筑→伸缩缝设置→混凝土养护。

整个施工过程中，专门操作员操作滑模机作业，滑模机工作时首先启动附着式振动器为落料做准备，用吊车将混凝土吊运到滑模机进料斗内。当混凝土通过机械进料斗进入推进器后，启动液压泵站、油缸开始作伸缩运动，由推进器将混凝土推进到渠道成型模外壁所形成的梯形空腔内，这时成型模起内模作用，固定成型混凝土在渠槽壁上，渠槽压顶也同时挤压成型，由于液压油缸的推力作用和振动器对混凝土的连续振动，增强了梯形渠内混凝土的挤压强度和密实度。机械依靠两侧导向滚轮进行连续的作业运动，水沟一次性浇筑成型(图 4-2-16、图 4-2-17)。

图 4-2-16 水沟开挖

图 4-2-17 滑模施工

四、滑模技术应用效果

该工艺在保证施工质量、效率方面等方面有着显著作用。

(一)工效显著

滑模工艺为整体浇筑，内有附着式振捣器不间断振捣，每个行程浇筑长度 30 cm，之后通过液压力反作用于混凝土上推动设备前进，混凝土通过振捣及反复挤压后非常密实；传统工艺平均每人每天完成 1.25 m，滑模工艺可以达到平均每人每天完成 8 m，速度是传统工艺的 6.4

倍；滑模工法基本上避免了人工修整沟槽、模板打磨，只需随着滑模机的行走进行压光收面及养护。

（二）节约成本

通过经济分析，相比于传统工艺，滑模施工工法完成每延米产生的费用约节省 30 元，并且节约了大量的人工，传统洒水养护需 10 人以上，智能养护工艺只需 2 人完成。

（三）质量保证

传统工艺分两次浇筑，先浇筑底板再浇筑边墙，整体性较差，而且振捣时容易漏振形成蜂窝麻面或烂根；滑模工艺为整体浇筑，内有附着式振捣器不间断振捣，通过液压力反作用于混凝土上推动设备前进（设备重 3.5 t），如此循环，混凝土通过振捣及反复挤压后非常密实。

传统工艺加固方式不牢固容易发生涨模或者跑模现象，线型不容易控制，漏振后形成蜂窝麻面或烂根只有拆模以后才能发现，人工修补之后外观质量很差；滑模工艺从平整场地、开槽、安放轨道等一系列工序均是精确测量，线型及标高都可以做到非常精准，而且浇筑过程中也不存在涨模或者跑模的现象，不存在漏振现象，设备行走之后人工还会进行二次收面，在外观控制方面效果更好。

第三章　桥梁工程

济青高铁正线桥梁共22座(主要桥梁分布见表4-3-1),折合双线总桥长254.7 km,占线路全长的82.7%。

表4-3-1　济青高铁主要桥梁表

序号	中心里程	桥梁名称	桥长(m)
1	DK15+793.85	济南特大桥	27 294.57
2	DK33+541.14	跨绣江河特大桥	4 521.32
3	DK50+885.01	跨302县道特大桥	1 751.72
4	DK67+719.92	邹淄特大桥	26 321.15
5	DK97+670.79	淄博特大桥	27 715.38
6	DK123+995.02	临青特大桥	20 327.10
7	DK162+926.70	潍坊特大桥	53 199.98
8	DK200+359.95	跨荣潍高速公路特大桥	16 292.77
9	DK214+938.25	潍河特大桥	3 367.70
10	DK235+990.98	北胶新河特大桥	36 973.83
11	DK269+095.52	跨海青铁路特大桥(双线段)	23 035.16
		跨海青铁路特大桥(单线左线段)	2 200.48
		跨海青铁路特大桥(单线右线段)	2 232.34
12	DK297+381.13	大沽河特大桥	6 477.78
13	DK25+070.49	济青左线红岛特大桥	2 141.15
14	DK24+816.85	济青右线绕行红岛特大桥	2 688.84

第一节　基础施工

济青高铁大桥和特大桥基础采用钻孔桩桩基础,部分地段跨越道路和河流部分地段,承台基坑施工采用钢板桩或草袋围堰进行支护。框架中桥基础采用螺杆桩、钻孔桩及管桩基础,具体施工同路基地基加固施工工艺。

一、钻孔桩施工

钻孔桩施工工艺流程如图4-3-1所示。

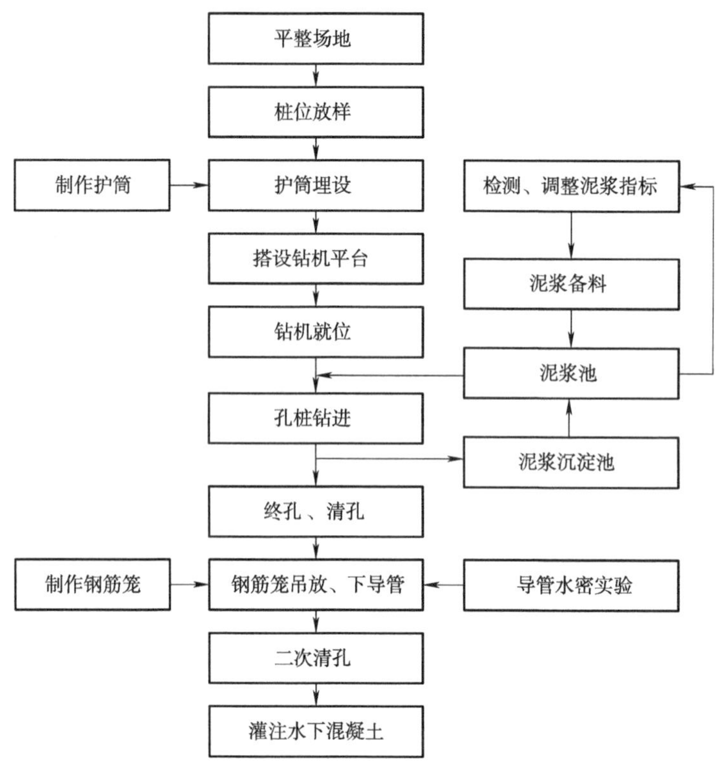

图 4-3-1　钻孔桩施工工艺流程图

(一)施工准备

1. 钻孔桩施工前首先清理钻孔桩施工范围内的杂物,加固钻机工作平台,保证钻机工作时稳固。

2. 现场技术人员使用全站仪进行钻孔桩桩位放样,现场作业人员采用十字交叉法对放完的桩位引护桩,护桩埋设牢固,钻孔完毕时恢复十字交叉线对孔位进行校核,钢筋笼入孔后校核无误方可拔除。

3. 护筒采用 8～10 mm 钢板卷制,直径大于设计桩径 20～50 cm,护筒长不小于 2 m,地质容易坍塌时根据现场情况加大护筒长度。护筒定位时,采用十字交叉法使护筒中心和桩位中心重合,埋设好的护筒须高出地面 50 cm。护筒就位后,用黏土分层夯填,填土时每 20 cm 一层对称夯实,并在顶面周围留有 50 cm 宽的平台。分层夯实时每夯完一层检查一次护筒的中心位置和垂直度,填平后挂垂球再检查一次,发现偏差立即纠正。护筒平面位置偏差不大于 5 cm,倾斜度偏差不大于 1%。

4. 泥浆池要求 2～3 个墩位共用一池布置,池容积按(1.5～2)×同时施工的桩孔总容积+地面循环系统总容积考虑,泥浆不允许外流。基坑四周设置双横杆 ϕ48 mm 钢管架防护栏,涂刷红白相间颜色,埋设位置距基坑边缘不小于 0.5 m;立杆长度 1.8 m、打入地下 0.5 m,立杆按 1.5～2.0 m 间距设置;防护栏满挂密目安全网,并挂设“基坑危险请勿靠近”和“注意安全”等警告标志。

5. 制备泥浆性能符合指标

正循环旋转钻机、冲击钻使用管形钻头钻孔时,入孔泥浆比重为 1.1～1.3;冲击钻使用实心钻头时,黏土、粉土孔底泥浆比重不大于 1.3;大漂石、卵石层孔底泥浆比重不大于 1.4;岩石孔底泥浆比重不大于 1.2。反循环旋转钻机、旋挖钻机入孔泥浆比重为 1.05～1.15。

黏度：入孔泥浆黏度，一般地层为 16～22 g/(cm·s)；松散易坍地层为 19～28 g/(cm·s)。

含砂率：新制泥浆不大于 4%。

胶体率：不小于 95%。

pH 值：大于 6.5。

（二）钻孔施工

1. 旋 挖 钻

邹淄特大桥、潍坊特大桥等桩基旋挖钻采用湿式成孔。旋挖钻机就位后，钻头中心点对准桩位中心，同时调整钻桅是否垂直，钻桅垂直方可钻进施工。应钻孔深由现场技术人员测量后确定，钻孔工作循环：对孔→落钻→钻进→提钻→反转解锁→提升钻机回转卸土→再对孔。每次钻孔时在深度表上对零，以检查钻进情况，提放钢丝绳适度。旋挖钻机成孔在表层土中采用泥水钻头，进入岩层采用螺旋钻头加旋挖斗配合进行成孔。钻机开孔施工轻压慢进，钻头转速不大于 10 r/min，待主动钻杆全部进入孔后，逐步加速进行正常钻进。

2. 冲 击 钻

冲击钻开孔过程中，按照“小冲程、勤松绳”原则进行。每次松绳长度控制在 3～8 cm 内，不打空锤。初始低锤密击，当钻进深度超过钻头全高加正常冲程后，进行正常的冲击钻孔。钻进过程中勤抽渣，使钻头经常冲击新鲜地层；钻头起吊平稳，不撞击孔壁和护筒；起吊过程中孔口不站人。发生卡钻时，不强提，查明原因和钻头位置，采取晃大绳及其他措施，使钻头松动后再提起。

（三）成孔检查

钻孔灌注桩在成孔过程中、终孔后以及浇筑混凝土前，对护筒顶面标高、孔位中心偏差、孔径、孔深、钻孔垂直度、孔底沉渣厚度进行全面检查，成孔孔径不小于设计孔径，成孔深度不小于设计孔深。

1. 孔位中心检测。采用十字交叉法恢复桩中心，用钢卷尺测定沿线路方向和垂直线路方向位置偏差，并二次用水准仪复核护筒标高，如发现变化及时调整孔深。

2. 孔径检测。采用笼式检孔器检测或井径仪检测，检孔器主筋采用钢筋笼主筋同一型号钢筋，内部加固钢筋按米字形布置保证探孔器结实牢固，长度为 4～5 倍设计桩径，且不小于 6 m，两头制作成锥形，锥形高度不小于检孔器半径。检测时，将探孔器吊起，保持探孔器重心与钢丝绳在同一轴线上，同时孔的中心与起吊钢绳保持一致，慢慢放入孔内，上下通畅证明孔桩尺寸无误。井径仪检测可根据直接测得数据进行验收。

3. 孔深检测。采用测绳直接量测。为了保证测量准确，孔深沿孔周进行多点复核的方法检测，深度不小于交底中的应钻孔深。

4. 倾斜度检测。采用测锤法检测，将测锤缓缓吊入孔底，然后缓慢移动测锤，感觉测锤碰到孔壁，量取该位置时测绳到护筒的距离及测绳长度，根据测绳长度及测绳到护筒的距离算出垂直度。

5. 沉渣厚度检测。孔底沉渣厚度采用无收缩测绳悬挂 4～6 kg 的圆柱形测锤进行量测。

（四）第一次清孔

成孔检查确认钻孔合格后立即进行清孔。换浆法清孔用于旋挖钻和正、反循环钻钻孔，施工程序为:钻进终孔提升钻头空转孔底压浆悬浮钻渣孔底沉渣及泥浆指标检测停止压浆拆除钻杆安装钢筋笼和导管浇筑水下混凝土。在钻孔桩终孔后,以中速将比重 1.03～1.10 的纯泥浆压入孔底,将钻孔内含悬浮钻渣的泥浆换出,持续进行净化循环。

掏渣法清孔用于冲击钻清孔,其施工程序:成孔掏渣筒沉放→孔底提筒出渣→孔底沉渣及泥浆指标检测→安装导管→浇筑水下混凝土。

(五)钢筋笼及声测管安装

钢筋笼吊装前将钢筋笼上粘附的泥土和油渍清除干净。吊桩时由吊车吊起第一节钢筋笼,吊点位置在钢筋笼的三分之二处,下至最后一根加强筋断面时,用两根钢管平等对穿其中,压在孔口两侧枕木上,再将第二节钢筋笼吊起使其中心与第一节钢筋笼中心及桩孔中心重合,两主筋接头对正,接头采用单面搭接焊连接,焊缝长度不小于 10 倍主筋直径。焊缝高度不小于 0.3 倍钢筋直径,宽度不小于 0.8 倍钢筋直径。钢筋笼下落过程中,始终保持位置居中,钢筋笼入孔后,下落速度均匀,就位后采用交叉法恢复桩位,核对钢筋笼中心是否与桩中心重合,不符合要求时,滑动吊环位置直至钢筋笼轴线与桩轴线吻合。钢筋笼安装到位后固定钢筋笼,防止混凝土浇筑过程中钢筋笼骨架上浮或下沉。

声测管采用薄壁钢管,内径 50 mm,壁厚 3 mm,按正三角形绑扎于钢筋笼内部,声测管与钢筋笼一起分段连接,声测管采用专用套管连接,然后用液压钳压紧,接头处采用宽胶套包裹,避免漏浆,防止声测管下串或变形,每隔 2.0 m 采用 2 mm 铁线绑扎,对无钢筋笼的部位声测管用钢筋支架固定,固定方式为绑扎。要求声测管口高出设计桩顶 50 cm,底口距桩底 5 cm,每个声测管高度保持一致。为确保混凝土灌注时不进浆,灌注前注入清水,采用焊接方法封闭管口,并全部进行试水。

为保证钢筋笼的保护层,在钢筋笼外侧安置保护层垫块(圆柱形,直径采用 15 cm,强度 C40)。每组对称四块,每 2 m 一组,呈梅花形布置, 也可用耳筋代替垫块,耳筋采用直径及强度均与主筋直径相同的钢筋制作,焊接在钢筋笼主筋上,每组对称设置 4 个,每 2 m 一组。

(六)导管及储料斗安装

水下混凝土浇筑用储料斗采用钢制储料斗,底管节长 4.0 m,储料斗下配节长 1.0 m 导管,导管内径采用 25～30 cm。储料斗需有足够的容量,即混凝土的初存量,保证首批混凝土灌注后,使导管埋入混凝土的深度不小于 1.0 m。

储料斗与导管的连接采用丝口、卡扣连接。导管使用前试拼试压,不漏水,并按自下而上编号标示尺度;导管组装后轴线偏差不大于孔深的 0.5%且不大于 10 cm;试压的压力为孔底静水压的 1.5 倍,也不小于导管和焊缝可能承受灌注混凝土时最大内压力的 1.3 倍。

试压好的导管表面用磁漆标出 0.5 m 一格的连续标尺,并注明导管全长尺寸,以便灌注混凝土时掌握提升高度和埋入深度。安放导管时,导管下口距孔底为 30～50 cm。导管位于钻孔中央,在浇筑混凝土前进行升降试验,导管吊装升降设备能力与全部导管充满混凝土后的总重量和摩擦阻力相适应,并留有一定的安全储备。

(七)第二次清孔

安放钢筋笼与导管过程中孔底易产生沉渣,待安放钢筋笼及导管就序后,检测孔底沉淀厚度是否超标,如果超标采用高压射风法清孔,以达到置换沉渣的目的,不采用加深钻孔深度方法代替清孔。高压射风清孔前,检查高压风管各部位的连接情况,确保橡胶管与射风口及橡胶管与空压机之间连接严密。高压风管口距离孔底 5～10 cm，压力比孔底处大 50～100 kPa。充射孔底时，喷风口间隔式围绕导管四周环形移动，在一个点位送风 30 s 后，再环向移动 50～60 cm 至下一个点继续送风，待孔底泥浆各项技术指标均达到规范要求，且复测孔底沉渣厚度符合设计及验标要求时开始水下混凝土灌注。

利用导管进行第二次清孔的方法是在导管顶部安设一个弯头和皮笼，用泵将泥浆压入导管内，再从孔底沿着导管外置换沉渣，待孔底泥浆各项技术指标均达到设计要求，且复测孔底沉渣厚度在设计范围内以后清孔完成。

（八）水下混凝土灌注

1. 首批混凝土灌注

混凝土拌和物运至灌注地点时，检查其坍落度、含气量、入模温度，混凝土坍落度控制在 18～22 cm。水下混凝土灌注前检查砍球装置的灵敏性和性能是否正常，并且再次检查沉渣厚度，大于 200 mm 时，进行二次清孔，符合规范要求后开始灌注混凝土。浇筑混凝土满足首批混凝土需要量要求，保证首批混凝土灌注后导管埋深 1 m 以上，并且不大于 3 m。

（1）灌注前，借助导管进行二次清孔，控制沉淀层厚度及泥浆各项指标不超限，并再次核对钢筋笼标高、导管下端距孔底尺寸、孔深、孔壁有无坍塌现象等。

（2）混凝土由搅拌站严格按照施工配合比进行拌制，并由现场试验员制作混凝土试块。

（3）混凝土输送车在开始放料前，进行充分搅拌，防止和易性损失造成堵管现象。水下混凝土有良好的流动性，灌注水下混凝土的工作迅速，防止塌孔和泥浆沉淀过厚。

（4）首批混凝土灌入孔底后，立即测探混凝土面高度，计算出导管埋置深度，符合要求，即可正常灌注。

2. 正常灌注混凝土

封底成功后正常灌注混凝土，灌注过程中为防止钢筋笼上浮，当灌注混凝土顶面距钢筋骨架底部 3 m 以下和 1 m 以上时，降低灌注速度，当混凝土上升到骨架底口 4～5 m 以上时，提升导管使其底口高于骨架底部 2 m 以上，即正常灌注。混凝土灌注连续进行，尽量缩短灌注时间。根据桩径和灌入的混凝土数量计算每次提管的时间和提升长度，并由技术现场使用校核过的测绳测量复核，每次提管后，导管都重新固定，导管提升时，保持轴线竖直和位置居中，逐步提升防止导管连接部位钩挂钢筋笼。当导管内混凝土不满时，徐徐地灌注，防止在导管内造成高压空气囊，压漏导管，按混凝土灌注的方量测定孔内混凝土面的高度，及时调整导管埋深，埋深控制在 2～6 m，灌注完的桩顶标高比设计高出 0.5～1.0 m，以保证混凝土强度，多余部分在基坑开挖后凿除。在混凝土灌注过程中，设专人经常测量导管埋入深度，并做好记录。

二、承台施工

（一）基坑开挖

基坑开挖前，由测量组对基坑中心线进行放样，现场技术人员实测原地面标高，确定开挖深度，然后根据开挖坡度计算确定基坑开挖轮廓线。

基坑开挖采用人工配合挖掘机进行，自卸汽车弃土外运。挖掘机开挖基坑至距坑底 30 cm 时采用人工开挖，弃土运至指定地点堆放。基坑边坡坡度按照土质情况在 1∶0.5～1∶1 范围控制。

基坑顶缘留出不小于 1 m 宽的护道。基坑深度大于 5 m 时，将坑壁坡度适当放缓。

如基坑底面无水，基坑底面按基础设计平面尺寸每边放宽 0.5 m；如基坑底面有地下水渗出，基坑底面按设计平面尺寸每边放宽 0.8 m，并在基坑底四周挖出排水沟及汇水井，及时用水泵排出地下水，水泵的进水管要包扎，防止带走泥沙，基坑内抽出的水引导排放，确保不会污染周围环境和水源。

基坑四周设置双横杆 ϕ48 cm 钢管架防护栏，涂刷红白相间颜色，埋设位置距基坑边缘不小于 0.5 m；立杆长度 1.8 m、打入地下 0.5 m，立杆按 1.5～2.0 m 间距设置；第一道横杆距地面 0.7 m，横杆间距 0.6 m，防护栏满挂密目安全网，并挂设“基坑危险请勿靠近”和“注意安全”等警示标志，基坑上下安置爬梯。

（二）凿除桩头和基桩检测

1. 凿除桩头

承台开挖后，待桩身混凝土强度达到设计强度的 70％时进行钻孔桩桩头凿除。凿除时先对桩顶标高进行测量，利用所得的实际桩顶标高及桩顶设计标高求的需要凿除钻孔桩的长度，用红油漆在桩壁上做好标识，以便进行凿除。桩头凿除为人工配合风镐进行，待凿除完毕后人工再对桩顶进行细部凿毛，以确保桩顶混凝土与上部混凝土结构物之间的胶结。

2. 基桩检测

钻孔桩检测主要采用低应变反射波法和声波透射法。桩长超过 40 m 时采用声波透射法，桩长不超过 40 m 时采用低应变反射波法。

(1)低应变反射波法

基桩检测采用低应变反射波法时，检测之前桩顶凿至硬实混凝土面大致水平，单根桩顶面打磨不少于 3 处直径 10 cm 监测点，传感器安装点和激振点打磨光滑。传感器安装点附近无裂缝或浮动砂粒存在。

激振点设置在桩顶中心，传感器安装点与桩中心的距离为桩半径的 2/3。激振点与传感器安装位置避开钢筋笼的主筋影响。激振方向沿桩轴线方向。

(2)声波透射法

基桩检测采用低应变反射波法时，提前将声测管内注满清水，并用钢筋上下通孔，确保探头深入孔底进行检测。

（三）钢筋安装及模板安装

1. 钢筋安装

(1)钢筋加工由加工场集中加工运送至现场，现场安装的钢筋品种、级别、规格、数量符合设计要求。

(2)在钢筋交叉点处，扎丝按逐点改变绕丝方向(8 字形)的方式交错扎结，或按双对角线(十字形)方式扎结。承台拐角处的交叉点全部绑扎，中间平直部分的交叉点交错扎结。

(3)现场钢筋需搭接焊时，双面焊接长度不小于 $5d$(d 为钢筋直径)，单面焊接不小于 $10d$，搭接接头的焊缝厚度不小于 $0.3d$；焊缝宽度不小于 $0.7d$。

(4)承台综合接地钢筋与墩身及桩基钢筋连接，交叉处采用 L 型焊接，焊缝长度满足设计要求，施工过程中标记清楚。

(5)承台钢筋绑扎时采用 4 根直径 3.8 cm 钢管搭设立架，钢管外部套 5 cmPVC 管，待混凝土浇筑结束后及时拔除，或者采用 ϕ16 mm 钢筋做架立筋辅助钢筋安装。

(6)钢筋安装时，保证其在模板中的正确位置，不倾斜、扭曲，也不改变保护层的规定厚度，钢筋绑扎前清除表面油污。

(7)绑扎承台钢筋之前同时仔细查看墩身钢筋图及墩身结构高度，在承台钢筋绑扎时根据墩身高度预埋墩身钢筋，墩身预埋钢筋要求型号、数量、位置、长度正确，注意接头相互错开。墩身钢筋固定采用直径 16 螺纹钢筋制作定位圈，定位圈间距 1.0～1.3 m 为一道，确保钢筋间距准确。在混凝土浇筑过程中随时查看预埋钢筋位置，发现移位及时处理。

2. 模板安装

承台模板安装前，技术人员放出承台模板安装控制线(承台设计边线)。承台模板全部采用定制大块钢模板进行拼装。模板底部用水泥砂浆垫平、堵塞防止漏浆；模板与混凝土的接触面清理干净并均匀满涂脱模剂；接缝用双面密封胶条填充，确保不漏浆，胶条严禁伸入承台内；模板加固采用 ϕ16 mm 螺纹钢对拉，拉筋两头配置双螺帽，相邻模板联接螺栓为 M20 高强螺栓。模板加固外侧采用 10 cm×10 cm 方木与基坑边缘支撑、支承基底稳固，并用木楔塞紧。根据承台厚度竖向支撑按照自上而下间隔 1 m 设置，横向 1.5 m 间距加固，模板底部在垫层混凝土面钻孔插入 ϕ16 mm 螺纹钢筋防止偏移。模板的平面尺寸、轴线偏位、相邻模板高差符合规范要求。混凝土浇筑前，拉筋孔必须采用胶带活泡沫胶堵塞密实不漏浆，泡沫胶不进入模板内，模板内的积水和杂物必须清理干净。

(四)混凝土浇筑

混凝土采用溜槽浇筑，混凝土浇筑时采用“连续斜面薄层推移浇筑、一次到顶”的浇筑工艺，分层厚度按 30 cm 控制。浇筑时先在一个部位进行，直至达到规定的一次浇筑标高，混凝土形成扇形向前流动，然后在其坡面上连续浇筑，循序推进。这种浇筑方法使每车混凝土都浇筑在前一车混凝土形成的坡面上，确保每层混凝土之间的浇筑间歇时间不超过前层混凝土的初凝时间。

混凝土浇筑连续进行，因故间歇时，其间歇时间根据环境温度、水泥性能、水胶比、外加剂类形等条件通过试验确定。当允许时间超过时，按浇筑中断处理，留出施工缝，并做好记录，施工缝的处理必须符合规范要求。

混凝土运至承台基坑时，尽快浇筑，当发现混凝土失去流动性后浇筑困难时，给予报废处理，禁止二次加水拌和使用。

炙热气候条件下混凝土入模温度不宜高于 30 ℃。新浇筑混凝土入模温度与邻介的已硬化的混凝土、钢筋、模板介质间的温差不得大于 15 ℃。

为防止混凝土离析，自由落度大于 2 m 时施工，采用串筒、滑槽等器具，浇筑时插入式振捣器移动间距不大于振捣器作用半径的 1.5 倍，插入下层混凝土内深度为 5～10 cm，同时与侧模板保持 5～10 cm 距离，不漏振或过振，振捣达到混凝土表层开始泛浆、不再冒泡、混凝土表面不再下沉时结束振捣。混凝土浇筑过程中，设专人检查模板，支架、钢筋、预埋件和预留孔洞情况，发现问题及时处理。

混凝土浇筑完成后及时修整、抹平混凝土裸露面，待定浆后再抹第二遍并压光。抹面时严禁洒水，并防止过度操作影响表面混凝土的质量。

浇筑大体积混凝土时，在混凝土体内布置温度监测点，监测混凝土内部和外部温度。混凝土表面二次压光以后及时用塑料布覆盖。为防止混凝土脱水开裂，采用覆盖洒水进行潮湿养护。养护时，做好基坑排水措施，混凝土养护时间不少于 14 d。

(五)模板拆除与基坑回填

当混凝土强度达到 2.5 MPa 以后,即可拆除模板。先拆除周边支撑,放松拉杆螺丝,最后拆除钢模板,拆模时注意防止损伤边角。

承台混凝土强度达到设计强度的 75%以后进行基坑回填。回填时采用原状土分层夯实回填,回填高度不低于原地面。

第二节　墩台施工

墩身为流线圆端实心墩、圆柱形实心墩和矩形实心墩三种,台身为一字桥台。桥墩模板主要采用整体定型钢模板,低于 15 m 的墩身混凝土连续灌注,一次立模到顶、一次浇筑成型,高于 15 m 的可采取二次浇筑。

一、工艺流程

实体墩施工工艺流程如图 4-3-2 所示。

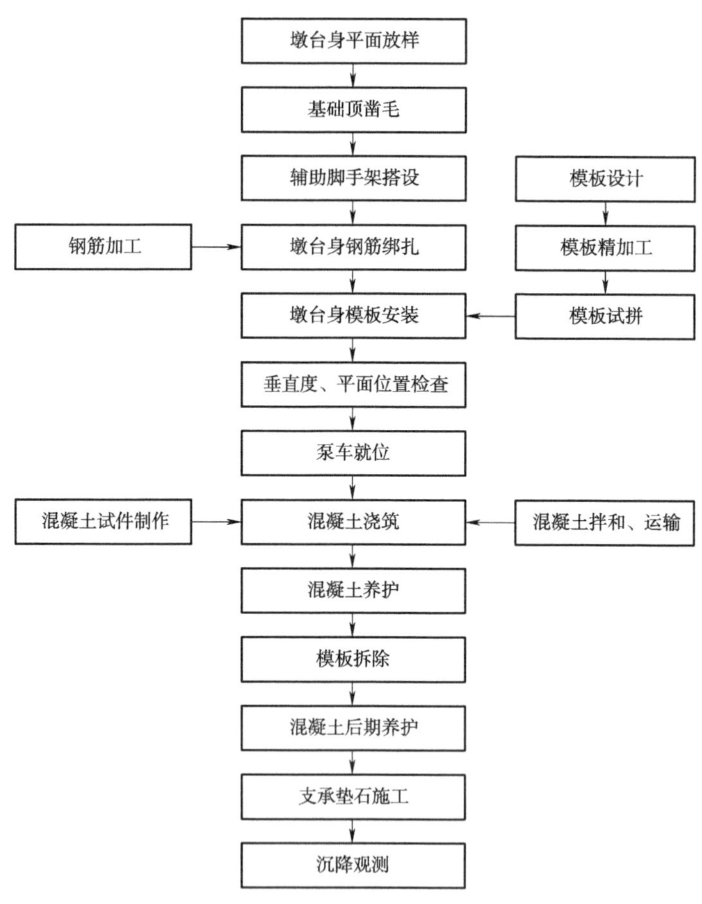

图 4-3-2　实心墩台施工工艺流程框图

二、施工过程控制

(一)墩台测量定位

为了使墩台位置、尺寸符合设计要求,桥梁施工前,首先对桥梁所在位置的路线中线进行复测,复测无误后,在现场定出控制桩。以桥梁中线控制桩或桥梁三角网控制点为基准,按规定精度测量出墩台中心的位置。控制桩采用混凝土桩,并设混凝土保护桩。

(二)脚手架搭设

为方便墩身钢筋安装施工,在墩身周围搭设扣件式钢管脚手架。扣件式脚手架采用双排式脚手架。落地脚手架搭设的工艺流程:场地平整、夯实→基础承载力试验、材料配备→定位设置通长脚手板、底座→纵向扫地杆→立杆→横向扫地杆→小横杆→大横杆(搁栅)→剪刀撑→铺脚手板→扎防护栏杆。

定距定位时,根据模板构造要求在桥墩四角用尺量出内、外立杆离墙距离,并做好标记;用钢卷尺拉直,分出立杆位置,并用小竹片点出立杆标记;垫板、底座准确地放在定位线上,垫板铺放平整,不悬空。

在搭设首层脚手架过程中,沿四周每框架格内设一道斜支撑,拐角处双向增设。当脚手架操作层高出斜撑顶两步时,先立外排,后立内排,其余按下构造要求搭设。

(三)墩台钢筋安装

墩台身钢筋绑扎安装,超过 2 m 高时搭设双排钢管脚手架施工,先绑扎墩台下端,立好竖筋,绑好环筋,形成墩台骨架。墩台基础锚固筋按规范和设计要求设置,与承台形成一体。

加工成型的墩身钢筋骨架长、宽、高、平整度及垂直度符合规范要求。在钢筋与模板间设置强度不小于结构本身的混凝土垫块,垫块数量不少于4 块/m^2,垫块与钢筋扎紧,保证钢筋混凝土保护层厚度。

钢筋的级别、直径、根数和间距均符合设计要求,绑扎牢固,钢筋位置准确,钢筋接头在脚手架上施焊时,采用搭接焊连接。

(四)预埋件的安装与加固

安装钢筋过程中,根据设计要求安装预埋件,预埋件材料、规格符合设计要求,同时采取固定措施,保证在混凝土浇筑过程中不位移。预埋件主要包括综合接地端子、沉降观测标、吊篮预埋 U 形螺栓及端栏杆预埋圆钢。

桥墩内设置两根接地钢筋,一端与承台环接钢筋相连,一端与墩帽顶部接地端子相连。墩帽上的端子采用桥隧型端子。综合接地钢筋与接地端子安装牢固,焊接可靠,双面搭接焊焊缝长度不小于 5 mm,单面搭接焊缝不小于 10 mm,焊缝厚度不小于 4 mm。使用接地电阻仪测试电阻不大于 1 Ω。

当墩全高(承台顶至墩台垫石顶)大于 14 m 时,埋设 2 个沉降观测标;墩全高小于 14 m 时,埋设一个沉降观测标。沉降观测标设置在墩底高出地面或常水位 0.5 m 左右。桥台观测标设置在台顶,测点数量 4 个,分别设置在台帽两侧及背墙两侧(横桥向)。利用墩身钢筋定位沉降观测标预埋件,保证安装牢固。

为防止吊篮安装时无法就位,预埋 U 形螺栓位置校核准确,加固牢靠,保证在混凝土浇筑时不产生移位及扭动。端栏杆预埋圆钢外露长度不少于 10 cm,以满足双面搭接焊搭接长度。

(五)墩台模板

模板采用厂制定型专用大块钢模板,具有模板设计与检算,能承受要求的一次浇筑混凝土高度的侧压力。进场后进行全面检查,检查尺寸、刚度、平整度、光洁度、板缝板头有无变形情况。安装前进行板面打磨、除锈、清污等,并在现场进行试拼。试拼符合要求后涂刷脱模剂,不滚涂、喷涂、泼涂、浇涂，面板上无脱模剂流淌的现象。模板间连接缝加海绵胶垫或用泡沫胶封堵，保证模板密贴、不漏浆，做到曲面圆顺、平面平整、尺寸准确。

在安模、脱模、运模过程中避免碰撞模板，防止变形。模板组装完毕、加固时，用全站仪、水准仪检查、校正模板中线和标高，使垂直度、标高和各项尺寸符合要求。模板安装好后，技术、质检工程师详细检查面板平整度、垂直度、坡度、接缝、中线、水平、结构尺寸等，并做好检查记录，合格后报请监理工程师检查，认可后浇筑混凝土。

（六）墩台混凝土浇筑

浇筑混凝土前，对模板、钢筋、预埋件的位置，各种机具、设备的性能，以及混凝土的各项性能指标等进行检查。混凝土浇筑时，根据墩台结构形状，钢筋布置，按一定厚度，顺序和方向分层浇筑，在下层混凝土初凝或能重塑前浇筑完成上层混凝土。一般墩台在整个平截面范围内水平分层进行浇筑，分层厚度不超过 30 cm，落差较大时采用串筒下料，串筒出口距混凝土表面不超过 1 m。

插入式振捣器时，移动间距不超过振动器作用半径的 1.5 倍，与侧模保持 50～100 mm 的距离，插入下层混凝土 50～100 mm，每一处振毕，缓慢提出振动棒。振动部位振动到该部位混凝土密实为止，密实的标志是混凝土停止下沉，不再冒出气泡，表面呈现平坦、泛浆。

（七）混凝土养护

混凝土养护包括一定的带模养护时间，混凝土带模养护时间为混凝土强度达到 2.5 MPa 的时间，可松开模板洒水养护，墩身模板拆除后混凝土表面用塑料薄膜包裹、外部再采用土工布包裹一层，塑料薄膜紧贴墩身表面，薄膜完好无损，彼此搭接完整，内表面具有凝结水珠，土工布采用加绳箍的方式缠绕保证与混凝土面密贴和不被风刮破。

图 4-3-3 自动喷淋养护效果

墩身养护主要采用自动喷淋养护系统，如图 4-3-3 所示，墩旁安放不小于 100 L 蓄水桶 2 个，安装控制系统及养护管道，根据系统检测进行养护。混凝土的保湿养护时间不小于 14 d，采用水泵或水车对蓄水桶养护用水进行补充。

三、设备机具配置

根据总体施组和施工的实际需要，每个墩台施工配置的主要机具设备见表 4-3-2。

表 4-3-2 主要机具设备表

序号	设备名称	规格型号	进场数量	鉴定状态
1	拌和站	HZS120	2	良好
2	平板车		1	良好
3	混凝土罐车	10 m^3	2	良好

续上表

序号	设备名称	规格型号	进场数量	鉴定状态
4	吊车	XZJ5265	1	良好
5	装载机	ZL50	1	良好
6	发电机	50FD	1	良好
7	数控调直切断机	SGT5-14	1	良好
8	数控钢筋弯曲中心	G2W40	1	良好
9	数控钢筋弯箍机	WG12D-4	1	良好
10	插入式振捣器	50 型	4	良好
11	电焊机	BX-500	2	良好
12	直螺纹剥肋滚丝机	HGS-40B	1	良好
13	钢模板		1	良好
14	混凝土泵车	37.5 m	1	良好

第三节　简支箱梁的制运架

全线共有预制架设箱梁 7 823 孔，其中单线箱梁 234 孔，标准箱梁采用分段集中预制、架桥机架设。全线共设制梁场 12 座，具体情况见表 4-3-3。

表 4-3-3　制梁场概况

序号	制梁场名称	中心里程	制梁孔数（孔）	供应范围（km）	架梁工期（月）	制梁台座（个）
1	章丘制梁场	DK18+700 左侧	1 046	35.7	16.9	13
2	邹平制梁场	DK70+200 右侧	823	30.7	18.4	9
3	淄博北制梁场	DK93+500 右侧	817	27.8	17.7	9
4	临淄制梁场	DK124+300 左侧	595	20.3	13.4	12
5	寿光制梁场	DK149+100 左侧	692	23.9	13.7	12
6	潍坊西制梁场	DK173+500 左侧	725	24.8	14.3	9
7	潍坊东制梁场	DK194+200 右侧	624	24.1	13.6	8
8	昌邑制梁场	DK227+200 左侧	646	23.9	12.4	9
9	高密西制梁场	DK245+800 右侧	522	17.3	12.8	8
10	高密东制梁场	DK267+100 右侧	633	21.0	12.0	12
11	胶州制梁场	DK277+900 左侧	242	17.5	9.1	6
12	红岛制梁场	DK298+500 右侧	447	22.0	9.8	8

一、箱梁预制

箱梁生产工艺流程：钢筋制作、安装→模板安装→混凝土浇筑→预、初张拉→终张拉→压浆→封锚→防水。

（一）钢筋工程

钢筋半成品在钢筋加工厂进行制作，运输至钢筋绑扎胎具进行绑扎，采用整体绑扎工艺。绑扎过程中注重梁底接地端的焊接，为了防止梁面接地钢筋焊接时出错，上下连接接地钢筋（利用梁体底腹板钢筋）涂颜色加以标记。

（二）模板工程

1. 底模安装

为了防止张拉以后上拱超标，底模安装时根据设计要求及制梁的实际情况设置反拱，反拱值由设在底模与制梁台座预埋件之间的钢垫板进行调节。反拱由跨中向梁端按二次抛物线型过渡，跨中部位最大，两端 0.55 m 范围内部不设置反拱。为了防止混凝土因干燥收缩及预应力作用下产生收缩，设置梁体压缩量，32 m 简支梁上缘压缩量为 5.6 mm，下缘压缩量为 14.4 mm；24 m 简支梁上缘压缩量为 4 mm，下缘压缩量为 7.9 mm。

2. 侧模安装

梁场采用固定式侧模，在侧模底部放置千斤顶以调整侧模高度。侧模与底模的螺杆连接紧固，使侧模与底模靠紧。侧模与底模同样设置反拱。侧模调整完成后，采用砂轮磨光机清理底、侧模表面，用滚筒刷涂脱模剂。为了便于底、腹板钢筋和顶板钢筋精确吊装就位，用 50 m 钢卷尺在底模两端和侧模翼边缘位置分别放出刻度线。

3. 液压内模安装

液压内模整体拖拉到内模整修台座上，将各接缝处及表面混凝土浆清除干净，各接缝用胶带粘贴密封。梁体钢筋安装完成后，在台座上安装轨道梁支架。支架支腿的位置利用梁底泄水孔位置，泄水孔位置与个别钢筋相碰时适当调整钢筋位置。用 50 t 龙门吊将轨道梁吊入已安好钢筋和内模支架的台座上，再将已涂刷脱模剂的内模用卷扬机通过轨道梁拖入台座上就位。将螺杆穿入支墩预留孔中，使轨道梁支腿、支墩、底模联接稳定。液压内模，液压油缸仅用于收、支模板，模板采用可调丝杠支撑。

4. 端模安装

端模靠拢前，逐根将橡拔管从锚垫板中穿出，并且边穿边进。为了防止差异过大和猛顶硬撬将橡拔管挤变形，端模两侧的移动同步跟进。端模到位后，将端模与侧模、底模、内模进行连接和固定。

（三）混凝土工程

混凝土灌注总的原则是“先底板、再腹板、最后顶板，从一端到另一端，分层连续灌注成型”。混凝土灌注采用连续整体灌注，一次成型，浇筑时间控制在 6 h 以内，但不小于 5 h。灌注时采用斜向分段，水平分层的方法。其工艺斜度不大于 5°，水平分层厚度控制在 30 cm 以内，先后两层的间隔时间不超过初凝时间。梁体底板、腹板混凝土振捣以附着式振捣器为辅，插入式振捣器为主；顶板以插入式振捣器振捣的方法进行。

梁体混凝土灌注完毕后，盖上土工布静停 1～2 h 后进行养护。养护分蒸汽养护和自然养护，冬期最低气温低于 5 ℃时采用蒸汽养护。当梁体混凝土强度达设计强度的 60%后拆除模板。在模板拆除之前，先拆卸各支座预埋板与钢底模的连接螺栓，内、外模之间的(包括通风孔)所有连接。模板拆除时，先拆除端模，之后松开内模进行预张拉，待梁体进行初张拉后将梁体吊出制梁台位，吊运至存梁区进行存放。

(四)预应力张拉

梁体按预张拉、初张拉、终张拉分三步进行张拉。采用智能张拉设备，张拉全程由电脑控制，只需输入张拉参数，消除人工操作引起的人为误差，保证预施应力准确，符合设计要求。

预应力钢绞线采用公称直径为 15.20 mm 强度级别为 R_m=1 860 MPa 的低松弛钢绞线，其技术条件符合 GB/T 5224—2014 的要求。生产初期，对至少 2 孔梁进行管道摩阻、喇叭口摩阻等预应力瞬时损失测试，根据实测摩阻情况调整张拉控制应力，以保证有效预施应力值。采用四台千斤顶左右对称、两端同步进行张拉，张拉顺序按设计规定进行，预施应力过程中保持钢绞线两端的伸长量基本一致，采用应力应变双控制，预施应力值以油压表读数为主，以钢绞线束伸长值作校核。

张拉步骤：首先把编好号的钢绞线束分别放入工作锚环内，带上夹片，不交错，锚环安放与预埋在梁体上的锚垫板口紧密贴合，随即把限位板套在工作锚具上，再将钢绞线束从千斤顶中心穿过，使千斤顶前端与限位板紧密接触，最后将工具锚具安放在千斤顶的后端，带上工具夹片并打紧。

(五)管道压浆

终张后 48 h 内进行管道压浆。预应力管道压浆采用真空辅助压浆，压浆时先压下层孔道。压浆设备采用连续式泵送设备，同一管道压浆连续进行，一次完成。管道出浆口装有三通管，确认出浆浓度与进浆浓度一致时，封闭保压。压浆前管道真空度稳定在−0.06～−0.08 MPa。为保证管道中充满浆体，关闭出浆口后，保持 0.50～0.60 MPa 的稳压期，持压 3 min。压浆最大压力不超过 0.60 MPa。压浆达到孔道另一端饱满和出浆，并达到排气孔排出与规定稠度相同的水泥浆为止。水泥浆搅拌结束至压入管道的时间间隔不超过 40 min。采用搅拌速度大于 1 000 r/min 的高速搅拌设备。临淄梁场压浆采用压浆智能台车，自动上料、称重、搅拌、压浆，压浆台车计量系统使用前进行标定。

(六)封端及防水

1. 梁体封端

封端施工流程：检查→凿除锚头封闭砂浆→锚穴凿毛→清理锚具、外露钢绞线、锚板→涂刷防水涂料→安装、绑扎封端钢筋→安装封端模板→灌注混凝土→混凝土养护→拆模→混凝土表面凿毛处理→二次抹面→养护到设计强度 70%～80%→涂刷防水涂料→养护交库。封端混凝土采用微膨胀混凝土，强度等级为 C50，混凝土坍落度控制在 80～120 mm 之间；封端前在新旧混凝土接触面用水充分湿润；封端混凝土要求密实、无蜂窝麻面，并与梁端面平齐，保证梁体长度偏差不超限；封锚混凝土浇筑完毕后进行二次收面，二次收面后采用塑料薄膜包裹养护。

2. 防　　水

封锚混凝土浇筑后，在梁端表面均匀、满涂聚氨酯防水涂料，防水涂料厚度为 2 mm；聚氨酯防水涂料采用 A、B 两种型号按重量 1∶1.25 进行配合，涂料拌和均匀，无结块及胶凝物；防水涂料涂刷前梁体两端表面清理干净，并用清水将表面清洗干净，待梁端混凝土表面干燥后再均匀涂刷防水涂料。

二、箱梁运输与架设

（一）箱梁装车

1. 450 t 提梁机自行到提梁台座进行对位，放下吊具，将吊杆穿过箱梁吊孔用齿型连接板与箱梁顶板内腔齿槽啮合并用螺母将吊杆固定，如图 4-3-4 所示。

2. 在指挥人员的指挥下提梁机提升箱梁，在提升过程中操作人员听从指挥，指挥人员、操作人员随时观察提升情况，保持箱梁提升高度一致。

3. 提梁机在存梁台位上吊起箱梁，当箱梁离开存梁台位约 20 mm 时，静停 10 min，检查起吊装置是否位于负载垂直面上，起吊、制动装置、钢丝绳、吊具索具有无异常，检查合格后，起吊桥梁至规定高度。

4. 提梁机将箱梁提升至装车位置，吊起箱梁后，起重小车横移至运梁车正上方，装梁前调整好运梁车支撑架左右高度，使运梁车同一端支撑架处于水平状态。

5. 在装梁过程中，调整运梁车支承架上 4 个支承座，使油缸均匀受力防止箱梁受扭。梁体装载到运梁车上之后，箱梁重心线与运梁车中心线重合，允许偏差±20 mm。梁体在装运过程中支点位于同一平面，同一端支点相对高差不超过 2 mm。梁体运输时运输支点距离梁端不超过 3 m。

图 4-3-4　提梁机搬梁

（二）箱梁运输

箱梁运输由 900 t 轮胎式运梁车完成，如图 4-3-5 所示。

图 4-3-5　运梁车运梁

1. 运架车行走前重点检查制动装置、操作面板、轮胎压力、驱动轮等重要部位是否处于完好状态，并清除运行界限内障碍物。

2. 运梁车载箱梁起步缓慢平稳，不突然加速或急刹车。在运行过程中派专人加强巡视，观察桥面变化情况、箱梁平衡状态、轮胎受力状况及减震油缸工作状态等，遇有桥面高差过大或桥缝错台严重时，进行垫实处理。

3. 运梁车沿路基和桥面上标示的警戒线内行驶，由专人操作，并配备指挥、辅助人员。运梁过程中，运梁车前有专人引导，运梁车两边有专人严密监视运梁车运行情况，发现有变化，立即采取措施，保证运梁车安全。

4. 运梁车空载时的速度控制在 8 km/h 以内，重载时的运行速度控制在 5 km/h 以内，载梁行驶至架桥机后端 50 m 处，行驶速度不大于 3 km/h，与架桥机对位时的速度控制在 3 m/min。

5. 路基经过重载预压后运梁车才通过，运梁通道的路基宽度不小于 12 m，最大坡度不超过 20‰，路基强度不低于 68.6 MPa。

(三)运梁车与架桥机对位

1. 运梁车装梁时确保箱梁在运梁车上的支撑位置符合箱梁支撑要求，箱梁支撑截面中心与运梁车中心线横向误差不大于±10 mm，支点纵向位置误差不大于±20 mm。

2. 在架桥机二号柱后方划出运梁车喂梁运行线路，以架桥机中心线为中线划出运梁车走行轮胎走行位置线，划线长度延长至三号柱后方一个运梁车车长位置。

3. 运梁车喂梁对位时，观察架桥机尾部有无障碍物与运梁车碰撞，运梁车前端通过架桥机三号柱后，前司机室转至车体侧面，如图 4-3-6 所示。运梁车对位时低速行驶，速度控制在 3 m/min 左右。在运梁车停车位置放置不低于 200 mm 高的止轮器，防止运梁车因操作不当等原因继续前进。

4. 有专人观察运梁车与三号柱走行轮组间的侧向间隙，观察运送的箱梁与三号柱柱体间的侧向间隙，避免冲撞架桥机。

图 4-3-6 运梁车与架桥机对位

(四)运梁车喂梁

1. 运梁车行至架桥机 50 m 处停车，调整方向使运梁车中心对正架桥机中心，在得到指令后喂梁。

2. 启动运梁车，以不超过 1 m/min 的速度缓慢向前接近后支腿，此过程加强观察，不碰撞后支腿柱。运梁车前行接近后支腿前，运梁车停车将司机室外摆。然后再启动运梁车，驮梁小车前行到前起重天车取梁位置，运梁车停车。

3. 喂梁到位后，在运梁车前端(运梁车前端至墩台中心)安放止轮装置，打好运梁车前端支腿。

4. 架桥机前起重天车落下吊具与吊孔位置对位，安装前起重天车的吊梁装置，前起重天车吊梁离开运梁车支承台座150 mm，运梁车支承台座液压油缸降落，前起重天车和后驮梁小车同步运梁前行。

5. 前起重天车吊梁托拉前行至箱梁后端的吊孔位置到达后起重天车取梁位置停止，安装后起重天车的吊梁装置，后起重天车吊梁离开运梁车支承台座150 mm，运梁车支承台座液压油缸降落。解除运梁车与架桥机连接，运梁车收起前端支腿退出，返回梁场装梁。

(五)架桥机取梁、吊梁作业

运梁车运梁到位，一号柱起重小车吊具下降，将吊杆插入箱梁前端吊孔内，安装垫块，拧紧吊杆螺母。一号起重小车吊起箱梁前端，与运梁车拖梁小车协同作业，使箱梁呈半悬挂半支撑状态运行前进。当箱梁尾部到达二号起重小车取梁位置时，二号起重小车取梁，两台起重小车吊梁同步运行前进。

(六)箱梁就位安装完成

箱梁降到安装位置后，通过起重小车纵向和横向微调，精细调整箱梁支座的位置，使之符合箱梁安装的有关技术要求。

三、箱梁架设的主要机械设备配备

箱梁架设的主要机械设备配备见表4-3-4。

表4-3-4　主要机械、设备配备表

序号	设备名称	规格	数量
1	架桥机	JQ900A	1
2	运梁车	YDL900T	1
3	搬运机	MDEL900	1
4	叉车	3 t	1
5	交流电焊机	BX-400	1
6	直流电焊机	ZX7-500	1
7	液压油油水过滤机	JL-5U	1
8	落梁千斤顶	CLRG4006/ZE5440MW	1

第四节　简支梁、连续梁的桥位现浇

全线现浇连续梁108联，其中，预应力混凝土连续梁见表4-3-5，以悬臂灌注施工为主，有条件时采用支架现浇法施工。全线设置20 m、24 m、32 m、40 m、50 m跨现浇简支箱梁共48孔，采用支架现浇或移动模架施工。

表 4-3-5　各种跨度连续梁数量

序号	梁跨结构(m)	梁型	数量(联)
1	16+20+16	连续梁	1
2	16+24+16	连续梁	1
3	32+48+32	连续梁	21
4	40+56+40	连续梁	3
5	40+64+64+64+40	连续梁	1
6	40+64+40	连续梁	16
7	60+100+60	连续梁	6
8	45+75+75+45	单线连续梁	1
9	48+80+48	连续梁	13
10	62+112+62	连续梁	1
11	72+128+72	连续梁	3
12	35+160+35	双线斜拉桥	1
13	56+88+56	单线连续梁	1

一、支架法现浇施工

采用支架现浇法施工时，对支架基础进行处理，并对支架进行预压，消除非弹性变形，混凝土采用一次浇筑。在正式施工前进行支架设计，确定支架采用梁式支架还是满堂钢管支架。计算支架布置方式、地基承载力要求，同时根据设计地质资料和现场承载力检测判定是否满足要求。地基处理一般采用钻孔桩、高压旋喷桩以及换填夯实再施工条形基础。

(一)地基处理

在地基处理前，承台已经完成，墩身已完工或正在施工。施工前首先对桥跨范围内不能满足施工需要的地段进行换填处理，然后在其上浇筑 C25 混凝土硬化地面。

(二)支架搭设

支架采用大直径(ϕ529 mm、ϕ630 mm)+工字钢横梁+贝雷片+工字钢+方木+模板，为确保拆除支架，钢管支墩与横向工字钢分配梁之间设置砂箱，作为落架措施。翼缘板范围支架不足部分采用碗扣支架、钢管支架等方式补充。

(三)静载试验

现浇箱梁底模铺设完成后，采用砂袋法或混凝土预制块对支架进行预压。其作用一是检验支架的稳定性和地基承载能力；二是测定沉降量，为底模板标高控制提供预留沉降值；三是消除模板支架之间的非弹性变形。由于现浇梁施工面较大，因此选取一跨做预压试验。

1. 预压加载过程中的测量：用高精度水平仪观测加载前的各高程控制点的标高，做好详细记录。加载到设计荷载的 100%，待 2 h 后对各高程控制点进行第二次测量；接着加载到设计荷载的 100%，待 24 h 后对各高程控制点进行测量；直至每日沉降量小于 1 mm 为止。彻底检验支架平台及支架的刚度、强度和稳定性，并消除支架的非弹性变形。

2. 卸载过程中的测量：卸载到设计荷载的100%后对高程控制点进行测量，做好详细记录。荷载全部卸载后，对各控制点进行最后一次高程点测量，以确定支架的非弹性变形的大小。

(四)梁体施工

1. 支座安装

以LXQZ球型钢支座为例，球型支座在工厂组装时，仔细调平，对中上、下座板，用连接螺栓将支座连接成整体，安装参见《铁路常用跨度连续梁球型钢支座(LXQZ型)安装图》。

检查支座中心位置及标高后，用无收缩高强度浆料，灌浆采用重力注浆方式，灌浆前计算所需的浆体体积，灌浆过程从中心部位向四周注浆，直至从钢模与支座板周遍间隙观察到灌浆材料全部灌满为止。

2. 钢筋工程

梁体钢筋在模板上整体绑扎，先进行底板及腹板钢筋绑扎，再安装内模，内模调试好后，进行顶板钢筋的绑扎。当梁体钢筋与预应力筋管道、梁体泄水孔和通风孔及预埋件相碰时，适当移动梁体钢筋或进行适当弯折。梁体最小净保护层除顶板顶层为30 mm外，其余均为35 mm，且绑扎铁丝的尾段全部放在钢筋骨架内侧，不伸入保护层内。在施工时梁体预留孔(泄水孔、通风孔等)处全部安装相应的螺旋钢筋，桥面泄水孔处梁体钢筋适当移动，并增设螺旋筋和斜置的井字形钢筋进行加强；施工中为确保钢筋位置准确，根据实际情况加强架立钢筋的设置，采用增设架立筋数量或增设W形或矩形的架立钢筋等措施。

在钢筋绑扎时，根据预应力孔道安装位置进行孔道波纹管安装。钢束管道位置用定位钢筋固定，定位钢筋牢固焊接在钢筋骨架上，管道位置和钢筋骨架钢筋相碰时，移动钢筋，定位筋基本间距不大于60 cm，并按照要求设置保证管道位置准确。锚具垫板及喇叭口尺寸正确，喇叭口中心线与锚具垫板垂直，喇叭口和波纹管的衔接平顺、不漏降，不堵塞孔道。

梁体的各种预埋件、预留孔与模板、钢筋骨架同时安装，设置齐全、位置准确，各种预埋孔全部设置螺旋钢筋。

3. 模板工程

为了保证梁体表面混凝土的光洁和平整，箱梁内外模均采用竹胶板，用于模板的木板符合承重结构的选材标准，模板具有足够的刚度以防止在使用过程中变形过大。

支架拼装完成后，开始模板的安装。先安装底模，待预压完成后安装外侧模，底腹板钢筋绑扎完成后安装内模。考虑便于施工和美观，箱梁采用每2.5 m/节的标准节，外模考虑钢管架支撑。模板及所有预埋件安装完毕，清除模板中所有污物、碎屑、水及其他杂物后浇筑混凝土。

4. 混凝土工程

箱梁梁段混凝土采取快速连续灌注、一次成型的方式。在炎热天气避开中午、下午的高温时间，选择在低温或傍晚进行混凝土的灌注。模板周围采取遮阳措施，钢模板不被阳光直射。混凝土灌注前对模板、钢筋通过冷却水进行降温，模板、钢筋的温度以及附近的局部气温不超过30 ℃，大体积混凝土不超过30 ℃，灌注前清除模板内积水。

混凝土灌注完成后，12 h内用土工布覆盖外露面，超过12 h进行洒水使混凝土经常保持湿润，同时用湿度仪检测现场湿度。当环境相对湿度小于60%时，自然养护时间28 d；当环境相对湿度在 60%以上时，自然养护时间 14 d。拆模后，迅速采取切实有效措施对混凝土进行后期养护。

5. 预应力工程

预应力施工质量好坏直接影响箱梁的有效预应力值及最终质量。张拉程序分早期张拉和终张拉两阶段。带模进行早期张拉时，模板松开，不对梁体压缩造成障碍。张拉在梁体混凝土强度达到设计值 90%，龄期达到 3 d 后进行，早期张拉后拆除内模和侧模。终张拉在梁体强度和弹性模量达到设计值 100%后进行，且龄期大于 10 d。

(1)制　孔

预应力成孔采用波纹管成孔的方法与工艺。金属波纹管的接长采用大一号同型波纹管作接头管，接头管长不少于 300 mm。接头装置避开孔道弯曲处，管两端用密封胶带缠封接头，避免混凝土浇筑时水泥浆渗入管内。绑扎钢筋和浇筑混凝土时不踩压波纹管，焊接作业时采取防护措施，防止高温灼烧波纹管。波纹管安装时，按设计图中预应力筋的曲线坐标，在梁底腹板箍筋上定出具体位置。波纹管的固定定位采用定位网钢筋，定位网钢筋焊接绑扎牢固，直线段间距不大于 50 cm，曲线段间距不大于 30 cm。

(2)钢绞线和精轧螺纹钢下料

纵向和横向预应力筋采用 $1\times7\phi5$ mm 标准型公称直径为 15.2 mm 强度级别为 1 860 MPa 的低松弛钢绞线。钢绞线平直，无局部弯曲，表面的油渍、漆污、水泥浆和浮皮、铁锈等均清理干净。钢绞线在专用放线盘上下料，钢绞线能顺利地从盘中放出，当钢绞线不能按其原有的顺序及方向出料时，把其整理顺畅缓慢拉出，不造成钢绞线死弯。

钢绞线根据各束钢绞线的长度进行精确下料，施工时使用 20 号槽钢作模具进行下料，钢绞线在槽钢内摆放顺直整齐，然后用砂轮切割机准确切割。钢绞线下料后整理编扎成束，钢绞线编束后用 20 号铁丝绑扎，间距 1～1.5 m。编束时先将钢绞线用梳溜板理顺，并尽量使各根钢绞线松紧一致。制作好的钢绞线(丝)编号分类存放。

(3)穿　束

穿束前检查预应力孔道，并用高压风进行清孔，检查合格后，进行穿束，采用人工穿束。将下好料的钢绞线一端进行绑扎，不逐根穿入。钢绞线束一次全部穿好，按照设计要求的根数及长度进行穿束，有锈蚀、泥污、油污的钢绞线不穿入孔道内。钢绞线束穿好以后在梁体两端的外露长度基本保持相等。其端头用于穿束的胶布等杂物清理干净。穿束后的钢绞线在终张拉之前，表面光洁不被污染，不对终张拉操作造成不利影响。

(4)张　拉

首次张拉前按规范要求进行预应力钢束与孔道摩阻力及锚圈口摩阻应力损失测试。根据实际测试结果对张拉力做适当调整，确保有效应力值。试生产期间，对梁体进行管道摩阻等各种预应力瞬时损失测试。

张拉前做好上拱度测量标记，终张拉后测量梁体上拱度值，并与设计上拱度进行比较。试验室通知梁体混凝土达到张拉强度，并出具张拉通知单后进行张拉。

施工操作流程：$0\rightarrow0.2\sigma_k$ 初始应力(作伸长值标记、作滑丝标记)$\rightarrow\sigma_k$ 张拉控制应力→测量、校核伸长值，持荷 5 min→回油自锁锚固，测总回缩量。张拉工作在不低于±5 ℃的常温下进行。

(5)压浆与封锚

①压浆。预应力筋终张拉完成后,封堵锚具,在 48 h 内进行管道真空辅助压浆。采用真空泵抽吸预应力孔道内的空气,使孔道压力达到−0.06～−0.10 MPa 的真空度,然后在孔道的另一端用压浆机以 0.5～0.6 MPa 的压力将拌制好的浆体压入预应力孔道,以提高孔道压浆的密实度。管道设置排气孔的不采用真空辅助压浆,直接进行压浆。

由一端压入浆体,当另一端喷出的稀浆变成浓浆时(与进浆口一样的稠度),关闭出浆口,继续压浆,当压力达到 0.5～0.6 MPa 时,关闭进浆口,且持压 2 min,待浆体初凝不流动时拆卸浆阀,确保孔道内浆体饱满密实。对留有排气管道的,在通过排气孔后将排气孔封闭。

②封锚。封锚混凝土采用 C50 干硬性无收缩混凝土。封锚前对锚穴进行凿毛处理,以全部为新鲜混凝土结合面为准,增加混凝土的黏结力。用聚氨酯防水涂料对锚具、锚垫板表面、外露钢绞线及锚圈与锚垫板之间的交接缝进行防水处理。

封锚钢筋与锚垫板通过带丝扣的钢筋连接,并保证钢筋保护层厚度 35 mm、钢绞线保护层厚度 35 mm,保护层厚度允许偏差 0～+5 mm。检查无漏压浆的管道后,浇筑封锚混凝土。封锚混凝土浇筑采用人工配合机械进行浇筑、捣固,施工时先浇筑 50%混凝土,人工使用长度为 60 cm 的 ϕ20 mm 钢筋进行捣固,浇筑完剩余混凝土后,人工采用钢筋捣固后,使用电锤振动封锚模板将其振捣密实。

待封锚混凝土初凝后,用湿麻袋覆盖进行养护,养护时间同梁体混凝土的养护处理。封锚混凝土养护结束后,在梁端底板及腹板的表面涂满聚氨酯防水涂料,防水涂料厚度为 1.5 mm。

6. 支架拆除

支架拆除作业前,对参加作业人员进行技术安全交底,在统一指挥下,按照确定的方案进行拆除作业。按照先上后下、先外后里,先架面材料后构架材料、先附件后结构件的顺序,一件一件地松开跨结、取出并随即吊下(或集中到毗邻的未拆的架面上,扎捆后吊下)。

分段整体吊下贝雷片时加强指挥,相互询问和协调作业步骤,按程序进行作业。不将卸下的材料抛向地面,各类杆件分类存放,尽量不使其变形,以增加其周转次数。

二、悬灌法施工(挂篮法)

连续梁主梁 0 号块按大体积混凝土工艺一次浇筑完成,根据墩高采用落地支架或墩顶支架,落地支架采用大钢管或型钢做立柱、承台外基础采用桩基,以保证支架刚度和安全,减少沉降;其他块段采用悬臂浇筑法施工,先在主墩顶处用万能杆件和型钢组成支架和托架,预压后灌注 0 号段,在 0 号段上安装轻型挂篮,并进行预压,再对称向两侧顺序灌注其他标准梁段,在边墩墩顶搭墩旁支架施工边跨剩余梁段。合龙段施工先边跨,后中跨,安排在当日最低温度时段进行。悬臂浇筑时基本对称,不平衡荷载不超过规范要求;边跨直线段采用支架现浇,边墩支架采用大钢管或大型钢做立柱、承台外基础采用桩基,以保证支架刚度和安全,减少沉降并且能承受各种工况荷载;三跨连续梁(刚构)先边跨合龙,再主跨合龙,多跨连续梁(刚构)按设计要求顺序合龙。

(一)临时支墩

0 号段临时固结通过设置临时支墩和锁定支座的方式来实现。临时支墩为混凝土结构,内设有电阻丝的硫磺砂浆夹层,通过电阻丝内通电融化硫磺砂浆即解除临时支墩,在临时支墩顶底设塑料薄膜隔离层。临时支墩仅在连续箱梁施工时实施,连续刚构不设临时支墩。

(二)墩顶现浇段(0号段)施工

0号块采用托架(支架)现浇施工,一次整体浇筑完成。施工工艺流程:支架搭设→立底模、外侧模→荷载试验→安装底板、腹板钢筋及预应力管道→立内侧模→安装内支架及顶板模板→绑扎顶板钢筋、安装预应力管道及预埋件→安装堵头板→浇筑混凝土→养护→张拉、压浆→养护。

(三)悬灌梁段施工

悬臂浇筑施工主要包括挂篮前移、挂篮调整及锚固、钢筋及孔道安装、混凝土浇筑及养护、预应力施加、孔道压浆6个工序,循环进行。

1. 挂篮前移:在前一梁段施工完毕后,解除放松各吊点,使模板脱离梁休,解除梁上后锚点,进行锚固转换,行走小车托力转换在滑道上,通过手拉葫芦拖拉主桁整个挂篮前移动至下一梁段位置。

2. 挂篮调整及锚固:挂篮就位后,先进行主桁梁上锚固转换给梁体的锚筋上和底篮后锚安装转换在梁体上,然后通过测量仪器进行中线、高程测量、定位,通过千斤顶进行标高调整,经过检查确定合格后,最后进行全面锚固。

3. 钢筋及孔道安装、混凝土浇筑及养护、预应力施加、孔道压浆等工序见后详述。

(四)边跨现浇段施工

地基处理、支架搭设、预压,模板,混凝土浇筑等工艺同支架现浇梁工艺。

(五)边跨合龙施工

连续梁桥采用悬臂施工法,在结构体系转换时,为保证施工阶段的稳定,边跨先合龙,释放梁墩锚固,结构由双悬臂状态变成单悬臂状态,最后跨中合龙,形成连续梁受力状态。施工过程中存在梁的受力结构体系转换,结构由双悬臂状态转换成单悬臂受力状态时,梁体某些部位的弯矩方向发生转换,所以在拆除梁墩锚固前,按设计要求,张拉预应力束。梁墩临时锚固的放松,均衡对称进行,确保逐渐均匀地释放。在放松前测量各梁段高程,在放松过程中,注意各梁段的高程变化。

1. 施工准备

悬臂梁段浇筑完毕,拆除悬臂挂篮;清除箱顶、箱内的施工材料、机具,用于合龙段施工的材料、设备有序放至墩顶;在T构两悬臂端预备配重水箱。

2. 边跨合龙段支架及模板

边跨合龙段与边跨等高度现浇段一样,采用万能杆件支架支模施工。悬臂梁段浇筑完毕,拆除挂篮,接长边跨等高度现浇段支架,搭设合龙段支架,支架的搭设与现浇段要求一样。外模及底模采用挂篮模板,内模采用组合钢模。

3. 合龙锁定

合龙前使悬臂端与边跨等高度现浇段临时连接,保持相对固定,合龙段混凝土在浇筑及早期硬化过程中无明显的体积改变,锁定时间按合龙段锁定设计执行,临时“锁定”是合龙的关键,合龙“锁定”遵循又拉又撑的原则,即“锁定”包括焊接劲性骨架和张拉临时预应力束。支撑劲性骨架采用“预埋槽钢+连接槽钢+预埋槽钢”三段式结构,其断面面积及支承位置根据锁定设计确定。合龙时,在两预埋槽钢之间设置连接槽钢,并由联结钢板将连接槽钢与预埋槽钢焊接成整体，同时注意焊缝设在不同截面处。临时预应力束按设计布置，临时预应力张拉吨位按锁定设计确定，劲性骨架顶紧后进行张拉，临时束张拉锚固后不压浆，合龙完毕后拆除。解除 T 构墩梁临时支座固结，同时锁定一侧墩顶永久支座(有固定支座的 T 构与边跨现浇段合龙时，不存在锁定永久支座)。

(六)中跨合龙

1. 吊架及模板安装

中跨合龙梁段采用合龙吊架施工，合龙吊架和模板采用施工挂篮的底篮及模板系统，施工吊架如图 4-3-7 所示。安装步骤如下：

(1)将挂篮的底篮整体前移至合龙段另一悬臂端；

(2)在悬臂端预留孔内穿入钢丝绳，用几组滑车吊起底篮前横梁及内外滑梁的前横梁；

(3)拆除挂篮前吊杆；

(4)用卷扬机调整所有钢丝绳，使底篮及内外滑梁移到相应位置，安装锚杆、吊杆和联接器，将吊架及模板系统锚固稳定；

(5)将主桁系统退至 0 号梁段后拆除。

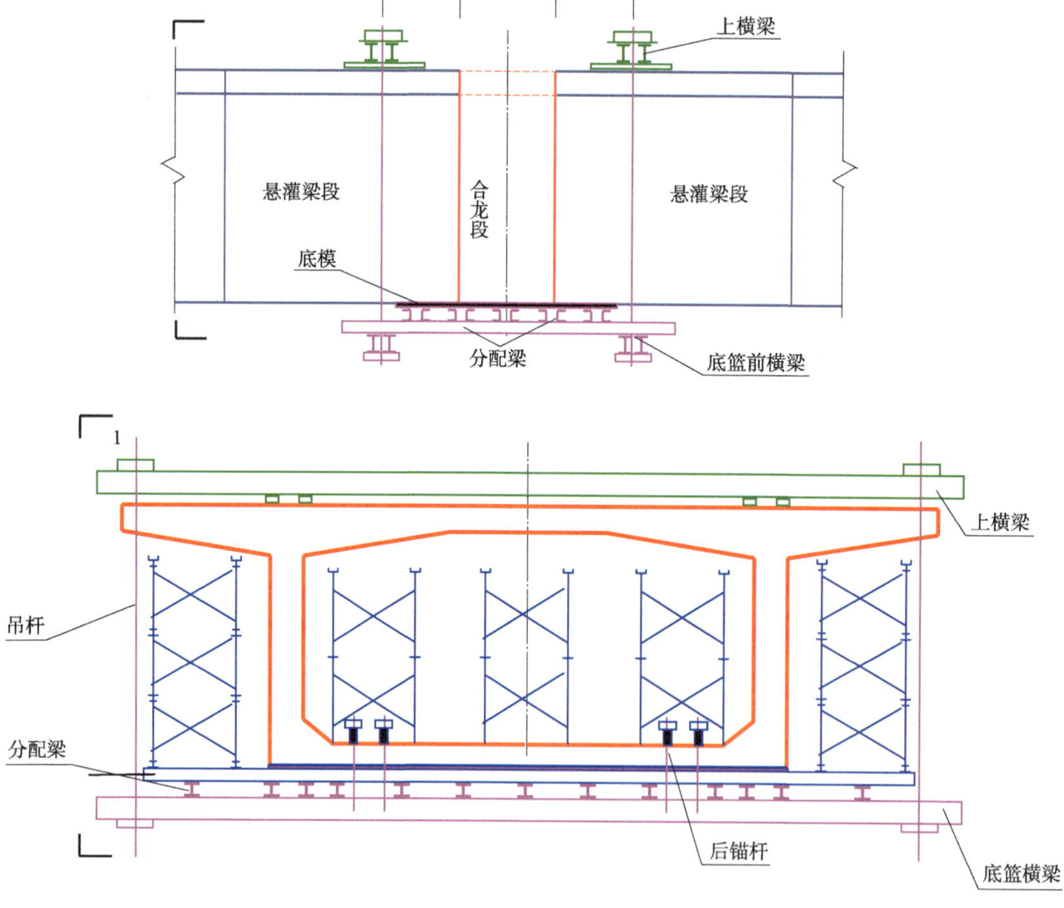

图 4-3-7　中跨合龙段吊架布置示意图

2. 合龙锁定

合龙前使合龙段两共轭悬臂端临时连接，保持相对固定，在浇筑及早期硬化过程中无明显的体积改变。合龙前除 T 构悬臂端按平衡要求设置平衡重外，还按施工控制要求对合龙段处采取调整措施。合龙段支撑劲性钢骨架施工及临时预应力束张拉施工同边跨合龙段施工。解除连续梁墩顶的临时锁定，并切断该墩临时支座锚固钢筋，完成体系转换。

(七)平衡设计

合龙段施工时，每个T构悬臂加载尽量做到对称平衡。合龙前，悬臂受力以弯矩为主，故平衡设计遵循对墩位弯矩平衡的原则，平衡设计中考虑合龙吊架自重及混凝土浇筑前作用于合龙吊架的荷载，直接作用于悬臂的荷载及合龙段混凝土重量。为了使合龙锁定之后骨架处于“不动”，薄弱处不受剪破坏，平衡配重要在合龙锁定之前加到相应悬臂端。

(八)钢筋工程

钢筋由工地集中加工制作，运至现场由塔吊提升、现场绑扎成型。0号段钢筋分两次绑扎，第一次安装底板及腹板钢筋，第二次安装翼缘板及顶板钢筋，其他梁段钢筋一次绑扎成型。顶板、腹板内有大量的预埋波纹管，为了不使波纹管损坏，一切焊接在波纹管埋置前进行，管道安装后尽量不焊接，当普通钢筋与波纹管位置发生矛盾时，适当移动钢筋位置，准确安装定位钢筋网，确保管道位置准确。

悬灌梁段及现浇段钢筋绑扎流程：先进行底板普通钢筋绑扎及竖向预应力钢筋梁底锚固端(包括垫板、锚固螺母及锚下螺旋筋)的安装，再进行腹板钢筋的绑扎、竖向波纹管及预应力钢筋的接长、腹板内纵向波纹管的安装，最后进行顶板普通钢筋的绑扎、顶板内纵向波纹管的安装、横向钢绞线及波纹管的安装。

(九)预　埋　件

预埋件分为结构预埋件和施工用预埋件。安装预埋件时先进行施工放样，在每次浇筑混凝土之前，仔细检查各预埋件的数量并复测其位置，确认无误后方进行混凝土浇筑。

(十)混凝土工程

采用高性能混凝土，通过现场搅拌站供应，搅拌输送车运输，混凝土输送泵输送入模，插入式振捣器捣固。混凝土水平分层浇筑，一次性完成，先底板，后腹板，再顶板。悬臂段浇筑时确保每个T构对称进行，混凝土输送从中间向两端对称泵送，分层浇筑时每层30 cm，从前端向后端浇筑，在前层混凝土初凝之前将次层混凝土浇筑完毕，保证层间无施工冷缝。

在浇筑箱梁混凝土的过程中，及时测量挂篮主桁、前后横梁、底板、腹板、顶板挠度变化，发现实际沉落与预留量不符合时，采取措施避免结构超限下垂。箱梁质量检查包括已成型各梁段的线性检查，截面尺寸检查及主桥梁的中线检查。在早晨温度变化较小的时候测出顶板上观测点的中线，定出基线，检查主梁中线偏位情况，将检测结果报监理工程师和设计院。混凝土浇筑完毕后，顶面采用麻袋覆盖并浇水养护，箱内及侧墙用流水养护。

(十一)预应力工程

三向预应力施工按先纵向后竖向再横向的顺序进行。

1. 预应力筋及其管道的安装

(1)纵向预应力。纵向预应力管道，设置定位钢筋定位，管道中穿入PVC管保持管道顺直。在混凝土浇筑过程中，经常转动PVC管，防止预应力波纹管漏浆“凝死”PVC管，在混凝土浇筑完毕初凝后抽出。纵向预应力钢绞线用穿束机穿短束，卷扬机整束牵引穿长束。

(2)竖向预应力。为确保竖向预应力筋的位置准确、垂直，在中部采用定位钢筋，在顶面用角钢定位。竖向预应力筋锚固端与梁体钢筋位置发生矛盾时，保证锚垫板和锚下螺旋筋的位置准确而调整梁体钢筋位置。竖向预应力钢筋用切割机切割，预应力钢筋垂直预先安装。

(3)横向预应力。横向预应力钢绞线及波纹管在竖向和纵向预应力管道安装完毕后安装。横向预应力钢绞线采用先穿后安的方法。

2. 预应力张拉及锚固

预应力张拉设备使用与锚具相配套的千斤顶及油泵，使用前先进行标定，确保张拉质量。张拉时做到对称、平衡。

(1)纵向预应力采用 YCW400 型千斤顶张拉，先腹板束，后顶板束，左右对称张拉。

(2)横向预应力钢束为扁形锚具锚固，采用 YDC240 型千斤顶利用悬臂板的支架搭设工作平台，由 0 号段中心向两侧逐束双向张拉。

(3)竖向预应力钢筋在安装前均按设计张拉力在台位上进行预拉，其锚固端在施工前先将螺母及垫板用环氧树脂将螺母下端与粗钢筋固定，采用 YG70 型千斤顶由 0 号段向两边与桥轴线对称单向张拉。

(4)预应力筋张拉采用张拉力与伸长量双控，以张拉力为主，实际伸长量与计算伸长量差值控在±6%以内，张拉时混凝土强度及弹性模量达到设计规定强度，张拉步骤严格按照设计或规范要求进行。

3. 压浆及封锚

纵向预应力除在两端分别设置压浆孔和出浆孔外，还按规范要求在中间设接力压浆孔。横向和竖向预应力管道，每一段设压浆嘴、排气孔各一个。相邻两根竖向预应力管道下部采用钢管相连，上部一根为进口，一根为出口，上端排气孔采用在锚板上拉缝留孔的方法处理。压浆工艺与支架现浇梁相同，采用不低于设计等级的微膨胀混凝土封锚。

第五节　特殊结构桥梁施工

本部分主要介绍邹淄特大桥跨越济青高速公路 144 m 简支拱这一特殊结构桥梁的施工过程。

一、工程简介

邹淄特大桥在 DK66+870 里程处与青银高速公路交汇，线路交叉角度 30°59′，设计采用 1-144 m 简支拱预应力混凝土梁与钢管混凝土加劲拱组合结构体系跨越；367 号、368 号主墩在高速两侧，采用钻孔桩＋承台基础，钻孔桩桩径 2.0 m、桩长均为 66 m；承台尺寸均为 24 m×13.6 m×4 m，367 号墩承台边缘与济青高速坡脚最小距离为 10.14 m，与扩能改建的青银高速路基边缘最小距离为 2.14 m，承台基坑开挖深度 5.9 m；368 号墩承台边缘距济青高速坡脚最小距离为 10.74 m，与扩建青银高速坡脚 2.74 m，承台基坑开挖深度 6 m。主跨系杆拱梁底距离高速公路路面高度 9.17 m，满足设计净空不小于 5.5 m 要求。

(一)拱　　肋

拱肋轴线跨度 144 m，支座中心距梁端各 2 m，梁全长 148 m，矢跨比为 1∶5，拱肋立面投影矢高 28.52 m，拱肋采用二次抛物线。拱肋在横桥向内倾 8°，采用尼尔森吊杆体系。拱顶处两拱肋中心距 8.884 m。拱肋横断面采用哑铃型钢管混凝土等截面，截面高度 4.0 m，钢管直径 1.3 m，由 20 mm 的钢板卷制而成，每根拱肋的两钢管之间用 $\delta=20$ mm 的腹板连接。每隔一段距离在圆形钢管内加劲箍，在两腹板中焊接拉杆。拱管内灌注 C55 补偿收缩混凝土。

（二）支　　撑

拱肋之间设 1 道一字撑和 6 道 K 撑，一字撑采用外径 1.5 m 的圆形钢管组成，斜撑采用外径 0.9 m 的圆形钢管组成。钢管内均不填充混凝土。

（三）吊　　杆

吊杆布置采用尼尔森体系，在吊杆平面内，吊杆水平夹角为 50.8°～73.1°之间；横桥向水平夹角为 82°。吊杆间距为 8 m，两交叉吊杆之间的横向中心距为 341 mm。吊杆均采用 127 根 ϕ7 mm 高强度低松弛镀锌平行钢丝束，冷铸墩头锚，索体采用 PES(FD)底应力防腐索体，并外包不锈钢防护。吊杆张拉端设置于拱肋端。吊杆内设磁通量传感器以便对施工过程及后期吊杆应力进行长期监测；全桥设 32 对吊杆。

（四）梁　　部

系梁全长 148 m，梁端采用实心矩形断面，宽 19.3 m、高 3 m(不含桥面坡)，两端实心段各长 8.5 m。普通段宽采用单箱三室截面，宽 18.5 m，高 3 m(不含桥面坡)，长 131 m。箱梁顶板厚度 35 cm，梁端局部加厚 85 cm；底板厚度 35 cm，梁端局部加厚至 85 cm；横向四氟板厚度 35 cm，梁端局部加厚至 135 cm(边腹板加厚至 130 cm)；吊点处设横梁，横梁厚度 40～60 cm。

二、主要施工方案及工艺

该工程本着以人为本，技术先进，经济合理的原则进行组织实施，施工过程中对受影响的青银高速公路的部分地段进行交通管制，安排专人进行交通疏导，确保交通安全。施工过程中严格控制材料消耗，减少建筑垃圾的产生，保护环境不受污染。该工程在 2016 年 6 月初图纸到位后 7 个昼夜完成施组编制，75 天完成梁体浇筑，35 天完成拱肋拼装，累计 150 天全桥竣工，2016 年 9 月 30 日全桥顺利合龙。

（一）支架施工

1. 地基处理

(1)地基处理方法

根据支架条形基础布置方式及范围，对条形基础下部土基进行加固处理，地基处理大小为条形基础长度、宽度方向每边加大 1 m。检测原地基承载力为 120～160 kPa，不能满足检算承载力要求，进行换填处理。经计算，采用换填 50 cm 厚级配碎石，分层填筑、分层压实，分层厚度按 25 cm 控制。换填完毕后检测地基承载力，满足要求后施工条形基础。高速公路部分地基承载力经现场调查，满足要求，不需处理。

(2)地基承载力检验

地基检验内容包括基底地质情况、基底承载力、地基处理后的排水情况和实际承载力。基底地质检验采用直观法或轻型触探仪触探法。地基处理好后，进行地基处理检验验收，验收数据以地基承载力检验为主，检验方法采用轻型动力触探法，检验数据不小于检算基础承载力。

2. 条形基础施工

根据现场实际情况，该桥需布置 14 条条形基础，其中高速公路中央分条形基础均采用 C25 钢筋混凝土。为防止基础滑动及污染路面，浇筑高速公路上的条形基础前，先在路面上铺设一层塑料薄膜，然后铺设一层油毛毡。条形基础内部安放 ϕ16 mm 钢筋骨架，布置间距 200 mm，箍筋采用 ϕ10 mm 钢筋，布置间距 200 mm。在条形基础顶面螺旋管位置预埋 700 mm×700 mm×16 mm 钢板。条形基础施工模板采用竹胶板外背方木，混凝土由混凝土罐车直接运至施工现场后浇筑。

隔带两侧硬路肩顺高速公路布置 2 条，长 72 m、宽 0.75 m、高 1 m；高速公路两侧护坡上顺高速公路方向分别布置 1 条条形基础，长 65 m、宽 3 m、高 1 m；其余高速公路两侧顺线路各布置 5 条条形基础。

3. 支墩施工

临时支墩采用 ϕ529 mm×10 mm 的螺旋焊管，材质 Q235 钢材，垂直于线路的条形基础。

钢管顶端用 20 mm 厚的钢板焊接封口，底部与预埋的定位钢板焊接牢固。顶部钢板尺寸为边长 60 cm 的正方形，焊接要求满焊，顶部钢管周围 8 个方向焊接小块钢板作为加强肋板。钢管底部除了与钢板焊接外还用钢筋进行绑焊，焊接长度不小于 15 cm，保证施工质量。横向立柱之间设置剪刀撑及横撑，采用 L75 mm×75 mm 等边角钢焊接安装，剪刀撑高 3 m，宽距按照立柱间距执行，竖向两支撑间步距 2～3 m。管节高度根据实测标高进行下料，管节安装采用人工配合 25 t 吊车进行安装。钢管顶设砂箱落架结构层。

4. 主横梁安装

主横梁采用双拼 I56a 工字钢(材质为 Q235)，紧贴立柱中心线布置。长度需要接长时，采用 1 cm 厚钢板全断面邦焊工艺(焊口 1 cm)，两根工字钢接头错开，放在不同的立柱上，严禁接头悬空。

I56a 双拼工字钢主横梁与下部直径 ϕ529 mm 钢管立柱顶钢板焊接，由于钢构件弹性和挠度等因素或直径 ϕ529 mm 钢管立柱顶钢板水平不标准而造成主横梁悬空时，主横梁与下部连接处采用下垫钢板电弧焊焊接；与上部主纵梁采用 U 形卡螺栓进行固定连接。

5. 贝雷片安装

青银高速公路在桥跨处限高为 5.5 m，经现场实测，现公路路面距离系梁底最低高度为 9.17 m(支座高度按 20 cm 考虑)，结合型钢支架的结构尺寸，布置单层贝雷梁底至高速公路路面的净高最低为 7.2 m，满足净空要求。对桥位处跨青银高速公路范围内垂直布置 116 组贝雷片(每幅道路 58 组)，在高速公路外侧顺桥向布设贝雷片，同跨越高速公路处的贝雷片采用异型贝雷片过渡。贝雷梁顶部的横向分配梁采用 I12 的工字钢，横桥向每侧伸出 2 m，在工字钢上铺设 10 cm×10 cm 方木及竹胶板。

贝雷梁在吊装位置附近拼装成整体后，吊车吊装到临时支墩上的设计位置，片与片间除采用支撑架进行连接外，增加横连槽钢与 U 形螺栓连成整体。贝雷梁搭设时采用“单幅封闭，单幅通车”的交通组织方案。

6. 分配梁安装

横向分配梁采用 12 槽钢，间距 60 cm。分配梁顶部铺设底模，底模采用竹胶板外背 20 cm×20 cm 方木。

7. 支架预压

支架搭设完毕并铺设底模后，对支架进行预压，消除非弹性变形，其预压重量不小于梁体混凝土重量、钢管混凝土拱与梁上支架重量之和的 1.2 倍。预压材料采用砂袋作为预压体，砂袋均布在底模上，加压顺序与浇筑混凝土顺序一致。预压考虑腹板等主要结构处的受力分布。

该桥梁体重量约为 9 915 t，钢管混凝土拱与梁上支架重量约为 3 903 t，堆载预压按照混凝土浇筑顺序分阶段预压，按照平均分配计算预压重量约为 6.04 t/m^2。堆载预压采用分级加载的方法进行。压重的先后顺序按照混凝土的浇筑顺序进行，先浇筑混凝土的部位先压重，后浇筑混凝土的部位后压重，荷载分别按设计荷载的 50%、75%、100%、120%进行。

预压过程中加强对支架的变形观测，测设时分别在支架顶端沿梁纵向范围内每隔 5.0 m 设置一排测点，横向均匀布设三个测点，按照 0.5、0.75、1.0、1.2 四级分级加载，并分级观测记录变形值，在预压前先将测点标出，并记录好标高，作为沉降观测的基准。

预压荷载加载时，遵循整体、均匀、分层进行的原则对称进行。预压荷载加载完毕后，测量各观测点标高。每 2 h 观测一次，确定支架稳定后卸除荷载，预压时间视支架地面沉降量定，支架日沉降量不大于 2.0 mm（不含测量误差）时为支架稳定，一般梁跨预压时间为 2 d。

8. 支架卸载及标高调整

地基沉降稳定后卸除荷载前测量各点标高。卸载过程的操作与加载过程相反，对称进行。荷载卸除完毕后，测量各点标高。卸载之后组织人员对支架进行一次全面检查，根据检查记录，及时调整、抽换与方木接触不良或弯曲变形的立杆。

支架标高调整：测量采用精密水准仪，测量人员用专用表格对每次测量数据进行详细记载，根据现场采集的数据及时进行计算、分析、处理、修正，得出系统变形值。根据测出梁段荷载作用下支架产生的弹性变形值及非弹性变形值，及张拉以后的起拱量与施工控制中提出的因其他因素需要设置的预拱度叠加，算出施工时采用的预拱度，以此重新调整底模标高，以确保成桥后的梁体线型满足设计要求。预拱量采用厚度分别为 1～10 mm 的各种薄钢板在相应设计位置处水平支垫底模的横梁。调节预拱度时，由水准仪配合，精确测量。

（二）支座安装

该简支系杆拱支座型号采用 TJQZ-8361-T-50000DX-e150-0.2g-60、TJQZ-8361-T-50000HX-e150-0.2g-60，多向活动支座设置于 367 号墩，横向活动支座设置于 368 号墩。安装前认真检查支座连接是否正常，但不随意松动上、下座板连接螺栓，并按设计要求调节好多向支座的纵向预偏心值。对垫石进行仔细标高检查，垫石顶面四角高差不大于 2 mm。

该系列支座采用地脚螺栓＋底柱的连接方式，在墩台顶面支承垫石部位需预留孔，预留孔直径为底柱直径加 60^{+20}_{0} mm，深度为底柱长度加 50^{+20}_{0} mm。预留孔中心及对角线位置偏差不超过 10 mm。

1. 支座安装工艺

球型支座在工厂组装时，仔细调平，对中上、下座板，用连接螺栓将支座连接成整体。支座纵向预偏量系指构件中心线纵向偏离理论中心线的位置。设 Δ_1 为梁部在预应力、二期恒载及收缩徐变作用下引起的各支点处的位移量，Δ_2 为各支点由于实际合龙温度与计算合龙温度之差引起的位移量，各构件中心处的纵向预偏量由 $\Delta=-(\Delta_1+\Delta_2)$ 求得，式中负号表示按计算所得的位移量反方向设置预偏量。该桥合龙温度（14±5）℃，施工过程中根据具体的合龙温度、预应力情况、施工工期等确定合理的预偏量。

拧紧支座上锚栓和地脚锚栓，凿毛支座就位部分的支承垫石表面，清除预留锚栓孔中的杂物，安装灌浆用模板，并用水将支承垫石表面浸湿。

吊装支座，用混凝土垫块(垫块为楔形)置于支座四角，找平支座，并将支座调整到设计标高，在支座底面与支承垫石之间预留 20～30 mm 的空隙，安装灌浆模板，模板底面设置一层 4 mm 厚的橡胶防漏条，通过膨胀螺栓固定在支承垫石顶面。

检查支座中心位置及标高后，用无收缩高强度浆料，采用重力注浆方式，灌浆前计算所需的浆体体积，灌浆过程从中心部位向四周注浆，直至从钢模与支座板周遍间隙观察到灌浆材料全部灌满为止。

灌浆材料终凝后，拆除模板及四角混凝土楔块，检查是否有漏浆处，必要时对漏浆处进行补浆，并用砂浆填堵楔块抽出后的空隙，拧紧下座板地脚螺栓，待体系转换后，及时拆除各支座的上、下座板连接螺栓。

安装完毕对支座情况进行检查，及时涂装预埋板及锚栓外露表面，以免生锈。

2. 支座防尘装置的安装

支座就位前，取出吊环螺栓。支座就位时，在钢套箱和上下座板结合面布设橡胶或石棉垫圈后拧紧锚固螺栓，随后在支座周围进行临时防尘保护(用橡胶围板或薄铁皮等)。上部结构施工过程中，支座保持洁净，且不受机械损伤、灼热、污染或其他不利因素的影响，并保持支座均匀受力。阶段施工完成后，拆下临时防尘材料、调平和锁定装置。上部施工完成后，将支座防尘装置装好。

(三)系梁施工

1. 模板制作及安装

系梁模板分底模板、侧模及内模。底模铺设在工字钢分配梁顶上，采用大块竹胶板进行组装。底模板与支座连接处用乳胶拌和水泥抹密实不漏浆。外侧模采用定型钢模板，侧板压在系梁底板上。内模采用压缩板加工成整体后吊装，竹胶板采用 10 cm×10 cm 方面支撑加固定，外侧摸采用拉杆对拉。系梁的顶板内模按设计位置留设天窗洞，作为拆除系梁内模板的预留洞。系梁两端底板上设方形进人孔，中腹板上设圆形检查孔。端头处的内外模板安装完成后，将内外模一起固定，以便调整相互之间的位置。

2. 钢筋加工及安装

(1)钢筋加工

钢筋进场时，按批抽取试件做力学性能(屈服强度、抗拉强度和伸长率)和工艺性能(冷弯)试验，其质量符合设计要求和国家现行标准《钢筋混凝土用钢》(GB 1499)等的规定。

钢筋在钢筋厂集中加工，由大板车运至施工场地进行现场绑扎施工。由于梁体的纵横隔梁及边箱结构变化较多，钢筋按照各部位放样加工并编号，分类堆放，防止混用。

(2)钢筋安装

梁体钢筋整体绑扎，先进行底板及腹板钢筋的绑扎，然后进行隔板、顶板钢筋的绑扎，顶板、底板及腹板钢筋之间均设有 ϕ12 mm 的联系钢筋，钢筋间距顶腹板不大于 45 cm，底板间距不大于 30 cm，呈梅花形交错布置。通过进人孔、检查孔处的钢筋需截断，并在孔边设置护面钢筋、加强钢筋。当梁体钢筋与预应力孔道位置相碰时，适当移动梁体钢筋或进行适当弯折。为了不使金属波纹管损坏，一切焊接在波纹管埋置前进行，管道安装后尽量不焊接。节段连接钢筋保证外露长度，不能切断再焊接；节段间钢筋连接采用焊接的方式，纵向钢筋在同一截面的焊接将接头错开。

梁体钢筋最小净保护层厚度均不小于35 mm。钢筋及绑扎铁丝尾带不伸入净保护层内。采用混凝土垫块控制净保护层厚度,垫块采用与梁体同等强度的材料,保证梁体的耐久性。

所有梁体预留孔处均增设相应的环状或螺旋状钢筋;桥面泄水孔处钢筋适当移动,并增设井字形钢筋进行加强;施工中为确保腹板、顶板、底板钢筋的位置准确,根据实际情况加强架立钢筋的设置,采用增加架立筋数量或增设W型或矩形的架立钢筋等措施。

3. 预应力筋及孔道布置

(1)波纹管的安装

波纹管接头长度不小于300 mm,并用密封胶带封口,保证接头不变形,无渗漏现象。波纹管的定位钢筋采用焊接钢筋定位网片与普通钢筋共同绑扎,保证在水平方向误差不超过5 mm,竖向误差不超过5 mm,间距100 cm,平弯和竖弯处定位钢筋间距加密到50 cm。安装波纹管后在其邻近部位施焊时,在安装好的波纹管上覆盖铁皮,避免电火花烧伤管壁。除设计图纸规定的压浆出口外,在每束钢绞线竖向最高点增加一个排气孔。波纹管与锚垫板间接触部位采用树脂胶泥进行封堵,避免混凝土进入。预应力管道关键就是其坐标位置的准确性及连接质量,在安装预应力管道时保证坐标位置准确,管道平直顺畅;穿束、电焊、振捣及其他相关作业时,避免损伤预应力管道(波纹管)。

(2)穿预应力束

骨架钢筋绑扎结束后,先穿入波纹管,按给定坐标固定好位置,然后穿入钢绞线,穿束时分根进行编号,且钢绞线头用塑料套头套住,避免钢束穿破波纹管。

纵向预应力筋及横梁内预应力筋采用抗拉强度标准值为1 860 MPa的高强度低松弛钢绞线,公称直径15.2 mm,技术条件符合GB/T 5224—2003标准。采用OVM系列锚具及锚固体系,技术条件符合TB/T 3193—2016标准。张拉采用与之配套的锚具设备。

由于钢筋、管道密集,预应力管道与普通钢筋发生冲突时,允许进行局部调整。调整原则是先普通钢筋,后横向预应力钢筋,保持纵向预应力钢筋管道位置不动。

横向预应力钢筋张拉槽处的梁体钢筋可切割。梁体腹板箍筋与预应力钢束干扰时,切割腹板箍筋在相应的位置加补强钢筋,并满足锚固长度。顶板纵向预应力钢束下弯锚固时,锚垫板切割梁体纵向钢筋采取补强措施。在张拉槽口内被截断的钢筋在封锚时恢复原位并按要求焊接。纵、横向预应力筋均为两端张拉,施工时穿入波纹管同步预埋。

4. 预埋件安装

梁体内部排水孔、通风孔等预留孔道按图纸设计位置统一采用PVC管预埋,并利用井形钢筋固定,并增设ϕ10 mm、圆环直径180 mm的钢筋环,上下均用胶带封闭,避免混凝土浇筑过程中造成堵塞。上层通风孔距离顶板约为0.85 m,上下两层通风孔距离1.3 m,纵向间距约5 m,通风孔与预应力筋管道或锯齿块相碰时,适当移动位置,并保证与预应力筋管道的净保护层大于1倍管道直径。

拱肋钢管预埋段根据图纸坐标准确定位后安装,设置角钢劲性骨架,保证拱肋钢管定位准确,拱脚混凝土与相应主梁混凝土整体浇筑,避免在拱梁结合面处出现施工缝。接触网基础、挡渣墙、竖墙钢筋严格按照设计位置预埋。

5. 混凝土浇筑

系梁支架现浇段的高度为3.0 m,且截面为单箱三室,隔板较薄,内径尺寸狭窄,全长为

148 m。为保证施工质量，系梁分三段浇筑，由中间分别向两端施工。施工中保证端系梁与拱脚一次浇筑成型，拱脚与梁部的交界面及拱脚全高范围内均不设置施工缝。

混凝土由底板向顶板，由中间向两端逐一分层灌注，分层厚度 30 cm 左右，采用插入式振捣器振捣。腹板、隔板混凝土从内侧模上预留窗口插入振动棒，待混凝土浇筑一定高度后再封好窗口模板，振捣时尤其注意锚垫板和下倒角处混凝土的密实性。当预应力管道密集、空隙小时，配备小直径 30 型的插入式振捣器，振捣时不在钢筋上平拖，不碰撞预应力管道、模板、钢筋、辅助设施。浇筑顶板混凝土过程中，严格控制梁面的排水坡度。

因系梁断面高而狭，配筋密，预埋件及波纹管纵横交错，采用级配连续的中小石子，同时在混凝土中加入复合外加剂，在满足混凝土坍落度的同时，确保混凝土强度。在系梁混凝土初凝后，用单筒卷扬机将预应力钢绞线束左右拖拉数次，以防止沿波纹管渗入的砂浆粘住钢绞线束。用蛇皮布将外露的钢绞线包裹起来直至锚板口，以防雨水进入波纹管内及钢绞线锈蚀。

6. 系梁拱脚大体积混凝土施工

系梁及拱脚设计为 C55 混凝土，在混凝土原料的选择、配合比试验、拌制工艺上严格按要求执行。采用高标号水泥，尽量减少水泥用量，降低水化热。选用粒径为 5～31.5 mm 的级配碎石配制的混凝土，和易性较好，抗压强度较高，同时减少用水量及水泥用量，从而使水泥水化热减少，降低混凝土温升。为了改善混凝土的和易性便于输送，掺加适量的粉煤灰、矿渣粉。在混凝土中掺加减水剂降低水化热峰值，对混凝土收缩有补偿功能，使混凝土的抗裂性提高。降低入模前混凝土浇灌的温度。

混凝土浇筑完成后，覆盖双层土工布浇水养护，原则上维持 5 d 湿润覆盖状态，如 5 d 内混凝土中心温度与大气温度温差已小于 10 ℃，则视情况提前撤除，如 5 d 仍达不到此标准，则继续湿润覆盖，但浇水养护期始终不少于 14 d。混凝土养护期间注意保温，派专人测温，保证混凝土芯部与表层、表层与环境之间的温差不超过 20 ℃。在条件许可时，采取在混凝土表面喷雾降温、湿润空气养护。保湿养护期间，采取遮阳和挡风措施，并控制温度和干热风的影响。

7. 张拉、压浆、封锚

(1)张　　拉

待梁体混凝土强度达到设计值的 95%，弹性模量达到设计值的 100%，并且保证张拉时梁体混凝土龄期不小于 5 d 后张拉。预应力采用两端同步张拉，并左右对称进行，最大不平衡束不超过 1 束，从外到内左右对称进行，每节段先张拉纵向再横向预应力钢束，并及时压浆。预应力采用双控措施，张拉时确保“三同心两同步”，“三同心”即锚垫板与管道同心，锚具和锚垫板同心，千斤顶和锚具同心。“两同步”即现浇箱梁两侧两端均匀对称同时张拉。预应力值以油压表计数为主，对伸长值进行校核。预应力过程中保持对称束两端的伸长量基本一致。

(2)管道压浆

孔道压浆顺序是先下后上，集中在一处的孔一次压完。对曲线孔道和竖向孔道由最低点的压浆孔压入，由最高点的排气孔排气和泌水。压浆使用活塞式压浆机以压力 0.5～0.7 MPa 缓慢均匀进行，从一端到另一端压浆，由于输浆管道长，适当增加压力，压浆到最大压力时，持压一段时间，直至另一端水泥浆饱满溢出，并排出规定稠度的水泥浆为止。水泥浆温度控制在 5 ℃～25 ℃。温度高于 35 ℃时，压浆在夜间进行。

钢绞线张拉后，孔道 48 h 内用压浆泵尽快压浆，留取不少于 3 组 7.07 cm×7.07 cm×

7.07 cm 的试件，标准养护 28 d，检查其抗压强度。

(3)封　　锚

为提高结构的耐久性，封锚前对锚具进行防水处理，并设置封端钢筋网，利用锚垫板上安装螺孔拧入带弯钩螺栓，封锚钢筋与之绑扎形成钢筋骨架，纵、横向预应力封端混凝土浇筑养护结束后，对周边新旧混凝土接缝处，满涂聚氨酯防水涂料，防水涂料厚为 1.5 mm。

8. 拆模及养护

当混凝土达到拆模强度后拆除模板，待箱梁混凝土达到设计强度 100%，且吊杆施工完成后，拆除箱梁底模，先拆跨中，后拆两端。

箱梁混凝土浇筑完成后及时进行养护，梁面上部采用铺土工布并洒水养护的措施，梁体内部采用蓄水的办法进行养生。在养护期间，保持混凝土面湿润。对混凝土外露面，在表面收浆、凝固后用土工布覆盖，并经常在模板、土工布上洒水，混凝土养护期间或未达到一定强度之前，不受力扰动，并设置明显的警示牌。

(四)钢管拱施工

钢管拱的施工流程：在工厂生产、预拼→(合格后)防腐涂装→产品验收出厂、运输→现场按序码放→汽车吊吊装底节钢管拱肋→对称安装钢管拱肋直至合龙(同时焊接 K 撑等横联)→用顶升法灌注钢管内混凝土(先下管后上管再腹板)→拆除拱肋安装支架→吊杆安装→张拉吊杆(分两次张拉)→桥面工程施工→验收运营。

为确保工程质量，在进行钢管拱制造招标时，选择信誉高、实力强、证照齐全的厂家作为供应商，进行钢管拱制造，出厂前预拼。单元构件在工厂内按预定检验项目，在厂内先平面预拼，检查线型，误差不超过规定值，焊接拱肋腹板，联接临时法兰角钢，再立体试拼，试装横撑、K 撑，检验合格后发往工地。

1. 钢管拱拱肋加工

该桥拱肋采用二次抛物线，矢跨比 $f/l=1:5$，拱肋立面投影矢高 28.52 m(28.8 m×cos8°)，拱肋面内方程为 $Y=4\times28.8(144X-X^2)/144^2$。拱肋在横桥向内倾 8°，采用尼尔森吊杆体系。拱顶处两拱肋中心距 8.884 m。拱肋横断面采用哑铃形钢管混凝土等截面，截面高度 4.0 m，钢管外径 1.3 m，由 20 mm 钢板卷制而成。

结合设计文件和吊装能力，将每片拱肋划分为 2 个拱脚预埋段和 7 个中间吊装段，拱肋间共设 1 道一字撑和 6 道 K 撑。一字撑采用外径 1.5 m 的圆形钢管组成，斜撑采用外径 0.9 m 的圆形钢管组成，壁厚 24 mm。

2. 拱部支架施工

拱肋支架采用 ϕ400 mm×8 mm 钢管，钢管材质为 Q235 钢。钢管支架搭设于系梁上方，钢管的搭设位置根据拱肋接头的位置进行布置，该桥将拱肋节段划分为 7 段，布设整体支架 12 套。为确保钢管支架的稳定，钢管间采用槽钢进行连接加固，槽钢主要采用[18b 和[10 两种规格，侧面设置[18b 槽钢剪撑。钢管底部均焊接一块 100 cm×100 cm×1.6 cm 钢板，钢管顶部均焊接一块 80 cm×80 cm×1.6 cm 钢板，且钢板与钢管间沿周边对称焊接三角形加劲肋钢板。钢管架搭设前先对每段拱肋垂直投影位置进行测量放样，并在系梁顶板面上选取几个特征点测出其标高作为钢管架搭设参考点。钢管支架的布置如图 4-3-8 所示。

桥面下设 2 台 500 t 汽车吊、2 台 80 t 汽车吊，其中 500 t 吊车用来吊装拱肋，80 t 汽车吊

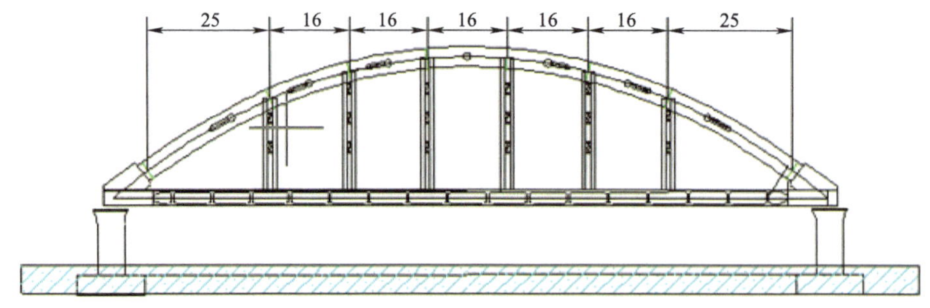

图 4-3-8　拱肋安装支架布置图(单位:m)

用来拼装支架;由 500 t 汽车吊按顺序逐段将拱肋吊装到支架上进行焊接拼装,吊装拱肋时遵循左右对称、前后对称的原则,最大不平衡安装不超过一个吊装节段。两跨拱同时从拱脚向拱顶施工,因此节段运输也按吊装顺序进行。

拱肋安装按照如下步骤进行:提前确定拼拱支架在梁面上的具体位置并预埋好连接钢板→安装拼拱支架及支架连接系、拉缆风绳→拼拱支架检查验收合格后,进行拱肋节段及横撑的安装,边安装边调整线型→两侧拱肋对称安装(预留合龙段)→安装合龙段→安装横撑→整体焊接。

支架顶安装 50 cm 长的可调座,以便卸架和标高调整,如图 4-3-9 所示。支架搭设前按照拱圈坐标在主梁上确定出拱架钢管位置,人工拼装拱架。钢管架搭设的同时,安装好人行道侧面的安全网设施。

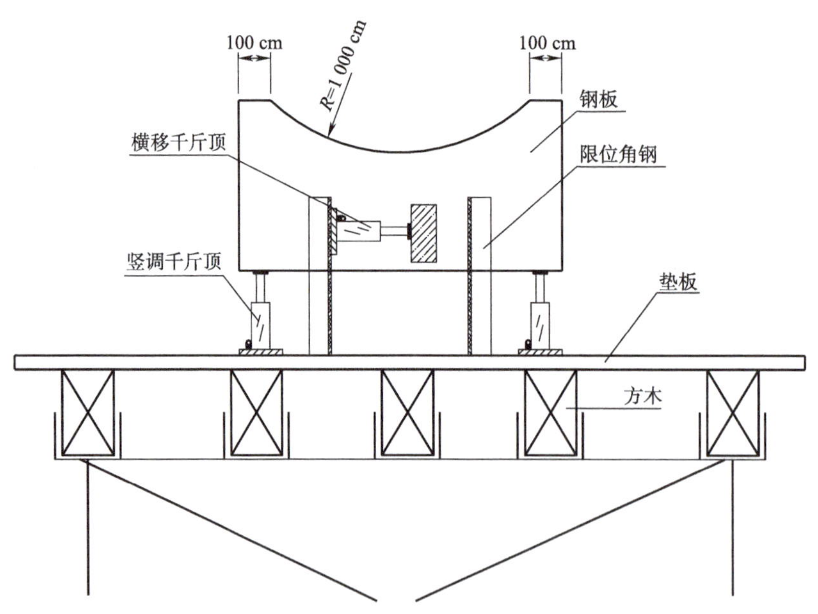

图 4-3-9　拱肋钢管座支撑布置图

3. 拱脚定位

拱脚节段长 11 m,重 23 t,采用 80 t 吊车吊装,吊装前按照设计图纸要求在 B 节段施工底板前安装型钢定位架。根据设计图纸提供的坐标值放设预埋拱脚位置,在系梁底部模板上画线定位,型钢支架定位完毕,用全站仪复测型钢支架顶的限位板,精度满足要求后,固定型钢支架。吊装预埋拱脚,对拱脚外露面圆心和拱轴线进行复核,反复调整拱脚位置,直到满足设计要求为止。焊接固定预埋拱脚。

4. 拱肋吊装及合龙施工

拱肋分段按照制作方案分为7节，拱肋节段最大吊装重量为57 t，每段拱肋、横撑已焊了吊耳，安装后割掉并打磨平整，拱肋及横撑安装按如下顺序进行：第一节段→第七节段→5、6号K撑→第二节段→第六节段→3号、4号K撑→第三节段→第五节段→1、2号K撑→第四节段（合龙段）→一字撑。

拱肋安装步骤如下。

步骤一：用汽车吊将节段一（左、右）吊到指定位置，一端与拱脚连接，另一端支在1号立柱上。以在钢管拱上的标识点作为测量点，测量其高程及坐标平面位置，用千斤顶作微调，横向靠在胎架上加垫板调整。定好位后，拱肋下端与拱脚用临时连接板连接牢固，上端用临时连接板连接稳定牢固再进行对接口的焊接。用汽车吊将K6撑安装到位，将两侧钢管拱连接起来（图4-3-10）。

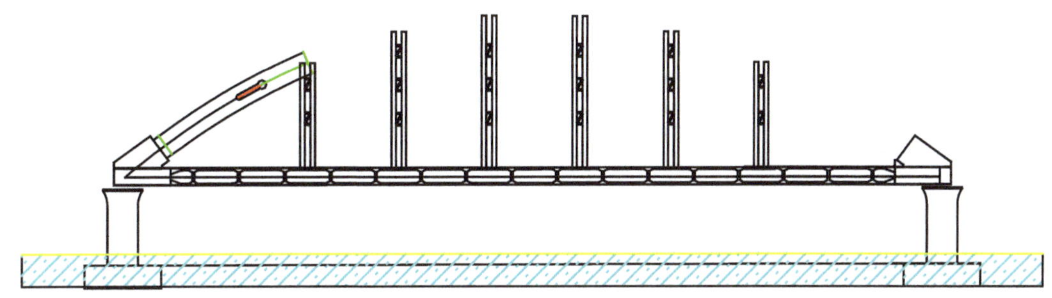

图4-3-10　拱肋安装步骤一示意图

步骤二：用汽车吊将节段七（左、右）吊到指定位置，一端与拱脚连接，另一端支在6号立柱上，其他同步骤一。用汽车吊将K5撑安装到位，将两侧钢管拱连接起来（图4-3-11）。

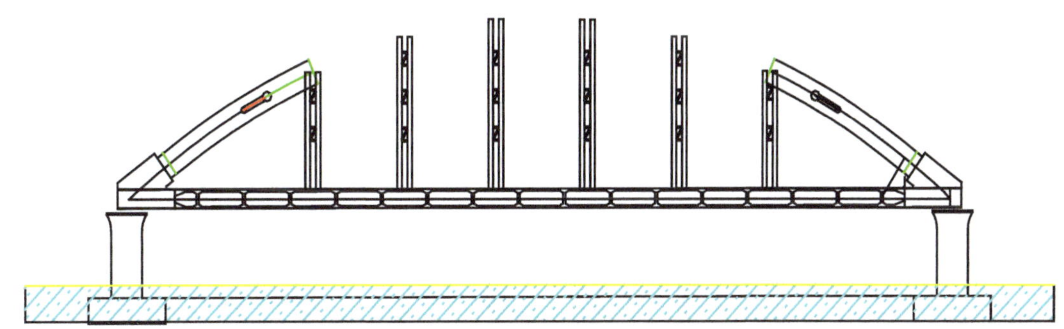

图4-3-11　拱肋安装步骤二示意图

步骤三：用汽车吊将节段六（左、右）吊到指定位置，一端与节段七（左、右）连接，另一端支在5号立柱上；以在钢管拱上的表示点作为测量点，测量其高程及平面坐标位置，用千斤顶作微调，横向靠在胎架上加垫板调整。定好位后，将拱肋下端与节段七（左、右）上接口用临时连接板连接固定，上端用临时连接板连接稳定牢固再进行对接口的焊接。用汽车吊将K4撑安装到位，将两侧钢管拱连接起来（图4-3-12）。

步骤四：用汽车吊将节段二（左、右）吊到指定位置，一端与节段一（左、右）连接，另一端支

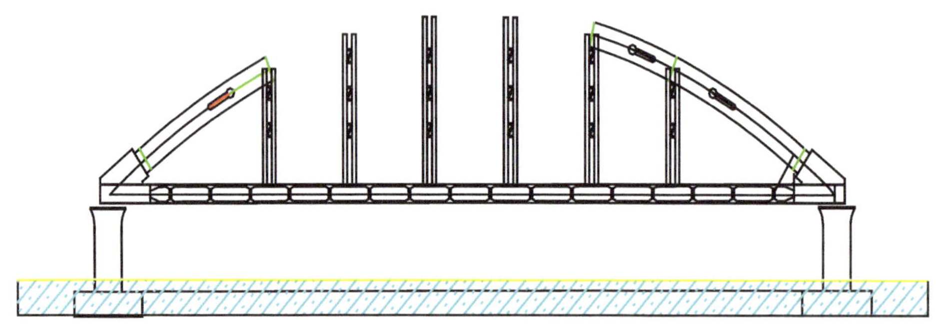

图 4-3-12 拱肋安装步骤三示意图

在 2 号立柱上；以在钢管拱上的吊杆作为测量点，测量其高程及平面坐标位置，用千斤顶作微调，横向靠在胎架上加垫板调整。定好位后，将拱肋下端与节段一(左、右)上接口用临时连接板连接固定，上端用临时连接板连接稳定牢固再进行对接口的焊接。用汽车吊将 K3 撑安装到位，将两侧钢管拱连接起来(图 4-3-13)。

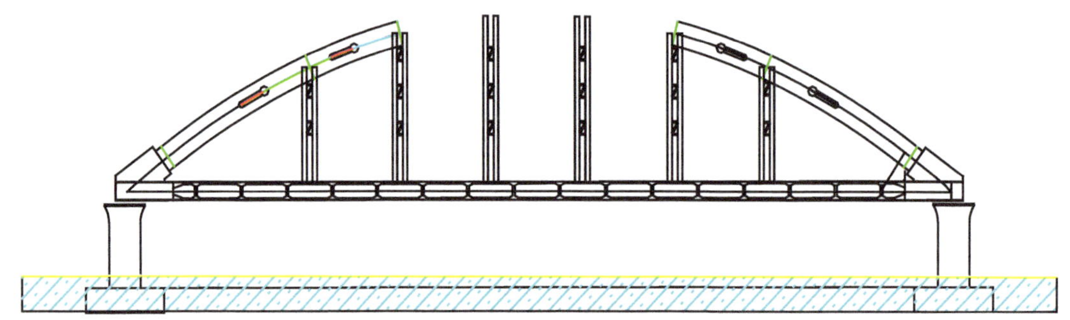

图 4-3-13 拱肋安装步骤四示意图

步骤五：用汽车吊将节段三(左、右)吊到指定位置，一端与节段二(左、右)连接，另一端支在 3 号立柱上；以在钢管拱上的吊杆作为测量点，测量其高程及平面坐标位置，用千斤顶作微调，横向靠在胎架上加垫板调整。定好位后，将拱肋下端与节段二(左、右)上接口用临时连接板连接固定，上端用临时连接板连接稳定牢固再进行对接口的焊接。用汽车吊将 K2 撑安装到位，将两侧钢管拱连接起来(图 4-3-14)。

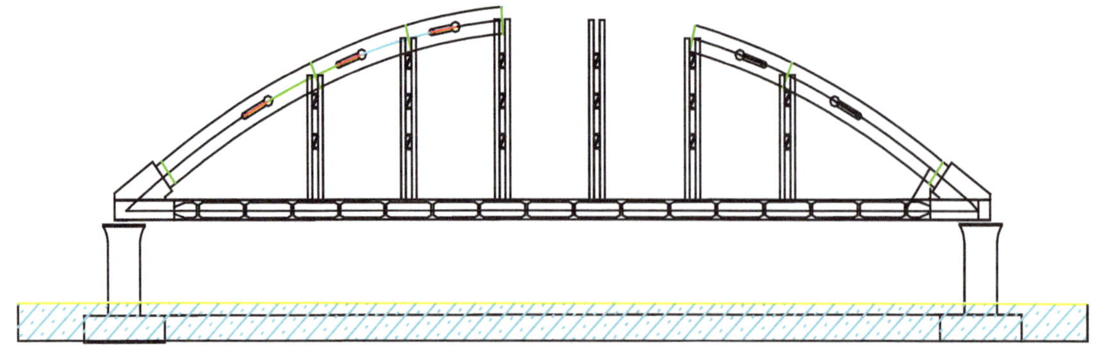

图 4-3-14 拱肋安装步骤五示意图

步骤六：用汽车吊将节段五(左、右)吊到指定位置，一端与节段八(左、右)连接，另一端支在 4 号立柱上；以在钢管拱上的吊杆作为测量点，测量其高程及平面坐标位置，用千斤顶作微调，横向靠在胎架上加垫板调整。定好位后，将拱肋下端与节段六（左、右）上接口用临时连接板连接固定，上端用临时连接板连接稳定牢固在进行对接口的焊接。用汽车吊将 K1 撑安装到位，将两侧钢管拱连接起来（图 4-3-15）。

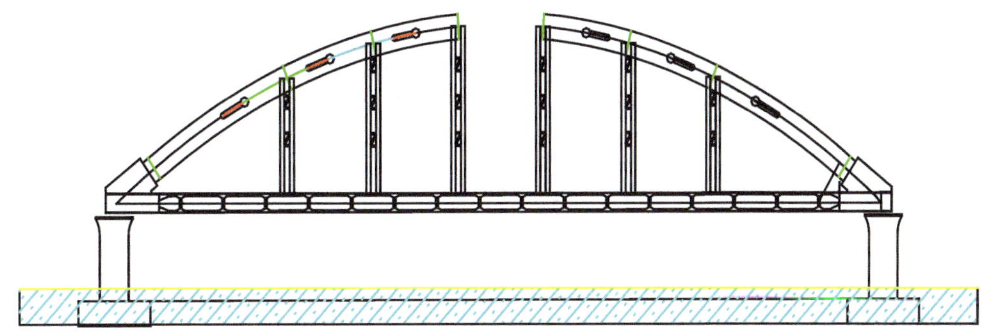

图 4-3-15 拱肋安装步骤六示意图

步骤七：钢管拱 A5(B5)合龙节段，在加工时预留了 10 cm 的富余量，合龙段安装前进行实地测量，根据测量结果确定合龙段的余量切割长度。合龙段长度的实地观测根据当时的具体气温情况进行，观测量为 2 次/h，观测时间不少于 24 h，详细记录温度与合龙段长度变化量的数据，绘制温度—变化量(C-ΔL)关系曲线，按照设计合龙温度计算合龙段长度，确定最佳的合龙温度。然后进行合龙段余量的划线切割，并按图纸要求将切割端打磨出坡口，以上工作完成后，在第二天相同温度条件下进行合龙节段的安装。合龙段安装前，将边段的待合龙端抬高 15 cm 左右。待合龙段起吊、调整至设计高度后，将边段合龙端同时缓慢下降，以边段碰中段实现合龙。合龙节段按左、右幅分别安装，安装选择在气温在 15 ℃～20 ℃之间，合龙温度控制在(15±3) ℃之间并尽快进行（图 4-3-16）。

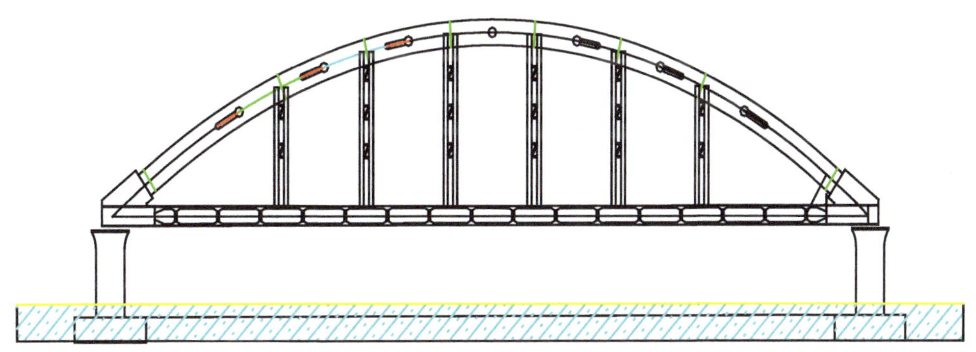

图 4-3-16 拱肋安装步骤七示意图

钢管拱在加工时，在每节拱肋两头均设置了临时法兰，法兰采用 14 mm 厚钢板制作，每个接头的法兰上预留 6 个 ϕ27 mm 的螺栓孔，在钢管拱吊装到支架顶时，一头套入上一节拱肋的衬管内，并用 ϕ25 mm 的螺栓将拱肋定位，并用 30 t 手动千斤顶进行标高调整，调整到位后用马凳“抄死”，然后立即进行临时焊接，临时焊接采用 220 mm×150 mm×16 mm 的 A3 钢加劲板与上一节拱肋进行焊接牢固，每个拱肋的接头焊接 16 个加劲板，上下弦管接头各均匀布置 8 个加劲板，加劲板与拱肋双面满焊。进行焊接时采用上、下、左、右同时对称进行，以克服由于高温的影响及焊缝的收缩而造成拱肋轴线的改变，焊缝高不得小于 8 mm。

临时焊接采用安装一节，焊接一段，直至合龙。每节拱肋临时焊接完成后进行下一段拱肋的安装。钢管拱合龙后，开始进行永久性焊接，接头施焊拱脚向拱顶对称进行，避免拱肋移位或变形。拱肋和横撑现场所有焊接均采用手工焊，全熔透。焊接时先焊对接环缝，每节拱肋的对接环焊缝至少焊三道，焊接完成后割掉临时连接的加肋板，再将加肋板处的焊缝补齐，焊接完成后将焊缝打磨平整，进行无损探伤合格后，再安装瓦管并进行焊接。

钢管拱拱肋焊接完成后，对焊缝进行100%超声波检测，对T形焊缝和超声波检测有疑问之处以X射线拍片，所有焊缝均作10%以上的X射线拍片检查。焊缝强度要求与母材等强，焊缝高度，焊缝余高趋于零。熔透性焊缝的焊缝质量达到GB 50205—2001的一级标准，并按规定作100%的超声波探伤和不少于10%的X射线抽样检查。对于探伤不合格的焊缝采用碳弧气刨，将不合格的焊缝刨开，重新进行焊接，焊接后再次进行探伤，确保焊缝合格为止。

5. 拱肋钢结构防腐处理

钢管拱、横撑及吊杆锚箱的外表面采用氟碳涂装配套体系，底层为特制环氧富锌防锈漆（2道，40 μm/道），中间层为云铁环氧中间漆（1道，40 μm/道），面层为氟碳涂料面漆（2道，35 μm/道，防腐年限在30年以上，采用三氟交替结构的LUMIFLON超耐候性树脂，且该树脂在主剂中含量不小于63%，颜色由建设单位确定）。底漆、中间漆和一道面漆在工厂内完成，最后一道面漆在钢管架设完成后现场涂装。埋入拱脚混凝土内的钢结构不涂装面漆和中间漆。

6. 泵送拱肋混凝土

拱肋中灌压注C55补偿收缩混凝土（掺加HCSA膨胀剂），4台混凝土输送泵，采用对称顶升法施工，即从两肋四拱脚同时对称压注至拱顶。首先对称灌注拱肋下管混凝土，待下管混凝土达到设计强度的60%时，对称灌注拱肋上管混凝土，待上管混凝土强度达到设计强度的60%时，对称灌注拱肋腹腔混凝土。

7. 吊杆安装及张拉

吊杆布置采用尼尔森体系，在吊杆平面内，吊杆水平夹角在50.8°～73.1°之间，横桥向水平夹角为82°。吊杆间距为8 m，两交叉吊杆之间的横向中心距为341 mm。吊杆采用127根ϕ7 mm高强低松弛镀锌平行钢丝束，冷铸镦头锚，索体采用PES(FD)低应力防腐索体，并外包不锈钢防护。吊杆张拉端设置于拱肋端，吊杆内设磁通量传感器以便对施工过程及后期吊杆应力进行长期监测。

待钢管拱内混凝土达到设计强度的90%后，进行临时支架拆除。吊杆的安装及施工过程中的索力调整，严格按设计要求进行。吊杆的张拉上下游、桥跨两侧同时对称进行，张拉控制应力符合设计值。吊杆在运输及安装过程中保持顺直、无扭弯；保护好外层PE套管、保护好冷铸镦头锚的螺纹及螺帽不受损伤，以免在张拉调索时带来麻烦。吊杆张拉是成桥最关键的工序，严格按设计规定的张拉力和顺序进行，用两台千斤顶张拉一片拱肋吊杆对应钢束。

（五）支架拆除

1. 支架拆除顺序

吊杆二次张拉完毕完成体系转换后拆除梁部支架，按照“纵桥向对称均衡、横桥向基本同步”的原则分阶段循环进行，支架拆除顺序：吊杆二次张拉完毕→砂箱放砂下落→拆除底模、方木→拆除I12工字钢→拆除贝雷片横向连接件→拆除贝雷梁→拆除I56工字钢→吊卸砂箱→拆除水平夹板及剪刀撑→拆除螺旋焊管→拆除条形基础。

2. 支架拆除方法

(1)落砂箱:吊杆二次张拉完后落砂箱,同时打开每排每个砂箱泄漏口均匀降低贝雷片,使底模从梁底脱离开。砂箱打开顺序为从跨中向桥墩横桥向同时逐步打开。

(2)拆除底模:底模从梁底脱离开后,人工分块逐步将底模及方木抽出,采用尼龙绳吊至地面、码放整齐,拆除过程中上、下作业人员协调配合,避免掉落,砸伤操作人员。

(3)拆除工字钢:工字钢由手拉葫芦逐根拉出梁外后,采用吊车吊至地面。

(4)拆除贝雷片:因单片贝雷片较窄,拖拉过程中容易倾覆,拆除过程中重新重组,将贝雷梁分成 4 组,将分组的横向连接杆解开,用千斤顶顶推至一起后手拉葫芦拖拽出梁底后吊车将 4 片整体吊装至地面。

(5)拆除 I56 工字钢:解除主横梁与砂箱连接,用手拉葫芦配合汽车吊直接将横梁吊装至地面。

(6)拆除砂箱及螺旋焊管:解除砂筒与钢管柱之间的连接,用汽车吊吊离砂箱。将螺旋焊管之间的剪刀撑割除(按拆除顺序逐步割),吊车吊住钢管后割开钢管与预埋钢板之间的连接,吊车吊至指定地点,遵循"解除一根,吊走一根"的原则。

(7)拆除条形基础:条形基础施工前预埋吊环,人工用风镐将条形基础逐段凿断后由吊车吊离至指定地点。

第六节　桥面系工程施工

桥面系工程施工内容包括遮板安装、防护墙及 A/B 竖墙施工、桥上栏杆及盖板安装、桥面防水及伸缩缝施工。

一、遮板安装施工

遮板安装根据设计位置挂上通线,然后将遮板用随车吊运输至安装位置,直接吊装至桥面相应位置后人工配合螺栓进行精调,安装精度符合要求后将遮板上的预埋筋与竖墙 A 预埋筋焊接成一个整体,遮板间 4 mm 断缝采用砂浆填塞。

二、防护墙及 A/B 墙施工

桥面防护墙及 A/B 墙施工工艺流程如图 4-3-17 所示。

(一)施工前准备

用全站仪将全桥中线贯通,并与线路中线联测,以保证防护墙的圆顺与线型一致。根据贯通的中线,按防护墙的设计位置,把防护墙的内外线定位于桥面上,并弹上墨线加以标识,每侧防护墙放内外两条线。

清除防护墙与桥面接茬部分混凝土的松散颗粒,并凿除超限部分的混凝土。用扳手调整防护墙预埋筋的位置、间距,清除附在上面的残渣,并进行除锈处理。

(二)钢筋加工与绑扎

使用复检合格的钢筋进行下料加工、绑扎,将钢筋按设计图纸要求制作标尺,量好长度后,准确放入切断机内,启动切断机将钢筋切断,切断后的钢筋按不同编号和供料尺寸长短分开堆

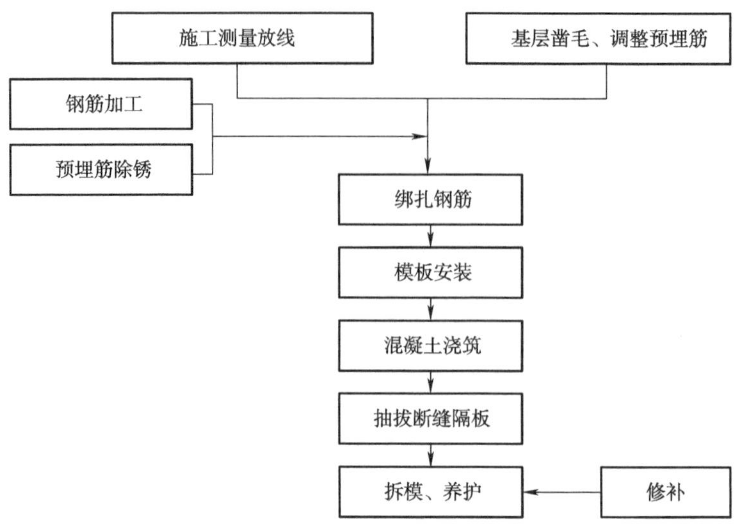

图 4-3-17　桥面防护墙及 A/B 墙施工工艺流程

放并标识。绑扎钢筋之前，先预留出顶面钢筋的保护层厚度，确定箍筋的绑扎高度，然后间隔 8～10 m 绑扎骨架筋。

根据绑扎好的骨架筋挂线绑扎其他钢筋，保证整条防护墙钢筋的线型、高度一致。钢筋的交叉点用铁线绑扎结实，箍筋保持竖直，其接头在防护墙中沿纵向交叉布置，绑扎用的铁丝向内弯，不伸向保护层内。

（三）模板安装

模板安装前，先对模板进行清理、除锈，并安装泄水孔模具与泄水管。按照已测量放好的基线安装模板，保证防护墙和竖墙在整座桥范围内线型一致。根据设计标高来调整模板的高度，保证防护墙、竖墙顶面标高一致，平顺过渡。模板经初调完毕后，再用水平仪复核其标高，用锤球校正其垂直度，并用钢卷尺检查其位置。

待模板安装符合设计要求后，用砂浆把模板底部封堵密实，严防漏浆。待遮板安装完毕后施工竖墙 A，竖墙 A 的钢筋与遮板的预埋筋连接好，严格按设计标高设计位置控制好竖墙 A 的模板高度与位置，同时兼顾遮板、竖墙 B、防护墙三者之间的相应高程与位置。

防护墙及 A/B 竖墙模板统一要求为定型钢模板，不使用竹胶板等其他易变形材质。钢模板按每 2 m 整块设计，模板面板厚度不小于 1.5 mm。纵向 10 mm 断缝挡板采用有一定厚度的不变形钢板，保证断缝竖直。防护墙及 A/B 竖墙底部过水孔按其设计尺寸采用特制钢盒，钢盒为梯形体设计，棱角打磨成圆形，既利于拆模，又一次形状到位，不用后期处理。

（四）混凝土浇筑

在进行混凝土浇筑之前，对发电机、振动棒等进行全面检查，保证设备状态完好。严格按试验室提供的施工配合比施工，定期检查搅拌机的计量系统，保证称量准确，水、水泥、外加剂精度不超过±1%，粗、细骨料的用量准确到±2%。混凝土的运输采用混凝土罐车，每台容量约 8 m^3，运输至浇筑混凝土的现场后，采用溜槽及人工配合将混凝土灌入防护墙模板内。

混凝土的振捣采用插入式振动棒，其移动距离不大于 30 cm，且插入下层混凝土内的深度为 10 cm。捣固时，振动棒快插慢提，以排除混凝土中的空气，减少混凝土表面的气泡，每一振点的振捣延续时间为 20～30 s，以混凝土不再沉落、不出现气泡、表面呈浮浆为度。先浇筑混凝土至防护墙拐角上口 4～5 cm 处，振动后再浇筑另一部分，确保不漏振。浇筑混凝土的时间间隔不超过混凝土的初凝时间，否则按施工缝处理。浇筑过程有中断时，则要特别注意上下两层混凝土接茬处的振捣。在混凝土浇筑至设计标高后，将其顶面用抹刀抹平，待混凝土缩水后进行第二次赶光、抹面，保证全桥的防护墙顶面平整、光滑、一致。

（五）防护墙断缝的形成

防护墙每 2 m 设 10 mm 宽断缝，浇筑之前采用三层钢板（2 mm＋6 mm＋2 mm）填塞，接触面之间涂抹黄油。设计时考虑了断缝钢板与防护墙大块钢模配套加工，既可用作防护墙两块大钢模之间联接的垫板，又充当了内外两侧模板的拉杆及断缝的形成，确保断缝在横竖两个方向的垂直。

在防护墙混凝土浇筑完毕 4～5 h 后进行断缝钢板的抽拔，抽拔时间灵活掌握，抽拔过早易破坏防护墙混凝土，过晚待混凝土完全凝固就增加了抽拔的困难，抽拔断缝钢板时向上的拉力与断缝竖向重合。断缝形成后，在该处防护墙下端设泄水孔（每孔梁有 16 个）并在泄水孔周围涂防水涂料，将电缆槽内顺坡过渡到防护墙内侧。

（六）混凝土的养护、拆模及修补

当混凝土达到设计强度的 50％时拆模，拆模时不生拉硬拽和重锤敲击，不破坏防护墙外侧的台阶。拆模后用土工布及时覆盖，利用高架水桶及布设在护墙上带孔的水管将水滴灌到墙体上，保证防护墙一直保持湿润状态，洒水养生 14 d。拆模后及时对防护墙混凝土表面的气泡、局部气泡、底脚砂浆进行修补、凿除，保证防护墙的平直、光滑、色泽一致、外形美观。

三、桥上栏杆、盖板的安装

（一）桥上梁栏杆的安装

预制件在运输途中容易出现破损，所有预制件在运输前提前打包，分型号运输。运至现场后破损的预制件作报废处理。先将立柱准确对位于遮板的槽口内，调整垂直并用木楔固定，然后再安装扶手，最后再安装隔柱，安装时保证栏杆的线型及高度。

（二）盖板的安装

安装时盖板下部砂浆垫实，不形成翘板现象，盖板顶面的标高与遮板顶面标高一致，盖板间的缝隙均匀一致，安装好后的缝隙处在一条直线上，盖板间错台不大于 1 mm。

四、桥面防水及伸缩缝施工

（一）防水层施工

防水层施工工艺流程：基面清理→基面修补（潮湿基面处理）→封闭漆施工→底面漆（PPU-M1）施工→表面漆（PPU-M2）施工。

1. 基面清理施工。使用砂轮、钢丝刷等清除混凝土基面的浮浆、杂渣等疏松物并清理干净，尖角部位予以剔除并打磨平整，凹凸部位打磨圆滑。考虑桥面排水顺畅，对桥面局部存水部位进行疏水处理，使用吸尘器等清除粉尘杂物，使用稀料等溶剂清除污垢等污染物。

2. 基面修补。混凝土表面的裂缝、蜂窝、麻面和错台等缺陷，用环氧腻子或找平层修补；对不平整基面，进行深度打磨处理；对于明显的空洞、掉块等缺陷，用聚合物混凝土进行修补；对于潮湿的基面，晾干或烘干，无法保证干燥混凝土要求时采用找平层。

3. 封闭漆施工。基面清洁、干燥后进行封闭漆施工，施工时确保封闭漆充分润湿基面，参考用量 0.3～0.4 kg/m^2，涮涂、喷涂、滚涂均采用。

4. 底面漆施工。封闭漆实干或间隔 24 h 后进行底面施工，底面漆按照材料说明进行配置，必要时用 40～100 目的筛网过滤。底面漆干膜厚度为 400 μm 时，参考量为 0.8～0.9 kg/m^2，底膜漆厚度为 100 μm 时，参考用量为 0.2～0.225 kg/m^2，涮涂、喷涂、滚涂均采用。

5. 表面漆施工。底面漆实干或间隔 24 h 后检查底面漆的厚度及是否有气泡。当厚度小于 400 μm 时，补涂底面漆或表面漆施工时增加用量，确保防护涂层的厚度；如有气泡，将气泡剔除，并补涂底面漆，然后进行表面漆涂装。表面漆施工前按材料使用说明进行配制，必要时用 40～100 目的筛网过滤。表面漆干膜厚度为 200 μm 时，参考量为 0.4～0.45 kg/m^2，表面漆厚度为 100 μm 时，参考用量为 0.2～0.225 kg/m^2，涮涂、喷涂、滚涂均采用。

6. 薄涂型防水涂料(PPU)封边。在有泄水孔、防护墙内侧倒角处、无砟轨道底座处均涂刷薄涂型防水涂料(PPU)封边。

(二)桥面伸缩缝施工

铁路混凝土桥梁弹性体伸缩缝主材料采用聚氨酯 A、B 组分，通过浇注机现场混合浇注后固化形成弹性体伸缩缝，达到混凝土桥梁接缝防水封闭的目的。

聚氨酯弹性体伸缩缝气囊法现场浇筑施工工艺流程：施工准备→梁缝处理→气囊底衬及侧衬安装施工→底涂料施工→弹性体的浇筑→面涂层施工→气囊底衬和侧衬的拆除。

1. 施工准备

(1)根据工程数量，安排弹性体伸缩缝的原材料采购和成品生产及检测。

(2)熟悉施工流程、控制质量标准、操作规程，进行岗前安全培训和施工操作规程的培训。

(3)对伸缩缝的位置偏差、平整度、顺直度、扭向及缝间距等进行现场测量摸底调查。

(4)检查施工机械设备的配备，小型机具是否到位，设备性能是否达标，且能正常运转。

(5)配齐备足帆布、胶带等辅助材料。

2. 梁缝处理

(1)采用手持式混凝土打磨机清理伸缩缝梁端接缝表面，梁端混凝土存在有较严重的空洞、蜂窝等缺陷，可能影响弹性体伸缩缝与梁体混凝土黏结质量的混凝土表面，首先采用聚合物水泥砂浆或细石混凝土进行修补，修补完成达到强度后，再进行梁缝基层打磨处理，打磨至露出新鲜混凝土表面，保证梁端混凝土表面平整、密实、干燥、清洁，无空鼓、松动、蜂窝麻面、浮渣、脱模剂、油污等杂物，混凝土表面强度满足设计要求。

(2)打磨完成后混凝土表面的尘土、灰尘等杂物用真空吸尘器或高压风吹除的方法进行除尘，当使用空压机时安装油水分离器。

(3)清理后用风枪对梁端进行干燥处理，先用混凝土水分测定仪，对整条梁缝进行水分检测，检测点间距 1.5～2.5 m，每条缝检测不小于 5 个点，其中至少有一个水平位置最低的检测点，保证梁端的水分含量小于 20%。如果不能满足，采用吹风、晾晒等措施进行干燥处理，直至达到要求。不在有明水存在的混凝土基层表面上直接进行弹性体伸缩缝浇筑施工。

3. 气囊底衬及侧衬安装施工

(1)气囊安装前仔细检查气囊是否存在破损漏气情况，破损处修补好后再安装使用。

(2)气囊底衬在充气前，先在气囊外套一层塑料薄膜，然后由 4～5 人用手抬着平顺地摆放在梁端的梁缝间。初步摆放到位后安排专人测量顶面标高，然后根据设计要求弹性体下部圆弧形顶部厚度最薄处不小于 $2/10\times W$（W 为实测缝宽）的要求，现场实测并初步定位好气囊，两端人员把超出箱梁梁缝的气囊用绳索捆绑固定在箱梁防护栏上。

(3)将充气泵的通风管与气囊上的充气阀门连接好，利用气泵对气囊进行充气，当气囊与梁缝稍微接触，气压表读数在 0.18～0.2 kg/cm^2 时，停止充气，放开气囊，气囊在梁缝两端混凝土的挤压摩擦力作用下支撑自重。此时采用水准仪立塔尺对气囊顶面再次测量弧拱顶面标高，对气囊进行精确调整定位，精确定位的方式是当气囊某处弧拱顶面标高高于设计标高时，用 5 cm×5 cm 的长木条对该处进行下压使之下沉；当气囊弧拱顶面标高低于设计标高时，利用气囊的充气阀门放气，再次提起气囊进行标高调整，然后补气，直到气囊标高调整到设计位置，再适当补气至气压在 0.8～1.2 kg/cm^2 时，停止充气。

(4)气囊精确定位、充气气压达到要求后，在梁端处安装下部为半圆形的塑料楔形块侧衬，侧衬包裹一层塑料薄膜，用楔形木块楔紧，固定形成侧衬。侧衬顶面至少高于弹性体流平面 20 mm，确保伸缩缝端头起到挡水作用。

(5)弹性体与混凝土界面的粘接厚度不小于实际梁缝宽度的 60%，弹性体最小厚度取实际梁缝宽度的 20%～30%。

(6)气囊底衬及塑料楔形侧衬安装完成后，仔细检查底衬和侧衬与梁体间密贴情况，防止因局部离缝，导致弹性体在浇筑过程中发生渗漏。

4. 底涂料施工

(1)底涂料严格按产品说明进行配制，每种组分的称量误差不大于 1%。

(2)对处理后的混凝土基面进行底涂料施工时，由人工采用油漆刷来回涂刷均匀，要求涂刷不露底面，不堆积，涂刷面外轮廓大于底涂料与弹性体接触边界 10 mm，涂层厚度大于 0.2 mm，用量大于 0.4 kg/m^2。

(3)底涂料自然干燥 15～30 min 后进行弹性体浇筑，浇筑前保证底涂料施工面平整、清洁、干燥。

(4)不使用电扇或类似工具缩短干燥时间，不在负温、大风和雨雪天气进行底涂料的施工。

5. 弹性体的浇筑

(1)弹性体 A、B 组分严格按厂家提供的配合比进行配制，配制前先标定 A、B 组分的流速，配制时每种组份材料的称量误差不大于 1%。

(2)采用带有自动温控功能的弹性体浇筑机进行混合，将 A、B 组份分别加入浇注机料罐内，以不低于 0.095 MPa 的真空度分别进行混合前的真空脱泡，脱泡混合时间不少于 8 min，A、B 组份充分混合均匀、混合时不产生气泡，混合时根据环境温度适当调整出料温度。

(3)根据施工条件，采用人工或机械方法进行浇筑，浇筑过程中避免带入空气产生气泡。人工浇筑时采用浇注桶从梁缝一端往另一端缓慢倒入伸缩缝内，直至弹性体顶面达到设计液面高度；机械浇筑时由人工手持弹性体浇筑机的浇筑管从梁缝一端往另一端缓慢泵入伸缩缝内，待弹性体浇筑顶面达到设计液面高度时停止泵料，弹性体进入伸缩缝内后会自动流平并密实。配制好的弹性体在 30 min 内用完，随配随用。浇筑完成后，检查浇筑表面是否有气泡浮出，如有气泡浮出胶面，采用人工手持液化气喷焰枪头距离弹性体表面 10～15 cm，自一端往另一端进行焰烤升温除泡，焰烤时枪头在弹性体上方来回扫动，扫动速度控制在 0.8～1.2 m/s 之间。

(4)在弹性体浇筑完成后，采用塑料薄膜覆盖伸缩缝并压实，以避免水、灰尘等杂物混入而污染未凝固的弹性体，未全干前悬挂标识避免机械损伤。

6. 面涂层施工

(1)弹性体浇筑完成 10～12 h 内，待弹性体胶面面干不粘手时，进行面涂料的施工，面涂层厚度不小于 0.1 mm。

(2)面涂料按照规范要求进行施工，称量误差不大于 1%。

(3)面涂料施工完成后，继续用塑料薄膜覆盖养护至弹性体实干，避免水、灰尘落入而污染面涂料，也悬挂标识避免机械损伤。

7. 气囊底衬和侧衬的拆除

(1)弹性体浇筑完成 24 h 后，弹性体完全实干后进行底衬和侧衬的拆除作业。

(2)侧衬由人工敲松楔形木块楔子后，取下塑料楔形块侧衬，转移至下一道缝待安装使用。

(3)由于气囊外包裹的塑料薄膜隔断了弹性体与气囊橡胶的粘接，待弹性体伸缩缝实干、强度达到设计拆模强度后，通过气囊端头的充气阀门进行放气，放气后的气囊会自然脱落。

(4)气囊内的气放干净后，人工解除气囊两端捆绑在桥梁防护栏上的固定绳，放下无充气阀的一端，人工手持有充气阀的一端慢慢从伸缩缝内抽出气囊，抽拔过程中缓慢进行，如有刮蹭检查解除后再拔，禁止猛拉狂拽，避免暴力损坏气囊，气囊抽出后卷成团，转移至下一道伸缩缝进行安装使用。

聚氨酯弹性体气囊法现场浇筑施工工艺，充分利用了气囊的优点，简化了底衬和衬垫安装复杂的施工程序，优化了施工工艺，克服了耐候钢橡胶止水带伸缩缝在安装精度不足时容易积水，橡胶伸缩缝容易老化变形、胶条脱落、功能丧失等缺点，排水、密闭防水效果均大幅提升，施工效率大幅提高，安全质量始终处于可控状态。

第七节　涵洞工程施工

济青高铁全线涵洞 106 座，共 14 287.8 横延米，涵洞施工技术措施和控制要点主要有基坑开挖及时防排水；开挖设计标高后按要求进行地质承载力试验；基础混凝土采用泵送或滑槽入模，分层浇筑，振捣均匀；沉降缝上下垂直贯通，填缝材料、止水带符合设计要求；严格控制好防水层材料，避开雨天施作；施工完成后，按要求做好沉降观测，若沉降超标及时采取措施处理；基坑回填时两侧同时、对称、水平分层施工并逐层碾压密实。本部分主要以 DK216＋621.95～DK217＋502.56 段两处涵洞为例，对涵洞工程施工过程进行阐述。

一、工程概况

DK216＋621.95～DK217＋502.56 两处涵洞均为一孔 6 m 框架箱涵，其中 DK216＋961

段涵洞位于路堑地段矿沟内，为排洪而设。涵洞与线路正交，净高 3.3 m，采用斜出入口。涵洞定填土高度 0.833 m，涵洞出入口标准铺砌，铺砌高度至帽石顶，铺砌采用 0.35 m 厚浆砌片石。涵洞基础位于石英片岩层，基底设计压应力 σ=180 kPa。冻结深度 0.5 m，碳化环境，环境作用等级为 T2。

DK217+377.2 段涵洞为附近村庄交通而设。涵洞与线路斜交，线路法线与涵洞轴线之间夹角 θ=37.71°，净高 4.3 m，采用斜出入口。涵洞定填土高度 0.839 m，涵洞出入口标准铺砌，铺砌高度至帽石顶，铺砌采用 0.35 m 厚浆砌片石。地面表层为粉质黏土，偶见钙质结核，涵洞基础位于片麻岩层，矿物成分主要为长石、云母，基底设计压应力 σ=180 kPa。冻结深度 0.5 m，涵洞位于环境土侵蚀段，氯盐侵蚀作用等级 L1，碳化侵蚀作用等级 T2。

二、主要施工方法

（一）明挖基础地基施工

基础开挖采用放坡开挖，坡度为 1∶1，检查地基承载力是满足设计图纸的要求。基础开挖采用挖掘机开挖，底部距设计标高 20 cm 左右时人工开挖清理。在基坑开挖过程中，及时测量基底标高，基坑开挖至设计标高后，经轻型动力触探仪或其他检测仪器进行基底承载力试验，确定其是否满足设计要求。

（二）基坑排水与防护

该段内涵洞基础开挖面均在地下稳定水位线以上，基坑渗水量很少，在坑底设排水沟和集水井，有渗水时及时将水用水泵排出。在施工过程中加强对基坑边坡的防护与监测，开挖出的土及时运走或堆在距基坑距离不小于 5 m 的地方，避免造成基坑坍塌。

（三）承载力检测

根据设计，涵洞基底位于片麻岩岩层，在挖基施工中注意核对地质情况是否与设计相符，在基底承载力试验过程中发现基底承载力不满足设计 180 kPa 要求或与设计地质情况不符，立即与监理、建设、设计部门联系，经现场核实，并制定方案后再进行基础处理施工。

待模板安装完成后，测量放样定出基础横向、纵向中心线位置，检查基础模板位置偏差，合格后再报请现场监理检测，浇筑混凝土。拆除模板时保证其表面及棱角不受损伤。

（四）支立模板

模板竹胶板现场拼装，拼缝严密不漏浆，内表面涂抹脱模剂，支撑牢固，尺寸准确。浇筑混凝土前，模板内的集水及杂物清理干净。考虑到混凝土对模板的侧压力，模板的加固采用“内撑外支”的方法，即在两相对模板间用拉筋拉紧，具体方法是模板侧面每隔 1.0 m 设一道竖向钢管，在距基础上缘 0.2 m 位置设一道横向加固肋，加固肋采用 ϕ48 mm 的钢管。加固肋通过通长拉筋拉紧，拉筋每水平方向 1 m 设一道。基础下缘用顶托支撑于基础坑壁的护壁上，确保混凝土浇筑过程中不跑模。涵身模板为非承重模板，拆模时保证混凝土表面及棱角不受损伤。

（五）混凝土浇筑

混凝土浇筑时，从基础短边开始沿基础长边由一侧向另一侧施工，混凝土分层浇筑，每层的浇筑厚度 30 cm 左右，并保证上层混凝土浇筑在下层混凝土初凝前完成，混凝土沿高度均匀上升，混凝土一次性连续浇筑完毕。施工时采用插入式振捣器振捣，振动器在施工中移动间距不超过振动器作用半径的 1.5 倍，与侧模保持 5～10 cm 的距离。振捣混凝土上层时，插入下层混凝土 5～10 cm，每处振动完毕后边振动边缓慢提起振动器，即"快插慢拔"，插入深度不超过振动器长度的 1.25 倍。混凝土浇筑完毕后，在收面后尽快予以覆盖和洒水养护。

（六）涵身施工

先经测量班现场放线，确定涵身的横向及纵向轴线，开始安装模板。待模板安装完成后，测量放样定出基础横向、纵向中心线位置，检查基础模板位置、高程偏差。

（七）钢筋加工

钢筋现场加工制作，现场焊接、绑扎。受力钢筋同截面内，同一根钢筋上，只有一个接头，接头的百分率及所处位置满足有关规范、规程、标准及设计要求。绑扎或焊接接头与钢筋弯曲处相距大于 10 倍主筋直径，也不应在最大弯矩处。全部钢筋交点扎牢，绑扎时相邻点的铁丝成 8 字形，避免网片歪斜变形。采用混凝土垫块作保护层时，其最大集料粒径为 10 mm，混凝土块的强度与结构物混凝土强度相同。

第八节　沉降变形控制与评估

一、观测点的设置原则

按照设计要求，桥梁沉降观测标埋设在能反映桥梁沉降变形的特征部位，不但设置牢固，而且便于进行观测。

（一）承台观测标

设置 2 个观测标，观测标-1 设置于底层承台左侧小里程角上，观测标-2 设置于底层承台右侧大里程角上。承台观测标为临时观测标，当墩身观测标正常使用后，承台观测标随基坑回填不再使用。

（二）墩身观测标

观测点数量每墩不少于 2 处，位于墩身两侧；桥墩标一般设置在墩底高出地面或水位 1.0 m 左右。当墩身较矮立尺困难时，降低桥墩观测标位置或设置在对应墩身埋标位置的顶帽上。特殊情况按照确保观测精度、观测方便、利于测点保护的原则，确定相应的位置。

（三）桥台观测标

设置在台顶，测点数量不少于 4 处，分别设在台帽两侧及背墙两侧（横桥向）。

（四）梁体观测标

对原材料变化不大、预制工艺稳定、批量生产的预应力混凝土预制梁，每 30 孔选择 1 孔设置观测标。对于实测弹性上拱度大于设计值的梁，前后未观测的梁补充观测标，逐孔进行观测；其余现浇梁逐孔设置观测标。移动模架施工的梁，对前 6 孔进行重点观测，验证支架预设拱度的精度。验证达到设计要求后，每 10 孔选择 1 孔设置观测标，对于实测弹性上拱度大于设计值的梁，前后未观测的梁补充观测标，逐孔进行观测。

简支梁的一孔梁设置观测标 6 个，分别位于两侧支点及跨中；连续梁上的观测标，根据不同跨度，分别在支点、中跨跨中及边跨 1/4 跨中附近设置，3 跨以上连续梁中跨布置点相同。钢结构桥梁梁部不存在徐变，为了观测变形，每孔设置 6 个观测标，分别在支点及跨中设置。箱型桥设置沉降观测标，中间及两端各 2 个，共 6 个。对大跨度桥梁等特殊结构由设计单位单独制定变形观测方案，施工单位按照设计方案进行观测。

（五）涵洞观测标

每座涵洞均进行沉降观测，观测标原则上设在涵洞两侧的边墙上，在涵洞进出口及涵洞中心分别设置，每座涵洞测点数量为 6 个。涵洞涵节最少分为 4 节，出入口各 1 节、轨下 2 节共 4 节。轨下 2 个涵节起主要承重作用，为保证轨道的平顺性，轨下每个涵节至少设置 4 个沉降观测标。涵洞填土后观测点从边墙位置移动到帽石上，涵洞进出口的帽石上各设置 2 个测点，位于帽石两侧位置。

桥梁梁部水准路线观测按二等水准测量精度要求形成闭合水准路线，沉降观测点位布设及水准路线观测示意图如图 4-3-18 所示，其中测点 1～4 构成第一个闭合环，测点 3～6 构成第二个闭合环。

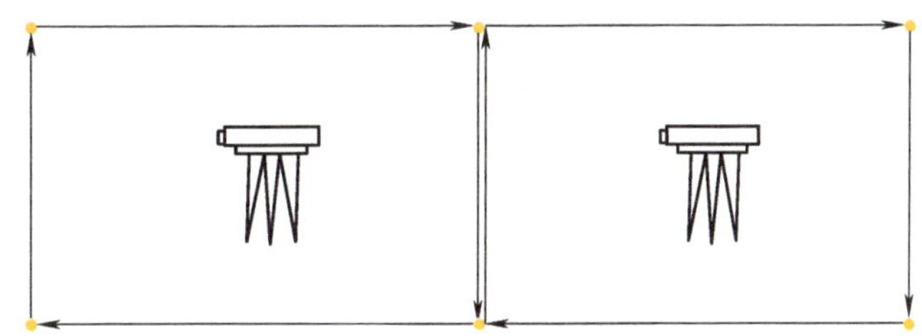

图 4-3-18　桥梁梁部沉降观测水准路线示意图

桥梁墩台水准路线观测按二等水准测量精度要求形成闭合水准路线，沉降观测点位布设于墩台两侧，水准路线观测示意图如图 4-3-19 所示。

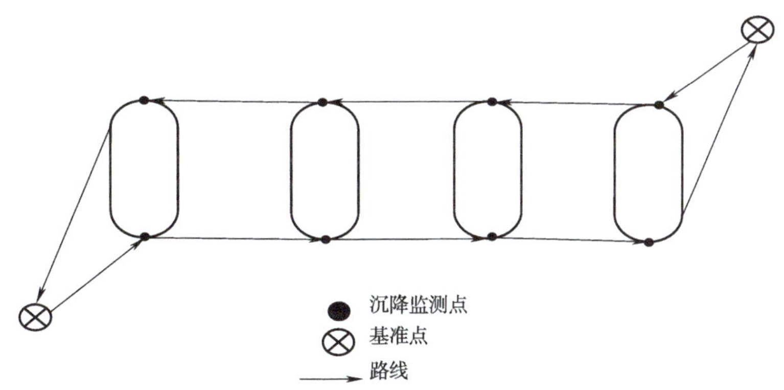

图 4-3-19　桥梁墩台沉降观测水准路线示意图

二、观测元件与埋设技术要求

1. 承台观测标

沉降观测桩：选择 ϕ20 mm 钢筋，顶部磨圆并刻画十字线，埋置深度不小于 0.1 m，高出埋设表面 3 mm，表面做好防锈处理，完成埋设后测量桩顶标高作为初始读数，如图 4-3-20 所示。

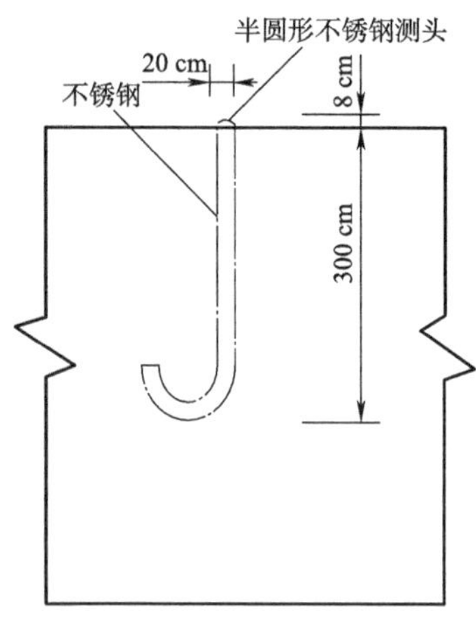

图 4-3-20　承台观测标设置

2. 墩身观测标

采用 ϕ28 mm 不锈钢螺栓，如图 4-3-21 所示。

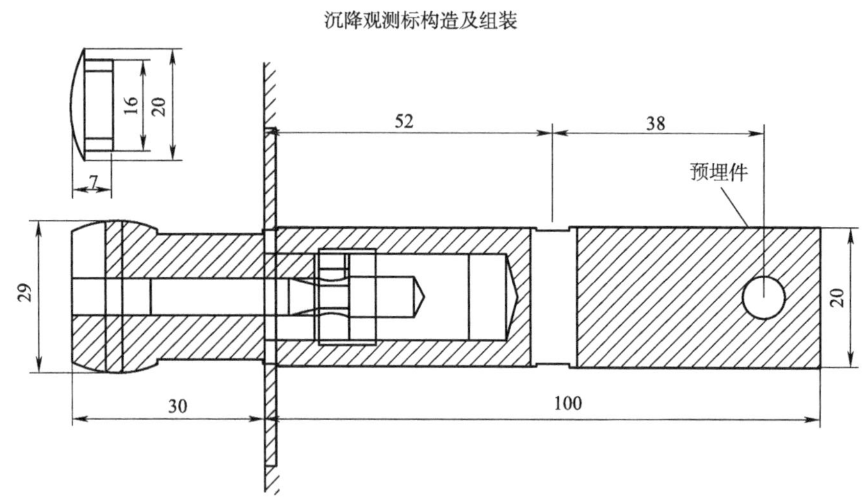

图 4-3-21　墩身观测标设置(单位:cm)

3. 桥台观测标、梁体观测标、涵洞观测标的设置参考图 4-3-20 的设置。

4. 无砟轨道铺设时梁体测点的转移技术要求。规定梁体徐变观测标设在箱梁腹板处，以尽量准确反映徐变值。架梁后，无砟轨道铺设轨道板存在位置冲突，及时进行观测标转移。为尽量避免铺轨干扰，观测标设在防撞墙上距离底部 10 cm 处。转移的观测标设置在原断面里程上，采用相同编号，不另行编号；设置要求同墩身要求，并继续观测至铺设无砟轨道。

三、观测技术要求

1. 承台施工完成后进行沉降首次观测，承台观测标为临时观测标，当墩身观测标正常使用后承台观测标随基坑回填不再使用。随施工的逐步进行依次进行墩身、桥台、梁体变形观测。

2. 沉降观测设备的埋设是在施工过程中进行的，施工单位的桥梁施工与设备的埋设做好协调，互不干扰、影响。观测设施的埋设及沉降观测工作按要求进行，不影响桥梁施工质量。

3. 桥涵基础沉降和梁体徐变沉降变形的观测精度为±1 mm，读数取位至 0.01 mm。

4. 观测频次要求

(1)墩台基础沉降观测一般根据表 4-3-6 所示要求的时间间隔进行。

表 4-3-6 墩台基础沉降观测频次表

<table>
<tr><td colspan="2" rowspan="2">观测阶段</td><td colspan="3">观测频次</td><td rowspan="2">备注</td></tr>
<tr><td colspan="2">观测期限</td><td>观测周期</td></tr>
<tr><td colspan="2">墩台基础施工完成</td><td colspan="2"></td><td></td><td>设置观测点</td></tr>
<tr><td colspan="2">墩台混凝土施工</td><td colspan="2">全程</td><td>荷载变化前后各 1 次或 1 次/周</td><td>承台回填时，测点移至墩身或墩顶，二者高程转换时的测量精度要求不低于首次测量要求</td></tr>
<tr><td rowspan="3">预制梁桥</td><td>架梁前</td><td colspan="2">全程</td><td>1 次/周</td><td></td></tr>
<tr><td>预制梁架设</td><td colspan="2">全程</td><td>前后各 1 次</td><td></td></tr>
<tr><td>附属设施施工</td><td colspan="2">全程</td><td>荷载变化前后各 1 次或 1 次/周</td><td></td></tr>
<tr><td rowspan="3">桥位施工桥梁</td><td>制梁前</td><td colspan="2">全程</td><td>1 次/周</td><td></td></tr>
<tr><td>上部结构施工中</td><td colspan="2">全程</td><td>荷载变化前后各 1 次或 1 次/周</td><td></td></tr>
<tr><td>附属设施施工</td><td colspan="2">全程</td><td>荷载变化前后各 1 次或 1 次/周</td><td></td></tr>
<tr><td colspan="2">架桥机(运梁车)通过</td><td colspan="2">全程</td><td>前后各 1 次</td><td>至少进行 2 次通过前后的观测</td></tr>
<tr><td colspan="2">桥梁主体工程完工～轨道铺设前</td><td colspan="2">≥6 个月</td><td>1 次/周</td><td>岩石地基的桥梁，一般不少于 2 个月</td></tr>
<tr><td colspan="2">轨道铺设期间</td><td colspan="2">全程</td><td>1 次/d</td><td></td></tr>
<tr><td colspan="2" rowspan="3">轨道铺设完成后</td><td rowspan="3">24 个月</td><td>0～3 个月</td><td>1 次/月</td><td rowspan="3">工后沉降长期观测</td></tr>
<tr><td>4～12 个月</td><td>1 次/3 月</td></tr>
<tr><td>13～24 个月</td><td>1 次/6 月</td></tr>
</table>

注：1. 观测墩台沉降时，同时记录结构荷载状态、环境温度及天气日照情况。
2. 架桥机(运梁车)通过时观测要求：第一次通过和第二次通过前后均观测，其后每 1 次/d，连续 2 次；其后每 1 次/3 d，连续 3 次，以后每 1 次/周。

(2)梁体徐变观测据表 4-3-7 所示要求的时间间隔进行。

表 4-3-7 梁体徐变观测频次表

<table>
<tr><td colspan="2">梁体测量间隔表</td></tr>
<tr><td>观测阶段</td><td>观测周期</td></tr>
<tr><td>预应力终张拉</td><td>张拉前、后各 1 次</td></tr>
</table>

续上表

<table>
<tr><th colspan="2">梁体测量间隔表</th></tr>
<tr><th>观测阶段</th><th>观测周期</th></tr>
<tr><td rowspan="4">预应力张拉完成～无砟轨道铺设前</td><td>张拉完成后第 1 天</td></tr>
<tr><td>张拉完成后第 3 天</td></tr>
<tr><td>张拉完成后第 5 天</td></tr>
<tr><td>张拉完成后 1～3 月，每 7 天为一测量周期</td></tr>
<tr><td>桥梁附属设施安装</td><td>1 次/周，安装前、后各有 1 次</td></tr>
<tr><td>无砟轨道铺设期间</td><td>1 次/周</td></tr>
<tr><td rowspan="2">无砟轨道铺设完成后</td><td>第 0～3 个月，每 1 个月为一测量周期</td></tr>
<tr><td>第 4～24 个月，每 3 个月为一测量周期</td></tr>
</table>

(3)涵洞沉降观测据表 4-3-8 所示要求的时间间隔进行，涵洞顶填土沉降的观测与路基沉降观测同步进行。

表 4-3-8 涵洞沉降观测频次表

<table>
<tr><th rowspan="2">观测阶段</th><th colspan="3">观测频次</th><th rowspan="2">备注</th></tr>
<tr><th colspan="2">观测期限</th><th>观测周期</th></tr>
<tr><td>涵洞基础施工完成</td><td colspan="2"></td><td></td><td>设置观测点</td></tr>
<tr><td>涵洞主体施工完成</td><td colspan="2">全程</td><td>荷载变化前后
各 1 次或 1 次/周</td><td>测试点转移至边墙两侧</td></tr>
<tr><td>洞顶填土施工</td><td colspan="2">全程</td><td>荷载变化前后
各 1 次或 1 次/周</td><td>测试梁体弹性变形</td></tr>
<tr><td>架桥机(运梁机)通过</td><td colspan="2">全程</td><td>前 2 次通过前后各 1 次，
其后每 1 次/d，连续 2 次，
其后 1 次/3 d，连续 3 次，
以后 1 次/周</td><td>至少进行 2 次通过前后的观测</td></tr>
<tr><td>涵洞完工～
轨道铺设前</td><td colspan="2">≥6 个月</td><td>1 次/周</td><td>岩石地基的桥梁，
一般不宜少于 2 个月</td></tr>
<tr><td>轨道铺设期间</td><td colspan="2">全程</td><td>1 次/d</td><td></td></tr>
<tr><td rowspan="3">轨道铺设完成后</td><td rowspan="3">24 个月</td><td>0～3 个月</td><td>1 次/月</td><td rowspan="3">工后沉降长期观测</td></tr>
<tr><td>4～12 个月</td><td>1 次/3 个月</td></tr>
<tr><td>13～24 个月</td><td>1 次/6 个月</td></tr>
</table>

(4)梁体徐变量计算

对于梁体的徐变变形观测，每孔梁支点之间的梁体徐变变形以两支点的连线为基准线进行观测计算，由于下部结构沉降变形的影响，该基准线的位置会发生变化，梁体观测点至该基准线的垂直距离利用几何方法计算取得，垂直距离差值就是梁体徐变变形量。对进行徐变观测的梁，在梁场内严禁双层存梁。

四、资料管理

根据济青公司下发《新建济南至青岛高速铁路线下工程沉降变形观测评估实施细则》要求及评估单位意见，提前做好沉降观测评估计划。收集整理好评估所需资料、完成沉降变形观测工作报告后及时请监理签认，完善评估手续后向评估单位提交评估申请。评估期间加强与评估单位的沟通，第一时间提交评估单位所需一切资料，对存在问题及时整改，减少评估时间，提高评估效率，确保现场正常施工。

第九节 “四新”技术的应用及效果

一、桥墩台二维码实名制信息互联网＋标牌技术

（一）桥墩数字化二维码“身份证”

在工程管理中二维码的核心价值在于：可将虚拟化、自动化、智能化等多种技术集成于一系列创新方案之中，结合互联网，提供信息的实时查询。为了进一步加强工程质量的可追溯性，施工单位积极响应贯彻济青公司信息化要求，在桥梁工程中全面推广二维码技术应用，为桥墩建立数字化的二维码“身份证”。

桥墩二维码“身份证”是针对如何施行工程质量跟踪管理，进而实现动态控制，保证工程质量可追溯，济青公司在借鉴行业二维码技术应用经验的基础上反复思考、试验、修改后，以“互联网＋”为依托，创造性地与公司自有建设实名制管理信息系统结合并创新应用于济青高铁工程中，将含有二维码的桥墩文明施工标识牌张贴在桥墩上，为每个桥墩建立数字化档案，完整地记录每一道工序施工信息，形成信息化条件下的实体工程质量管理手段。通过二维码技术对每个桥墩建立数字化的“身份证”，“写入”桥墩标识上，记录工程建设过程中的宝贵过程资料。该项工艺结合桥梁墩身施工相关内容，罗列出墩身施工过程管理需要的四大主要信息：1. 基础信息，包括工程名称、部位名称、建设单位、施工单位、设计单位，监理单位；2. 设计信息，包括中心里程、图号；3. 实名施工信息，包括首次施工日期、最近施工日期、领工员、技术员、安全员、监理人员、施工人员、施工及管理人员累计；4. 施工记录，包括施工人员及职务、施工时间、施工部位。对每个墩身统一制成表格，并将表格内容使用二维码生成软件对每个墩身信息进行编码，最后将编码信息打印到防水材料上，张贴在桥梁墩身指定处。

（二）二维码技术优点

1. 二维码内含更多的信息量。二维码采用了高密度编码，小小的图形中可以容纳 1 850 个大写字母或 2 710 个数字或 1 108 个字节，或 500 多个汉字，是普通条码信息容量的几十倍，能把更多种样式的内容转换成二维码，通过扫描，传播更大信息量。

2. 编码范围广。二维码可以把图片、声音、文字、签字、指纹等可以数字化的信息进行编码，用条码表示出来，可以表示多种语言文字，还可表示图像数据。

3. 二维码译码准确。二维码只是一个图形，想要获取图形中的内容就需要对图形进行译码。二维码的译码误码率为千万分之一，比普通条形码的译码误码率的 2％要低很多。

4. 能够引入加密措施。和条形码相比，二维码的保密性更好。通过在二维码中引入加密

措施，能更好地保护译码内容不被他人获得。

5. 容错能力强，具有纠错功能，这使得二维条码因穿孔、污损等引起局部损坏时，照样可以正确得到识读，损毁面积达50%仍可恢复信息。

6. 二维码制作过程简单，易操作。只需在网站里输入需要编辑的文字内容，然后点生成即可在右侧生成需要的二维码。

（三）建设实名制管理信息系统

建设实名制管理信息系统要求相关人员使用身份证和指纹实名注册，旨在构建铁路建设行业从业者诚信体系，通过信息技术手段将“实名的人－施工过程－实体工程”三类管理要素有机联系起来，实现信息化条件下的工程实名施工作业管理、记录和追溯。

（四）施工流程

1. 在建设实名制管理信息系统中，设置桥墩“身份证”信息，通过建设实名制管理信息系统，记录桥墩施工过程中每一道工序相关施工人员的实名信息。

2. 安排专人根据建设实名制管理信息系统记录的实名信息，导出各个桥墩“身份证”表格信息，汇集整理各个桥墩的“身份证”信息内容。

3. 将各个桥墩“身份证”信息，导入二维码生成软件生成相应二维码，然后保存应用。

4. 将生成二维码打印于胶纸上，牢固粘贴于定制尺寸铝板的上，安排专业施工人员，安装于对应桥墩上。

（五）桥墩数字化二维码“身份证”应用成效及展望

桥墩数字化二维码技术，一方面在墩身施工信息管理上具有直观、可靠、准确的特点，另一方面便于加强现场监督及信息查询，为工程质量易追溯再加保险杠。通过墩身上的二维码（图4-3-22），建设单位、监理单位、施工单位人员均可使用专属的手机App“扫一扫”功能，在施工现场实时获取平时无法快速查询到的每一个桥墩的施工信息。通过授权，能够查询到实施设计参数、进度信息、质量信息，甚至桥墩平地而起过程中每一道工序施工人员指纹确认的信息，使得桥墩的建设信息一目了然。

图4-3-22　桥墩二维码标识

桥墩二维码的应用，对施工项目部提出的“坚持镜头不换，继续强化现场施工进度和质量”的贯彻起到了积极的促进作用，参建者在扫描完成后即可看到自己的名字永久性地“刻”在实体桥墩上，在感到震撼的同时，也普遍引起了参建者对“质量”内涵的反思。这项技术的应用，从一个侧面强化了参建管理及施工人员的质量意识，对济青高铁项目机械化、专业化、工厂化、信息化建设起到了积极推动作用。

二、小型预制构件半自动化流水线施工工法的应用

小型构件预制厂采用半自动化流水线施工工法施工，提高了生产效率。

（一）工作原理

1. 充分利用现代化机械设备，进行科学组合，合理布置，辅以自制小工装，对施工工艺和施工流程进行优化改进，形成半自动化流水生产线。

2. 采用可以上下左右弯曲各种图形的数控钢筋板筋弯箍一体机进行钢筋加工，成功解决了小型预制构件需使用的钢筋规格长短不一、形式多样的问题。该设备可自动完成近千种不同曲线弯曲，能全自动完成钢筋定尺、调直、弯箍、切断等工艺。

3. 使用多个轮式小推车作为钢筋半成品存料运输箱，按流水作业方式完成弯箍机出料口的接料和转运任务，以实现弯箍机对各型号钢筋的不间断生产和分类储存和转运，节省了人工堆码、转运时间。

4. 混凝土浇筑采用自动浇筑一体系统进行施工，该系统集成了混凝土上料、二次拌和、运输、布料、振捣、传送等功能，优化了混凝土施工工艺。该系统由储料斗、走行平台、传送振捣平台等组成。搅拌系统由搅拌机及传动系统组成，储料斗走行平台由钢支架和行走轨道组成，储料斗中部带 4 个铁轮，可以在行走平台的轨道上自由行走。传送平台由支架、钢管、齿轮、电机组成，传送平台钢支架下设振动电机。

5. 采用智控自动雾化喷淋养护系统对混凝土进行养护，喷淋系统由智能控制中心、供水管、雾化喷头、储水箱、水泵组成，设定参数后可实现自动喷淋；余水回流系统由集水沟、集水井、水泵水管、浮球液位开关组成，该系统可自动根据余水回收水池内的液面高度自动启动水泵往养护系统储水箱内泵水。

（二）工作特点

1. 采用数控钢筋板筋弯箍一体机对钢筋进行加工，加工前将钢筋加工参数输入控制电脑，钢筋加工过程由电脑控制，可自动完成钢筋进料、调直、弯曲、截断、出料全过程，加工速度快、精度高，保证了半成品尺寸，为保护层厚度精确控制，进一步提升预制件品质和耐久性创造了条件。

2. 采用轮式钢筋半成品存放转运箱来分类储存、转移钢筋半成品，可快速地将半成品从加工区转移至绑扎区，节省了人工堆码、搬运的过程，实现了钢筋弯箍机不间断连续生产，大大提升了施工效率。

3. 构件的混凝土浇筑采用自动浇筑一体设备进行施工，该设备集混凝土上料、拌和、布料、振捣、传输为一体，自动化程度高，节省大量人力。该设备在混凝土布料入模前进行二次搅拌，进一步提升了混凝土的性能，提高了工程质量。

4. 钢筋笼成品和混凝土半成品的转运采用叉车配以承重托架进行，可以成批进行转运，转运效率大幅提升，节省了人工。

5. 小型预制构件采用智控自动雾化喷淋养护系统进行养护，该系统具有定时定量喷淋功能，喷头可 360°旋转，能实现全断面无死角喷淋。该系统还建有余水自动回收系统，养护余水

通过集水沟汇流至集水井内，沉淀过滤后再回收利用，相比人工洒水养护，该系统具有养护效果好、省时省工、节约养护水等特点。

（三）生产效益

小型构件半自动化流水线预制施工工法，工艺简单快捷，可提高施工效率，铁路、公路均可使用，社会效益十分显著。

采用该工法无论从施工劳动力消耗数量的降低、施工进度的提高、环境的保护，还是施工质量的改善，施工成本的降低等方面都有显著的提高，能带来较大的经济效益。

以临青特大桥和青州市北站路基小型构件预制生产为例，采用小型预制构件半自动化流水线施工比常规人工加工钢筋、浇筑混凝土、洒水养护等投资节约了 191 万元。

三、连续梁冬期智能自动养护和温湿度检测技术

进入冬期施工以后，为保证连续梁施工质量稳定可控，施工单位结合现场连续梁施工的实际，自主研发了连续梁冬施智能自动养护保温及温湿度监测系统，实现了真正意义上的连续梁冬期施工互联网＋。该技术适用于桥梁、铁路、公路、隧道、建（构）筑物冬期施工，同时适应翻模、滑模、倒模、挂篮、移动模架、现浇、预制等各种工艺。

（一）工艺特点

1. 能源消耗小，施工过程人工作业消耗小。

2. 温度控制均匀。

3. 能对施工部位进行准确的温度调节，特别是能进行人工智能方面的调节。

4. 施工安全保障性强。可以实现安全自动保护，能够对安全和系统工作状态进行报警提示。

5. 不仅能够进行混凝土冬期施工，防止混凝土冻害，而且还可以满足混凝土自养护的要求。由于系统封闭良好，浇筑后的混凝土基本不需要采取额外的养护措施；大大提高了混凝土的早期强度，早期强度的发展超过其他任何季节自然环境下的强度发展；由于本工艺属于物理方法，混凝土后期强度的发展不会因早期强度的发展快而受到影响。

6. 该技术工艺不仅能够用于混凝土冬期施工，也可以应用于大体积混凝土施工，或者正常温度环境下的混凝土需要提高早期强度的施工，以及防止混凝土温差开裂等情况的施工。

（二）技术原理

主要由全自动蒸汽发生器、温湿度传感器、智能网关、便携式路由器等部分组成。

1. 自动蒸汽发生器。该蒸汽发生器的主要特点是体积小，移动和安装方便，可实现全自动供水，发热系统发生故障时可自动断电进行保护（图 4-3-23）。锅炉本体采用优质高效的保温材料，散热损耗小，热效率大于 98％，有效容水量 29L（大于 30L 属特种设备），按照出汽口 150 ℃计算，1L 水可产生 1.7 m^3的水蒸气，每 1 h 转换 60L 水即可产生 102 m^3的高温水蒸气，完全可以满足连续梁节段的保温养护工作。另外，该蒸汽发生器配备温度感应探头，只需在启动前设置上下限温度值，即可实现机器自动启停，节能安全。

2. 温湿度传感器。采用业界著名的 Sensirion 工业级温湿度传感器，其温度检测精度达到±0.3 ℃，相对湿度检测精度可达±3％，相对湿度在 95％以下可正常工作。将其粘贴在连续梁保温棚内部（图 4-3-24），可实时监测和记录保温棚内温湿度变化情况，当保温棚内温度低

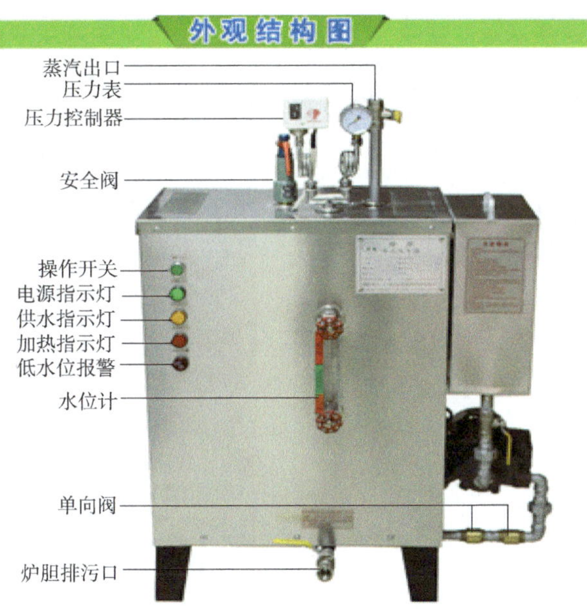

图 4-3-23　自动蒸汽发生器

于预设定温度时(假设要求温度不低于 20 ℃),手机 App 软件会即时收到推送的通知信息;保温棚内的智能网关在温度没有回归到预设温度值前,会定时发出报警铃声,直至温度达到预设定温度值。另外,通过手机 App 软件可随时随地查看当前保温棚内温湿度数据及历史数据变化曲线,最多可查看 3 个月之内的数据,真实直观反映每时每刻保温棚内温湿度数据(图 4-3-25)。

图 4-3-24　温湿度监测点

3. 智能网关。这是整个温湿度监测系统的核心部件,温湿度传感器监测信息通过智能网关,数据实时上传便携式路由器,各级管理人员即可通过手机 App 软件查看当前及历史保温

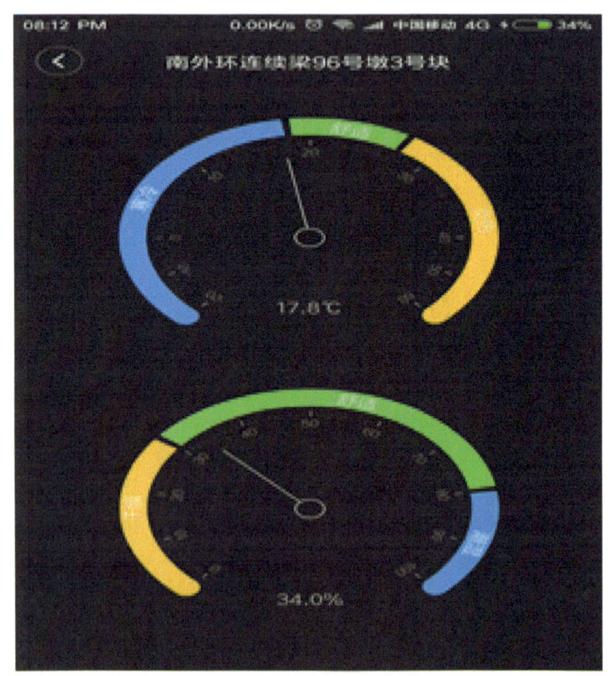

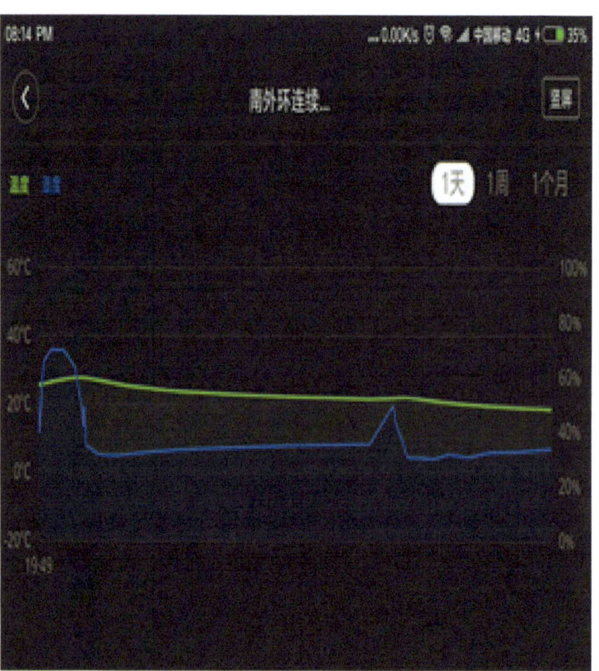

图 4-3-25　监测温度展示

棚内温湿度数据，即使是遇到 WiFi 不稳定甚至中断时，智能网关依然可以正常记录数据，并且在温湿度偏离预定值后，通过自带高分贝喇叭对在场管理人员发出报警，及时采取升温措施保证养护效果。

4. 为每座连续梁配备 WiFi。购置便携式路由器，内部安装 4G 上网流量卡，下载速率最高可达 120 Mbps，上传速率最高达 50 Mbps，速度远超家庭及公司的光纤宽带，因此，实时查看温湿度数据不会出现迟钝、延迟现象。通过对每座连续梁安装便携式路由器，可使温湿度传感器记录数据通过智能网关上传云端，各级管理人员通过手机 App 软件即可随时随地查看当前及历史温湿度数据，了解各连续梁保温棚内混凝土保温养护情况。

通过使用该技术使混凝土能够在最佳温度下进行硬化，混凝土内的水泥水化热被激发出来，与外部热量共同作用，避免了混凝土表面与内部的温差过大现象。由于混凝土的集中放热，当密闭系统内部温度达到设定控制温度时，系统自动停止通电，外部加热停止，整个系统能耗得到最大限度利用，从而实现高效节能。

（三）施工工艺

1. 连续梁模板安装完成后，在连续梁箱室中放入自动蒸汽发生器，安装温湿度传感器、智能网关，便携式路由器。

2. 养护装置安放完成后，箱室两端封闭，启动养护装置，并通过温湿度传感器实时监控箱室温度。

3. 等监测温度达到混凝土浇筑要求温度标准后，进行混凝土浇筑，浇筑完成后封顶作业，封顶完成后，覆盖保温篷布，持续保温养护。

4. 在智能装置工作过程中，产生大量的高温水蒸气，在保证混凝土保温养护的同时也会激发混凝土中水泥水化热大量释放，混凝土会处在设定的恒定温度下快速达到强度。当温度超出设定温度时装置能自动切断电源停止加热，当温度低于设定温度时，智能装置会恢复供电实现加热。整个过程完全在智能自动控制下完成。

(四)施工操作要点

1. 保温材料进场后，按照相关规范进行检查，确保保温材料质量符合规范要求。

2. 因预应力混凝土连续梁端部为纵向预应力张拉面，要确保端头封闭完好，保证混凝土养护温度，保证张拉端混凝土强度达标。

3. 根据环境温度，提前开启温控设备对模板加热，保证混凝土入模介质温度。

(五)应用效果

1. 质量方面：采用本工艺进行混凝土施工，不仅能够起到抗冻、早强的作用，而且还能起到养护、保湿的作用，并且脱模后混凝土表面光洁、颜色纯正，模板与混凝土完全没有粘连现象。

2. 安全方面：发热系统发生故障时可自动断电进行保护，同时该蒸汽发生器配备温度感应探头，只需在启动前设置上下限温度值，即可实现机器自动启停，安全可靠。

3. 可操作性：该蒸汽发生器的主要特点是体积小，移动和安装方便，安装使用工艺方法简单易行，对施工技术门槛要求低，施工人员容易接受，可以很快熟练操作。

4. 经济效益：相比传统搭设暖棚内部升温的方法，智能温控混凝土养护技术一次性投入，大幅降低了设备、人员、施工用电的投入，节约了施工成本。施工中所使用的材料安全环保，使用之后可直接周转至下一处模板，大大节约了社会资源，真正做到了安全、环保、节能。

第四章　隧道工程

济青高铁全线隧道2座共17.4 km，均为双线隧道。其中青阳隧道全长10.1 km，隧道进口处分布多个采石场挖掘坑；2号斜井口处，为强风化基岩，基岩节理发育，且坡面可见碎石、块石分布，局部成堆，容易受降雨等因素影响诱发落石等不良地质问题；在埋深较大的DK43＋000～DK48＋900段安山岩地层中，有发生轻微岩爆的可能；DK40＋850～DK43＋420段为浅埋段且下穿居民区，易造成山体失水和居民房屋破坏，存在隧道施工影响地表环境和居民生产、生活用水的风险。机场隧道全长7.3 km，隧道自进口DK286＋405～DK293＋250段位于规划机场范围，左线中线右侧约28 m为青岛地铁8号线左线中线，施工期间需协调好胶东国际机场和地铁8号线建设、设计、施工单位的关系；隧道在DK292＋175～＋235段下穿既有胶济货运铁路，采用暗挖法施工，施工期间需保证上部铁路正常通行，隧道施工安全风险非常高。

第一节　下穿既有铁路隧道施工

胶州机场隧道暗挖段位于胶州市胶东镇，起讫里程为DK292＋175～＋235，长60 m，为难点工程。隧道下穿既有胶济客货线，济青高铁DK292＋204.58（相当于既有胶济线下行K61＋640处），济青高铁DK292＋209.58（相当于既有胶济线上行K61＋645处），平面交角约81.5°，隧道开挖轮廓线距胶济线轨顶距离为11.289 m，距铁路路基顶面以下4.0 m的范围为路堤填筑土，4.0～11.289 m范围为原状土。暗挖隧道覆土厚度为8.73～11.86 m，隧道开挖宽度14.92 m，开挖高度12.78 m，隧道洞身地质为泥岩，围岩等级Ⅴ级。

一、施工工艺

该段采用CRD法施工。隧道主体结构采用复合衬砌（初期支护＋二次衬砌），CRD法施工段140°范围内采用ϕ299 mm大管棚超前支护，大管棚到水沟电缆槽顶部范围内采用ϕ42 mm注浆锚管（L＝4 m，环向×纵向为1.2 m×1.0 m）。初期永久支护由格栅钢架、钢筋网及C30早高强喷射混凝土组成，厚度350 mm，临时支护采用格栅钢架，喷射350 mm厚C30早高强喷射混凝土。二次衬砌为模筑C40钢筋混凝土，抗渗等级P12，厚度700 mm，初期支护与二次衬砌之间设柔性防水层。

CRD开挖工法遵循“管超前、严注浆、强支护、短进尺、快封闭、勤量测”的新奥法“十八字”技术方针要求，即预支护、预加固一段，开挖一段、支护一段、封闭成环一段。基本施工步骤分为四步，施工顺序为左上导坑→左下导坑→右上导坑→右下导坑。施工完毕后，四周为永久支护结构，中间为临时格构式支撑结构。待初期支护结构的拱顶沉降和洞内收敛稳定后，自下而上、分段跳仓拆除临时中隔壁墙及临时仰拱，再施工柔性防水层和二次衬砌结构。图4-4-1为胶州机场隧道下穿既有线暗挖隧道施工过程。

导向墙施工超前管棚施工

CRD法开挖

导洞贯通

图 4-4-1　暗挖隧道施工过程

暗挖段于 2017 年 4 月开始施工，经过全员的不懈努力，克服了种种技术及程序难题，2018 年 12 月 4 日完成最后一板衬砌浇筑，总工期 700 多天。

二、施工重难点

1. 胶州机场隧道暗挖隧道开挖轮廓线与胶济线轨顶距离为 11.289 m，身土体为泥岩，围岩等级Ⅴ级，强度较低，遇水易崩解、软化，围岩易变形，开挖后围岩稳定性差，施工中易发生变形坍塌。新线施工对既有线结构、道床沉降不利，施工前采用超前预加固措施，在开挖过程中对初支结构加强监控量测，并及时整理、分析监测资料，及时反馈监测信息，及时调整隧道施工工艺和支护参数。严格控制初支结构的拱顶沉降和收敛、地表沉降，以确保既有线的运营安全。

2. 暗挖隧道主体结构埋深较大，施工过程中提前进行降水，过程中及时进行排水，暗挖隧道紧邻大沽河支流——碧沟河，胶济线南侧水塘，龙发热电厂水塘及纵横交错的灌渠等地表水。胶州市处于南温带亚润气候区，雨季通常为每年 6～9 月份，天气炎热湿润，雨量集中，其中 6～8 月的降雨量占全年雨量的 63%，且暗挖段处于隧道的低点，极易汇集大量雨水，施工过程降水难度大且对既有线结构、道床和地表沉降控制不利。

3. 暗挖 CRD 法施工工序比较复杂，初支结构受力转换复杂，钢格栅接点多，因此必须解决好初期支护形成过程中的受力体系转换带来的影响，保证钢格栅焊接质量，防止既有线结构、道床和地表的过大沉降是贯穿整个施工过程中的技术难点。

4. 暗挖段两侧均为明挖段，原设计中并无斜井，无现成的物流运输通道，施工现场场地受限，材料及机械进出以及土石方运输困难，如果只采用垂直运输，工期时间长。

5. 胶州机场隧道下穿既有胶济铁路，胶济线是联结沿海与内陆的重要铁路干线之一，是横贯山东的运输大动脉。胶济铁路行车密度大，日开客货运列车 127 对，平均每 5 min 就有一趟列车通行，行车压力大，同时，施工范围内存在多处管线，涉及设备管理单位众多，营业线施工流程办理繁琐，工期压力大。

6. 暗挖段开挖及临时支撑的拆除对测量要求精度高，同时需保证 24 h 实时监测，需要投入足够的人力及先进的监测设备进行监测。

7. 原胶济铁路便梁加固方案受时间、空间影响大，实施困难，故需召开专家会研究可行性加固方案，保证既有线运营安全。

三、营业线施工组织安排

(一)做好现场调查

项目进场后，组织项目部有关技术人员全面熟悉核对设计文件，充分了解设计意图，核对地形及地质资料，复核线路中线并引测坐标控制点和水准点。根据设计文件组织技术人员到现场进行调查，主要调查内容为：既有线线路运行情况、既有线线路类形、既有线沿线设施、施工工程线路与既有线的位置关系，重点调查既有线路通信、信号、电缆的走向，积极联系相关设备管理单位确定管线的走向。在调查过程中形成详细的调查报告，以备在进行方案编制时使用。

(二)方案的编制及优化

施工组织设计(方案)的编制报批工作的质量是与各设备管理单位签订安全协议、办理施工许可证和月度施工计划工作能否顺利进行的关键。在进行下穿胶济线施工方案编制时，前期报审的接触网改移及便梁加固方案由于受时间、空间影响大，考虑到胶济线日行车密度大等因素实施困难，在方案报批环节耽误了大量时间。为了保证营业线施工安全及济青高铁施工节点工期，济青公司组织相关设备管理单位及专家对方案进行调整，从措施及技术方面对原方案进行优化，措施上采取列车限速运行的手段，技术上通过增设锁脚锚管、提高喷射混凝土等级、缩短拱架间距、加密格栅钢架纵向连接筋数量、加强暗挖段隧道拱顶防水板内外回填注浆、洞内监控量测频次加密、天窗点内拆除临时支撑等技术手段确保整体施工方案安全可行。

施工方案编制完毕后，进行方案的报审流程。对于既有线施工手续的办理，项目专门聘请了经验相对丰富的专人到路局负责施工单位管段的具体各站段进行联系沟通，及时处理问题。

四、安全管理

(一)监控量测

济青高铁下穿施工中对既有线路采用自动监测设备进行实时监测，洞内监测频次加密一倍。对既有线的监测做到实时在线 24 h 不间断监测，洞内监控量测保证监测频率，并对监测信息实行统一管理，准确掌握施工期间既有线轨道、道床和隧道内竖向及横向等的变形情况。

1. 监测频次(表 4-4-1)

表 4-4-1 监控量测项目及频率

序号	监控量测项目	常用量测仪器	测点布置	量测频率
1	洞内、外观察	现场观察、数码相机、罗盘仪	开挖后、初支后	每次开挖后
2	拱顶下沉	水准仪、钢挂尺或全站仪	沿线路点间距 3～5 m	4 次/d
3	净空变化	收敛计、全站仪	沿线路点间距 3～5 m	4 次/d
4	既有线沉降	自动静力水准仪	—	实时
5	既有线沉降	全站仪	—	4 次/d
6	栅栏外地表沉降	全站仪	—	4 次/d

2. 监测点的布置

(1)栅栏内路基监测：为保证列车的行车安全，控制施工造成的铁路线路变形，在征得路局工务段同意及配合下，在胶济铁路两侧道砟边坡中埋设监测点，共计 14 个，如图 4-4-2 所示。在铁路保护区之外设置监测站，安排监测人员实时进行铁路沉降监测。

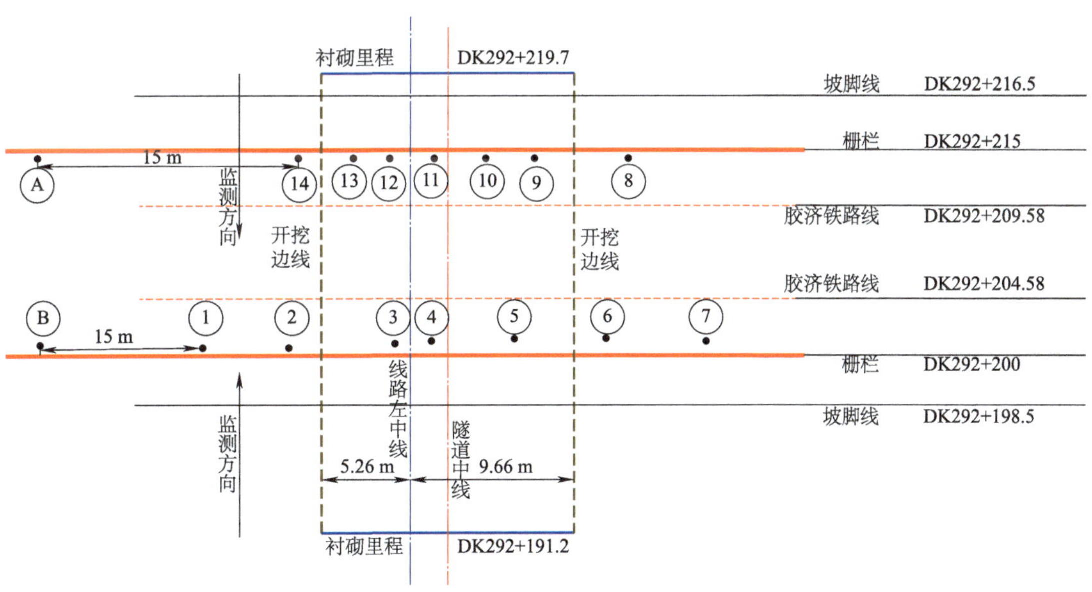

图 4-4-2 铁路路基监测点布置示意图

为进一步加强暗挖段施工影响范围内的铁路监测力度和提高监测效率、精度，达到最短时间和最少工作量监测的目的，在工务段相关人员配合下，安装铁路路基自动化监控设备静力水准仪。铁路路基自动化监测点布置在路基上，沿铁路线路布设三排，中间 3 个测点加 1 个基准点，两侧 9 个测点加 1 个基准点，共计 24 个水准点，每排监测点中间加密布置，具体布置如图 4-4-3 所示。

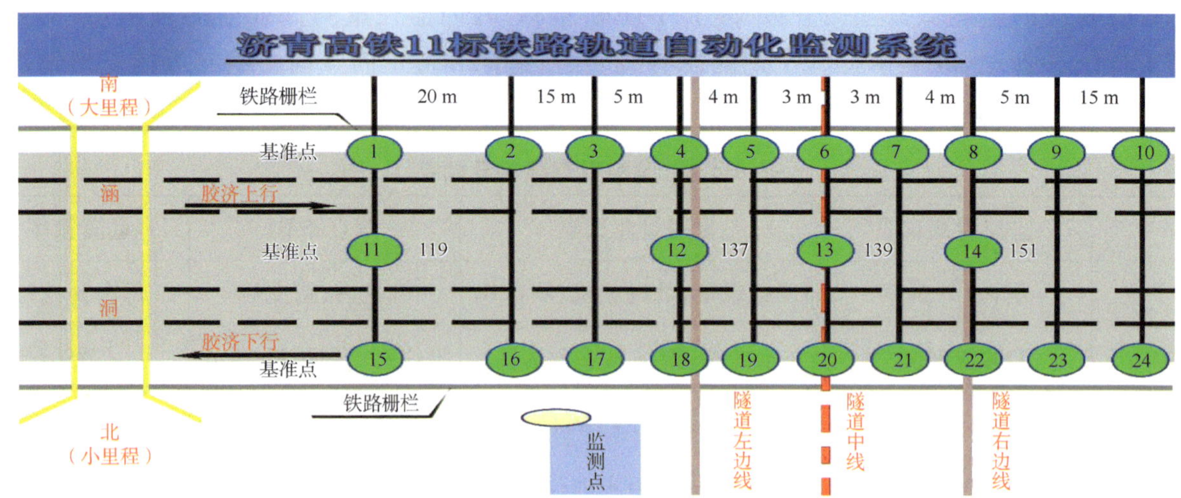

图 4-4-3　自动化监测点布置示意图

(2)洞内监测:隧道暗挖段洞内监测内容包括拱顶下沉和周边净空收敛。结合暗挖段施工现状,在设计方案基础之上加密监测点,沿线路方向拱顶下沉与周边收敛观测点每 3 m 布置一个断面,并采用全站仪非接触法测量,具体洞内监测布置如图 4-4-4 所示。

暗挖段施工期间,测量人员进行有效分工,洞内监测、洞外地表监测以及轨道监测各自专人负责,24 h 分班倒进行监测,每日出具检测日报,将监测信息及时发布到暗挖施工安全管理群中,使得路局、业主及监理单位及时掌握现场监控信息,有效保证了施工期间的信息传递与安全。

(二)应急管理

1. 建立预警机制及应对措施

济青高铁既有线施工应急响应分为三级,即黄色、橙色和红色。根据现场实际情况,施工项目部制定了三级预警的应急处置流程,针对不同级别的报警采取相应的应急措施。针对每级预警及沉降速率超限,分别制定了洞内对应处置措施及线上应急措施。

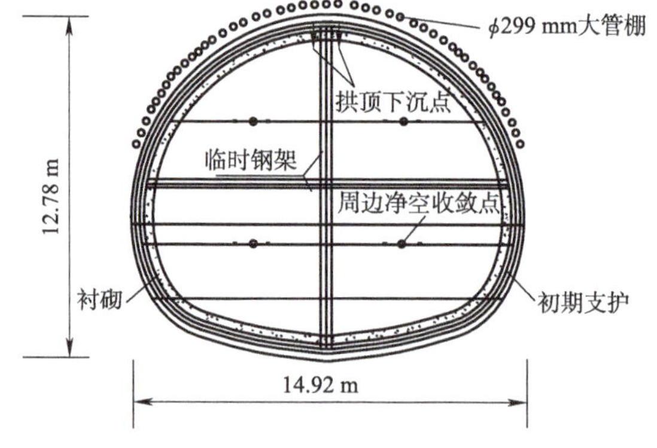

图 4-4-4　洞内监测布置示意图

(1)洞内应急措施(表 4-4-2)

(2)线上应急处置措施

营业线施工事故发生后,基本都是由相应设备管理单位为主体进行抢修作业,因此与设备管理单位建立联动机制,以便事故发生后能够迅速开展救援。

不涉及接触网维修:发生路基沉降但是不影响接触网立柱基础稳固时,现场负责人第一时间通知防护员及驻站联络员,由车站值班员立即下达停车命令,同时防护员在第一时间做好拦停火车的紧急措施,由相关设备管理单位紧急上线进行险情处置,同时应急小组组长在第一时间赶赴现场进行配合处置,加强与青岛工务段沟通,安排处置小组及作业队全力配合线路处置工作,提供必要的物资支持及设备支持,利用现场装载机、吊车等、既有机械设备参与抢险工作。

表 4-4-2　三级预警及沉降速率超限应对措施

预警级别	应对措施
黄色预警	加密监测频率，加强对洞内及地面建筑物沉降状态的观察，尤其应加强对预警点附近的检查和处理
橙色预警	1. 继续加强上述监测，观察；2. 采取锚杆补强、双倍加密钢支撑等综合处理措施
红色预警/沉降速率超限	1. 立即停止开挖并上报监理单位、建设单位及设备管理单位；2. 现场立即进行重复观测，确认监测数据是否无误；3. 确定超限后立即进一步加强支护措施，利用初支预留的注浆管进行多台注浆机同时注浆，全范围提高洞内承载力，进行背后回填注浆时，随时监测初支的变化情况，严格控制注浆压力。同时采用 20 cm×20 cm×200 cm 方木立即对初支进行加固，加固方式为井字状由下导洞至上导洞，与临时仰拱及拱顶之间不留缝隙；4. 等沉降值低于预警值并稳定后，待济青公司组织设计单位研究确定下一步施工方案后，再进行后续施工；5. 若沉降趋势未稳定或既有线结构沉降速率超限未得到有效控制，立即与设计单位对接研究解决方案

涉及接触网维修：当由于路基沉降引发接触网立柱倾覆或由于路基沉降影响接触网立柱稳定时，现场负责人在向车站值班员反映时具体说明情况，同时及时通知相关设备管理单位共同赶赴现场研究处置方案。

2. 汛期应急管理

当既有线施工需要跨汛期时，施工单位向设备管理单位防洪办提交防洪防汛应急预案，同时现场采取相应防汛措施。为防止雨水倒灌，基坑积水造成基坑坍塌、滑坡等灾害，影响既有线行车及设备安全，采取设置截水沟、挡水墙、集水井等措施。在基坑外侧设置挡水墙和排水沟并将雨水引入到当地排水系统中；在较低处及基坑底部设置挡水墙、排水沟，将雨水引入集水井，采用水泵集中抽排进入地表排水系统。

完善暗挖段周边防排水系统是汛期应急的重要手段，济青高铁下穿胶济线施工要度过汛期，而暗挖段又是线路的低点，一旦遇上汛期暴雨，极易汇聚水流，这就对既有线施工构成较大的威胁。因此施工项目部在汛期来临前就对暗挖段周边防排水设施进一步实施完善，同时在施工现场配备足够的防汛砂袋及水泵用以应急，如图 4-4-5 所示。

增加集水井储备应急物资

图　4-4-5

修筑挡水墙增加截水沟

图 4-4-5　暗挖隧道防排水施工

第二节　特殊不良地质条件隧道施工

青阳隧道全长 10 100 m，不良地质较多，主要为隧道进口处采石场、洞顶危石、岩爆，是全线的控制工程。该隧道自 2015 年 10 月开始施工，开挖完成时间为 2017 年 7 月，衬砌施工完成时间为 2017 年 8 月，沟槽完成时间为 2017 年 9 月，无砟轨道完成时间为 2017 年 12 月。

一、工程特点

1. 隧道进出口洞口段为湿陷性黄土，设计为Ⅴ级围岩，进口里程为 DK39＋065～＋420，长 355 m，出口里程为 DK49＋035～＋165，长 130 m。围岩软弱且具有湿陷性，可能会导致洞口或掌子面不稳，出现失稳、坍塌；隧道基底、拱顶严重下沉及隧道严重收敛。

2. 隧道洞身先后经过 2 条大的断裂及 12 条断层，里程分别为 DK42＋200、DK42＋530～＋710、DK43＋065、DK43＋765、DK44＋410、DK44＋766、DK45＋165、DK46＋420、DK46＋586、DK47＋056、DK47＋868、DK47＋976、DK48＋285，存在突泥、涌水、坍塌等不良地质问题。

3. 在埋深较大的 DK43＋000～DK48＋900 段安山岩地层中，有发生轻微岩爆的可能。

4. DK40＋850～DK43＋420 浅埋下穿 4 个村庄段，下穿村庄有顶庄、黉山前、腰庄、丁家庄，易造成失水、地表下陷、地表房屋等建筑物开裂、坍塌。

5. 隧道进口处分部有多个采石坑，DK39＋400～＋600 段右侧有一采石场乱掘大坑，坑深 25～30 m，受采石影响岩体边坡陡立，坑底有积水，开挖过程易造成透水、坍塌。

6. 1 号斜井口百年水位较高，暴雨季节洪水有可能漫流到井内，发生淹井事故。

7. 青阳隧道 1 号斜井施工段落斜井长 500 m，施工正洞 3 580 m，1、2 号斜井段落之间任务重，为青阳隧道的工期控制段落。

8. 隧道 2 号斜井井口处，为强风化基岩，基岩节理发育，且坡面可见碎石、块石分部，局部成堆，容易受降雨等因素影响诱发落石不良地质问题，范围长约 223 m，宽约 239 m，厚约1.5 m，2 号斜井洞口位置进行了变更调整，避开了坡积危石分部区，新洞口位置进行局部清危。

9. 设计利用洞砟加工机制砂，因岩石特性，机制砂加工成本较高，且质量难以满足高速铁路施工要求，如何保质、保量生产机制砂并满足环水保要求是青阳隧道施工难点。

10. 隧道围岩以玄武岩、安山岩为主，岩体强度高、颗粒细、耐磨，打眼钻孔时间长，爆破进尺不理想；玄武岩、安山岩柱状节理，光面爆破成型较难控制。

二、断层破碎带施工

断层破碎带是整个隧道超前地质预报工作的重点，其超前地质预报准确度直接关系到施工选择和注浆加固参数。断层破碎带采用地质调查法＋物探法（TSP203）＋地质雷达＋超前钻孔法（1＋3 孔加深炮眼）预报，其中最少一孔取芯分析断层物质。富水段采用地质调查法＋物探法（红外探水）＋超前钻孔法（3＋3 孔加深炮眼）进行预报，其中最少一孔检测水压、水量。

对多项预测预报手段所得的资料进行综合分析与评判，相互印证，并结合掌子面揭示的地质条件、发展规律、趋势及前兆进行预测、判断，根据超前地质预测预报结果，相应优化调整措施，以确保施工安全及结构安全，确保工程顺利实施。隧道富水及断层破碎带具体施工流程如图 4-4-6 所示。

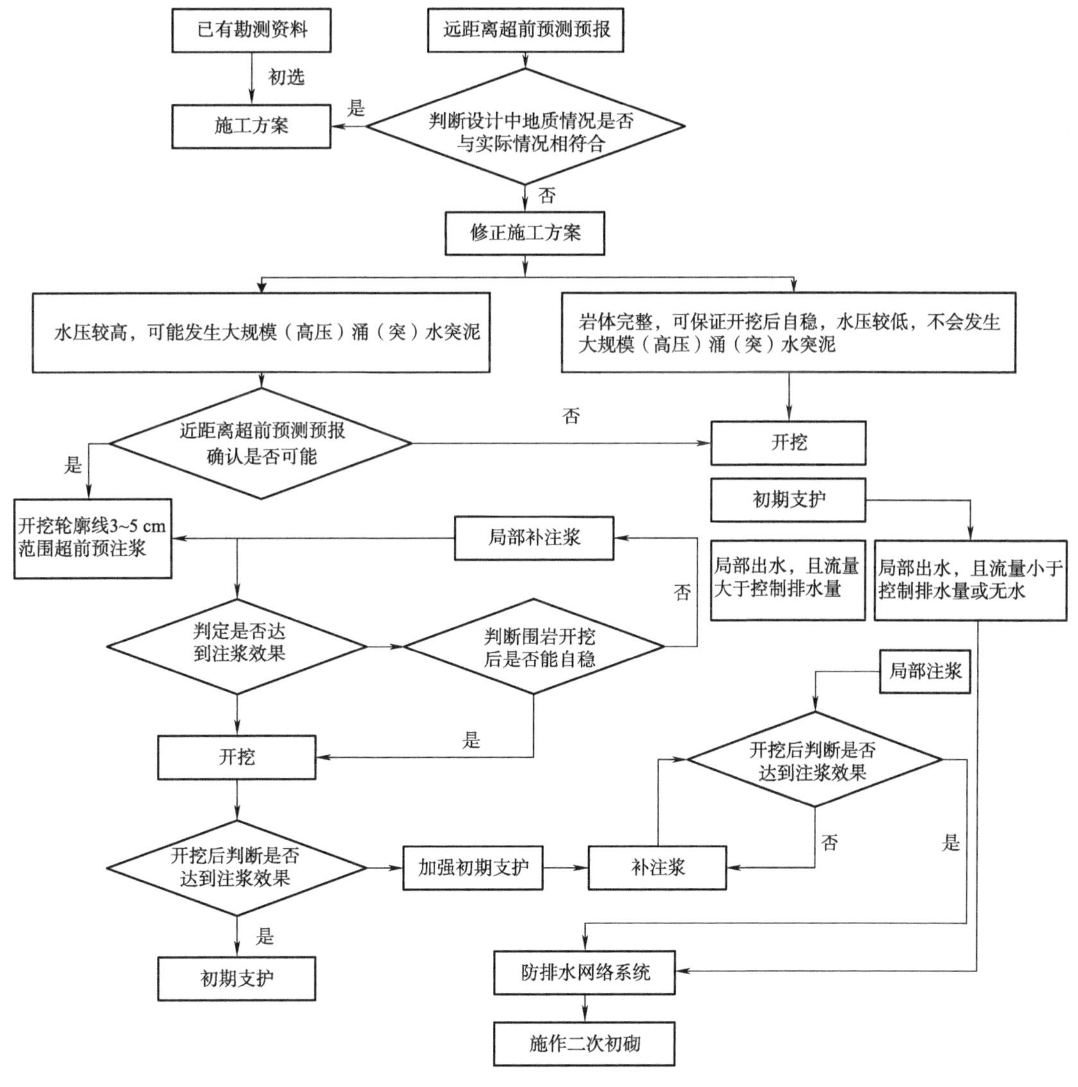

图 4-4-6　隧道富水及断层破碎带施工流程图

青阳隧道主要采用注浆封堵地下水，分为堵水为目的的超前预注浆、以加固岩体保证施工安全为目的的超前预注浆、以限流为目的的径向注浆及补注浆。

(一)以加固岩体保证施工安全为目的超前预注浆

当掌子面前方存在较大物探Ⅰ类异常区及高压富水区，具有涌水、突水的可能，水压相对较低，但围岩差，岩体结构性能弱，在水的作用下易导致固体物质坍塌、失稳诱发突水突泥等，采取超前局部注浆、超前周边注浆或帷幕注浆。

(二)以保护衬砌工作环境为目的的预注浆方案

掌子面前方存在无充填溶洞、岩溶管道、围岩稳定的溶蚀破碎带，或掌子面出水总量小于 15 m^3/h 时，预测开挖不致导致失稳时，及初期支护大面积渗漏水、支护结构变形较大时，采用开挖后径向注浆。当隧道堵水段开挖后洞壁仍有个别出水点呈股状出水或线状出水，采取补注浆对地下水封堵。

(三)注浆启动判识标准

为保证施工安全，隧道经过断层破碎带、节理密集带、富水区时，施工中以超前地质预报为基础，对岩体赋水、地表水和地下水连通性、岩体完整性、施工安全、环境保护等多因素进行评价。根据超前地质预报信息及开挖揭示情况确定注浆段落及方式。

当超前探孔有 2/3 孔满孔且总出水量大于 15 m^3/h 时，判定全断面有突泥涌水可能，采取超前周边注浆或帷幕注浆。当超前探孔总出水量小于 15 m^3/h 时，但单孔出水量大于 3 m^3/h 时，判定为局部突水可能，采取超前局部注浆。

开挖后对集中出水处、水流可能破坏注浆固结体处采用径向注浆予以补强，避免“管涌”现象诱发加固圈的破坏，维护隧道结构及排水系统的工作稳定性导致灾害发生。隧道施工中防止原有的排水能力因隧道施工而大幅改变，尽量不排泄固体物质，保证衬砌抗水压能力不被破坏，运营安全不受水及其携带的固体物质的影响。

三、断层破碎带涌水突泥施工

隧址区发育 12 条断层，2 条断裂对隧道施工有较大影响。隧道穿过破碎带时容易引起坍塌、冒落、突水突泥，施工中对此高度重视。

(一)断层破碎带施工

断层破碎带施工关键在于减少对围岩的扰动，施工中主要是要超前支护，分部开挖，随挖随护，密闭支撑，监控量测，适时衬砌。

1. 采取的措施

利用超前地质探测手段，提前预测松散、破碎带情况，利用地质素描法对断层的长度、高度、倾角做出预测。选择合理的施工方法进行断层破碎带施工。断层破碎带施工时采用超前支护、分步开挖、随挖随护、密闭支撑、围岩量测，及早衬砌。

2. 施工要求

通过断层带时，及早施作初期支护，减少岩层的暴露、松动，各施工工序的距离尽量缩短。采用爆破法掘进时，严格掌握炮眼数量、深度及装药量，减小爆破振动对围岩的影响。采用分部开挖时，其下部开挖分左右两侧相距交错作业。断层地带的支护宁强勿弱，并经常检查。

(二)涌水地段施工

洞内突水对隧道施工的危害很大，施工中采取相应的注浆防水、排水措施。根据涌水量的大小，提前封堵和疏排，同时做好应急准备，一旦发生涌水，尽快安装设备，迅速排出，防止大量地下水涌入洞内，造成危害。

1. 涌水预测

根据在类似地质条件隧道施工中的成功经验，以超前探水为主，相似比拟法预测为辅。

2. 施工方案

施工中认真研究设计文件，加强地质调查，进行超前钻孔探测，采用综合物探手段预测预报，判明水源补给、涌水量和突出水压等情况，针对性地采取帷幕注浆、超前注浆或管道引排等方案。

3. 施工顺序

开挖进入富水地段前，加强地质预探、预报工作，准确掌握前方地下水含量、压力、分布，并结合预测结果设置超前探水孔，判断是否有发生涌水的可能。

根据水源补给、涌水量和突出水压等预测预报情况，分别采用帷幕注浆、超前注浆和管道引排等方法，排除部分地下水，减少水量，降低水压。

采用分部开挖施工，并辅以超前小导管预注浆止水(浆液采用水泥—水玻璃双液浆)穿越突水段。按顺序分步开挖隧道断面，施作支护。铺设复合式防水层，全断面模筑钢筋混凝土。

(三)突泥地段施工

涌水在较厚断层泥中往往导致突泥，使隧道周围岩体产生空隙甚至大体积的空洞，危害大。施工中，首先依靠地质超前预报作出判断，根据断层规模，提前采用超前帷幕注浆或超前小导管注浆进行封堵，以加固地层并堵水。出现突泥时，尽快以钢筋、钢管和型钢为骨架，填塞草袋，劈柴和木板堵口，用喷混凝土将其封闭加固。然后沿开挖面周边设长、大超前钢管支护，压注水泥—水玻璃浆液，同时在此断面附近设置监控量测点，监控量测围岩的收敛变形情况。

第三节 洞口工程施工

本节主要对青阳隧道的洞口工程施工进行阐述。

一、洞口地基处理

青阳隧道出口端 DK49＋138～＋165 段基底为湿陷性黄土，施工时采用 C20 混凝土进行换填，换填厚度 1～3.5 m。

1. 根据换填深度选择机械配合人工施工。采用挖掘机挖除换填深度内表层的软弱土层，预留 30～50 cm 的土层再由人工将软土挖除到达设计标高。

2. 挖除需换填的土层，将底部整平作为底模，侧模采用土模(开挖成型的边墙)，按照先深后浅的顺序进行换填施工，开挖宽度不小于明洞衬砌基础宽度(15.1 m)加放坡宽度。

3. 换填施工采用混凝土运输车运输混凝土，溜槽入模，分层浇筑，分层捣鼓密实，直至达到设计标高。

二、洞口土方开挖

洞口段开挖采用人工配合挖掘机由上而下进行。遇个别较大孤石或少量硬质岩，风钻钻孔、微药量解体，风镐修凿轮廓或采用挖掘机加破碎锤破碎洞口石方，减少对围岩的扰动。装载机或挖掘机装砟，自卸汽车直接运输到规定地点卸砟。边坡开挖坡度按设计图放坡，当开挖到暗洞超前支护相应标高时进行超前支护施工。结合边坡地形稳定程度，坡面用锚杆、钢筋网、喷混凝土作为临时防护，确保施工安全，并尽快施作边仰坡拱形骨架护坡结合框架锚杆防护。

三、隧道正洞进口端施工

青阳隧道进口端洞口为浅埋，附近有采石场挖掘坑，进口段围岩地层为黏质新黄土，含角砾，呈松散结构；辉长岩，强风化，节理裂隙及风化裂隙极发育，岩体极破碎，呈角砾、碎石状松散结构。洞口段设计为Ⅴ级围岩，洞口 50 m 浅埋采用明挖法施工，采用对称路堑式明洞衬砌结构。进洞暗挖采用V_b型复合式衬砌结构，进洞采用 30 m 长 ϕ108 mm 大管棚超前支护，内插超前小导管，三台阶设临时横撑法进洞施工。施工过程中加强地表观测及沉降观测，并在洞口地表施作截排水系统及绿化设施。

四、隧道正洞出口端施工

青阳隧道出口端洞口为浅埋，出口段围岩地层为黏质新黄土，含角砾，呈松散结构；安山岩，强风化，节理裂隙极发育，岩体破碎，呈角砾、碎石状松散结构。洞口段设计为Ⅴ级围岩，洞口 40 m 浅埋采用明挖法施工，采用对称路堑式明洞衬砌结构。进洞暗挖采用Ⅴb 型复合式衬砌结构，进洞采用 30 m 长 ϕ108 mm 大管棚超前支护，内插超前小导管，三台阶设临时横撑法进洞施工。

五、斜井井口施工

（一）1 号斜井井口

青阳隧道 1 号斜井洞口处为新黄土、碎石土，安山岩，节理裂隙发育，呈碎石状松散结构。洞口段设计为Ⅴ级围岩，采用双车道Ⅴ级围岩加强模筑衬砌结构，进洞采用 30 m 长 ϕ108 mm 大管棚超前支护，内插超前小导管，进洞采用三台阶临时横撑法进洞。

1 号斜井井口水位较高，井口设置 2 m 高浆砌片石围墙将井口场地进行围挡，同时井口设置完善的截排水设置，并通过两侧的天然沟进行引排。

1 号斜井下穿村庄，全段开挖采用微振动控制爆破，严格控制一次装药量及开挖进尺，爆破参数根据现场试验确定，确保隧道施工不影响居民的正常生活。

（二）2 号斜井井口

2 号斜井洞口里程为 2 斜 8+75，隧道围岩为白垩纪下统凝灰岩、安山岩，第四系上更新统新黄土。凝灰岩为凝灰结构，块状结构，强风化；安山岩为斑状结构，块状构造，全～强风化，呈砂土状，角砾状松散结构，斜井出口上覆新黄土，呈松散结构。该段围岩以Ⅴ级为主，主要为风化基岩裂隙水，雨季时水量较大。洞口段设计为Ⅴ级围岩，采用双车道Ⅴ级围岩模筑衬砌结构，进洞采用 30 m 长 ϕ108 mm 大管棚超前支护，进洞采用短台阶法进洞。

2 号斜井井口处为强风化基岩，基岩节理发育，切坡面可见碎石、块石分布，局部成堆，容易受降雨等因素影响诱发落石不良地质问题。施工时对井口坡面风化碎石进行局部清理，同时设置完善的截排水设置，将坡面水引排至洞口两侧低洼处。施工期间持续观测，及时清理坡面碎石，必要时设置主被动防护网。

六、进洞施工

隧道正洞进口、出口洞口边仰坡防护完成达到进洞条件后，施作超前大管棚，采用三台阶临时横撑法进行洞身开挖。斜井洞口边仰坡防护完成达到进洞条件后，施作超前大管棚，1号斜井采用三台阶临时横撑法进行洞身开挖，2号斜井采用短台阶法进行洞身开挖。

进洞段开挖保持短进尺，用风镐配合挖掘机开挖，喷混凝土分两次进行，即开挖后初喷，架立钢拱架、打设超前小导管、安装系统锚杆、挂网后复喷，及时封闭，保证支护质量。

七、洞门施工

隧道进、出口均采用喇叭口式缓冲结构洞门。洞门及早修建，并避开雨季，以增强洞口段的稳定。喇叭口式洞门与缓冲开孔结构须整体浇筑，洞门缓冲结构与暗洞衬砌间设置2 cm宽变形缝一条。

洞门施工首先做好施工准备，洞门模板及衬砌模板台车现场组装、验收完成，进行洞门基础开挖。开挖过程中基坑上方利用栈桥架空，保证洞内外交通畅通。检查基坑宽度、标高、地基承载力是否满足设计要求，浇筑C20混凝土换填。测量放样，安装矮边墙模板，安装仰拱及边墙基础钢筋，浇筑仰拱及边墙基础混凝土，施作填充混凝土。填充混凝土达到70%强度后，进行台车定位，安装拱墙钢筋及帽檐式洞门钢筋、缓冲结构钢筋，安装帽檐式洞门模板及拱墙外模、缓冲结构外模，浇筑拱墙及帽檐、缓冲结构混凝土，拆模养护。

洞门及缓冲结构外露部分外表面涂刷渗透结晶型防水涂料，填土部分拱墙采用3 cm厚M10水泥砂浆找平层，4 mm厚聚氨酯防水材料，不小于4 mm厚自粘式防水卷材，双层土工布，6 cm厚砖砌保护层防水后回填。结构两侧防水板外侧墙脚填土范围设置双壁打孔波纹管。

洞口明挖段坡脚位置采用C20混凝土回填，其上倒三角部分(约8 m高)采用M10浆砌片石回填，浆砌片石顶部设置由碎石、粗砂组成的过滤层，过滤层厚45 cm，再往上夯填土石至设计标高，回填施工均匀对称进行，分层夯实。

斜井采用端翼墙式洞门。洞门施工在洞口段衬砌完成后进行，洞门端墙及翼墙混凝土灌注采用支架和定制模板。混凝土采用洞外自动计量拌和站生产，混凝土运输车运输，泵送入模，插入式振捣器振捣，按要求做好圬工的养护工作。洞门完成后，及时施作洞口防排水系统。

第四节　防排水施工

青阳隧道二次衬砌防排水作业包括防水板、纵环向排水盲管、止水带及止水条的安装作业等。

一、技术要求与施工程序

隧道防排水遵循“防、截、排、堵相结合，因地制宜，综合治理”的原则，达到防水可靠，经济合理，不留后患的目的。隧道防水等级达到国家标准《地下工程防水技术规范》(GB 50108—2008)规定的一级防水等级标准，衬砌结构不允许渗水，表面无湿渍。隧道结构防水一般由喷射混凝土、全封闭柔性卷材防水层和二次衬砌结构自防水等组成。本线隧道二次衬砌混凝土采用防水混凝土，其抗渗等级不低于 P10，当地下水发育或对混凝土有侵蚀性时抗渗等级不低于 P12；拱墙设置 PVC 塑料防水板加土工布，明洞外贴 PVC 防水卷材；施工缝设置止水条或中埋式止水带，并涂刷混凝土界面剂；二次衬砌混凝土施工后，拱部进行充填注浆。拱墙每 8～12 m 设 1 环ϕ80 mm 环向透水盲沟，两侧边墙外侧设直径 ϕ100 mm 透水管盲沟各 1 道，该盲沟直接弯入隧道侧沟。

施工程序：施工准备→工作平台就位→初支断面检查处理→安设排水管→铺设土工布→挂设防水板→安装拱顶注浆管→绑扎钢筋、台车就位→安装施工缝止水带→施工下一工序。

二、作业准备

(一)洞外准备

检验防水板、止水带质量，用铅笔划焊接线及拱顶分中线，按每循环设计长度截取，对称卷起备用。

(二)洞内准备

铺设台架行走轨道，施工时采用两个作业台架，一个用于基面处理，一个用于挂防水板，基面处理超前防水板两个循环。

(三)断面量测

测量断面，对隧道净空进行量测检查，对个别欠挖部位进行处理，以满足净空要求，同时准确测放拱顶分中线。

(四)基面处理

1. 局部漏水采用注浆堵水或埋设排水管直接排水到边。

2. 钢筋网等凸出部分，先切断后用锤铆平抹砂浆素灰；有凸出的管道时，用砂浆抹平；锚杆有凸出部位时，螺头顶预留 5 mm 切断后，用塑料帽处理。

3. 初期支护无空鼓、裂缝、松酥，表面平顺，凹凸量不超过±5 cm。

三、施工方法

(一)排水盲管

1. 环向排水盲管施作方法

隧道拱墙设直径 80 mm 外包土工布的单壁打孔盲管，环向盲管每隔 8～12 m 设置，并每隔 8～12 m 在水沟外侧留泄水孔，直接弯至隧道侧沟。

2. 纵向排水盲管施作方法

纵向排水盲管沿纵向布设于左、右墙角水沟底上方，为两条直径为 100 mm 的软式透水管盲沟。纵向排水盲管按设计规定划线，使盲管位置准确合理，盲管安设的坡度与线路坡度一致。弯头以 135°角弯入侧沟，纵向排水间距不大于 60 cm。

3. 边墙泄水管施作方法

模板架立后开始施作边墙泄水管，在模板对应于纵向水沟中间的位置开与泄水管直径相同的孔。泄水管一端安在模板的预留孔上接入侧沟。

4. 排水盲管施工要求

(1)纵向贯通排水盲沟安装按设计规定划线，使盲管位置准确合理，划线时注意盲管尽可能走基面的低凹处和有出水点的地方。

(2)盲管与支护的间距不大于 5 cm，盲管与支护脱开的最大长度不大于 110 cm。

(3)集中出水点沿水源方向钻孔，然后将单根集中引水盲管插入其中，并用速凝砂浆将周围封堵，使地下水从管中集中引出。

(4)盲管上接头用无纺布的渗水材料包裹，防止混凝土或杂物进入堵塞管道。

(二)防 水 板

防水板施工采用无钉铺设工艺，其施工工艺流程如图 4-4-7 所示。

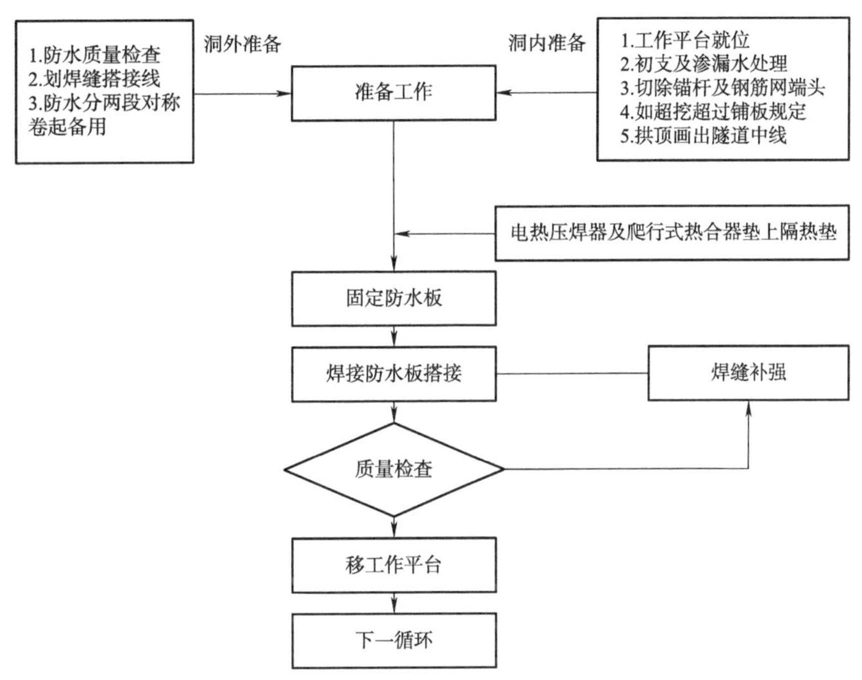

图 4-4-7 隧道防水板施工工艺流程图

防水板超前二次衬砌 10～20 m 施工，焊接用自动爬行热焊机，铺设采用专用台车。

1. 铺设前进行精确放样，弹出标准线进行试铺后确定防水板一环的尺寸，尽量减少接头。

2. 用手动电热熔接器加热，使防水板焊接在固定的土工布的专用热熔衬垫上。防水板的固定松紧适度并留有余量，以保证混凝土浇筑后与初期支护面表面密贴。防止过紧或者过松，防水板受挤压、紧绷或者破损或形成人为储水点。防水板搭接缝与衬砌变形缝、温度伸缩缝、施工缝等防水薄弱环节错开 1～2 m。

3. 分离式防水板铺设采用从下向上的顺序铺设，松紧适度并留有余量(实铺长度与弧长之比为 10∶8)，检查时保证防水板全部面积均能抵到围岩。

4. 分离式防水板铺挂前，用带热塑性圆垫圈的射钉将缓冲层平整顺直地固定在基层上(图 4-4-8)，缓冲层搭接宽度 50 mm，可用热风焊枪点焊，每幅防水板布置适当排数垫圈，每排垫圈距防水板边缘 40 cm 左右，垫圈间距：侧壁 80 cm，2～3 个垫圈/m^2；顶部 40 cm，3～4 个垫圈/m^2。

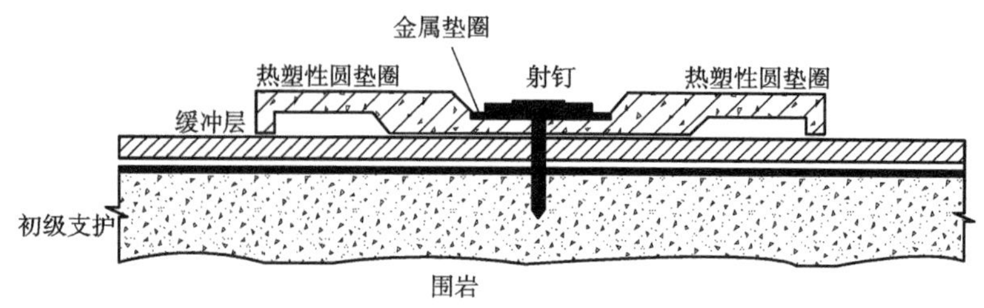

图 4-4-8 暗钉圈固定缓冲层示意图

5. 两幅防水板的搭接宽度不小于 150 mm。

6. 环向铺设时，下部防水板压住上部防水板。

7. 防水板之间的搭接缝采用双焊缝、调温、调速热楔式功能的自动爬行式热合机热熔焊接，细部处理或修补采用手持焊枪，单条焊缝的有效焊接宽度不小于 10 mm，焊接严密，不焊焦焊穿。

8. 防水板纵向搭接与环向搭接处，除按正常施工外，再覆盖一层同类材料的防水板材，用热焊焊接。

9. 三层以上塑料防水板的搭接形式必须是 T 形接头。

10. 分段铺设的卷材边缘部位预留至少 60 cm 的搭接余量。

(三)止 水 带

1. 施作方法：沿衬砌轴线每隔不大于 0.5 m 钻一个 ϕ12 mm 的钢筋孔。将制成的钢筋卡由待灌混凝土侧向另一侧穿过挡头模板，内侧卡进止水带一半，另一半止水带平靠在挡头板上。待混凝土凝固后拆除挡头板，将止水带拉直，然后弯钢筋卡紧止水带。

2. 施工要求

(1)检查待处理的施工缝附近 1 m 范围内围岩表面，不得有明显的渗漏水，如有则采取必要的挡堵(防水板隔离)和引排措施。

(2)按断面环向长度截取止水带，使每个施工缝用一整条止水带，尽量不采取搭接，除材料长度原因外只允许有左右两侧边基上部 2 个接头，接头搭接采用热熔接，且要将搭接位置设置在大跨以下或起拱线以下边墙位置。

(3)止水带对称安装，伸入模内和外露部分宽度必须相等，沿环向每 0.5 m 设二根 ϕ6 mm 短钢筋夹住，以保证止水带在整个施工过程中位置的正确。止水带处混凝土表面质量达到宽度均匀、缝身竖直，环向贯通，填塞密实，外表光洁。

(4)浇筑混凝土时，注意在止水带附近振捣密实，但不碰止水带，防止止水带走位。止水带施工中用泡沫塑料对止水带进行定位，避免其在混凝土浇筑中发生移位。

(四)止 水 条

施工流程：制作专用端头模板→浇筑先浇衬砌时形成预留槽→浇筑下一段衬砌混凝土前安装止水条。

1. 施作方法：水平施工缝先浇筑混凝土，在初凝后、终凝前根据止水条的规格在混凝土端面中间压磨出一条平直、光滑槽。环向或竖向施工缝在端头模板中间固定木条或金属构件等，混凝土浇筑后形成凹槽。槽的深度为止水条厚度的一半，宽度为止水条宽度。清洗后，在灌注下循环混凝土之前，将止水条粘贴在槽中。

2. 施工控制要点

(1)二次衬砌混凝土初凝后,拆除端头模板,将凹槽压平、抹光,凹槽的宽度略大于止水条的宽度。

(2)止水条安放前,将已浇筑混凝土端部充分凿毛、清洗干净。

(3)止水条在衬砌台车移动前 4 h 左右安装,安装前最好先在凹槽内涂抹一层氯丁胶粘剂,止水条顺凹槽拉紧嵌入,确保止水条与槽底密贴,并用水泥钉固定牢固,同时在端部混凝土面上涂抹一层界面剂。

(4)止水条若有搭接,则可将止水条切成对口三角形,用氯丁胶水粘接,接口处无空隙。

(5)在二次衬砌混凝土浇筑前,先在水平施工缝基面铺设 25～30 mm 水泥砂浆,经均匀、充分振捣后使基面与新浇筑混凝土有 25～30 mm 水泥砂浆,新老混凝土结合牢固。

第五节 辅助坑道施工

为开辟施工工作面,加快施工进度,青阳隧道设置斜井 2 处,1 号斜井承担正线 3 580 m 的施工任务,2 号斜井承担正线 2 145 m 的施工任务。1 号斜井设置 1 处 3%、25 m 长的缓坡段,以利于会车及安全,井底结合紧急出口设置 3%、30 m 长的缓坡段;2 号斜井井身设置 2 处 3%、25 m 长的缓坡段,以利于会车及安全,井底结合避难所设置 3%、100 m 长的缓坡段。辅助坑道与正洞连接段,设衬砌结构加强段;1 号斜井为紧急出口,2 号斜井为避难所。

一、工程概况和地质情况

(一)工程概况

青阳隧道 1 号斜井与线路交会里程为 DK42＋820,交会处隧道正线道床顶面高程为 136.707 m,斜井长 500 m,斜井与线路平面交角为 40°,斜井内坡段最大坡度为 9.2%,综合坡度 8.5%。斜井进口浅埋段节理裂隙发育,岩体破碎。完工后 1 号斜井设计为隧道紧急出口。

青阳隧道 2 号斜井与线路交会里程为 DK47＋100,交会处隧道井底高程为 202.105 m,斜井平距长 875 m,斜井与线路大里程方向交角为 45°/152°38′,斜井内坡段最大坡度为 11%,综合坡度 9.6%。2 号斜井为永久斜井,运营期间设置为避难所。

(二)地质情况

1 号斜井洞口里程为 1 斜 5＋00,斜井口表层分布新黄土,具湿陷性,湿陷等级为Ⅰ级非自重湿陷,湿陷系数为 0.015～0.025。1 斜 5＋00～4＋00 段 100 m 长设计为Ⅴ级加强围岩,采用Ⅴ级围岩加强模筑衬砌。洞口段采用洞口大管棚＋超前小导管预支护。

2 号斜井洞口里程为 2 斜 8＋75,隧道围岩为白垩纪下统凝灰岩、安山岩,第四系上更新统新黄土。凝灰岩为凝灰结构,块状结构,强风化;安山岩为斑状结构,块状构造,全～强风化,呈砂土状,角砾状松散结构,斜井出口上覆新黄土,呈松散结构。该段围岩以Ⅴ级为主,主要为风化基岩裂隙水,雨季时水量较大。

二、施工技术方案

(一)施工部署

青阳隧道 1 号斜井段施工采用独头进行掘进,进洞后根据量测情况开始施作二次衬砌,衬砌施工在不影响正洞施工情况下进行。施工中加强仰坡的位移量测，对洞口地段围岩进行综合超前地质预报，实行信息化施工，通过对数据的分析和处理，及时反馈指导施工。

（二）施工顺序

根据洞口段的地质围岩实际情况，确定进洞施工的顺序为：测量放线→截水沟施工→洞口及边仰坡开挖→边仰坡支护→导向墙施工→钻孔施工→长管棚进洞→暗洞施工。

（三）截水沟施工

洞口截水沟总长度 85 m，水沟基础采用 30 cm 厚三七灰土夯实，截水沟采用 C25 钢筋混凝土浇筑，横向主筋采用 ϕ14 mm 钢筋，纵向分布筋采用 ϕ8 mm 圆钢。截水沟主要结构如图 4-4-9 所示。

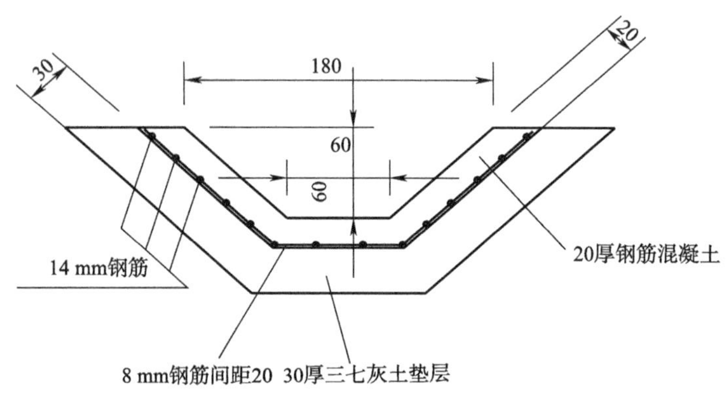

图 4-4-9　截水沟主要结构（单位：cm）

（四）洞口边仰坡开挖及防护

边仰坡防护采用锚网喷支护，支护参数为：ϕ22 mm 砂浆锚杆，长度 $L=3.5$ m，梅花形布置，间距为 1.0 m×1.0 m；布设 ϕ8 mm 钢筋网，网格间距 25 cm×25 cm，钢筋网搭接不小于一个网格间距，长度为 25 cm；喷射混凝土采用 15 cm 厚 C25 喷射混凝土。

（五）导向墙施工

导向墙纵向长 1.0 m，厚 1.0 m，设置 3 榀 I18 工字钢拱架，拱架纵向间距 0.25 m，采用 ϕ22 mm 连接筋，拱部 120°范围内施作 ϕ140 mm×5 mm 导向管，环向间距 3 根/m，环向根数为 33 根，焊接固定于工字钢上。导向墙采用 C20 混凝土浇筑，具体结构布置如图 4-4-10 所示。

（六）超前大管棚施工

大管棚采用外径 ϕ108 mm，壁厚 6 mm，热轧无缝钢管，方向与路线中线平行，管棚长度 30 m，环向间距为 33 cm。管棚外插角控制在 1°～3°（最内侧拱架比最外侧拱架除设计坡度外再外放 1 cm）。施工过程中斜插角度根据实际情况调整，为提高管棚的抗弯能力，在管棚钢花管内设置钢筋笼。

（七）进洞后（Ⅴ级加强模筑衬砌）施工

按“管超前、短进尺、弱爆破、强支护、快封闭、早成环、勤量测，步步为营，稳步前进”的原则组织施工。根据实际及设计地质情况，隧道洞门Ⅴ级加强段采用三台阶＋临时仰拱法，施工采用人工、机械辅助开挖措施，挖掘机扒砟，装载机装砟，自卸汽车出砟。

三台阶＋临时仰拱法施工程序：上台阶施工→上台阶临时仰拱施工→中台阶施工→中台阶

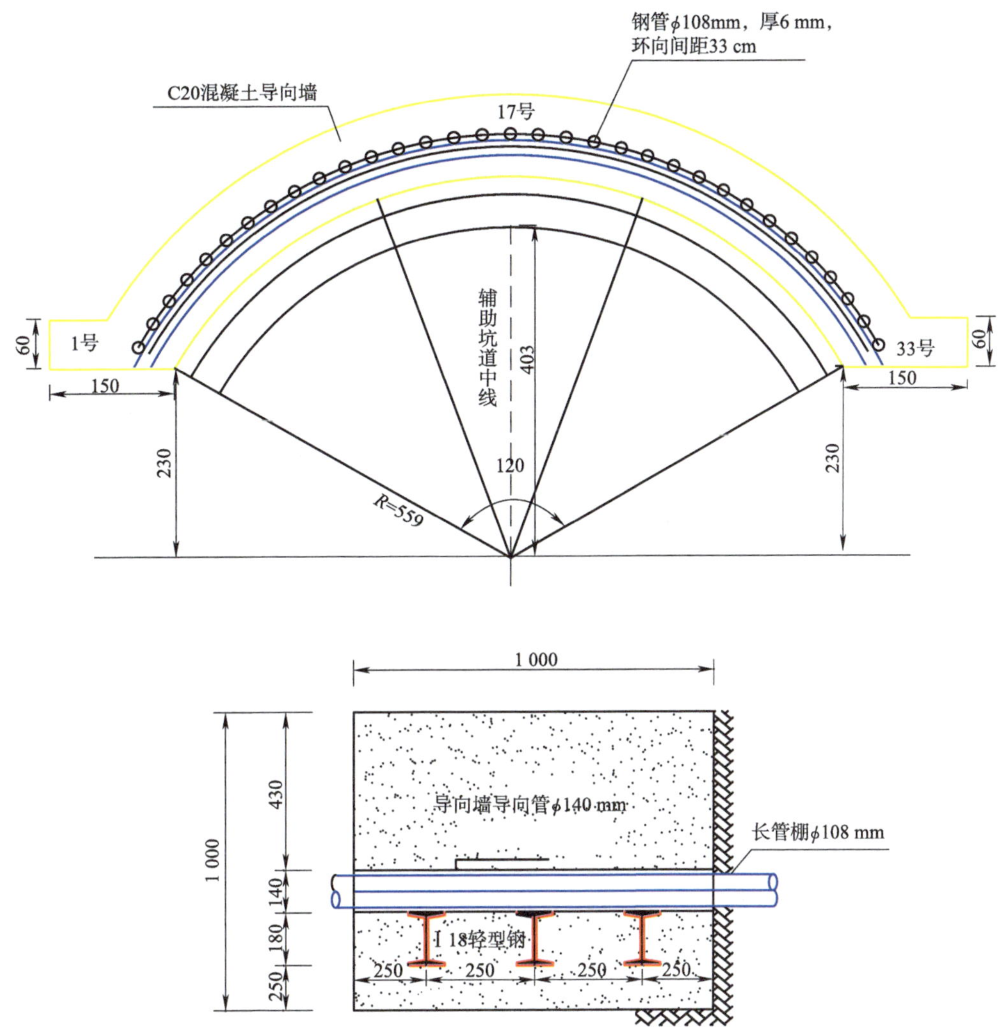

图 4-4-10　导向墙断面图(单位:mm)

临时仰拱施工→下台阶施工→仰拱、二次衬砌施工→下循环步序开始,如图 4-4-11、图 4-4-12所示。

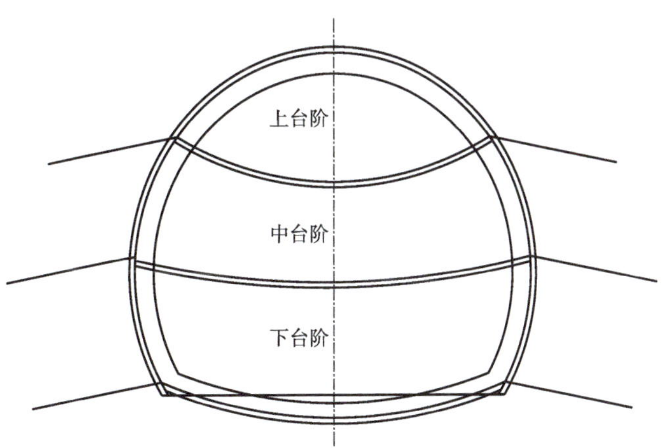

图 4-4-11　三台阶+临时仰拱法施工断面示意图

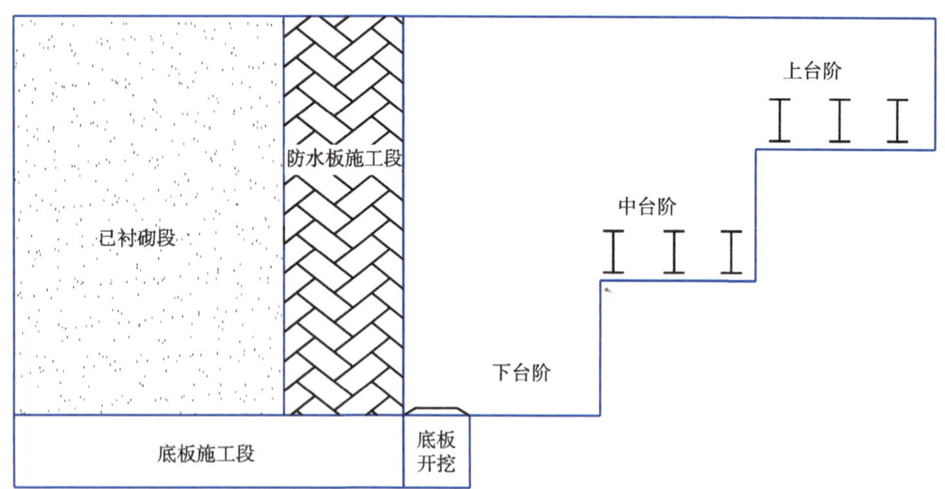

图 4-4-12 三台阶+临时仰拱法施工步序平面示意图

(八)中空注浆锚杆施工

锚杆正洞拱部采用 ϕ22 mm 组合中空注浆锚杆,单根长度 L=350 cm,间距 120 cm(纵)×120 cm(环)梅花形布置,第一榀 9 根,第二榀与第三榀中间 10 根;边墙部位采用 ϕ22 mm 砂浆锚杆,第一榀 6 根,第二榀与第三榀中间 5 根;单根长度 L=350 cm,间距 120 cm(纵)×120 cm(环);在上台阶、中台阶开挖钢架支护过程中,在左右拱脚位置各施作 4 根 4 m 长 ϕ42 mm 锁脚锚管,下台阶开挖钢架支护过程中,在左右拱脚位置各施作 2 根 4 m 长 ϕ42 mm 锁脚锚管,锁脚锚管安装时采用 U 形钢筋与工字钢焊接牢固。

(九)底板施工

为确保衬砌质量和施工环境,衬砌采取底板先做,底板施工采用移动钢模板,先清除底部虚渣,排干积水,施作底板钢筋,浇筑底板混凝土,底部标高采取量标高的方法控制。

第六节 沉降变形控制与评估

本节以青阳隧道沉降变形控制与评估为例进行阐述。青阳隧道 DK39+065~DK49+165 共有 79 个观测断面(暗洞),设观测标 158 个,共分为 3 段进行沉降评估,评估顺序为 2 号斜井出口段,进口 1 号斜井段,1 号斜井 2 号斜井段,仰拱混凝土施工完成开始,观测周期满足《新建济南至青岛高速铁路线下工程沉降变形观测评估实施细则》3 个月观测周期的要求。该区段成立 2 个沉降观测组,配备主司镜 2 名,扶尺人员 4 名,共配备天宝 DiNi03 水准仪 2 套、3 m 钢瓦条码尺 2 对,并设专人检查整理沉降观测资料。

一、观测标及工作基点布设

观测标与工作基点标志均由钢筋杆及不锈钢标志构成,满足规范要求,如图 4-4-13、图 4-4-14 所示。

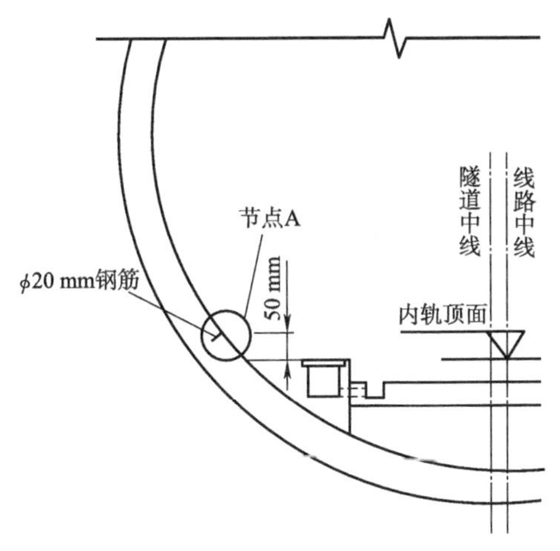

图 4-4-13　隧道变形观测点示意图

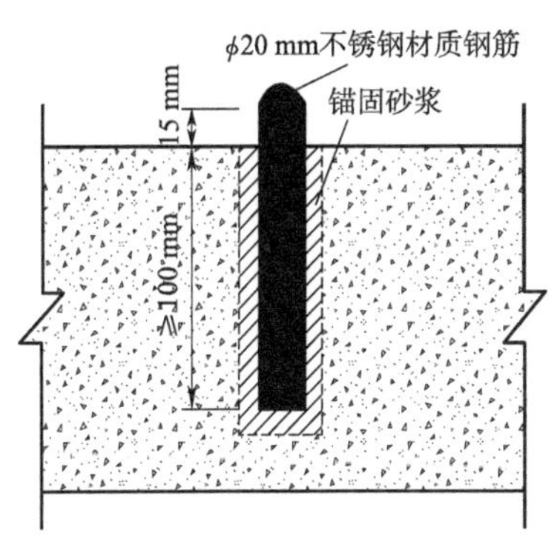

图 4-4-14　观测标示意图

二、测量标准及实施情况

(一)测量标准

沉降变形测量采用三级沉降观测按二等水准执行，观测顺序为奇偶站交替(奇数站:后—前—前—后，偶数站:前—后—后—前)。精度指标见表 4-4-3，观测频次见表 4-4-4。

表 4-4-3　测量等级及精度要求

沉降变形测量等级	垂直位移测量	
	沉降变形点的高程中误差(mm)	相邻沉降变形点的高程中误差(mm)
三级	±1.0	±0.5

表 4-4-4　隧道沉降观测频次表

观测阶段	观测频次			备注
	观测期限		观测周期	
隧底工程完成至无砟轨道铺设前	3 个月		1 次/周	仰拱施工或盾构管片拼装成环后
无砟轨道铺设期间	全程		1 次/d	
无砟轨道铺设完成后	3 个月	0～1 个月	1 次/周	
		1～3 个月	1 次/2 周	

(二)沉降观测情况

观测线路如图 4-4-15 所示。

三、沉降观测精度及数据分析

青阳隧道 DK39＋065～DK49＋165 区段 79 个观测断面，累计沉降量为 0.18～4.31 mm 之间，无异常波动且沉降波动幅度在 3.0 mm 之内，沉降量在 0.18～4.31 mm 之间，该评估段

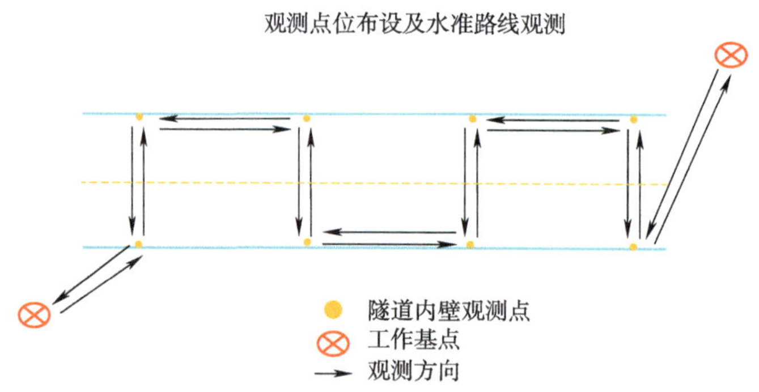

图 4-4-15　隧道沉降观测水准路线图

沉降趋势稳定，隧道断面观测各项指标满足《新建济南至青岛高速铁路线下工程沉降变形观测评估实施细则》的限差要求。

第七节　"四新"技术的应用及效果

一、BIM 技术应用

（一）BIM 技术管理平台

BIM 技术是一个智能化工程管理平台，具有多元化、信息化、现代化的特点，在工程建设各个阶段都具有重要作用。施工阶段 BIM 技术应用主要包括三维可视化的施工技术交底、虚拟施工、形象进度、进度填报、信息录入、自动算量、问题解答、安全风险等 8 个模块。

平台首页如图 4-4-16 所示，首先有注册、登录、注销等基本功能，登录首页后会看到一个信息提醒，提醒内容为青阳隧道各个作业面实际工期、开挖长度与施工计划对比情况，如果工期滞后自动报警，报警信息自动发送至相关联手机号码。

图 4-4-16　平台首页画面

1. 技术交底模块

技术交底模块以三维立体形式显示隧道各个工序施工完成后的状态，旁边加以文字交底说明，将立体的、抽象的施工部位直观地展现出来，使较复杂的施工过程及工程最终状态更易被理解，达到更好的交底效果，避免因施工人员理解偏差导致施工错误。

该模块可以分工序、分部位展示三维立体效果及相关技术要点和要求，从洞口管棚开始直到隧道穿越断层等各个工序都已提前录入，当施工至该段需要进行交底时随时可调出查看、展示或打印。

2. 虚拟施工

虚拟施工以三维立体动画形式整体展示隧道各工序之间关系，主要工序有隧道开挖、支护、仰拱施工、衬砌施工等，可以很直观地认识隧道施工整体过程，可以为隧道施工组织安排模拟演练。

3. 形象进度

形象进度模块采用三维模式展示隧道施工进度情况，可随时查看隧道实际进度和计划进度之间的差异，根据预先设定的施工计划及预警设定进行工期预警，并可通过手机信息进行提醒。同时平台可根据每天上报的施工进度情况，自动进行周、月或者随意时间段的进度统计，并可随时查看或打印。

4. 进度填报

进度填报是 BIM 系统施工信息上传系统主要部分，每天施工进度如实录入并提交，由监理站专业监理工程师及总监审核后保存，实时记录真实施工进度，并自动形成表格、数据、进度图等资料，可供随时调阅查看任意时间段或任意施工里程段的施工进度情况。

5. 信息填报

信息填报是 BIM 系统施工信息上传系统的另一部分，主要填报地质信息、隐蔽工程信息和超前地质预报信息等，是安全风险管理模块和实名制功能运行的基础。

6. 自动算量

自动算量模块是预先将设计的各种围岩支护参数所用的采用用量录入平台系统，录入青阳隧道设计围岩情况。然后根据已录入资料，自动计算任何段落所用各种材料数量，例如混凝土、钢筋、锚杆、防水材料、拱架等。

7. 问题解答

问题解答模块基于建设管理平台开发，为施工过程中参建各方加强沟通提供交流途径。济青公司、施工单位、监理单位、设计单位和咨询单位可通过这个模块进行提问及问题解答，并实时形成网络记录。

问题解答模块可与相关人员手机关联，如果有问题提交给某个人，系统会自动发送工作提示信息至预先设定的手机上，进行提醒。

8. 安全风险管理

安全风险模块可以预先录入围岩地质情况及风险点分布情况，形成系统的隧道安全风险管理台账，可随时查看任意里程存在的施工风险，查看预定的预防措施，并根据进度填报里面的施工进度情况，提前进行风险提醒。提醒方式为手机短信，具体提前多长时间或提前多长施工距离进行风险提醒则需提前预设，并可根据实际需求进行更改。

(二)BIM技术在工程管理中的重要作用及意义

BIM技术是集施工技术、进度、材料、风险及管理于一体的工程综合管理平台,主要采用三维化、信息化、自动化等现代化手段,是手工绘图到CAD绘图技术之后的又一次技术浪潮,是一个从工程二维时代向三维时代发展的过程。BIM更大的作用体现在它是对工程进行整体把控,各个专业协同管理,加强了沟通效果,实现了工程管理工作流程化、信息化、智能化。BIM技术通过三维立体形式及三维动画方式形象地将复杂的工程构件及施工工序展现出来,提高了施工人员对施工过程的理解,减少了使用错误现象,加强了施工进度、物资控制和安全风险管理,大大提高了施工整体管理水平。

二、水压爆破施工

(一)水压爆破的技术原理

水压爆破是在常规爆破工艺上通过在炮孔内药卷以外的空间处添加水袋、孔口采用炮泥堵塞,以达到提高爆破效果、节能环保的革新技术。

该技术利用了水的不可压缩性,爆炸能量可以无损失地经过水传递到炮眼围岩中,加上孔口炮泥堵塞,提高了对岩石的破碎效果,形成的水雾作用又有利于降尘和吸附有害有毒气体。需要特别提出的是,炮眼底部水袋水击波反射作用加强应力波强度更有利于围岩破碎炮眼而不留炮根。总而言之,由于炮眼中有水,并用炮泥回填堵塞,能充分利用炸药能量,同时又大大降低粉尘对环境的污染。

(二)水压爆破的适用条件

水压爆破在炮眼数量、炮眼深度、炮眼分布以及起爆顺序等设计与常规爆破并无区别,只是在单个炮眼的装药量和装药结构上作了变化,适当地减少了单个孔的装药量,往炮眼中装入水袋,最后用炮泥回填堵塞,因此适用于隧道的各级围岩爆破作业。

(三)水压爆破施工工艺流程

水压爆破工艺流程如图4-4-17所示。与普通爆破基本相同,不同之处在于事先加工好爆破所需的炮泥及水袋,并在装药时按照设计的装药结构分次序装入水袋、炸药、水袋后,用炮泥堵塞。

1. 炮泥加工

炮泥主要采用黏土、砂和水三种材料。黏土采用干净的普通黏土,含水量控制在8%以下。最大颗粒不超过10 mm,无草根等杂物,大颗粒人工破碎。砂采用干净的细砂,最好使用河砂,含水量控制在3%以下。黏土和砂掺杂小碎石块时,过筛处理。

炮泥采用PNJ-A型炮泥机制作,三种成分的重量比例为黏土∶砂∶水=1∶0.13∶0.2(可根据实际情况调整),炮泥生产效率为500~600个/h。完成后具有规格统一、质地均匀、软硬适中、表面光滑等特点,提高了炮眼封堵质量,减少明火产生;炮泥制作速度快,减少了劳动人员,提高了工作效率;制作炮泥方便,操作简单。

2. 水袋加工

水袋的原材料即水和塑料袋。塑料袋为常用的聚乙烯塑料,水袋长200 mm,直径35 mm,袋厚约0.8 mm,水袋为厂制品直接购买使用。水袋采用KPS-60型水袋封装机制作,生产效率为400只/h。成品具有规格统一、质地均匀、自动灌水封口等特点,制作速度快,减少

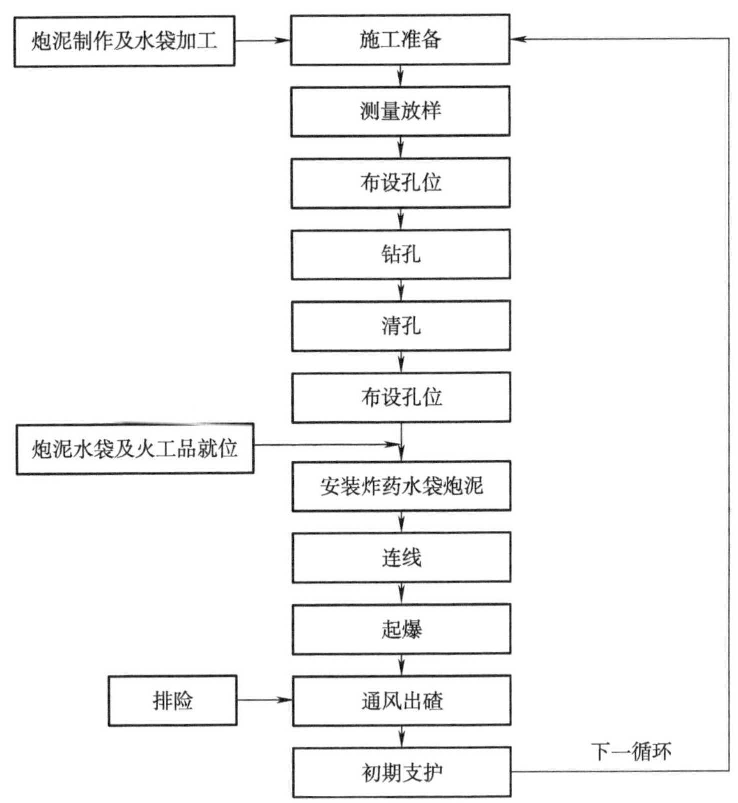

图 4-4-17　水压爆破施工工艺流程图

了劳动人员，提高了工作效率；制作水袋方便，操作简单。

机器开动之前，进行定量调节；打开机器后门，松开泵连杆端头螺母，调节移位蝶形螺母即可通过调节泵连杆滑块左右位置得到所需灌装容量。顺时针减少，反之增大。调整好后拧紧端头螺母，以防松动移位，影响灌装容量，损坏调整杆。封口机定量调节好了之后，打开电源，指示灯亮，调节温控调节器到适当封口温度由绿灯变为红灯时，即达到所调解封口温度（初始温度设定为 130 ℃为宜，再逐步调节升高）。在开始灌注封口前，把主开关拔上，等机器运转两次，使计量泵内吸满水，将空气排出后，把主开关拔下，塑料袋由人工用双手拇指和食指夹住套在出水管口上，按启动开关，即完成自动灌注和封口。

3. 装药结构

隧道掘进水压爆破在掏槽形式、炮眼布置、数量、深度、起爆顺序和时间间隔等方面与隧道常规爆破一模一样，只是在炮眼装药量和装药结构方面有所不同。

常规隧道爆破炮眼装药结构如图 4-4-18 所示。

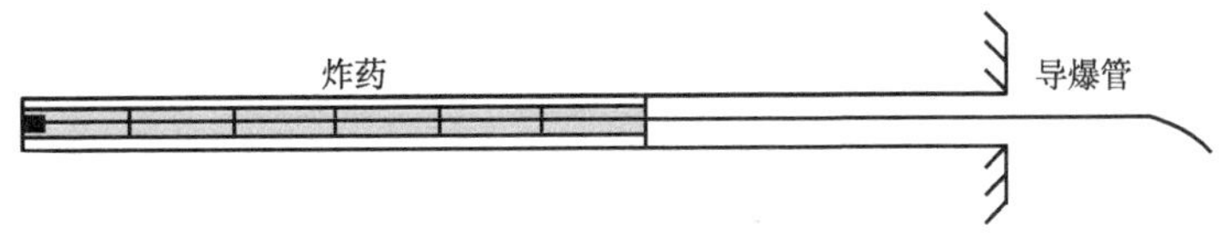

图 4-4-18　常规爆破装药结构

隧道掘进水压爆破，首先往炮眼最底部装入水袋，随之装药卷，再装水袋，最后用炮泥回填堵塞，其装药结构如图 4-4-19 所示。

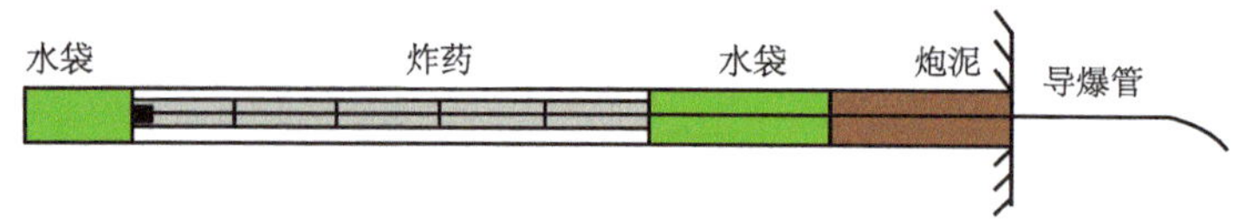

图 4-4-19　水压爆破装药结构

（四）技术指标分析

1. 水压爆破爆碴的块度明显减小，除下台阶个别爆碴的块度稍大外，一般不超过 50 cm。爆碴的集中度也比常规爆破明显提高，更加有利于出碴。石碴抛距 22 m(22～30 m 有少量散落石块，30 m 后几乎无石块)，对后续施工有很好的保护作用。

2. 常规爆破的炮眼利用率为 89％，而水压爆破的利用率达到了 95％，单位耗药量降低了 16％，通风排烟等待(施工)时间由过去 15 min 缩短为 5 min(放炮后可以立即进掌子面附件作业)。由此可见，水压爆破在节省炸药、加快进度、缩短通风时间、改善洞内施工环境方面的优势是十分明显的。

（五）应用效益分析

1. 经济效益

根据常规爆破和水压爆破的现场统计数据对比，在相同开挖断面面积、炮眼布置和钻孔深度的前提下，每循环节省炸药 23.6 kg，每爆破一立方岩石节省炸药 0.09 kg，最为显著的是通风等待时间缩短了 10 min。

2. 环保效益

水压爆破通风后的空气质量明显好于常规爆破后的空气质量，感觉空气中炮烟味很小，能更好地保护作业人员的职业健康。水压爆破技术操作简单，适用范围广，在隧道开挖施工中应用可达到节约炸药、控制成型、提高施工效率、节能减排等方面效果。

第五章　轨道工程

第一节　工程概况

济青高铁全线采用跨区间无缝线路。车站正线采用高速18号无砟道岔，联络线与正线间采用42号大号码道岔。断裂带路基段采用聚氨酯固化道床，为目前国内最长聚氨酯固化道床线路。济青高铁轨道正线铺轨615.796 km，站线铺轨104.573 km，道岔433组。无砟轨道铺设565.804 km，其中无砟轨道道床板有P5600、P4925、P4856、P3710、P4925B、P5600A六种类型，总长537.864 km；CRTSⅠ型双块式轨枕埋入式无砟轨道总长16.25 km；岔区无砟轨道总长11.69 km。正线有砟道床49.992 km，铺砟548254 m^3。轨道类型见表4-5-1。

表4-5-1　轨道类型分布表

序号	起点	终点	线型	线路长度(km)	备注
1	改SJDK429+125.000	DK1+850.000	双线	3.705	有砟轨道
2	DK1+850.000	DK29+881.864		28.032	CRTSⅢ型板式
3	DK29+881.864	DK30+256.418		0.375	岔区无砟轨道
4	DK30+256.418	DK30+938.386		0.682	CRTSⅢ型板式
5	DK30+938.386	DK31+240.268		0.302	岔区无砟轨道
6	DK31+240.268	DK38+028.600		6.788	CRTSⅢ型板式
7	DK38+028.600	DK50+009.150		11.981	先期开工段
8	DK50+009.150	DK53+077.501		3.068	CRTSⅢ型板式
9	DK53+077.501	DK53+361.375		0.284	岔区无砟轨道
10	DK53+361.375	DK54+177.337		0.816	CRTSⅢ型板式
11	DK54+177.337	DK54+479.219		0.302	岔区无砟轨道
12	DK54+479.219	DK81+280.527		26.801	CRTSⅢ型板式
13	DK81+280.527	DK81+885.867		0.605	岔区无砟轨道
14	DK81+885.867	DK82+801.862		0.916	CRTSⅢ型板式
15	DK82+801.862	DK83+127.453		0.326	岔区无砟轨道
16	DK83+127.453	DK112+007.140		28.306	CRTSⅢ型板式
17	DK112+007.140	DK112+309.022		0.302	岔区无砟轨道
18	DK112+309.022	DK112+990.978		0.682	CRTSⅢ型板式
19	DK112+990.978	DK113+292.860		0.302	岔区无砟轨道

续上表

序号	起点	终点	线型	线路长度(km)	备注
20	DK113+292.860	DK134+577.719	双线	21.285	CRTSⅢ型板式
21	DK134+577.719	DK134+968.071		0.390	岔区无砟轨道
22	DK134+968.071	DK135+884.039		0.916	CRTSⅢ型板式
23	DK135+884.039	DK136+185.921		0.302	岔区无砟轨道
24	DK136+185.921	DK189+574.826		53.389	CRTSⅢ型板式
25	DK189+574.826	DK190+532.018		0.957	岔区无砟轨道
26	DK190+532.018	DK191+501.628		0.970	CRTSⅢ型板式
27	DK191+501.628	DK192+088.652		0.587	岔区无砟轨道
28	DK192+088.652	DK208+597.780		16.509	CRTSⅢ型板式
29	DK208+597.780	DK213+150.000		2.942	有砟轨道
30	DK213+150.000	DK254+822.564		41.673	CRTSⅢ型板式
31	DK254+822.564	DK255+179.994		0.357	岔区无砟轨道
32	DK255+179.994	DK255+862.049		0.682	CRTSⅢ型板式
33	DK255+862.049	DK256+316.139		0.454	岔区无砟轨道
34	DK256+316.139	DK277+700.000		21.384	CRTSⅢ型板式
35	DK277+700	JQDK64+513.79	左	4.043	CRTSⅢ型板式
		JQDK64+495.91	右	4.061	
36	JQDK64+513.79	DK285+750.00	左	4.061	有砟轨道
	JQDK64+495.91		右	4.075	
37	DK285+750.00	DK293+875.00	左	8.125	CRTSⅠ型埋入式
			右	8.125	
38	DK293+875.00	青连改 DK20+450	左	14.273	有砟轨道
			右	14.294	
左线铺轨长度				307.869	
右线铺轨长度				307.927	
合计铺轨长度				615.796	
左线无砟轨道长度				282.893	
右线无砟轨道长度				282.911	
合计无砟轨道长度				565.804	
左线有砟轨道长度				24.976	
右线有砟轨道长度				25.016	
合计有砟轨道长度				49.992	

第二节 有砟轨道道床施工

一、有砟轨道拖拉法铺设长轨施工

(一)施工过程

1. 工艺流程(图 4-5-1)

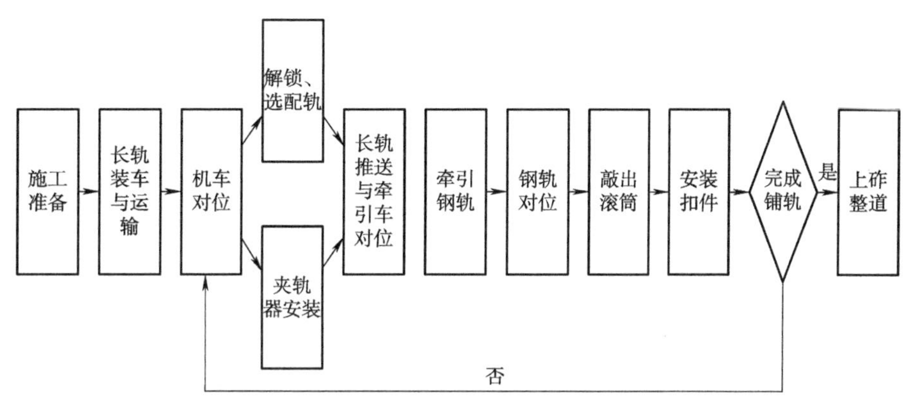

图 4-5-1 有砟轨道长轨铺设施工工艺流程图

2. 施工准备

(1)预铺道砟

道砟进场时对其品种、外观等进行验收,其质量符合现行《铁路碎石道砟》(TB/T 2140—2008)规定,并进行进场检验。用机械配合人工摊铺底砟并压实,有缝线路单层道床轨道,铺轨前每股钢轨下预铺道砟宽度不小于 800 mm,厚度为 150～200 mm。铺轨前道砟摊铺按中线铺设,并采用压力不低于 160 kPa 的机械碾压。砟面平整压实,砟面中间不凸起。砟面平整度用 3 m 直尺检查不大于 30 mm,压实密度不低于 1.7 g/ cm^3。预铺后的砟面平整,其平整度满足铺轨需要,表面目视平坦,并做到直线顺直,曲线圆顺,未出现折弯拉槽、三角坑、反超高等情况。砟面中间未凸起,线路中心设 30 cm 宽 5 cm 深凹槽,保证轨枕两端道床高于中部。预铺底砟时较设计高程预留 5 cm,便于后期上砟整道。

(2)摆放轨枕

轨枕间隔严格按照设计进行布置。布设Ⅲ型枕地段按 1 667 根/km 摆枕,动车走行线布设新Ⅱ型枕,1 760 根/km。现场摆枕数量不小于设计数量。其他站线有缝线路按照轨节表进行摆枕。轨枕散布完成后进行方枕,方枕后轨枕间距偏差不大于±20 mm,连续 6 根偏差不大于±30 mm。未出现喇叭口。

(3)长轨运输车组组装

WZ500-TY 型铺轨机运抵现场后、安装前,先检查设备是否完备,再安装固定到平车上,然后添加燃油、液压油、润滑油,之后进行现场调试,试运转各系统动作是否正常,观察系统压力、温度是否正常等。然后将钢轨推送装置吊装于一辆 N17 平车的前端平板上,两侧通过连接槽钢分别与推送架底座和固定装置焊接,固定装置插入平车两侧梁的插柱孔内,用螺栓与插柱孔完全紧固。再将分轨器吊装于 N17 平车平板的正确位置,N17 平车由施工单位租用,运轨支架、锁轨支架、挡轨支架与升降支架按设计要求安装固定在平车上的相应位置，组装好长轨运输车。

3. 长轨装车与运输

(1)长轨装车

长钢轨装车采用单控作业。在确认所有夹轨钳牢固夹紧后，指挥人员指挥龙门吊同时起吊。钢轨吊起要平稳。确保长钢轨接近辊轮时，任何位置都处在辊轮连线范围内。左右股从两侧向中心对称放置，并摆放整齐、牢固。长钢轨在牵引端对齐。在长钢轨始、终端设置挡板，防止钢轨窜出车外。所有长钢轨按要求装车后，同时进行锁紧固定，防止在运输途中窜动。长钢轨锁紧装置采用螺栓与压铁相结合，在两相邻长钢轨轨底之间将螺栓拧紧，使压铁紧扣长钢轨轨底部和顶部起到锁紧作用。

(2)长轨运输

线路运输全部限速 30 km/h，具体速度由调度所根据线路情况确定。长轨列车出发前，由负责人确认锁定，检查各项设备及装轨状态，各部均不超出车辆限界，车钩处于锁闭状态，防止重车自动开钩事故。运行中尽量减少冲撞，一般情况下不得使用紧急制动。运行时任何人员不得站在列车长钢轨上，长轨与安全挡之间不得站人，安全挡之前加垫枕木，减少列车窜动的距离。运输途中押车员随时注意观察长钢轨运输状态，如发现异常须及时与运转车长联系，待列车停稳后检查锁定卡具是否松动，以防止长轨窜动。

4. 长轨铺设

(1)机车对位

长轨运输车组推送到位(前滚轮小车前轮中心线距已铺好钢轨末端约 350 mm)，并停车、制动、打铁靴。

(2)长轨推送

松开需要拖拉的一对钢轨锁定装置与安全挡板(拖拉结束后回复安全挡板)。拖拉顺序由上到下，由外到内。将分轨导框对准要拖拉的一对钢轨，用拖拉卷扬机(带夹轨器)，从钢轨运输车上拖拉钢轨，将钢轨拖至钢轨推送装置并夹紧钢轨，然后卸掉夹轨器。用推送装置将钢轨推送至履带牵引车钢轨夹钳处，并将钢轨头与引导车钢轨夹钳锁固好。

(3)钢轨牵引

推送装置松开夹钳，牵引车向前牵引钢轨，牵引过程中，在枕木承轨槽上放置滚轮。直线每隔 20 根轨枕放置 1 对滚轮，曲线以及坡度 5‰～15‰地段每隔 18 根枕木放置 1 对，大坡度 20‰每隔 16 根枕木放置 1 对。

(4)钢轨对位

钢轨尾端将要拖出推送装置时，牵引车速度降速至 1～1.5 km/h，钢轨末端滑下过渡装置的滑槽后立即停车。调整钢轨尾端轨缝，检查牵引端接头相错量，经现场技术员确认后用无孔夹具夹紧钢轨尾端与之前铺设的钢轨，撤出滚轮置于道心。检查长轨牵引端左右股相错量是否满足验收规范要求，确定是否需要锯轨。

(5)安装扣件

直线地段按每隔 4 根轨枕紧固 1 根轨枕扣件，曲线地段按每隔 3 根轨枕紧固 1 根轨枕扣件的原则依次散布摆放扣件弹条；用内燃扭力扳手对已摆放好的扣件依次进行安装，紧固。同时，随车的平板小车沿线收集道心滚轮，码放于牵引车后平台上。

(6)长轨运输车组推送至下一铺轨起点对位完毕后(前滚轮小车前轮中心线距已铺好钢轨末端约 350 mm)停车、制动、打铁靴，进行下一对长轨铺设作业。

(二)效　　果

通过采用履带式牵引法施工，提高了长轨铺设的进度和质量，从 2018 年 7 月 11 日开始铺轨到 2018 年 7 月 28 日，仅用 18 天就完成了青岛枢纽 69.6 km 无缝线路(其中有砟轨道 54.2 km)的铺设，为后续施工创造了条件，确保了建设工期目标的按期实现。

(三)运用的新技术

CL500 型履带式牵引车是一种可变跨式履带牵引车辆，它具有牵引力大、使用灵活、模块化程度高、可变跨、可过轨走行等特点。采用履带式牵引车在铺轨车组前方牵引，有效地解决了有砟道床曲线较多、半径较小、钢轨铺设较困难、铺设效率低等问题。

二、有砟轨道大机整道作业

(一)施工过程

1. 施工程序(图 4-5-2)

有砟轨道铺轨后，紧随其后进行小型机械配合人工整道，使线路状况满足铺架期间的运输安全及达到大机养道条件。人工配合小型机械整道作业施工程序：运砟→匀砟→起道→方枕→串砟→拨道→填补轨枕盒内部分道砟→捣固→修正道床→补充道砟并捣实→结束。

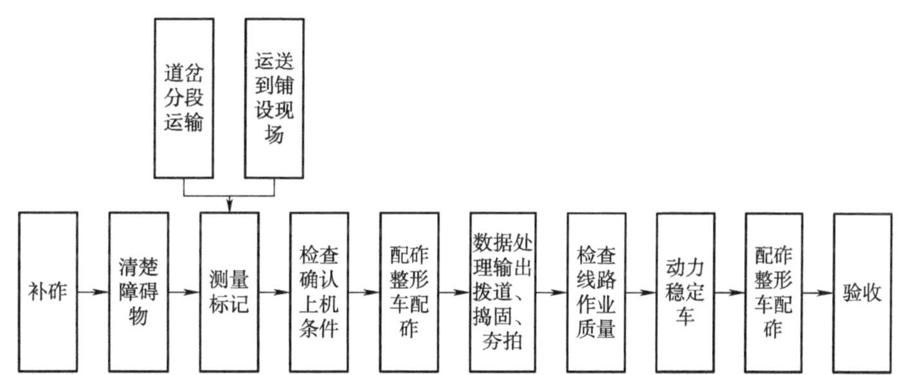

图 4-5-2　大型养路机械养护作业工艺流程图

具体捣固遍数要使线路高低、水平、方向、超高、正矢等达到验标要求。

2. 工艺流程

(1)准备工作

①对路基面作水平、中线贯通复测，基床表面中线高程、路肩高程、中线至路肩边缘距离、宽度、横坡均符合检验要求。

②正线线路基桩按直线上每 50 m 一个、圆曲线上每 20 m 一个、缓和曲线上每 10 m 一个的原则来设置，曲线五大桩(直缓点、缓圆点、曲中点、圆缓点、缓直点)均为混凝土包桩，同时每一个基桩均在道床外做好护桩。

③接收工程检查证及相关的路基、桥梁、隧道等线路诸表资料。

④调查选定的道砟存放场地及进入路基的通道，对已破坏的便道进行修复。

(2)人工配合小型机械整道

①施工准备

施工前,正线线路中心按直线段每 20 m,曲线段每 10 m 的原则设置一对,缓和曲线起终点及圆曲线中点各增设一个,每一个中心桩做好护桩。对即将起道的线路地段利用风动卸砟车进行卸砟作业。

②施工方法

小型机械配合人工铺砟整道是将卸在线路两侧的道砟铺到轨道内,将轨道逐步整修到设计标高和规定的断面形状,并达到初步稳定状态。铺轨完毕均加强接头螺栓紧固,并检查轨道的扣配件,缺失的补齐。

上砟整道的作业程序:运砟→匀砟→起道→方枕→串砟→拨道→填补轨枕盒内部分道砟→捣固→小量拨道→修整道床→补足道砟并捣实。

铺轨后立即进行重点整道,保障铺架列车能按 15 km/h 的速度安全运行。作业重点是:方正轨枕,补足并紧固配扣件,拨顺轨道方向,串实承轨处的枕下道砟,消灭反超高和三角坑。

每次上砟整道,先补足轨枕盒内部分道砟,然后起道、方枕、串砟、捣固道床,拨正轨道方向,回填清理道砟,稳定轨道。第一次上砟整道:铺轨后及时上砟整道,第一次上砟整道与铺轨的间隔时间尽量缩小。第二次上砟整道在第一次整道并通过 5 对以上列车后进行。对轨道各主要尺寸,逐步整正至规范规定的验收要求。

a. 上砟:将道砟均匀地散布到轨道内。

b. 起道:采用顺高就低的方法,将轨节几个点抬高并用道砟垫实。抬高后的轨面均保证大致平顺,没有显著的凹凸和反超高。重点顺平桥头、坑洼不平地段,使轨道达到平顺。起道时,先起标准股,起道负责人俯身在标准股上,一般距起道器不少于 20 m 看道,目测钢轨外测下腭高低情况,用手势指挥起道,起另一股时,轨距尺放在靠近起道器已完的一端,起完一段水平后,如有高低不平情况,先在标准股目测补撬,后找另一股水平高低。在钢轨两侧 450 mm 范围内均匀捣固,钢轨下加强捣固,钢轨接头处和曲线外股在上述规定的范围内加强捣固道床。

c. 抬高后同时方正间距及偏斜大于 20 mm 的轨枕,方枕时提前在钢轨上按照轨枕间距划点,然后卸掉扣配件,将轨枕用方枕器方至位置处,上好扣配件。

d. 串砟:轨节抬起后立即向轨枕下侧串砟,串满串实,没有空吊板。串砟时注意轨枕的中部留出 60 cm 宽的凹槽,避免在列车行驶时压断轨枕。

e. 拨道:在上述工作完成一定长度后进行一次拨道,按照线路中线桩拨正轨道,达到目视直线顺直,曲线圆顺。施工人员分上下股,面向一侧,用撬棍或小型液压起拨道机进行拨道。拨道时作业小组每人拿一根撬棍,分为两组,分别在两股钢轨上进行拨道,握撬棍准备插入道床时,上手握在撬棍一端,下手握在临近重心处。上身稍往前顷,将撬棍卸插道钢轨底下道床内,插入深度不少于 20 cm,撬棍插好后要轻试一下,看是否插牢。拨动线路时,腰部挺直,前膝弯曲,身体略向拨道方向倾斜。拨道负责人听口号,按照指示拨动。拨道允许偏差为 ±50 mm。拨道前检查要拨的线路地段的轨缝是否合适,必要时进行调整,以防发生胀轨。

f. 填盒:将提前预铺在线路两侧的道砟回填至道心和轨枕端头。

③注意事项

为保证工程列车的运输安全,对已铺轨的线路先重点起道。作业重点是方正轨枕、紧固和补齐线路的扣配件、拨顺线路、串实承轨处的枕下道砟消灭反超高和三角坑。在直线段左侧，曲线段的内侧每 50 m 设置一个水平起道桩，根据设计标高测出线路应起的高度，并用红油漆标在轨枕面上。利用风动卸砟车对将起道的线路进行卸砟，卸砟均匀饱满，卸砟后有关人员马上检查，及时清楚堆放过高危及行车安全的道砟。桥面上在横向联结及梁端挡砟钢板做好后方能卸砟。卸砟后的线路利用人工配合小型机具将轨枕盒内道砟进满，然后起道、方枕、串砟、捣固道床，拨正轨道方向，回填清理道砟，稳定轨道。铺轨后第一次上砟厚度不大于 100 mm。经整道后的轨道，保障铺轨列车能按 15 km/h 速度安全运行。第二次上砟在第一次上砟整道并通过 5 对以上列车后进行。整道以水平桩为准，轨面略低于设计高程 5～10 cm。曲线超高值也略低于设计值，保障铺轨列车能按 30 km/h 速度安全运行。

(3)大型机械整道作业

①卸砟组织

根据底砟摊铺情况及道床设计标高，确定起道次数和起道量，结合日进度，确定日道砟需要量、卸砟次数和每次卸砟量。风动卸砟车由机车牵引进行卸砟，第一次卸砟在铺轨后立即进行，卸砟量按设计面砟数量的 65%控制；第二次卸砟在大型机械整道作业一遍后进行，卸砟量按设计数量的 20%控制；大型机械整道作业两遍后卸完剩下的道砟，约为设计量的 15%，直至道床厚度达到设计标准，轨面高程符合设计规定和精调标准要求。

②施工方法

大型机械整道作业由补砟、整形、起道拨道捣固、动力稳定四部分组成。补砟整道均在长钢轨铺设后进行，道床补砟采用风动卸砟车，大型机械整道分次整道作业后，线路即可达到初期稳定状态要求，然后进行线路锁定等作业。

过程中及时进行分层上砟，风动卸砟车卸车顺序由机车向守车方向逐辆卸完。卸砟速度一般控制在 5～10 km/h。从线路交接工作开始，交出的水平基桩、线路中心桩、曲线五大桩的精度符合轨道工程的精度要求，以此为依据放出规范的边桩，此后的整道作业均以边桩为准。每次大机整道前，测量人员会对该段线路进行水平、中线测量，并及时提供机养数据。轨道道床经分层上砟整道达到初期稳定时，力学参数应符合如下规定：道床横向阻力不低于 7.5 kN/枕；道床支承刚度不得低于 70 kN/mm。

(4)整理道床

对道砟不均匀地段进行均砟，对经大机养过的线路道砟不饱满地段进行补卸砟。对道床的枕木盒、砟肩、堆高及坡度进行全面整理，以达到规范要求。道床达到稳定状态时，其状态参数应达到《铁路轨道工程施工质量验收标准》(TB 10413—2018)、《高速铁路轨道工程施工质量验收标准》(TB 10754—2018)；轨道整理作业后，轨道静态几何尺寸允许偏差和检验方法按照上述两标准执行。

(5)有砟轨道惯导测量系统

操作流程如图 4-5-3 所示。

惯导系统测量原理是对小车车轮在钢轨上滚动的轨迹进行记录，有砟轨道捣固数据采集模式为相对加绝对测量，从而得到轨道的绝对偏差信息。在对测量采集数据导出时对数据进行预处理，处理数据时里程间距可根据施工现场情况进行自行设置为 10 m、5 m、2.5 m 一组捣固数据。数据处理完成时，惯导系统直接输出为大机捣固格式，大机捣固格式为 Ver 格式。

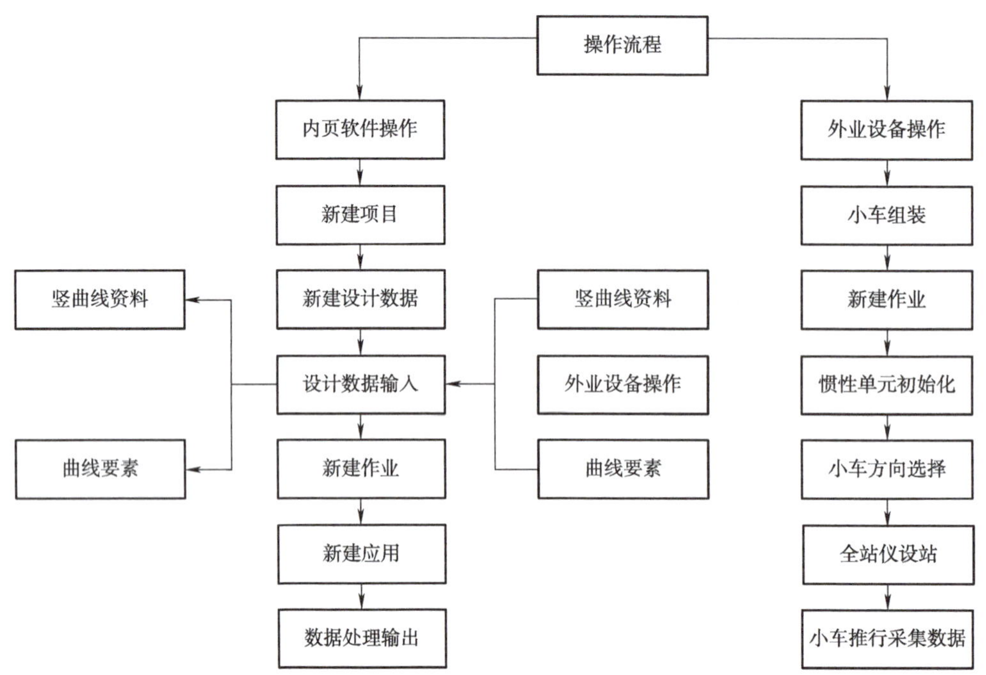

图 4-5-3　AMBERG GRP 1000IMS 轨道快速测量小车操作流程图

电子版 Ver 格式文件包括里程、起道量、拨道量、序号。Ver 格式可直接导入大机捣固系统，大机自动识别里程、高程及拨道量。再根据现场标注的里程进行数据对比实现精确捣固。数据转换完成将电子版数据打印两份，大机操作人员、现场技术人员各一份，可根据数据随时监控大机作业情况（图 4-5-4）。

红岛特大桥到断链第三遍_leading.ver - 记事本

文件(F)　编辑(E)　格式(O)　查看(V)　帮助(H)

VerschHoehen　1.0Vorw__　====EndOfFileHeader===

======== BeginOfTab ========

24005.000	-0.006	0.036	1.000
24007.500	-0.004	0.039	2.000
24010.000	-0.003	0.042	3.000
24012.500	-0.002	0.044	4.000
24015.000	-0.002	0.046	5.000
24017.500	-0.003	0.049	6.000
24020.000	-0.003	0.052	7.000
24022.500	-0.004	0.055	8.000
24025.000	-0.004	0.066	9.000
24027.500	-0.004	0.072	10.000
24030.000	-0.004	0.066	11.000
24032.500	-0.004	0.055	12.000
24035.000	-0.003	0.051	13.000
24037.500	-0.003	0.051	14.000
24040.000	-0.003	0.053	15.000
24042.500	-0.002	0.055	16.000
24045.000	-0.001	0.059	17.000
24047.500	-0.000	0.063	18.000
24050.000	0.000	0.064	19.000
24052.500	-0.000	0.066	20.000
24055.000	-0.001	0.068	21.000

图 4-5-4　AMBERG GRP 1000IMS 轨道快速测量小车现场作业及大机捣固 VER 格式数据图

（二）效　　果

大机整道作业后，道床达到稳定状态时，其力学参数均达到《铁路轨道工程施工质量验收标准》(TB 10413—2018)、《高速铁路轨道工程施工质量验收标准》(TB 10754—2018)要求。轨道整理作业后，轨道静态几何尺寸允许偏差和检验方法按照上述两标准执行。

每道工序完成作业后，质检员按照如下要求进行质量控制和检验：曲线正矢允许偏差符合设计规定要求；机养作业后轨道达到初期稳定阶段状态时，正线轨道几何形态允许偏差符合规定；道床达到稳定状态时，其道床状态参数指标符合规定；轨面高程宜比设计高程低 50～80 mm，轨道中心线与线路中心线允许偏差±20 mm，线间距允许偏差 0～20 mm；道床断面基本符合设计要求，轨枕盒内道砟饱满、枕底满铺。

(三)运用的新技术

瑞士 AMBERG 公司推出了可用于有砟和无砟轨道精调的快速轨道测量系统。系统的轨道快速测量小车，基于单点及多点(CPⅢ)绝对控制的精密相对测量原理，实现轨道动态快速检测，有砟轨道测量效率为 3～4 km/h，测量结果可导入大机的 Win ALC 控制系统，实现大机的自动化作业。无砟轨道测量效率为 1.5～2 km/h，测量结果可以 CSV 格式导入到 DTIS 高速铁路检测信息管理系统，可进行轨道扣件模拟调整及检测数据管理。此系统对现场轨道位置和高程参数数据进行快速准确采集，并及时反馈至捣固大机，从而大大加快了施工进度。

第三节　无砟轨道施工

一、CRTSⅢ型板式无砟道床施工

CRTSⅢ型板式无砟轨道由钢轨、扣件、预制轨道板、配筋的自密实混凝土、限位凹槽、中间隔离层(土工布)和钢筋混凝土底座等部分组成，轨道板不得盖过底座板伸缩缝。路基地段结构高度为 838 mm(内轨轨顶面至底座板底面)，曲线超高在底座板上设置。桥梁地段结构高度为 738 mm(内轨轨顶面至底座板底面)，曲线超高在底座板上设置。

当一个方向箱梁架设完成，经线下工程沉降变形预评估合格，满足底座板施工条件时，及时组织展开施工，无砟轨道施工工艺流程如图 4-5-5 所示。

(一)底座板施工

底座板施工工艺流程如下：施工准备→基面验收及处理→测量放样→底座钢筋及挡水台钢筋安装→限位凹槽、底座板模板安装→底座板混凝土浇筑→混凝土养护→填筑嵌缝板及嵌缝材料→检查验收。

1. 基面验收及处理

CPⅢ无砟轨道施工前，均提前进行基面的验收，复核底座范围内的平整度、高程、拉毛质量以及预埋套筒位置及质量。拉毛为横向均匀设置，深度 1.8～2.2 mm；预埋套筒的位置准确无误，套筒顶面无杂物。

在拉毛不合格的情况下进行凿毛，将轨道中心线两侧 1.35 m 范围内的基面进行凿毛处理，凿毛后采用高压水枪和钢丝刷将混凝土碎片、浮渣、尘土等冲洗干净。

在套筒失效情况下将对应位置进行植筋处理。垂直于线路方向，在预埋连接套筒周围距离连接套筒中心不小于 35 mm 的位置钻直径 20 mm、深度 220 mm 的孔，经钢刷及气泵清孔除尘后注入植筋胶，注胶至填满孔深的 2/3，以连续旋转的方式植入一根 L 形、ϕ16 mm、长 420 mm的 HRB400 热轧带肋钢筋，钢筋植入深度 210 mm。注胶时确保孔内无气泡或孔隙，

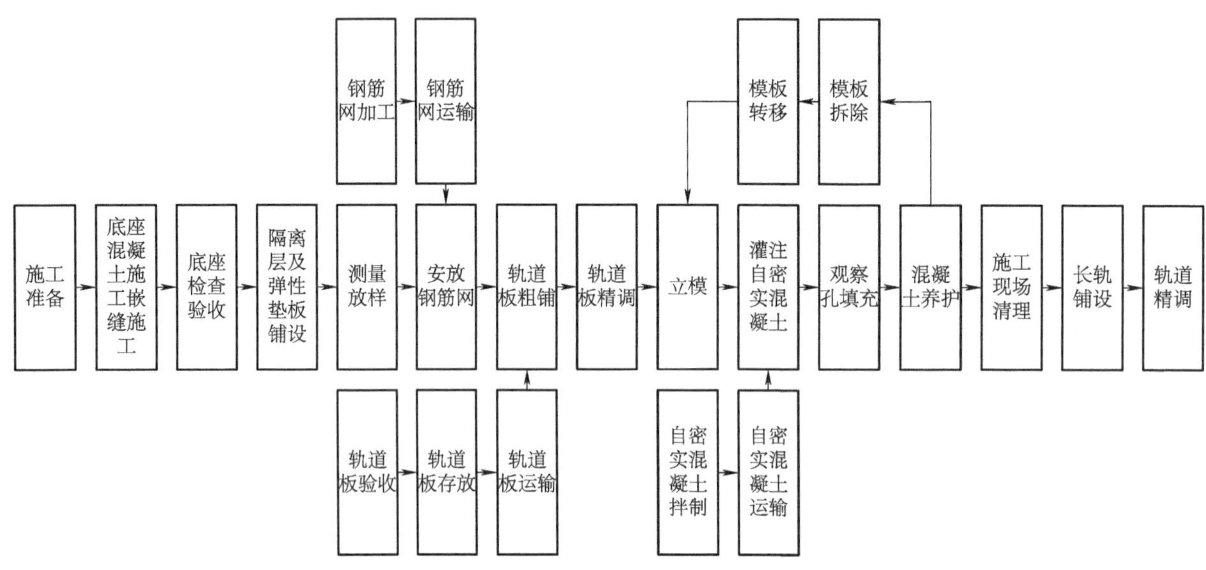

图 4-5-5　无砟轨道施工工艺流程

注胶深度至填满孔深的2/3,以旋转方式植入钢筋时,植入至胶体流出,同时注意按照胶体性能要求,避免在胶体凝固时扰动钢筋。

2. 测量放样

对基面进行清扫和冲洗以及凿毛后,用全站仪根据设计位置放出底座的边线(立模线)、中线及梁缝中心线,中线及边线纵向按照直线段每 10 m 一个点,曲线段每 5 m 一个点放样。以水准仪测量出边线每一个点的标高,用以控制底座顶面标高,底座混凝土顶面标高按照验标要求进行控制,以确保自密实混凝土的铺设厚度满足设计要求。

测量放样完毕以后,现场技术员对测量放样的梁缝、基床混凝土缝中心线与实际缝中心线进行对比,如存在差异按照相应轨道板配板情况,合理换算出每块轨道板底座长度及相应轨道板板缝值,并保证轨道板不盖过底座伸缩缝。

放样轨道板底座外轮廓线时,均注意轨道是否处于曲线段内,如位于曲线段,轨道板底座中心线与轨道中线不重合,存在一定差值,此差值可根据设计图查出,轨道板底座中心线为轨道中线向超高轨道侧平移此差值。然后弹出轨道板底座中心线以及轨道板底座外轮廓线。

3. 钢筋及预埋件工程

(1)根据设计图纸要求,底座板钢筋采用 CRB550 级冷轧带肋钢筋焊接网,统一由厂家加工制作,进场后由质检员和试验室以及监理工程师共同进行验收,合格后方可使用。

(2)钢筋焊接网均符合《钢筋混凝土用钢筋焊接网》(GB/T 1499.3—2010)及《钢筋焊接网混凝土结构技术规程》(JGJ 114—2014)的要求,生产钢筋焊接网的 CRB550 级冷轧带肋钢筋均符合《冷轧带肋钢筋》(GB 13788—2008)的要求。

(3)钢筋焊接网验收时,不仅检测其抗拉强度(不小于 550 MPa)、屈服强度(不小于 500 MPa)、伸长率($A \geqslant 8.0$)、冷弯、抗剪等力学性能,还对钢筋焊接网的外观尺寸和重量进行检测,尤其是重量均经过磅检验,焊网实际重量和理论重量的允许偏差严格控制在±4%以内。

(4)安装梁面预埋钢筋，预埋钢筋采用 ϕ16 mm 的 HRB400 钢筋，套筒长度 42 mm，钢筋接头的拧紧力矩、连接套筒及钢筋螺纹符合相关规范规定。

(5)下层钢筋网安装时，设置于混凝土保护层相同厚度的混凝土垫块，垫块混凝土等级同底座混凝土。

(6)设计中梁端伸缩缝处挡水台与底座一起施工。

(7)限位凹槽处上层纵横向钢筋向下弯折与下层钢筋连接闭合。

4. 模板工程

模板制作分为外侧模、端头模、限位凹槽模板制作三种，模板均采用场制定型钢模板。由于桥梁底座板厚度为 20 cm，路基底座板厚度为 30 cm，故分开制作。根据轨道板长度，底座板模板制作 5.6 m、4.925 m、4.856 m 长度三种。模板高度比底座高 4 cm，统一采用高模低筑法，以便于标高控制。

端头模板长度为 2 900 mm(桥梁)、3 100 mm(路基)，高度根据底座高度设置，设计伸缩缝宽为 20 mm，共三块钢板，组成为(8＋4＋8) mm。同时在端头模板顶部用 ϕ8 mm 圆钢焊接几道耳形把手，便于模板拆除。

限位凹槽处模板以 4 mm 厚钢板配合型钢加工，与限位凹槽尺寸对应。模板背后的槽钢肋设置螺栓孔以便于和侧模固定，控制其相对位置和高度。

在每块外侧模板背面设置 1 道可调节正反丝支撑装置，侧模板背带上有上下两道预留孔，支撑装置一端固定在梁面打入钢筋上，一端固定在侧模背带预留孔上。中间是带有正反丝的螺杆，可以根据立模需要灵活调节。

由于梁面在前期施工中存在一定偏差，造成端头模板定位以后，模板底口与基面存在一定间隙，采用制作砂浆带方式处理。

钢筋施工完毕，自检合格并经质检工程师验收合格后报监理工程师验收，验收合格后方能进行模板安装。模板安装前均对模板进行打磨处理，内侧涂抹脱模剂，方能立模，模板经检查合格，报验程序完成后，方能进行下道工序施工。

模板施工时，现场技术人员和施工人员主要根据测量放样点进行准确的模板平面和顶面标高控制。限位凹槽模板采用整体式筒状模板确保限位凹槽表面光滑、平整。

5. 混凝土工程

(1)混凝土浇筑

浇筑前将模板内杂物清理干净，并洒水预湿基面，在底座的底部预留直径 25 mmPVC 管，长度 15 cm，在底座底部每侧对应压紧装置的位置预留 5 个孔，以便于后期压紧装置施工时敲入 25 mm 钢筋。

底座板混凝土浇筑采用罐车从施工便道运至施工处，用泵车直接泵送入底座模板内浇筑。混凝土入模后，采用人工插入式振捣器捣固，再采用铝合金刮尺整平混凝土面并控制标高。

在混凝土整平后，底座板两侧往内 25 cm 范围设置 4％横向排水坡，采用铝合金刮尺及人工以抹子对混凝土顶面进行收光压坡。

凹槽处在浇筑完成后及时将多余混凝土清除，并及时收光养护。

(2)混凝土养护

混凝土初凝后，尽早用塑料布和土工布覆盖，凹槽采用灌水养生，并配合用养生桶接带孔塑料水管渗漏养护。养护以保持混凝土表面湿润状态为宜，养护时间不少于 14 d；当环境温度低于 5 ℃时，禁止洒水养护，可在混凝土表面喷涂养护液养护，并采取覆盖保温措施。养生水桶放置在两侧防撞墙上，引出带孔塑料水管渗漏养护。整个养护过程设专人负责，并及时用水泵对水桶内进行补水。

(3)模板拆除

底座混凝土强度达 2.5 MPa 及以上，在试验室出具强度报告合格并经监理工程师见证合格后，方可进行拆模作业。拆模时注意保护混凝土的棱角完整，不被损坏。拆下来的模板及时清理干净，分类码放，便于下次周转使用。模板的倒用根据就近原则进行。底座混凝土分段错开并同步进行施工，循环进行倒用，尽量节省模板的倒用时间，增加工效。

6. 嵌缝施工

安装完嵌缝聚乙烯泡沫塑料板后，在伸缩缝顶面和两侧采用聚氨酯嵌缝材料进行封闭，其中伸缩缝嵌缝材料厚 20～30 mm。雨雪天气不得进行嵌缝施工。嵌缝具体施工步骤如下：

(1)基础清理：清除接缝内的尘土、碎石等杂物，并采取必要的措施(吹风机等)确保接缝的清洁干燥(缝内有水或杂物将导致嵌缝材料与混凝土不密贴)。

(2)界面处理：用抹刀或砂轮对接缝内混凝土粘接面进行打磨，除去混凝土表层浮浆、泡沫塑料等，清理干净后安装嵌缝板(聚乙烯泡沫塑料板)。

(3)安装嵌缝板：伸缩缝填充材料为聚乙烯泡沫塑料板，安装时将预先加工好的聚乙烯泡沫塑料板填充至底座板间伸缩缝内，填充过程中注意塑料板居中(两端距底座板两侧距离相等)，以保证两侧嵌缝材料的厚度，然后涂刷界面剂。

(4)表面防护及界面剂涂刷：在接缝两侧混凝土粘接防护胶带，防止施工过程中污染混凝土；在伸缩缝两侧混凝土上涂刷界面剂，以利于嵌缝材料与混凝土间密封。

(5)侧面封闭：使用木板、胶带等将接缝的两侧封闭，确保不出现漏料情况。

(6)灌注嵌缝材料：待界面剂表干后，用胶枪将嵌缝材料缓慢注入至接缝内，确保嵌缝材料连续饱满，内部无气孔或空洞。

(7)表面修饰：用刮刀匀压整修嵌缝材料外形，确保表面平滑，无气眼和缺陷。

(8)现场清理：嵌缝完成后，立即清洗施工器具，运走施工杂物，拆除防护胶带，清理现场。

(二)隔离层及弹性垫层施工

1. 底座板顶面及限位凹槽处理

土工布铺设前先用洁净高压水和高压风对底座板顶面及限位凹槽进行清理，保证铺设范围内混凝土洁净，无磨损性颗粒和凸起物。

2. 中间隔离层土工布铺设

中间隔离层采用厚 4 mm、宽 2 600 mm 的土工布。在底座混凝土强度达到设计强度的 75%后进行隔离层施工。

(三)自密实混凝土钢筋安装

钢筋网片采用工厂化集中生产，运至现场后分层存放，存放要求下垫上盖。根据测量放样出的钢筋位置人工铺设钢筋网片，根据图纸设计要求凹槽钢筋和和钢筋网片绑扎成型，并保证钢筋之间的间距，侧面不得出现露筋现象。

钢筋网片摆放到位后，安装钢筋网片支承垫块，支承垫块用 C40 混凝土制成。支承垫块安装后保证稳固牢靠，且不影响自密实混凝土立模及最小保护层厚度。支承垫块摆放布置为梅花形布置。钢筋网片绑扎注意保护层厚度及纵横向位置，避免调板时受阻。

（四）轨道板进场、存放、运输及吊装

1. 在轨道板接收时，做好检查、交接工作。在轨道板各项指标满足要求，经验收合格并办理交接手续后方可卸车。

2. 吊　　装

采用吊车由桥下至桥面吊装轨道板。先用 25 t 小吊车将轨道板从梁底调出放在平板车上，在梁面用 50 t 履带吊车从板车上将轨道板吊至梁面，然后由铺板龙门吊进行桥面的纵向运输和铺板。轨道板吊装前详细检查吊装所用绳索、卡具及吊具是否安全可靠，钢丝绳存在缺陷时立即更换。

轨道板起吊采用专用吊具进行吊装作业，操作人员定期对起吊设备、机具进行检查（如：起吊螺母是否弯曲、开裂、滑丝，吊装钢丝绳是否断丝或磨损严重等）。起吊轨道板的吊耳均加垫 5 mm 的橡胶垫，并将起吊螺栓充分拧紧后才能开始起吊工作，防止吊耳损坏轨道板。轨道板起吊均保持板体水平，且缓慢进行。吊装过程中均有操作人员扶着板体，以便于掌握轨道板的运行方向，减少轨道板的晃动，避免发生碰撞。

（五）轨道板铺设

轨道板在桥梁和路基地段以 50 t 履带吊配合 16 t 龙门吊进行粗铺作业。轨道板在指挥人员的指挥下移动到要铺设的底座板上方并缓缓降下。在接近混凝土底座 1.5 m 左右放入门形架，将 N4 钢筋快速穿入门形钢筋内，并以绝缘卡固定，安装完成后再将轨道板下放，下放时做到控制下降速度，防止损伤轨道板。运板采用平板车和双向运板车配合。

放下时由操作工人配合放置 7 cm 厚硬杂木（控制轨道板间距）将轨道板准确定位。此时特别注意粗铺位置，确保与相邻轨道板的位置顺接。

每块板粗放支点为 4 个，支点材料为 150 mm×90 mm×90 mm 厚硬杂木，硬杂木紧靠精调爪铺放，在精调螺杆抬高轨道板约 1 cm 后，再撤出硬杂木。

轨道板落放前，有专人核对轨道板方向与设计是否一致，特别是缓和曲线处轨道板，确保轨道板“对号入座”，然后根据定位线确定轨道板平面粗放位置并完成粗放。轨道板铺设时有专人指挥吊车或龙门吊司机进行作业，施工人员扶稳轨道板缓慢落下。缓和曲线上的轨道板严格按照铺设计划表的位置进行铺设。曲线地段每块轨道板均按相应的偏转角放置。

下雨天气禁止粗铺作业，防止雨水进入板底凹槽影响质量。轨道板粗铺时的位置偏差纵向不大于 10 mm，横向不大于精调爪横向调程的 1/2。

（六）轨道板精调

1. 仪器设备

轨道板精调每个作业面配备测量仪器 1 套，左右线同时精调。

全站仪具有自动目标搜索、自动照准、自动观测、自动记录功能，其标称精度应满足：方向测量中误差不大于±1″，测距中误差不大于±1 mm+2 μm。

全站仪架设在带有可调螺旋的强制对中三角架上，该三角架高度在出厂前进行了精密标定。

温度计读数精确至 0.5 ℃，气压计读数精确至 0.5 kPa。

全站仪经过法定检定机构的检定，并处于检定证书的有效期内，在进行距离或坐标测量时，进行气象改正。

2. 安装精调调节装置

安装精调爪。精调爪使用前对相关部位进行润滑，然后在每个待调板的左右两侧根据板的精调爪安装孔安装精调爪，每个板安装 4 个精调爪，精调爪安装完成后，利用精调扳手对精调爪调高，把板底的临时方木支撑取出。精调爪在安装前将横向轴杆居中，使其左右都有一半调整量，避免精调时横向调整量不足。

3. 轨道板精调

标架检校。精调系统在上线使用前进行标架检校。硬件常数（棱镜高等），标架四脚平整度进行检核和调整，再将相关常数录入到程序中。施工过程中，每天在开始精调前对精调装置和系统进行检校。在使用过程中，如发现数据不符均进行重复检校。

建站、全站仪初始定向。架设全站仪，将 6 个测量标架安放在待调轨道板上，建立全站仪与电脑系统间的联系，对全站仪进行初始定向和精调软件数据初始化。设站和定向的已知 CPⅢ坐标和板坐标文件需要事先输入。全站仪利用不少于 8 个 CPⅢ点进行自由建站。

CRTSⅢ型板精调系统在精调时使用 6 个标架。

仪器定向完成后进入精调系统界面，对轨道板上 4 个棱镜进行测量，通过软件计算设计数据和实测数据的对比得出每个标架的偏差值，根据偏差值使用精调扳手调整精调爪。调整时 4 个精调爪同时、同向进行，轨道板中线偏差量调整时对 1、6 号和 2、5 号棱镜处精调爪同时、同向进行调整（使用精调扳手调整精调爪时，每转动 180°调整量为 1 mm），避免调整力度不够，出现轨道板 4 处精调爪受力不均。测量出数据全部符合要求后进行完整测量，对测量结果进行保存，进入下块板精调作业，精调完毕轨道板禁止人员踩踏。

采用平面坐标和高程同时施测的方法进行轨道板精调测量，精调完成的板位精度均满足设计要求。轨道板精调是 CRTSⅢ型板式无砟轨道施工的关键环节，对轨道板的高程和平面位置要求非常严格。由于轨道板精调设备对外部条件（如光照、湿度、气温等）非常敏感，在一天内有利精调的时间非常有限。为了提高精调速度，在轨道板精调之前，均对轨道板进行粗调，使轨道板的高程和平面误差在 2 mm 范围内，然后在有利时间（如夏天的夜晚）内在对轨道板进行精确调整，以提高精调速度。

（七）轨道板压紧、防侧移

1. 轨道板压紧（图 4-5-6）

轨道板压紧采用门式架压紧装置，由压紧梁和可调螺杆等组成，螺栓拧紧力矩由位移测量结果进行控制。一块板上压紧装置安装 5 个。压紧装置以[14a 槽钢加焊 5 mm 厚加劲板制作，压紧装置两端焊接 5 cm 槽钢作为封边模板固定装置。

压紧装置锚杆锚固在底座，于底座板侧面靠下位置利用预留孔插入钢筋，钢筋外露不宜过长，一般在 5～10 cm 左右。精调完成后，将压紧装置放到对应位置用可调螺栓和底座侧面打入的钢筋将轨道板压紧。

2. 轨道板防侧移

曲线内侧防侧移装置采用 12 mm 厚钢板焊接成 7 字形，在底座侧面以螺栓固定，每块板内侧设置 3 道防侧移装置。

图 4-5-6　轨道板压紧

(八)自密实混凝土施工(图 4-5-7)

CRTSⅢ型板式无砟轨道充填层采用自密实混凝土,在自密实混凝土施工前先检查钢筋网片位置,保护层垫块及紧固等;检查轨道板四周模板密封状态,防溢管安装密闭情况,排浆孔设置通顺情况,确保缝边不漏浆,排浆孔顺畅。检查板腔润湿情况,钢筋、模板及板腔内温度等。

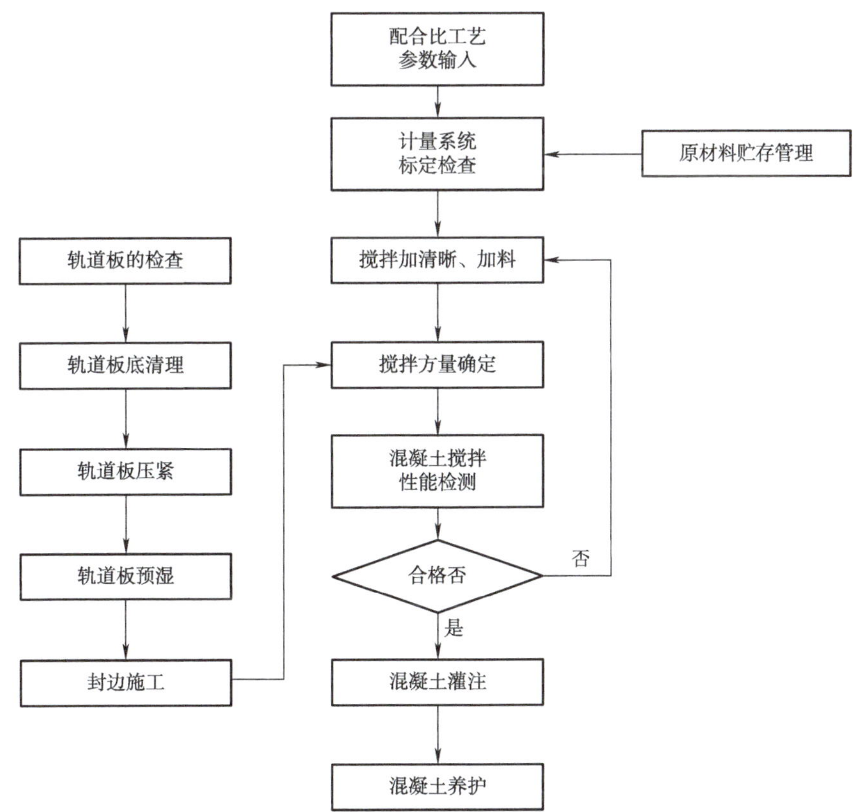

图 4-5-7　自密实混凝土施工工艺流程

确定轨道板标高及轴向平顺满足设计要求，千斤顶的受力情况及紧固程度满足要求，确定封边模具的安全可靠。

在前台及后台均检测混凝土的拌和物温度、坍落扩展度、T500、泌水率和含气量等。

1. 自密实混凝土封边

面板采用 140 mm×6 mm 厚 Q235 钢板，筋板采用 8 mm 厚的扁钢；每块轨道板对应的自密实混凝土灌注模板，侧模 2 块、端模 2 块、四角模板 4 块，不同型号轨道板侧模可调；模板四角部位设有导流槽装置，导流槽高于自密实模板 5 cm；四角插板处模板确保插拔自如、密贴合缝，插板下方设“门槛”，并加固，确保反复使用不变形，此装置可以很好地将空气排出，在插板放下后，用顶紧螺栓将插板牢固的与混凝土面贴合，确保拆模后无错台。

自密实混凝土模板要求保证不漏浆、无错台，同时模板安装的过程中不发生使精调后轨道板产生位移的动作，禁止使用铁锤和楔子等工具。

2. 润　　湿

由于轨道板是混凝土构成，极易吸水。灌注时，混凝土将会把自密实混凝土中的自由水吸附到混凝土空隙中并置换出空气，使自密实混凝土内部产生较大的气泡。

轨道板预湿采用旋转喷嘴施工，在灌板前 1 h 分别从 3 个灌浆孔伸入轨道板进行雾状喷射，足够湿润的标志是表面稍微潮湿(一般雾状喷射时间为 5～8s 不会产生明水和积水现象)。预湿时注意不得在隔离层表面形成明水、积水。灌注混凝土前 10 min 再检查一次轨道板下方的混凝土底座表面状况，查看其表面是否有积水和雾化不彻底等现象。预湿有积水或者不预湿都会严重影响灌注质量。

3. 自密实混凝土配合比的设计

济青高铁工程委托铁科院对自密实混凝土的配合比进行试配、调整，通过灌板试验进行模拟线上混凝土搅拌施工。在各项工作、力学和耐久性能检验合格，通过建设、监理及咨询单位组成的评审组现场审查，满足灌注条件的基础上确定配合比。基本配比确定后，进行混凝土的搅拌与灌注的适应性试验，针对不同环境温度条件并结合实作培训反复多次进行试验，以充分掌握自密实混凝土在各种条件下的性能表现，并在此基础上形成在各种条件下的混凝土配比微调数据。

4. 自密实混凝土的拌和与运输

自密实混凝土在拌和站集中拌制，拌和站配有自动计量系统和强制式搅拌机，混凝土原材料称量最大允许偏差胶凝材料(水泥、矿物掺合料等)±1%，外加剂±1%，骨料±2%，拌和用水±1%，拌和前测定粗细骨料含水率，及时调整施工配合比。搅拌时，先向搅拌机投入粗骨料、细骨料、水泥、矿物掺合料等，搅拌均匀(不宜少于 30 s)后，再加入拌和用水和外加剂，并继续搅拌均匀，总搅拌时间不少于 3 min。

5. 自密实混凝土灌注

根据便道贯通条件，便道宽度，跨河沟跨公路地段等施工条件的不同，自密实混凝土灌注也采取不同的方案，灌注时间控制在 8～12 min。在炎热的夏季、雨季施工时要注意安装防晒棚，夏季温度高，混凝土水分挥发快，会影响混凝土质量效果。罐车运送自密实混凝土到灌注地点后，用龙门吊把料斗进行倒运，料斗两侧设置溜槽接入灌料口，溜槽用搭设的支架撑住。每块板一次灌注成型，完成灌注作业。

6. 自密实混凝土拆模及养护

(1)在自密实混凝土强度达到 10.0 MPa 后拆除轨道板两侧模板，表面及棱角不因拆模而受损。

(2)自密实混凝土灌注完成后，带模养护时间不得小于 3 d，自密实混凝土终凝后方可拆除压紧装置和防侧移装置。

(3)拆模后，在自密实混凝土达到 100%的设计强度后，轨道板方可承受全部设计荷载。

(4)拆模后，若天气产生骤然变化时，采取适当的保温隔热措施，防止混凝土开裂。

(5)模板拆除完成后，采用喷涂养护液进行养护。

(6)做好养护记录，同时对同条件养护的混凝土试件进行包裹养护，使试件强度与自密实混凝土强度同步增长。

(九)轨道板位置和标高复测

在自密实混凝土浇筑完成 5 d 或 200 块后，及时组织测量队进行位置和标高的复测，复测覆盖率 100%。

二、长枕埋入式无砟道岔施工

(一)底座施工

1. 底座放样

根据 CPⅢ对底座范围进行放样，放出底座边桩及线路中线，然后根据钢筋设计间距用墨线弹出纵横向钢筋摆放位置。

2. 底座钢筋绑扎(图 4-5-8)

底座钢筋采用绝缘绑扎，钢筋根据墨线摆放，确保钢筋间距符合设计要求。钢筋搭接长度为 48d(d 为钢筋直径)，同一连接区段内纵向钢筋的搭接接头面积百分率不大于 25%，钢筋搭接接头连接区段的长度为 1.3 倍搭接长度。底座架立筋按梅花形布置，数量满足设计要求，能确保钢筋骨架稳定。剪力筋预埋位置准确，确保其位于两岔枕之间。

图 4-5-8　底座钢筋绑扎

3. 传力杆安装(图 4-5-9)

传力杆设置于底座假缝及道床板的断缝处，传力杆位于底座和道床板横截面的中部，传力杆间隔首尾交错布置，固定后的传力杆平行于线路中心线。最外侧传力杆距离底座板边缘的距离为 150～250 mm，传力杆最大间距为 300 mm。

4. 底座模板安装(图 4-5-10)

根据放样边桩，对模板安装位置进行弹线，确保模板边缘至线路中线距离相等。底座模板采用 35 cm 高度的定型钢模，按高模低筑法施工，采用斜撑杆固定在路基上，模板安装顺直。采用混凝土标高样杆及利用剪力筋对混凝土标高及底座两侧排水坡进行控制。

5. 底座混凝土浇筑(图 4-5-11)

底座混凝土浇筑前对基面洒水预湿。混凝土由拌和站集中拌制、罐车运输、泵车泵送入模。混凝土入模前测试含气量(2%～4%)、入模温度(不大于 30 ℃)、坍落度(140～180 mm)。按设计要求的范围进对底座板进行收光或拉毛。为防止大风干燥及阳光直射对混凝土的影响，采取了围挡措施。

6. 底座混凝土养护(图 4-5-12)

底座表面覆盖一层土工布，再在其上覆盖养护薄膜，采用滴灌保湿养护，养护时间 14 d。

图 4-5-9　传力杆安装

图 4-5-10　底座模板安装

图 4-5-11　底座混凝土浇筑

图 4-5-12　底座混凝土养护

(二)道床板钢筋施工

1. 钢筋绑扎(图 4-5-13)

底座钢筋绑扎前对道岔直股和曲股中桩进行放样，根据中桩确定道床板边线。道床板钢筋绝缘绑扎，绝缘电阻大于 2 MΩ。考虑施工顺序，先绑扎道床板底层钢筋，并将中层纵向钢筋及转辙机处的加强钢筋摆放到位，防止钢轨件就位后绑扎困难。底层钢筋绑扎时，先在底座上弹画钢筋摆放墨线，在岔枕及钢轨件通过初调基本到位后绑扎中上层钢筋。

2. 综合接地(图 4-5-14)

每块单元道床板内均设置纵、横向综合接地钢筋，纵横向接地钢筋通过焊接相互连接，接地钢筋与其他钢筋交叉时进行绝缘处理，在道床板两端均设置接地端子，接地端子位于混凝土侧面上下居中，与模板密贴并对接地端子端部密封，防止混凝土进入。接地钢筋与接地钢筋、接地钢筋与接地端子间的焊接长度要求双面焊不小于 55 mm，单面焊不小于 100 mm，焊缝厚度不小于 4 mm。

(三)道岔组装

1. 道岔初步定位、联结

岔枕按顺序摆放于支承方钢上并初步调整到位，轨枕间距满足要求，然后吊装道岔组件，道岔吊卸采用专用吊具。通过支承螺杆顶升岔枕，起升高度低于设计轨面 10 mm(图 4-5-15)。

图 4-5-13　道床板钢筋绑扎放样

图 4-5-14　综合接地

2. 道岔粗调、安装地锚及模板

利用放样桩点定位道岔组件位置，道岔粗调要求中线及高程均控制在 5 mm 以内。

地锚设置在岔枕两端，每间隔一根岔枕设置一处，辙叉部位及在岔前岔后道床板端部连续三根枕全部设置。

根据放样边桩，对模板安装位置进行弹线。采用 40 cm 高度的定型钢模，按高模低筑法施工，采用斜撑杆固定在路基上，模板安装顺直。道岔联模板安装、加固如图 4-5-16 所示。

3. 道岔精调、固定

采用轨检小车检测道岔方向、高低、水平、轨距等几何指标，道岔精调要求中线及高程均控制在 0.5 mm 以内，且正负相同(图 4-5-17)。

4. 转辙机预安装

混凝土浇筑前要求“四电”单位进行转辙机预安装(图 4-5-18)。

图 4-5-15　岔枕吊装

图 4-5-16　道岔联模板安装、加固

（四）道床板混凝土浇筑及养护

道床板混凝土浇筑前，基面洒水预湿。为确保排水坡准确，在岔枕上根据设计要求弹出混凝土标高线。采取措施对支撑螺杆、钢轨扣配件进行保护，防止混凝土浇筑时污染支撑螺杆丝扣及扣配件。清理干净道床中的杂物。

图 4-5-17　道岔精调

图 4-5-18　转辙机预安装

道床板混凝土浇筑 6 h 左右达到初凝状态后，及时松开道岔支撑系统内除转辙器和可动心轨辙叉位置以外的扣件螺栓。

混凝养护采用滴灌养护，道床板表面覆盖一层土工布，再在其上覆盖养护薄膜，养护时间不小于 14 d。

（五）道岔放散、锁定与焊接

在设计锁定轨温范围对道岔钢轨进行锁定，钢轨焊接先岔前，再岔后；先直股，再曲股。

三、无砟轨道长轨铺设

1. 无砟轨道长轨铺设流程

无砟轨道长钢轨铺设采用拖拉法进行施工，长轨装车→长轨运输→对位→拖拉法铺设→

安装扣件、连接钢轨→质量检查。

2. 长轨铺设施工

(1)焊轨场将 100 m 无孔钢轨焊接成 500 m 长轨条，利用长轨运输车将长钢轨运至铺轨基地进行交接，由我单位使用机车运至施工现场。在施工现场利用工地焊机将 500 m 长轨条焊成 1 500～2 000 m 左右单元轨节，始、终端左右股钢轨接头相错量不应大于 100 mm，再进行单元轨节应力放散、锁定作业，形成区间无缝线路。

(2)无砟轨道铺轨应在无砟轨道板施工完毕，经验收合格并达到规定强度后方可施工。

(3)铺轨前，应按“配轨表”配轨，并依次编写铺轨编号。配轨时考虑工地焊接接头与墩台、过渡段等位置关系。

(4)道床板及承轨槽表面应清洁、无杂物。

(5)扣配件预组装到位，螺栓应涂长效防腐油脂。

(6)按照装车表，将已选配并标识好的长钢轨按顺序装车，装车时由内向外，卸车时由外向内。

(7)长轨列车在施工地段运行速度限速 5 km/h，在接近已铺长钢轨接头 10 m 处应一度停车，缓慢对位。对位时，应在钢轨上画出停车标记，并派专人安放铁鞋和止轮器。

(8)长钢轨铺设前，应提前将支撑滚筒按 5～10 m 均匀放置在承轨槽之间的轨道板上，曲线地段应适当加密，并有钢轨防翻措施。

(9)无砟轨道铺轨采用“拖拉法”施工，应符合如下规定：

①钢轨运输车组推送到位，顺坡小车前轮中心线距已铺钢轨末端约 350 mm，并停好就位、打铁鞋。

②从两外侧向内松开要拖拉的一对钢轨锁定装置。先将升降滚轮架调整到合适高度。将分轨导框对准要拖拉的一对钢轨，长钢轨端头安装夹轨器，挂钢丝绳，用拖拉卷扬机从长钢轨运输车上拖拉钢轨，将钢轨拖拉至钢轨推送装置，夹紧钢轨，卸掉夹轨器。

③用推送装置将钢轨推送至引导车夹钳处，将钢轨头与引导车钢轨夹钳锁固好。

④引导车拖拉钢轨前行，必要时与推送装置联合推拉钢轨。

⑤钢轨末端拖出长轨推送装置时，引导车降速，钢轨末端滑下顺坡小车前端滑槽后立即停车。

⑥用拉轨器把钢轨拖拉到位，与已铺好的轨道连接，安装钢轨连接器。

⑦长钢轨落槽就位后，每隔 4 根枕安装一组扣配件，钢轨接头前后各 7 根枕扣件应安装齐全，并保证扣件压力符合标准规定。

⑧铺轨时，长轨始端、终端落槽时的轨温平均值为长轨铺设轨温，铺轨时应记录铺设轨温。

⑨铺轨后应检查施工质量，做好施工记录，及时向铺轨基地反馈到达里程、接头相错量等信息。

第四节　跨区间无缝线路施工

一、施工概述

无缝线路应力放散及锁定可采用拉伸器滚筒法或滚筒法，当施工作业时的轨温低于设计锁定轨温范围时，采用拉伸器滚筒法施工。当施工作业时的轨温在设计锁定轨温范围时，采用滚筒法施工。

拉伸器滚筒法施工程序：施工准备→设置临时位移观测点→拆卸扣件→轨下垫滚筒→撞轨、应力放散→轨温测量、做标记→钢轨拉伸、撞轨→落轨→锁定线路→设置位移观测标志→质量检查。

滚筒法施工程序：施工准备→设置临时位移观测点→拆卸扣件→轨下垫滚筒→撞轨、放散应力观测位移量→轨温测量、做标记→落轨→锁定线路→设置位移观测标志→质量检查。

施工前按照《钢轨焊接第2部分：闪光焊接》(TB/T 1632.2—2014)的要求，对钢轨焊接进行检验，经检验合格后方进行长轨焊接作业。

施工人员已进行岗前安全和施工技术培训；根据应力放散施工需要备齐各种施工机具、设备及检测量具；对到场扣配件进行质量检验并贮存；检查设备及附属机具状态是否良好及线路上是否有侵限；所需轨料和机具在施工的前一天运至施工地段，并派专人进行看守，以防丢失。

二、施工程序

(一)应力放散

1. 拉伸器滚筒法

利用钢轨拉伸器和撞轨器配合作用，通过均匀拉伸长轨条，提高零应力轨温，使锁定轨温一步到位。拉伸长轨条时，要做到匀、准、够，作业方法如下。

(1)形成零应力。在放散段自然温度的条件下，轨下垫滚筒，松开全部扣件，使钢轨能自由伸缩。每100 m设位移观测标记，并用撞轨器沿钢轨走行方向撞轨，当钢轨发生反弹现象时，视为零应力。

(2)计算拉伸量。钢轨放散至零应力状态后，根据设计锁定轨温和实际锁定轨温计算出钢轨拉伸量，用拉伸器和撞轨器联合作用拉出该伸长量后即锁定钢轨。钢轨拉伸量的计算式为

$$\Delta_L = \alpha L(T_s - T_{sj})(\text{mm})$$

式中　α——钢轨钢线膨胀系数，$\alpha = 0.011\,8$；

L——钢轨长度(m)；

T_s——钢轨的设计锁定轨温(℃)；

T_{sj}——钢轨的实际轨温(℃)。

(3)放散作业程序：确定放散长度→设立固定段→放松扣件，抬高钢轨，垫入滚筒，保证钢轨自由伸缩→测量作业轨温→为避免钢轨伸缩不均匀，在钢轨全长范围内均匀设置临时位移观测桩。根据放散轨温与作业轨温之差，计算并标记钢轨的变化长度，并在钢轨上每隔100 m做标记→使用拉伸器拉伸钢轨，使其达到设定的标记。在放散过程中，用撞轨器撞击钢轨，加速钢轨的应力释放，提高放散效率，密切注意各观测点处的钢轨伸缩量是否等量递增，使各观测点之间钢轨的应力均匀化。

(4)各观测点位移量的计算式为

$$\Delta_{Ln} = (\Delta_L / N) \times n$$

式中　Δ_{Ln}——第 n 点处钢轨计划放散量；

n——观测点号数；

N——观测点总数；

Δ_L——计划放散总量。

(5)无缝线路有如下情况之一时,应放散或调整应力后重新锁定,并使其符合设计要求:

实际锁定轨温超出设计锁定轨温范围;相邻两单元轨节锁定轨温之差大于 5 ℃,左右两股钢轨的锁定温度大于 3 ℃,同一设计锁定轨温的长轨条最高与最低锁定轨温之差大于 10 ℃;钢轨产生不正常的过量伸缩;无缝线路固定区钢轨出现严重的不均匀位移;原因不明,施工时未按设计规定锁定的线路。

(6)施工过程中,根据实际情况采用不同方法(滚筒法、拉伸器滚筒法)对钢轨进行应力放散,放散应力时,每隔 100 m 左右设一临时位移观测点,观测放散应力时钢轨的位移量,及时排除影响放散应力时的障碍,力求应力放散均匀。

(7)钢轨拉伸器达到计算值后,钢轨拉伸器保压,撤出滚筒,安装扣件,锁定线路。这时的施工锁定轨温加上钢轨拉伸换算轨温为实际锁定轨温。

(8)拉伸器拆除后,由于锁定单元轨节自由端会产生回缩量,下一单元轨节拉伸锁定时,将该回缩量计入单元轨节拉伸量。

(9)作业要点

拉伸时,在轨底与承轨台面之间支垫滚筒,滚筒直径以 30～35 mm 为宜,滚筒每隔 12～15 m 垂直钢轨垫入轨下。指定专人分段负责滚筒工况。拉伸作业配合撞轨进行,每 400～500 m 设一撞轨点。轨长不足 1 000 m 时,在中部设一撞轨点。划定位移观测点,设专人负责观测并分析。拉伸采取一端拉伸,一次到位的方法。

2. 滚筒放散法

钢轨焊接成设计长度的轨条后,把需要放散应力的长轨条先松开,拆除扣件,用起轨器将钢轨提升,并在钢轨下垫入滚筒,10 m 左右布置 1 对。撞击长轨条数次,让长钢轨处于自由伸缩状态。一旦轨温合适,即撤滚筒,长钢轨重新进入承轨槽,测量并记录长钢轨头、尾部入槽时的钢轨温度和环境温度,在长钢轨头、尾部做记号和编号,并重新上紧全部扣件,进行锁定。

(二)线路锁定

轨温合适或钢轨拉伸到位时,依次去除支垫在钢轨下的滚轮,将钢轨落到轨枕上,上好扣件,紧固钢轨。在拉轨器前后各 50 m 范围内的钢轨锁定完成后,方可松掉拉轨器的液压油门,拆除拉轨器。

钢轨固定端的锁定长度,混凝土枕Ⅲ型扣件以 50 m 为宜。拉伸端合龙后,松开锁定段,而后再复紧。

线路锁定后,在埋设有钢轨永久位移观测桩位置的垂直线上钢轨轨头外侧面标记钢轨位移零点,并定期对钢轨的位移进行观测,放散之后第一个月内每一星期观测一次,以后每一个月观测一次。任何一个位移观测桩处位移量不得超过 10 mm,发现位移量超标者,迅速查找原因,并对该单元轨重新进行应力放散及锁定。

(三)钢轨焊接

工地钢轨焊接主要采用 UN5-150Z 集装箱式移动闪光焊轨机焊接,其焊接的施工流程:准备工作(含对位)→拆除扣件、垫轨→钢轨焊前检查→校直钢轨→焊前除锈及钢轨对位→焊接和推瘤→粗磨→正火热处理→校直→精磨→平直度检查→超声波探伤。

1. 施工准备

(1)施工前对施工现场进行调查,了解施工现场环境,查看待焊接头位置是否满足规范要求、现场是否具备焊轨条件等情况。

(2)出发前均安排专人根据焊接清单清点全部施工物品，以免少带、漏带影响施工。

(3)对施工设备、工机具等进行检查，确保使用时安全可靠。

2. 拆除扣件、垫轨

(1)先将基本轨(焊轨机组压住的钢轨)距待焊接头 10 m 范围内的扣件拆除，待焊轨的扣件全部拆除，轨缝前后各 1 根轨枕的垫板、螺栓全部取出，配件放置齐整，螺栓孔位置用铁皮覆盖。

(2)在待焊轨轨底每隔 12.5 m 安放一个小滚轮，在钢轨端头用拉轨器或撞轨器移动长轨至适当位置，使长轨端部与其设计位置相对应，保证两根长轨有 10 mm 轨缝，以便钢轨焊接。

3. 钢轨焊前检查

依照《43kg/m～75kg/m 热轧钢轨订货技术条件》(TB/T 2344—2012)，对待焊钢轨进行焊前检查。

4. 校直钢轨

对钢轨端部弯曲超标的部位用钢轨校直机校直，对于无法校直的弯曲钢轨端部，用锯轨机将其锯掉，检查锯切后钢轨的端面斜度。端面斜度大于 0.8 mm 时，用钢轨端磨机打磨轨端至端面斜度合格。

5. 焊前除锈及钢轨对位

(1)用手持砂轮机打磨两待焊轨端和焊机电极钳口的轨腰接触区(距轨端 700 mm 以内)，除锈打磨至金属本色，使金属光泽露出 80%以上，有凸起的出厂标志打磨平整，以免损伤电极。

(2)用三角铁将基本轨垫高，抬起高度根据扣件类型确定，用三角铁和大滚筒将待焊轨待焊一侧 40 m 内垫高并与基本轨对正，使得待焊接头两侧钢轨的轨顶面在以焊缝为中心的 40～50 m 范围内保持一定的平顺；待焊接头两侧钢轨的工作面在以焊缝为中心的 30～40 m 的范围内平正且顺直；待焊接头两侧钢轨的轨底面要平行。

(3)用三角铁调整待焊轨缝两端钢轨平直度，使焊缝两端钢轨轨腰、轨底平直，轨头上拱度 0.7 mm 左右。

6. 焊接和推瘤

(1)操作焊轨机的液压吊机，将焊轨机头精确定位。

(2)操作焊机夹紧钢轨并自动对正，用手摸检查钢轨对正情况，启动焊接，焊机自动完成焊接钢轨、顶锻和推除焊瘤过程。

(3)每焊完一个焊接接头后对焊机进行清洁保养，用扁铲清除焊机上焊渣，用砂纸清洁电极。

(4)填写“焊接记录表”。

(5)对钢轨焊接接头进行标识，标识位于同一侧轨腰、距轨缝 1～6 m 位置。标识清晰、端正，保证每个钢轨焊接接头能够依各项生产记录或信息实现追溯。

7. 粗　磨

(1)用起道机抬高接头处钢轨，用手持式砂轮机打磨焊头的轨底下表面、轨底侧面、轨底上表面，打磨后的平直度误差不超过 0.5 mm，但不得伤及钢轨母材。

(2)轨底下表面打磨使用轨底打磨支架,并配备反光镜,协助查看打磨过程,检查打磨质量。

8. 正火热处理

(1)采用中频电感应方式加热时,用起道机将待正火接头抬高,以便正火线圈能顺利穿过轨底。用吊机将正火机头吊至接头位置,正火线圈对准接头,然后夹紧线圈,启动正火开关开始自动正火。正火完毕后及时将正火机头收回集装箱内,用起道机将钢轨落回承轨槽内,并填写"焊接接头正火记录表"。

(2)采用火焰加热正火时,用起道机将待正火接头抬高,以便加热器能顺利穿过轨底。将加热器安装在正火导轨上,加热器对准接头,然后打开流量控制器,点火,然后用火叉人工摆动加热器。用红外测温仪测量轨温,当温度达到标准后,关闭火焰,正火完成。用起道机将钢轨落回承轨槽内。填写"焊接接头正火记录表"。

9. 焊后校直

用 1 m 板尺对接头平直度进行检查,对于平直度偏差较大的部位,在焊接接头处于常温时用液压直轨器对接头进行焊后校直。

10. 钢轨精磨

用仿形打磨机沿钢轨纵向方向精磨钢轨轨顶面及轨头内侧面。

11. 质量检查及恢复线路

(1)按《钢轨焊接第 2 部分:闪光焊接》(TB/T1632.2—2014)规定的超声波探伤检验、接头平直度检验及表面质量检验方法检查焊接接头质量,填写钢轨"焊接接头精磨记录表"和"焊接接头探伤记录表"。

(2)安装扣配件,将轨道恢复到正常状态并清理焊接现场。

(四)位移观测标志

1. 无缝线路锁定的基本条件:根据"轨道设计说明"要求,放散锁定单元轨节长度为 1 000～2 000 m,最短不小于 200 m。单元轨节锁定前按照设计要求设置钢轨位移观测标志。在长钢轨焊接成单元轨节后,轨面设计标高、方向及水平均已达到设计标准时,方可进行线路锁定。单元轨节左右两股钢轨始终端的相错量不超过 100 mm。

2. 位移观测桩设置方法

位移观测桩按设计施工。可采用植筋胶锚固,并保证孔缝植筋胶饱满。

(1)桥梁地段

桥梁地段位移观测桩安设在桥梁固定支座端的防护墙内侧,距顶部向下 10 cm 处及两线间。位移观测桩周围用红色油漆喷涂,并印有"位移观测标志严禁破坏"的字样。

(2)路基地段

路基地段位移观测桩设在两线间封闭层及路基两侧距线路中心线 5 m 以内路肩处。位移观测桩周围用红色油漆喷涂,并印有"位移观测标志严禁破坏"字样。

根据现场条件,可以在接触网立柱上粘贴十字标志的方法代替路基两侧的位移观测桩。

无缝道岔设 7 对观测桩,在岔头、限位器(或间隔铁)、岔尾(含直、曲股)、道岔前后 50 m、200 m 处各设置一对,岔区道岔间距大于 50 m 时在线路中间加设一对观测桩。

有站台墙的在高出轨面 0.5 m 的站台墙侧面及上下行线间埋设位移观测桩。可在站台墙上粘贴十字标志的方法代替站台墙上的位移观测桩。

3. 观测标尺设置标准

位移观测标尺采用不锈钢材质制作，厚度 1～2 mm，数字及刻度线刻画在标尺上，并用红漆描红，标尺采用强力胶贴在靠近观测点一侧轨腰上。标尺齐全清晰位置准确，遇有标尺缺少、不清晰时及时更换。贴标尺时先除油去锈，标尺零刻度与标志点对齐。标尺面向主机，在同一区间保持一致。标尺安装保证钢轨清洁，对于锈蚀的钢轨进行除锈。

道岔观测标尺的粘贴位置：限位器处在直基本轨和直尖轨粘接观测标尺，道岔后在两个直股和曲股粘接观测标尺，其他部位标尺的粘接同区间线路。标尺粘贴时，正号刻度一侧为来车方向。

4. 现场标记管理规定

(1)长轨条铺设或放散到位锁定后，立即在钢轨轨腰上设置位移观测标尺。标尺设好后，立即用准直仪测量该观测桩的“初始位移量”，并做好记录。“初始位移量”要尽可能作成 0。

(2)单元轨节按列车运行方向顺序编号。编号方法为“X-Y”，其中 X 为区间编号，Y 为单元轨节在区间内的顺序号。编号以阿拉伯数字标注。

(3)观测桩编号与“初始位移量”要标注在标尺前方轨腰上。标注顺序为“x-y-z-a”，红底白字，字号为 50 mm×35 mm。标注在标尺前 K×××+×××。

(4)无缝线路的主要技术数据均写在单元轨条起止点位置的钢轨腰部上面，红底白字，字号为 50 mm×35 mm。

第五节 轨道及道岔精调

一、采取的主要技术及管理措施

(一)CPⅢ网复测

1. 复测前首先进行现场勘查，检查标识的完好性，对丢失和破损较严重的标识按原控制点标准恢复。采用的仪器设备、观测方法、精度指标、计算软件与建立 CPⅢ控制网完全一致。

2. CPⅢ平面控制网采用自由设站边角交会构网测量，观测站间距为 120 m，观测时将既有的 CPⅠ、CPⅡ控制点纳入网中作为约束基准进行测量。如果测段出现既有 CPⅠ、CPⅡ控制点破坏，根据实际情况在原 CPⅠ、CPⅡ控制点附近按 CPⅡ选点，观测要求和数据处理要求加密。

(二)准备工作

1. 内业准备

使用的精调小车为瑞士进口的 Amberg 小车，所配套的软件有数据采集软件 GRPwin，数据处理软件 GRP SlapRep。在施工之前对软件进行参数确认。

2. 轨枕编号

为便于对轨枕测量数据的管理以及后续的现场调整，对轨道上的每根轨枕进行编号。双块式无砟轨道按照 CPⅢ控制点为单元进行划分，板式无砟轨道按照板号为单元进行划分，编号连续，不得有重号。

3. 仪器检定

对于高平顺要求的轨道来说，仪器的精密程度很大程度决定了轨道调整的精度。用于静态精确调整的全站仪和精调小车送到有资质的检定单位检测。检测合格后方可使用。

4. 轨道状态检查确认

在长轨复测前由技术员带领工人进行检查并记录，将发现的问题及时整改。

(三)长轨测量及数据采集

1. 仪器校正，环境补偿。正倒镜检查全站仪水平角和竖角偏差，如果超过 3 s，在气象条件较好的情况下进行组合校准及水平轴倾斜误差(α)校准；检查全站仪 ATR 照准是否准确，有无 ATR 的偏差也应少于 3 s；在稳固的轨道上校准超高传感器，一般每天开始测量前校准一次，如气温变化迅速，可再次校准；校准后可在同一点进行正反两次测量，测量值之和在 0.3 mm 以内。

2. 自由设站。采用 8 个 CPⅢ点进行设站，设站精度不低于 1 mm(x、y 方向均不低于 0.7 mm)，一次测量长度不大于 60 m，每次测量的区段均在 CPⅢ控制点的控制范围之内，下一区间设站时至少要包括 4 个上一区间精调中用到的控制点，以保证轨道线型的平顺性。

3. 进入施工模式，看偏差数据是否稳定，如不稳定(变化范围超过 0.7 mm)，将小车向前推，找到数据相对稳定的距离，根据此距离再次重新设站。

4. 长轨复测按照逐根轨枕采集，采集每根轨枕时轨检小车轨距传感器应对准该根轨枕螺杆，测量时尽量保证工作的连续性。

5. 一般情况下，采集作业从小里程往大里程进行，依照小车距全站仪由远及近测量的原则，全站仪一直放在小车的大里程方向，使用软件的采集模式功能进行数据采集，这时需向轨检小车输入轨枕号以便后期处理。

6. 搬站后注意检查重叠点的差值，如有超过 2 mm 的重新设站，避免出现人为的设站误差。

7. 测量文件按照建档要求命名归类建档，建立全站仪日志文件，做好测量记录，测量记录包括文件名、设站名、设站精度、测量范围、接头情况、异常情况等。

8. 相对小车(轨道检查仪)使用标定器进行标定，上线采集速度控制在 3～4 km/h，并注意消除异常数据。

(四)测量数据内业处理，制定轨道调整方案

1. 内业测量数据处理的原则

(1)以调整相对精度和平顺性为主，静态精度满足规范《高速铁路轨道工程施工质量验收标准要求》(TB 10754—2010)以及济青公司相关要求。坚持以轨道“大平大顺”为核心的理念，即轨道线型调整，除按照标准执行外还参考表 4-5-2 进行调整。

表 4-5-2　平顺性“大平大顺”要求

平顺性	轨距：变化率 1/1 500
	水平：变化率 1 mm/2.5 m
	高程：变化率 1/1 500
	中线：变化率 1/1 500

(2)处理原则

首先明确基准轨，结合相对小车(轨道检查仪)的超限报表及绝对小车的测量数据分析。

其次“先轨向后轨距”，轨向的优化通过调整高轨的平面位置来实现，低轨的平面位置利用轨距及轨距变化率来控制。

再次“先高低后超高(水平)”,高低的优化通过调整低轨的高程来实现,高轨的高程利用超高和超高变化率(三角坑)来控制。

2. 内业轨道调整方案确定

(1)用最新版本的软件 GRPwin、GRP Slabrep、RailwayChkXP 和 DTS 软件。

(2)对外业采集的测量文件及时仔细核查,及时发现异常值并去除,更正错误的轨枕编号。

(3)使用 GRPwin 中的“文件追加、测量重排列”对测量文件进行合并或分解,并在报表中以“普遍”的类形导出。

(4)将导出的文件用 GRP Slabrep 软件,以 CSV 文件格式保存到指定文件夹。

(5)运行轨道调整软件“DTS”,按照规范要求进行设置,把 CSV 文件导入。按照软件提示进行调整。调整时可参考偏差曲线图及基准轨标记,使用快捷键直接轨道调整。曲线图更新的同时,调整量自动添加到相应的四列“模拟调整量”表格中。

(6)调整方案确定

将相对小车(轨道检查仪)采集的数据使用 RailwayChkXP 输出超限报表以及波形图与绝对测量小车的数据进行对比,以绝对小车数据为主,相对小车数据为辅,针对共同存在的问题,通过调整软件 DTS 进行调整,调整后的平顺性满足规范要求。通过对比调整前后的统计结果,可初步确认调整工作量。

(五)以调整方案为依据,现场进行优化调整

1. 根据模拟调整方案准备调整件,并准备一定的余量。将模拟调整量全部在需要调整区段进行初标识,经技术人员标识后,由现场调整组长进行复核确认准确无误后才开始拉弦线检查模拟调整量的实效性。如果现场弦线测量的数据与模拟调整输入不符或者出入比较大时,放弃调整此段,做好记录的同时跟数据分析组进行沟通。模拟数据与现场弦线测量数据基本吻合时,如果是高程调整,调整数据标识在轨顶上,轨向标识在挡肩上,先进行高程调整,再进行平面调整,使用起道机时最少松 3 个扣件,而且注意扣件是否完全拆除。

2. 相应的调整件在更换的位置摆好,弹条和螺栓也摆放在原轨枕旁,更换调整件时均按对应规格摆放。松扣件和安装扣件都专门分工进行作业。

3. 对非基准轨使用道尺对轨距和水平调整量进行核对后,将正确的轨距调整量标识于挡肩上,水平调整量标识于轨顶上。依据核查后的轨距和水平调整量,确认更换扣件规格,检查扣件扣压力,调整完毕后用道尺核查。两股轨道调整完毕后,记录现场实际调整件的部位规格和数量并建立台账;使用道尺复测,并记录实际轨距和水平偏差值。按照“摆(调整件)、松(螺栓)、拆(扣件)、顶(钢轨)、清(杂物)装(调整件)紧(螺栓)、查(扭矩)、记(台账)”9 个步骤更换扣件。更换扣件时,每次连续松开不宜超过 6 个扣件。

二、施工过程

高速铁路轨道静态精确调整是在对控制网进行复测(图 4-5-19),无缝线路铺设、钢轨焊接及锁定后,通过使用绝对精调小车及相对精调小车对轨道的每根轨枕进行测量数据采集,再通过两种小车数据对比,利用软件对采集的轨道数据进行内业平顺性计算分析,将分析结果汇成轨道作业调整方案。现场作业时,根据方案并结合现场情况对轨道如何调整进行优化,直到满足相关规定要求。

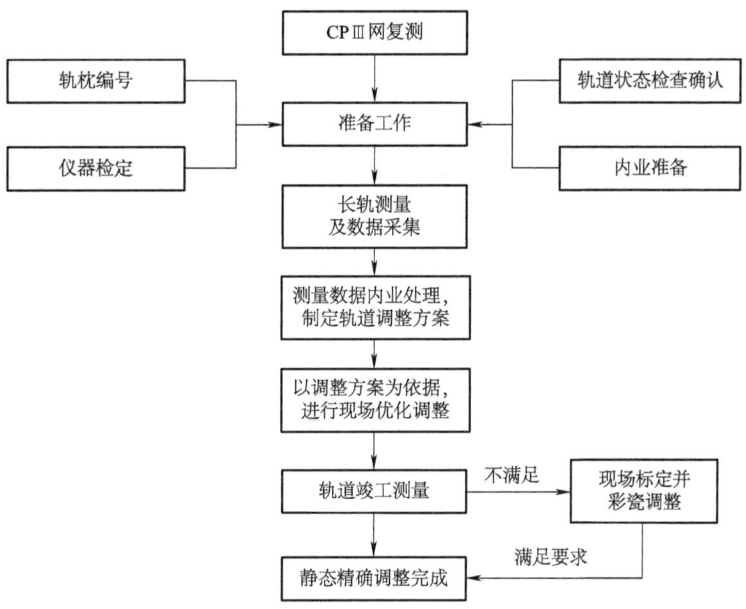

图 4-5-19　无砟轨道线路静态精确调整施工工艺流程图

高速铁路无砟轨道静态精确调整也称作静态精调,作为高速铁路调试的一项基本工序,本质上是对轨道进行全面、系统的检查,使用精调软件对轨道线型(轨向、高低、水平和轨距、三角坑)进行方案确定,再将确定好的方案应用于现场调整,使轨道静态几何尺寸精度满足列车在设计时速下安全性、平稳性要求。

第六章　站场及运营设备工程

第一节　工程概况

济青高铁共有11个车站，其中一般中间站9个，枢纽客运站2个和动车整备基地2个，平均站间距30.45 km，最大站间距62.9 km(青州市北站—潍坊北站)，最小站间距5.865 km(胶州北站—胶东机场站)，具体工程类形见表4-6-1。

表4-6-1　站场及运营设备工程类形

	编号	车站名	车站类形	站台数量	旅客通道数量
车站	1	济南东站	客运站/济南枢纽	9台19线	城市通廊
	2	章丘北站	一般中间站	2台4线	1
	3	邹平站	一般中间站	2台4线	1
	4	淄博北站	一般中间站	3台8线	城市通廊
	5	临淄北站	一般中间站	2台4线	1
	6	青州市北站	一般中间站	2台6线	1
	7	潍坊北站	一般中间站	3台8线	城市通廊
	8	高密北站	一般中间站	2台4线	1
	9	胶州北站	一般中间站	3台9线	2
	10	胶东机场站	一般中间站	2台4线	1
	11	红岛站	客运站/青岛枢纽	6台12线	城市通廊
动车整备基地	1	济南东动车所			
	2	红岛存车场			

车站均采用横列式站型。站内正线及到发线进路均按双方向设置。正线间间距5.0 m，正线与相邻到发线间距6.5 m。到发线与到发线如线间无其他设备，线间距5.0 m。到发线有效长度650 m。站场正线采用板式无砟轨道，路基地段岔区采用轨枕埋入式无砟轨道。到发线轨道除胶东机场站外站内到发线及其他站线均采用有砟轨道。机场站到发线采用无砟轨道。

第二节　既有车站改造施工

一、胶州北站改造工程概况

既有胶州北站为胶济客专中间站，原始站场规模2台4线，一个旅客地道(宽8 m)。济青高铁引入胶州北站后，规模扩大至 3 台 9 线。胶州北站改扩建工程包括站场铺轨 5.51 km，道岔 22 组，铺道砟 14 492 m^3，填方 864 703 m^3，挖方 61 900 m^3，新增正线和到发线 5 条，新增站台 1 座，雨棚 1 个；既有旅客地道接长，接长部分宽度为 8 m。胶州北站站场改造施工难度较大，新建工程与既有胶济客专线并行，距离超过 30 m 地段不多，多处受既有线自闭线、信号线及地下不明管线影响；同时，跨济青高铁特大桥及跨海青铁路特大桥右线门式墩侵入客专线路基或跨越客专线，既有线施工安全风险高。

1. 胶州北站站场改造施工是在繁忙的胶济客运专线上进行营业线施工过渡，对运输干扰大，施工风险高。为从源头上减少安全风险隐患，在济青公司的组织下，各参建单位会同智囊专家团进行了安全风险研判工作，在综合考虑各站场施工需求的同时，对整体方案进行了研究优化。

2. 站场改造涉及专业多且各专业接口复杂，道岔、线路的铺设拨接、通信信号、接触网、电力及给排水等均应互相兼顾。济青公司牵头各方对该问题进行了专项课题的研究，进一步细化了过渡期间专业接口的施工方案，在施工方案的编制、施工计划的落实等方面，做到精准管理，避免因遗漏造成追加施工计划等干扰运输、行车的情况。

3. 考虑既有站运能需求，胶州北站分阶段开通能够有效保障运能的持续性。济青公司和各参建单位对分阶段开通方案进行了仔细研究，通过开通前细致的施工准备和施工方案的细化编制，真正做到了天窗高效利用，不超点、不砸点，最大限度减少对运输的影响；研究分阶段开通的验收实施方案，兼顾做好现场验收、基础数据提报、开通后的动态检测等各项技术工作。

4. 在胶州北站施工现场，新建胶济客专、胶济客专济青高铁联络线部分轨道、接触网等工程均需要大量的自轮运转设备上线作业(如长轨推送车、大型养路设备、接触网作业车等)，现场施工组织及车辆转线调度空间狭小。在济青公司的指导下，参建单位通过优化整体施工组织，研究工程线施工调度实施方案，提高了现场整体工效，严格满足开通节点要求。

5. 对马店线路所开站，胶济客专 42 号道岔整体拉入等重点方案进行技术研究；采用 BIM 技术对站改施工进行辅助支持，探索 BIM 技术在复杂的营业线施工环境下的应用。

二、胶州北站场改造整体方案

第一步:停办客运业务，新建与既有胶济客专运营无干扰的工程，包括新建牵引变电所、信号楼、马店线路所。停办胶州北站客运业务，拆除既有站房、既有钢结构雨棚，进行站房处路基挡墙、既有旅客地道接建、既有站台及雨棚改造施工。

第二步:启用新建信号楼及既有胶济场信号设备、新建牵引变电所，点后拆除既有牵引变电所及既有信号楼，进行 6、Ⅷ道拆除房屋地段施工。

第三步:胶济客专大拨接，开通胶济济青上、下行联络线及新建胶济客专外包正线，胶济客专列车利用此通路运行。

第四步:拉入马店线路所 2 组 42 号道岔。

第五步:改建既有胶济客专车场，济青高铁右线跨既有胶济客专部分门式墩及梁部施工、无砟轨道施工，修建既有胶济客专正线与红岛方向济青正线站内未完成部分。

第六步:“四电”调试，车站与区间正线贯通，静态验收，开通全站，具备济青高铁联调联试条件。

各阶段完成时间：

2016 年 11 月，拆除既有站房、站台、雨棚、工务工区、车站派出所等设施，进行贯通自闭线迁改，接长及新建旅客地道进行人工挖孔桩防护，为外包线路基工程施工创造条件。

2017 年 4 月，启用新建牵引变电所、信号楼，为上行外包线、新建站房等设施提供条件。

2018 年 3 月，拨接开通新建客专，为站场内部改造创造条件。

2018 年 4 月，胶济客专营业线要点拉入 2 组 42 号道岔，为全站开通创造条件。

2018 年 11 月，具备联调联试检测工作条件及全站开通。

三、站场改造重点施工项目

（一）铺设工程线，解决路料运输困难

1. 工程线接轨

2017 年 8 月～11 月，新建胶济客专改线上、下行进入铺轨阶段，为满足施工需求，在既有胶济客专上下行线各设置一条工程线，作为胶济客专改线长轨条卸料、大机捣固、接触网作业车、接触网冷热滑试验车等施工路径。工程车分别由既有 2 号道岔、4 号道岔经既有 3、4 道进出工程线作业。在既有 1、3 号道岔岔后锯轨，拆除 1、3 号道岔岔后附带曲线，将既有 3、4 道延长与新建 19、15 号道岔连接，如图 4-6-1 所示。

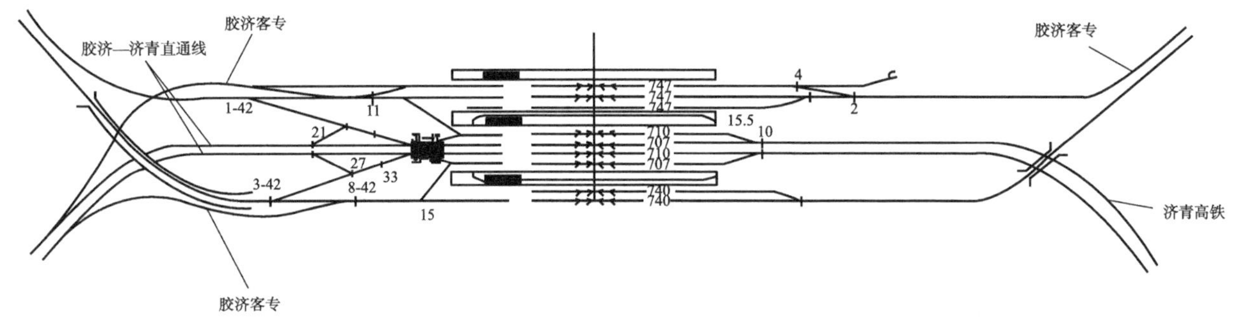

图 4-6-1　胶州北站工程线接轨示意图

2. 工程车辆进出及作业

因既有胶州北站为 2 台 4 线，可用股道较少且站内上下行间无互通路径，造成大机作业、材料运输等施工困难，车辆进出只能依靠既有客专天窗点内跨区间行驶至相邻站内进行转线运输。为更加合理有效地进行工程车辆调配及施工，建设指挥部牵头成立了工程线施工调配小组，结合胶州北站实际施工情况制定了《胶州北站工程线管理办法》，统筹调度工程车辆，做到了天窗高效利用，不超点、不砸点，最大限度减少了对运输的影响。

2017 年 10 月，新建胶济客专外包线进入工程机械作业高峰期，十余辆工程车同时在新建外包线上、下行仅 10 km 线路上进行线路捣固及稳定、道岔捣固及稳定、长轨运送、42 号岔料运输等作业。为保证施工车辆在工程线内的运行及停留安全，做到高效率施工，工程线调配小组统一领导，作业期间每天下午 17:00 召集各个单位现场负责人、施工车辆负责人进行现场碰头，对前一天施工作业计划完成情况及第二天施工内容进行安排，过程中结合现场实际情况发生对施工计划进行动态调整，高效率地完成了施工作业内容，得到了设备管理单位、集团运输部门的高度认可，做到了施工有序可控、转线从未延点、砸点。

（二）桥梁现浇改预制，减小对既有线干扰

新建济青高铁胶州北站相关工程特大桥4座，大桥1座，中桥2座，总桥长6 852.73 m，共计189榀箱梁。因胶州北站为济青正线引入既有客专，根据速度及梁长又分为8种不同梁型，前期设计均采用支架法现浇方式进行施工。考虑到采用支架现浇法进行施工的周期长，且大型施工机械影响营业线行车安全，只能在夜间天窗点内施工，将会对现场施工组织造成较大困难，为此建设单位组织设计、施工、监理等单位对梁型进行变更，采用工厂化集中预制的方式进行制梁，新增4条铺架通道及两座高位提梁站以满足箱梁的架设。此方案有效地保证了箱梁的施工质量，又大大缩短了工期，减少了对运营线路的安全影响，既保障济青高铁长轨运输的通道，又确保了第一阶段联调联试检测列车开行路径。

（三）短轨变条轨，缩短铺设时间

原设计中胶济济青联络线、胶州北过渡范围、胶济客专改线及所有站线，均采用12.5 m、25 m定尺长钢轨进行工地闪光焊接成跨区间无缝线路。经现场调查钢轨进场路径，既有3、4道可作为工程线使用，具备长轨进场条件，因此将12.5 m、25 m甲供材料规格调整为100 m规格，将工地焊接更改为运送至济南局桑梓店焊轨基地进行工厂化焊接为500 m的长轨条后，以长轨运输车的方式进行钢轨运送。通过对施工方案的优化，降低了施工难度，确保了工程安全、质量，大大减少了现场闪光焊的数量，将工期由原来的2～4个月压缩至20天。

（四）制造新型设备，解决架桥机通过单线简支拱桥难题

济青高铁正线跨海青铁路特大桥右线设计上跨既有胶济客专与新建胶济客专上行线互联互通，跨海青铁路特大桥右线梁型设计图号为通桥（2016）2311，梁高2.8 m，梁宽7.4 m，梁体最大自重458 t，最小曲线半径2 200 m，线路最大设计纵坡为29.98‰（下坡），远高于现在高铁线路20‰的困难坡度，跨海青铁路特大桥右线746号墩～772号墩共计26孔箱梁位于20‰～30‰大纵坡下坡架梁区段上，在施工中需要下穿既有线涵洞运梁和架桥机驮运，上跨既有线架梁，并且架桥机需要4次驮运通过站场。

胶州北站设计有三座48 m下承式单线简支拱拱桥，根据施工组织安排，需进行三处简支拱运架梁施工（拱前、拱后零距离架梁，运架设备过简支拱），分别架设跨海青铁路特大桥左、右线、济青上行联络线跨沈海高速特大桥，共计6孔箱梁，且新建济青高铁正线与已开通的胶济客专外包线线间距仅为12 m，架设期间需在天窗点内停电施工。简支拱拱桥仅宽于桥面70 cm，通过前期市场调查，国内外现有架桥机的O形腿或门柱型支腿均无法通过，不能应用于胶州北站工程之中。

为了满足大坡度架梁及过简支拱架梁要求，建设指挥部组织参建单位、徐州徐工铁路装备有限公司合作全新设计制造了TJ550t型架桥机。TJ550t架桥机采用双主梁双跨式结构，在架梁工况中采用单跨支撑，保证提梁、喂梁工况中整机支撑的稳定性。通过中支腿功能分离，进行简支拱过孔，在过孔完成后，脱离主梁，让出喂梁通道，既实现了主梁的过孔，又满足了梁片的架设，将原先2榀/d的功效提高为3榀/d，大大降低了对既有线运输的影响，极大限度地保证了设备安全；为满足济青高铁向红岛方向利用工程线运送长轨提供了关键的通道，也为整体工期的缩短做出了巨大贡献（图4-6-2、图4-6-3）。

（五）拨接开通施工

胶州北站拨接开通，需要济南端、青岛端4个拨接口同时进行拨接，总计单线拨接长度

1 366 m、拆除线路 557 m、抽换轨枕 44 根、调试 ZPW-2000 轨道电路 50 个区段、接触网及回流线调整 9.5 条公里、腕臂安拆 70 余组。为满足拨接后的开通条件，在济南局统一调配下工务机械段、淄博工务段、青岛工务段共 4 组 14 台大型机械同步进行施工。

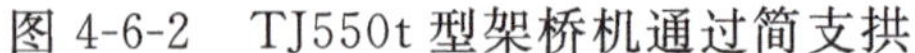

图 4-6-2　TJ550t 型架桥机通过简支拱

图 4-6-3　胶州北站大坡度架梁

为保证胶州北站胶济客专线工程顺利开通，成立了胶州北站相关工程拨接开通工作组，组长由指挥长担任，工作组下设施工组（分工务、电务、电牵、电力）、技术组、机具材料组、安质组、后勤组、宣传组等 6 个业务小组。

工务组成立 4 个架子队，使用劳动力共计 1 050 人，负责 4 个拨接口的拨接、工电联调、大机作业等任务。

电务组同时负责路局调度所、K1 中继站、胶州北站、马店线路所、K2 中继站室内外的软件和数据修改、机械室配线更改、联锁试验等工作。

电牵组负责配合工务对 4 个拨接口接触网设备的同步更改及高密方向和即墨方向的供电臂进行改造等任务。

电力组负责对应电力保障、调试等工作。

考虑到拨接所涉及的专业和人员过多，且为客专线路Ⅰ级要点施工，在施工前期组织各专业相关人员及现场劳务配合人员对拨接施工进行反复推演，将一切可能因素纳入现场管理重点工作，并制定一系列应急措施，最终在规定的 390 min 内完成了此次拨接开通工作。

根据《铁路建设项目竣工验收交接办法》（铁建设〔2008〕23 号）、《铁路营业线施工安全管理办法》（铁运〔2012〕280 号）、《济南铁路局营业线施工安全管理实施细则》（济铁总发〔2013〕66 号）等规定，胶州北站改造工程拨接开通后线路逐级达速按既有线改造有关程序办理。胶州北站改造工程拨接施工结束达速 160 km/h 后，开行检测列车（运行速度 160 km/h，检测标准按 200 km/h）对拨接段线路进行检测。根据检测情况，对设备进行整治。设备整治完成后，再次组织开行检测列车确认设备整治情况，合格后，出具拨接段线路具备列车按 180 km/h 进行检测的检测报告，使用铁路总公司图定综合检测列车提速至 180 km/h 进行检测。铁路总公司图定综合检测列车检测合格后，出具线路拨接段具备列车按 200 km/h 运行的检测报告，使用铁路总公司图定综合检测列车提速至 200 km/h 进行检测。最终完成 200 km/h 达速工作（图 4-6-4）。

（六）拉铺 42 号道岔施工

马店线路所位于胶济客专 K67＋120 处，设计上下行线间距 4.4 m，拉铺前胶济客专 K66＋000～K67＋300 段允许速度 160 km/h，在胶济客专 K67＋119.863 处上、下行线要点各插铺 1 组 60kg/m-1/42 单开道岔，图号为客专线（07）011，重 232 t（含混凝土岔枕），道岔全长 157.2

图 4-6-4 胶州北站拨接施工

m，岔前 60.573 m，岔后 96.627 m，岔心里程 K67＋119.863。

1. 设置 42 号道岔永久作业平台

根据批复的施工组织设计，马店线路所先采用过渡线路拨接开通，后进行 42 号道岔要点拉入。拉入道岔施工设置临时作业平台。马店线路所的 2 组 42 号道岔侧向均为胶济客专正线，今后维护难度极大，若出现问题，无场地更换维修，将使胶济客专处于瘫痪状态。考虑运营期 42 号道岔的维修需要，保证运输畅通，在永临结合理念的基础上建设指挥部组织设计、施工、监理等单位对此方案进行优化。设置马店线路所 42 号道岔后期永久维护场地和更换道岔作业平台，为方便 42 号道岔要点拉铺，在 K67＋200 涵洞两侧设置钢管支撑，搭设临时铺装平台，便于道岔对位预铺，减少点内工程量。路基帮宽 12 m（道岔最宽处 5 m，距接触网 4 m，工作面 3 m），新建马店线路所房屋、护路房房屋及构筑物等位置相应调整，接触网 H 型钢柱调整为硬横梁，便于点内道岔拉入及今后更换维护 42 号道岔。

2. 采用大型道岔换铺设备一次整体插铺 42 号道岔

考虑到 42 号道岔的长度、重量、精度保持等因素，现场决定采用 PEM807/LEM460 型道岔换铺设备配合人工进行施工。该大型号的道岔在既有线采用换铺设备整组一次整体插铺在国内尚属首次，施工过程中共使用换铺设备上位机 20 台。换铺设备通过无线遥控、道岔整体横移、长距离整体纵移等一系列的流水化作业，实现了道岔的整体装运和拆卸，极大提高了道岔的换铺效率。2018 年 4 月 16 日 21 时 50 分封锁命令下达后，施工人员立即上道锯轨、拆卸扣件、进行旧轨拨移清除、旧枕抬移至轨枕堆码场，对岔区范围扒砟、捡底、测量控制、道岔整组横移、道岔对位落位、人工上砟整道、大机养护捣固，最后再进行道岔装杆、设备安装、配线、电务联锁试验，每道工序有序衔接，顺利完成插铺任务（图 4-6-5、图 4-6-6）。

42 号道岔代表了当前我国道岔的高端技术水平，胶州北站施工的是全国高铁既有线插铺施工型号最大、长度最长的有砟高速道岔，也是全国首组采用换铺设备整组一次拉铺就位的大号道岔，对后续此类铁路类似工程问题的解决具备借鉴意义；现场采用的铺设技术极大地增强了安全和质量保证力度，具有广泛推广和应用的价值。

四、信息化技术在既有车站改扩建工程中的应用

（一）BIM 技术的应用

胶州北站工程利用 BIM 技术进行三维信息化施工。在项目实施过程中应用 BIM 技术，

建立站场施工范围内路基、桥涵、轨道、站场建筑、“四电”、周边环境三维信息模型，使施工单位能够根据需要提取各类构件相关信息，基于同一个三维模型进行协同工作。通过三维施工工艺模拟、站场过渡方案模拟、安全防护模拟等技术手段，提高了施工质量，加快了施工进度，对项目管理过程提供了有力支撑。

图 4-6-5　马店线路所上位机调试

图 4-6-6　马店线路所 42 号道岔拉铺施工现场

通过 BIM 技术的应用，胶州北站工程合理解决了站前与站后工程间的相互协调问题，具有前瞻性、可依靠性等特点，在同行业中起到了借鉴性作用。

1. 施工工艺模拟。借助 BIM 技术进行施工工艺模拟，包括轨道、道岔铺设、大型设备作业等，通过动画形式直观展现各项施工工艺。

2. 站场过渡方案模拟。在三维软件中利用进度模拟功能进行站场过渡方案演示，生成视频动画文件，展现以时间为依据的站场整体改造过程。

3. 安全防护模拟。创建项目驻地、施工场地的安全防护措施模型，包括临边防护、安全用电防护、文明施工设施、消防设施等。

4. 施工视频制作。通过视频方式介绍济青高铁 BIM 应用情况，包括 BIM 组织架构、应用内容、应用流程、应用成果等。

（二）视频监控系统的应用

胶州北站改建后胶济客专线外包济青高铁正线，青岛端出站后新建胶济客专线与既有胶济客专贯通，利用胶济客专通道引入青岛站；在胶州北站既有胶济客专线与新建济青高铁机场站方向正线贯通作为济青高铁正线，引入红岛客运站。目前新建高速铁路引入既有高速铁路或客运专线一般都会引起较大规模的站场改造，往往具有涉及专业广泛、施工组织困难、营业线施工工程量大等特点，且施工期间由于既有高速铁路或客运专线仍要承担繁忙的运输任务，施工过渡段具有安全风险高、施工周期长、施工过渡复杂、各专业相互影响制约、容易发生铁路交通安全事故的风险。

为加强胶州北营业线施工管理及营业线的安防管理能力，根据济南局青岛工程建设指挥部要求，为胶州北站实施建设了整套施工监控及安防监控系统。在胶州北站上下行 K59＋700～K67＋200 范围内统一安装视频监控，平均每 270 m 安装一个立杆，每个立杆分不同角度安装 3 个 400 万高清夜视摄像机，监控机房设置在车站派出所内。有临时栅栏地段，摄像头装于临时栅栏外侧路肩上，高度不超过刺丝滚笼；既有栅栏保留地段，摄像头装于栅栏外侧，立杆高度为 3.5 m。机房及视频监控室设置在胶州北站派出所内，机房内设置 4 台收发器机柜及

6 台三星 40 寸高清显示器。派出所内设置一间值班室，监控人员 24 h 进行监控。

通过视频监控系统的应用，胶州北站工程确保了所有邻近营业线及营业线施工管段均处于全天候监控之内，对既有运营线路的安全提供了更全面的保障。

针对济青高铁引入胶州北站相关工程施工过程中大型机械多、深基坑多且大多为铁路既有线或者邻近既有线施工，施工安全压力大，安全控制点多、线长，人员覆盖严重不足等工程特点，解决施工风险源的控制问题具有重要的实际价值。过去此类工程大多存在各级管理者目标不清、对邻近营业线状况了解不及时、相关人员对风险源安全措施了解程度不足、现场安全卡控措施落实不到位等问题。

胶州北站工程为更好地把控现场施工安全情况，由青岛建设指挥部牵头设计了一套手机 App 风险源管理系统软件。该软件充分利用网络信息优势，建立了新的风险源防控工作机制，人机工作流程详述如图 4-6-7 所示。

风险源 App 人机工作流程

施工单位在施工前一天的 19:00 点前对已经过建设指挥部文件发布的风险源卡控措施进行网上发布；系统自动在施工前一天 20:00 点发短信提醒施工负责人、施工项目部盯控责任人、监理单位盯控责任人、建指盯控责任人；上述人员在接到短信通知后，相关人员须在施工前在手机客户端点击卡控措施中的未审阅按钮，对风险源措施情况进行审阅，审阅后未审阅系统按钮变为审阅状态；施工开始前 1 h 施工负责人在手机客户端进行施工正常提报，提报后，手机客户端中此施工项目由正常黑色显示为红色，颜色改变，表明施工正常开工，如图 4-6-8 所示；建设单位、监理单位、施工单位的所有管理人员可通过下载手机客户端软件对风险源实施状态随时监控，指挥部相关人员还可及时发布警示推送信息。

图 4-6-7　风险源 App 界面

济青高铁胶州北项目从2016年10月开工到2018年10月联调联试开始，邻近营业线施工实施邻近C施工计10 550项次、邻近B施工计5 107项次、Ⅲ级施工782项次，上百台各种机械在邻近繁忙的胶济客专线附近施工，通过精心组织，加强对施工风险源的把控，未发生一起影响行车的安全隐患和事故，也受到了铁路总公司、国家铁路局上海监督管理局、济南局相关领导的肯定。2017年9月20日，手机App风险源管理软件系统在青岛指挥部区域范围营业线施工项目作为风险源控制的主要抓手以调度通知形式大力推广使用，受到一致好评。

第七章　房屋建筑及给排水工程

第一节　工程概况

一、站房规模

济青高铁共有区域性枢纽站房 2 个，一般站房 9 个，站房总面积 38.54 万 m^2，“四电”房屋总面积为 3.4 万 m^2，站区生产生活用房总面积 17.5 万 m^2，区间警务区 10 座，执勤岗亭 148 座。各站站房规模详见表 4-7-1。

表 4-7-1　各站站房规模一览表

序号	车站名	站房（m^2）	总建筑面积（m^2）	站房布局	车站类别
1	济南东	72 801	205 505	高架站房	区域性枢纽站房
2	章丘北	9 999.6	24 508	线侧下式站房	一般站房
3	邹平	11 913.5	22 933	线侧平站房	一般站房
4	淄博北	34 471	55 717	高架站房	一般站房
5	临淄北	9 836.65	17 483.78	线侧下式站房	一般站房
6	青州北	9 996	26 026.55	线侧下式站房	一般站房
7	潍坊北	60 000	81 963	高架站房	交通枢纽站房
8	高密北	9 995	22 579.95	线侧下式站房	一般站房
9	胶州北	9 999.99	9 999.99	线侧下式站房	一般站房
10	胶东机场	71407.1	71407.1	地下站房	交通枢纽站房
11	红岛	70 000	241 500	高架站房	区域性枢纽站房

二、主要技术标准

建筑等级：地上为二级，地下为一级。

建筑耐火等级：站房主体为二级，地下为一级，雨棚为二级。

防水等级：站房主体屋面防水等级为一级，雨棚的防水等级为二级，地下室防水等级为一级。

设计使用年限：高架站房承轨层按 100 年设计使用年限设计，其他按 50 年设计，耐久性按 100 年设计。其他站房按 50 年设计使用年限设计，耐久性按 50 年设计。

抗震设防要求：地级站高架站房及南北站房抗震设防类别为重点设防类，结构安全等级为一级；无站台柱雨棚设防类别为重点设防类，结构安全等级为一级；站台立柱的雨棚抗震设防类别为标准设防类，结构安全等级为一级。

基础设计安全等级：高架站房为甲级，其他站房及无站台柱雨棚为乙级，有站台柱雨棚为丙级。

三、工程特点

（一）建筑规模大、功能设施全

济南东、淄博北、潍坊北、红岛站车站规模达到大型、特大型旅客站房的建筑规模，与地下通廊、地铁、车站广场、城市公交站、长途汽车站、社会车辆停车场等组合成为宏大的交通枢纽，是一个集售票、候车、进出站、换乘、商务等功能齐备的铁路和市政综合交通体系。

（二）设计标准高、技术难度大

济南东、淄博北、潍坊北、红岛站车站规模大，结构复杂，先后进行了风洞试验、抗震设防超限设计等专项审查；济南东、淄博北、潍坊北、胶东机场、红岛站站房及动车检修库因规模大、系统复杂、性质重要，开展了特殊消防设计。工程存在站房基础深基坑防护施工难度大，超长地下结构的混凝土质量要求高，高架候车厅以及屋面钢结构制作安装技术复杂，高支模的安全管理与质量控制难度大，大体积混凝土裂缝控制要求高等特点。另外专业接口多，不仅与站场施工紧密结合，还与市政的地铁工程相结合。

（三）工期任务紧、质量要求高

济青高铁是山东省重点工程，全线争创国家级优质工程，项目从开工建设起就坚持高标准、严要求，在保证工期的前提下将车站站房建成精品工程。

（四）工程涉及多专业、工序交叉干扰多

站房及地下候车厅和场区水电暖消防施工专业多，需要制定详细的施工进度计划，合理安排各专业施工队伍穿插施工，并做好成品保护。

（五）雨棚复杂、施工难度大

济青高铁雨棚工程结构普遍较长，施工过程中要发生大量的周转料（脚手架、模板、木方）倒运，施工难大，施工周期较长。

（六）站台、地道装修要求高

站房施工单位负责站台面铺贴、地道装修工程，装修施工工艺繁多，细部处理要求高。

（七）环境保护要求标准高

工程施工对固体废弃物、烟尘、噪声、有害光源等环境污染问题有较高的要求，施工中必须采取有效措施加强环境保护。

（八）信息化等先进技术运用广泛

站房施工中广泛采用节能环保的新技术、新材料、新工艺、新设备，如站房 BIM 管理平台运用、耐腐蚀压型钢板屋面应用、站房“艺术品”建设等，在客服、管线综合、消防系统等方面也广泛采用了最新的技术，为保证工程效率、质量奠定了深厚的基础。获得了各级各界的充分认可，获奖情况见表 4-7-2。

表 4-7-2　各站房省部级以上奖项获奖情况

奖项	获奖车站	获奖数量
国际奖		1
“型建香港”国际 BIM——最佳铁路项目 BIM 应用奖	红岛站	1
国家级奖		14
2020—2021 年度中国建设工程鲁班奖	潍坊北站	1
建筑结构/质量类奖项	章丘北	2
	红岛站	1
信息技术综合应用类奖项	淄博北	2
	青州北	2
	潍坊北	2
	胶东机场	2
	红岛站	2
省部级奖		25
建筑结构/质量类奖项	章丘北	2
	青州北	1
	潍坊北	2
	胶东机场	1
	红岛站	1
信息技术综合应用类奖项	济南东	1
	邹平	2
	淄博北	1
	青州北	2
	潍坊北	1
	高密北	2
	红岛站	9
合计		40

第二节　一般站房施工

一、一般站房概况

(一)章丘北站

章丘北站坐北朝南，建筑面积 9 999.6 m^2，站房中心里程为 DK30＋600。

建设内容:站房候车厅,为单层地下室,平面尺寸约为 220.2 m×72 m 的矩形,高度约 5.5 m,候车厅路面以上部分高约 2 m,路面以下部分高约 3.5 m。建筑面积 13 998 m^2,其中候车区域面积 3 681 m^2,换乘大厅 807 m^2,停车库 9 510 m^2。候车区平面标高−6 m,两侧庭院及停车库平面标高−6.1 m,结构体系为现浇钢筋混凝土框架结构。建设使用年限 50 年。

(二)邹平站

邹平站位于山东省邹平市西董镇,建筑面积 11 913.5 m^2,站房中心里程为 DK53+615.596。

建设内容:主体建筑地上 2 层,两侧局部 3 层,地下局部 1 层,架空 1 层,建筑檐高 21.124 m;结构型式:站房主体结构为钢筋混凝土框架结构体系,候车区屋面为网架结构,办公区屋面为钢筋混凝土结构。站台雨棚工程总长度 445 m,雨棚投影面积 7 163.2 m^2,雨棚标准宽度为 8 m,施工里程为 DK53+484~+934,屋面防水等级为Ⅰ级,采用有组织排水。

(三)淄博北站

淄博北站位于山东省淄博市高新区,建筑面积 34 471 m^2,站房中心里程为 DK82+350。

建设内容:主体工程由出站层、城市通廊、广场层、站台层、高架候车层、旅服夹层构成。雨棚总长度 349 m,雨棚标准段宽度 12 m。站台雨棚覆盖面积 9 821.68 m^2,总长度 450 m,站台宽度 12 m。设计站房形式为线上式候车,尺寸为 450 m×12 m×1.25 m 的旅客站台 3 座。

(四)临淄北站

临淄北站位于山东省淄博市临淄区王青屯以北,建筑面积 9 836.65 m^2,站房中心里程为 DK112+650。

建设内容:站房及相关工程雨棚建筑面积为 7 115.2 m^2,生产生活房屋、沿线警务用房建筑面积 11 373.8 m^2。站房建筑高度为 24.6 m。结构型式:主体结构为钢筋混凝土框架结构体系,候车区屋面为网架结构,办公区屋面为钢筋混凝土结构。站房装饰工程外墙主要为玻璃幕墙、干挂石材幕墙、铝板幕墙,屋面采用铝镁锰金属屋面,内墙面主要为石材墙面和瓷砖墙面,楼地面主要为石材及瓷砖楼地面铺装,吊顶为铝合金条板吊顶、石膏板吊顶及刮腻子顶棚,门窗为钢制门、饰面木门、明框玻璃门窗等。站台雨棚总长度 444 m,雨棚高度为 5.6 m,雨棚覆盖面积 7 115.2 m^2,施工内容主要为站台以上部分,站台下部(包括站台面铺装)为站前单位施工,雨棚柱直径 700 mm,顶板为钢筋混凝土悬挑结构,顶板厚度为 120 mm,混凝土标号均为 C35;屋面防水等级为Ⅰ级,采用有组织排水。

(五)青州市北站

青州市北站位于山东省青州市高柳镇小吕家庄,建筑面积 9 996 m^2,站房中心里程为 DK135+440。

建设内容:地下 181.39 m^2,地上 9 814.89 m^2。雨棚投影面积:10 682.4 m^2。建筑层数:地上 2 层,局部 3 层,地下 1 层,建筑高度 23.3 m;结构型式:下部为框架结构,钻孔灌注桩基础,屋顶钢屋盖;站台雨棚:混凝土梁柱结构;结构层高:一层 4.25 m、二层 3.7 m、大厅 7.05 m;抗震等级二级,抗震烈度 7 度。

(六)潍坊北站

潍坊北站位于山东省潍坊市寒亭区,建筑面积 60 000 m^2,站房中心里程为 DK190+990。

建设内容:设计规模 7 台 20 线,450 m×12 m×1.25 m 旅客站台 7 座。站房建筑高度 41.04 m,雨棚总长度 287.45 m,站台雨棚采用钢筋混凝土有柱雨棚,雨棚标准段宽度 12 m。站台总长度 450 m,站台宽度 12 m,站台高度 1.25 m。站房站台层室内标高为±0.000,相当于绝对标高 21.583 m(国家 1985 高程)。主体建筑地上 3 层;局部 4 层;地下 1 层。站房由下往上包括出站层、广场层、承轨层、站台层、高架候车层、商业夹层。

(七)高密北站

高密北站位于山东省高密市北部,建筑面积 9 995 m^2,站房中心里程为 DK255+481.698。

建设内容:站房雨棚覆盖面积 7 109.6 m^2。站房长 136.5 m,宽 45.45 m,主体建筑地上 2 层,两侧局部 3 层,地下局部 1 层。建筑总高度为 20.900 m;站房主体结构为钢筋混凝土框架结构体系,候车区屋面为网架结构,办公区屋面为钢筋混凝土结构。站台规模为 2 台 4 线,站房形式为线侧下式站房。站房工程包括站房综合楼、旅客活动平台(站房两侧 12 m 及站房前方 12 m)、站台柱雨棚、金属屋面系统、建筑幕墙系统(含屋面檐口、门斗、轻钢玻璃雨棚)、公共区域室内装修、静态标识系统、管线综合。轨顶绝对标高 20.342 8 m,站房+0.000 相当于绝对标高 14.135 8 m。

(八)胶州北站

胶州北站站房坐北朝南,建筑面积 9 999.9 m^2,站房中心里程为 K62+943。

建设内容:车站设旅客接发站台 3 座,平面尺寸为一、二站台均 550 m×12 m×1.25 m,三站台 550 m×8 m×1.25 m。站台上设置钢筋混凝土雨棚,覆盖面积 16 530 m^2,站房与地道采用钢筋混凝土连廊联通。新建站房东西轴线长 135 m、南北轴线长 43 m;地上 2 层、局部 3 层,除消防水泵房外均为地上结构,建筑总高度最高点 37.3 m,±0.000 等于绝对标高 12.64 m。结构体系为现浇钢筋混凝土框架结构,候车大厅屋顶为钢网架结构,建设使用年限 50 年。

(九)胶东机场站

胶东机场站位于胶州市东北 11 km 处,周王庄村附近,建筑面积 71 407.1 m^2,站房中心里程为 DK289+325。

建设内容:站房由北至南分别为北侧咽喉区、北侧环控机房、下穿航站楼隧道段、下穿航站楼对柱段、下穿高架桥段、下穿 GTC 段、标准段、下穿远期停车楼段、南侧咽喉区。其中北侧咽喉区、下穿航站楼隧道段、南侧咽喉区为跨度不同的地下一层拱形结构;下穿高架桥段为地下一层三连拱结构;北侧环控机房、下穿航站楼对柱段、下穿 GTC 段、标准段、下穿远期停车楼段均为地下二层箱型框架结构。主体结构宽度 14.62～39.2 m,结构底埋深约 20.31 m。站房两侧接明挖施工的济青高铁机场隧道,西侧为青岛地铁 8 号线、市域快线车站及两侧区间。胶东机场站为代建工程,代建单位为中铁建工。

二、总体施工组织安排

(一)总体施工安排原则

在坚持“站后工程不碰联调联试”红线原则下,按照“先地下后地上,先结构后装修,先土建后安装”的顺序,以主体结构施工为先导,满足“四电”设备安装要求,实施平面分段、主体分层、同步流水、交叉配合施工。

(二)各站总体安排

针对各站情况,设置平面总体分区,将站台与雨棚设为独立分区;设置竖向总体分层图,根据地下、站房首层及站台层、站房上层、屋面层等格局进行竖向分层。

(三)施工顺序及工法

1. 施工时间安排顺序

房建工程受车站站场土石方施工影响,设备安装、“四电”工程受房建施工进度影响,均提早进行安排，做好了施工准备工作。

站房建设期整体分为施工准备阶段、施工阶段、竣工验收阶段三个阶段。

2. 站房施工顺序

桩基础施工→基础承台、地梁施工→混凝土主体结构施工→网架施工→砌体工程施工→屋面工程施工→外装饰工程施工→安装工程施工→内装饰施工→电扶梯安装施工。

3. 雨棚结构施工顺序

雨棚柱施工→雨棚梁板施工→雨棚排水系统施工→雨棚防水施工→雨棚装饰装修。

4. 装饰工程施工顺序

装饰装修工程遵循如下原则：先外后内，先上后下，先基层后饰面；装饰工程施工顺序：按照墙、顶、地的顺序施工。

5. 设备安装工程施工顺序

设备安装工程施工顺序：配合土建施工，先地下负一层，后地上一层，地上二层。

三、创新探索施工工艺

济青高铁站房工程普遍存在结构跨度大、钢结构复杂等特点，施工难度大大增加，主要体现在主体结构等难点工艺上，详述如下。

（一）主体结构工程

主体结构工程中，不同站房施工方均积极探索结构复杂、层高高、构建跨度大、数量多、单件重量重等难点问题的解决方案。以下以淄博北站的措施为例呈现施工工艺情况，淄博北站针对站房工程的重难点问题采取的措施见表 4-7-3。

表 4-7-3　主体结构各部位方案措施表

序号	结构部位	模板体系	示意图
1	柱加固	采用方圆剪力墙加固件的阴角件加固(阴角 900)，加固件材质为 Q345B，工字形 8 号钢，加固竖向间距 200 mm，模板设置子母槽并错开搭接区间，搭接部位采用40 mm×50 mm×1.5 m 长短木方加固约束，模板为 20 mm 厚木胶板	
2	梁高小于 700 mm 框架梁	对拉螺杆采用 1 根 ϕ14 mm 高强丝杆，设置于梁中，沿梁方向间距 500 mm。梁侧次楞采用 50 mm×100 mm 方木，梁侧主楞采用 ϕ48.3 mm×3.6 m 双钢管。梁底次龙骨采用 5 cm×10 cm 方木 100 mm 顺梁铺于主龙骨上，梁底主龙骨 12 号双槽钢横梁向支撑于梁底 2 肢及以上(随梁宽)立杆上。立杆横纵向间距最大为 0.6 m×1.2 m，模板为 15 mm 厚木胶板	对拉螺栓 双钢管 梁支撑立杆 模板 木方

续上表

序号	结构部位	模板体系	示意图
3	梁高 不小于 700 mm 框架梁	对拉螺杆采用 ϕ14 mm 高强丝杆，竖向间距 500 mm，第一根对拉螺栓设于梁底下方，减少穿孔，且可保证限位，沿梁方向间距 500 mm。梁侧主楞采用 ϕ48.3 mm×3.6 m 双钢管。梁底次龙骨采用 5 cm×10 cm 方木 100 mm 顺梁铺与主龙骨上；梁底主龙骨 12 号双槽钢横梁向支撑于梁底 2 肢及以上（随梁宽）立杆上；立杆横纵向间距最大为 0.6 m×1.2 m，根据梁截面大小计算调整，纵向间距最小 0.6 m。模板采用 15 mm 厚木胶板	15 mm厚胶合板 50×100 mm方木 ϕ48.3×3.6 mm双钢管 M14对拉螺栓
4	异形柱	柱模板采用“方圆”定型化模板	
5	层高高、 构件 跨度大、 单件 重量重	满堂架选用 60 系列承插型盘扣式钢管支架产品进行支架施工。承插型盘扣式支撑架是以立杆、横杆和斜拉杆为主组成的支撑体系，其构造合理、整体性及稳定性好、承载力高、搭拆灵活、使用方便，架体连接型式科学合理、牢固可靠，能够大幅度提高施工效率	

（二）逆向施工法吊顶施工

1. 施工流程

材料进场复核→抱箍安装→C 型钢安装→水平龙骨安装焊接→大梁龙骨安装焊接→采光顶两侧龙骨安装焊接→吊筋安装→次龙骨安装（20 cm×40 cm 方管）→龙骨调整→隐蔽验收→焊口防锈处理→冲孔铝板安装→大梁造型铝板安装→采光顶两侧铝板安装→遮光帘安装→保洁。

(1)放线:首先用经纬仪、水准仪、钢卷尺、红外线等在施工区域进行测量放线。依据图纸正确定位基准点。如轴线出现偏差,及时向设计院进行技术反馈。

(2)抱箍安装:用 M12 抱箍将水平吊筋结合 L60 mm×60 mm×6 mm 的镀锌角钢与钢结构檩条栓接固定(双螺母锁定),水平吊筋采用 L50 mm×50 mm×5 mm 镀锌角钢,水平吊筋两端钻 ϕ12 mm 孔,与垂直吊筋使用 M10 螺栓栓接固定。垂直吊筋采用 L50 mm×50 mm×5 mm 镀锌角钢。

(3)钢骨架安装:转换层采用 120×60 mm×20 mm×2.5 mmC 型钢,间距根据深化图纸分格。C 型钢与垂直吊筋用 2 个 M12 螺栓栓接,C 型钢安装完成后按设计标高进行顺直度及标高调整。水平龙骨放在 C 型钢上平口,间距不超过 2 500 mm 布置,交接处两面满焊,要求焊口饱满、平滑、除渣防腐处理到位;待 C 型钢安装完毕后安放吊顶(吊筋间距根据铝板板幅确定,间距 900～1 200 mm),下吊 20 cm×40 cm 方管,相邻方管间采用焊接接长,接头焊接饱满符合三级焊缝有关要求,完成后对方管进行标高、弧度调整。

(4)在所有钢骨架安装、焊接完成后,隐蔽验收前将表面焊缝进行防腐处理。

(5)所有吊顶内重型灯具及其他重型设备严禁安装在龙骨上。

(6)待相关工序完成,经项目质检员进行自检合格后报监理单位,做好吊顶前期的隐蔽工程验收记录。

(7)铝单板安装:铝单板与龙骨连接紧密,表面平整。

2. 铝板安装

(1)铝单板安装:铝板先安装大面穿孔铝板,根据穿孔铝板分格缝定位大梁处铝板位置。铝单板在安装时,高空 2～3 个人配合,在已施工完成的转换层龙骨做支撑,铺钢/木跳板作为平台,方向固定配件及螺栓。地面由 2 人配合,搬运材料及配合系绳。铝板安装由 5～6 名施工人员为一个小组进行安装,局部大梁铝板采取装配式施工。

(2)铝单板的加工质量

①主控项目:铝单板加工成型后,其基板不应有裂纹;有涂层金属板成型后,涂镀层不应有肉眼可见的裂纹、剥落和擦痕等缺陷。

②一般项目:加工铝单板尺寸允许偏差符合我国有色金属行业标准(YS/T4292—2002)规定。铝单板的尺寸允许偏差标准见表 4-7-4。铝单板成型后,表面干净,没有明显凹陷和褶皱。

表 4-7-4　铝单板的尺寸允许偏差表

项目	尺寸范围	允许偏差
长度/宽度(mm)	≤2 000	±1.0
	>2 000	±1.5
折边高度(mm)	—	±0.5
对角线差(mm)	铝单板长度不大于 2 000	±2.0
	铝单板长度大于 2 000	±3.0
折边角度	—	≤1.0
板面平直度(mm)	—	≤1.5

(3)铝单板的安装质量

①主控项目:吊顶板固定可靠、牢固,防腐涂料涂刷敷设完好,连接件数量、间距符合设计要求和国家现行有关标准规定。

②一般项目:吊顶板安装平整、顺直,板面无施工残留物和污物。吊顶板和墙面下端呈直线,无未经处理的错钻孔洞。铝单板安装的允许偏差符合表4-7-5规定。

表4-7-5　吊顶板安装的允许偏差和检验方法

项次	项目	允许偏差(mm)	检验方法
1	吊顶板表面平整度	2	用2 m靠尺和塞尺检查
2	板材立面垂直度	3	用垂直检测尺检查
3	板材上沿水平度	2	用1 m水平尺和钢直尺检查
4	相邻板材板角错位	1	用钢直尺检查
5	阳角方正	2	用直角检测尺检查
6	接缝直线度	3	拉5 m线,不足5 m拉通线,用钢直尺检查
7	接缝高低差	1	用钢直尺和塞尺检查
8	接缝宽度	1	用钢直尺检查

(4)钢骨架允许偏差

钢骨架允许偏差见表4-7-6。

表4-7-6　钢骨架允许偏差和检验方法

项次	项类	项目	允许偏差(mm)				检验方法
			铝塑板	单铝板	条扣板	方扣板	
1	龙骨	龙骨间距	2	2	2	2	尺量检查
2		龙骨平直	2	2	2	2	尺量检查
3		起拱高度	±10	±10	±10	±10	拉线尺量
4		龙骨四周水平	±5	±5	±5	±5	尺量或水准仪检查

四、高标准要求装饰装修工程

济青高铁站房工程以将站房打造成艺术品为目标。作为艺术品工程的关键点,装饰装修工程是站房建设的重要着力点之一,其中过程最曲折的是高密北站的建设,为打造极具当地人文特色的金属格栅幕墙,在喷漆颜色选择方面经历了"九九八十一难"才"终成正果";在金属格栅工艺上也经历了严格的比选和质量控制过程。以下以高密北站为例,展示济青高铁打造艺术品站房工程的缩影。

(一)喷漆颜色选择

为了遴选出最适合高密北站的红色,使之既能体现高密浓厚的文化积累,又能增加耐久性,前后经历如下几个阶段,才逐步确定了站房的主体色调:

1. 首先在施工现场设立了实体样板间，并制作了两个金属格栅样板，以展示喷涂后的实际效果(图 4-7-1)。

图 4-7-1 样板间展示的金属格栅实际效果

2. 在正式确立课题之后，对金属格栅的施工工艺做了多次研讨分析，同时也对高密的历史发展、文化背景、人文特色等方面做了大量的资料搜集和调查工作，然后初步确定了两个色样，喷涂了小样并进行效果展示(图 4-7-2)。

图 4-7-2 喷涂的色样效果

3. 在对以上两个色样进行了比较之后，又遭遇可选颜色太少的困境，为扩大选择的范围，进一步开展了重新调查并喷涂了多个色样(图 4-7-3)。

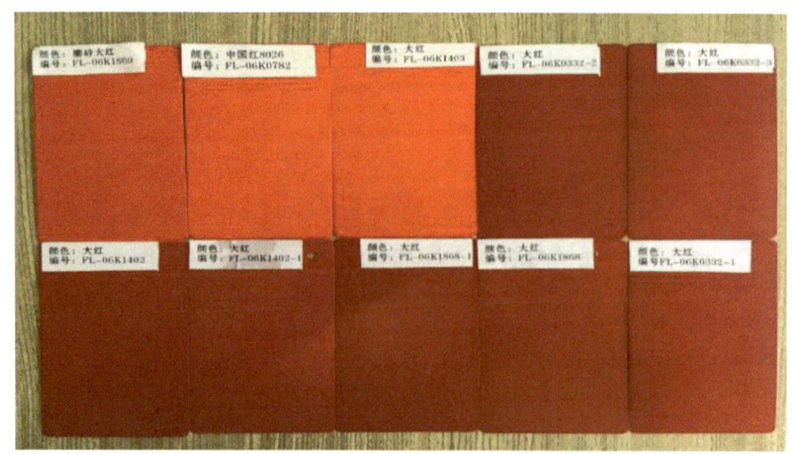

图 4-7-3 喷涂的色样

4. 为了更加真实地体现出遴选的颜色在不同的时间段、不同的光照、不同的温度、不同的角度下的效果，施工现场于 2017 年 6 月 30 日分别在 8 点、10 点、14 点、16 点进行了各样板的比对分析。

5. 经过对选定的色样在不同条件下的实际效果进行对比，发现这几种颜色在阳光下给人的感觉过于鲜艳，达不到设计要求，于是再次在原来色样的基础上，进一步朝暖色调加强，并重新喷涂了几种色样。

6. 此次喷涂的色样在经过多方探讨后，感觉依然达不到理想中的效果，体现不出高密当地源远流长的剪纸文化和著名的红高粱文化。根据研讨会的思想主线，施工方对高密当地的剪纸及红高粱文化进行了多次实地调研，收集了大量的素材，并以此为基础，对剪纸和红高粱的颜色进行了糅合，重新喷涂了色样（图 4-7-4、图 4-7-5）。

图 4-7-4 搜集的高密剪纸素材

图 4-7-5 在高密当地搜集的红高粱素材

7. 颜色确定

最后一次喷涂的暗红色色样已基本达到了各方要求，也符合站房外观设计的主题思想，并与高密当地的剪纸艺术及红高粱文化相呼应。材料选型会上各方一致同意将此色样作为站房的主色调（图 4-7-6）。

课题研究从立项开始，前后一共喷涂了二十多种颜色进行遴选，从最初艳丽的大红色到最终沉稳的暗红色，这个过程是打造“艺术品”工程密不可缺的一部分。

图 4-7-6　根据剪纸及红高粱色调喷涂的色样

（二）金属格栅工艺比选及质量控制

高密北站室外为大面积的金属格栅幕墙，这种金属格栅应用较少，目前没有特别成熟的施工工艺作为指导和参考，所以从项目开工伊始，就对高密北站室外装修方案进行了深化，并着手开始研究金属格栅的施工工艺，确保金属格栅的质量以及耐久性，为打造艺术品工程奠定良好的基础。

1. 首先尝试了在金属格栅面层焊接的方法。按照图纸中的尺寸要求将铝方通下好料之后，接头处全部为斜切 45°角密拼，然后在铝方通表面上进行满焊。所有的接头焊接完之后，用打磨机对表面上的焊缝进行打磨处理，保证焊缝与铝方通面层高低差不会特别明显。上述几道工序完成后，将整个铝方通面层刮满原子灰再度进行细致的打磨。过程中不断用检测工具对金属格栅的平整度进行检测，直到满足要求后才进行表面喷涂处理（图 4-7-7、图 4-7-8）。

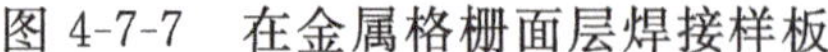

图 4-7-7　在金属格栅面层焊接样板

图 4-7-8　金属格栅面层焊接样板细部效果

2. 制作好的金属格栅样板经过一段时间的摆放、日晒之后，表面个别焊缝处出现了轻微的变形，太阳光线从侧面照射过来的时候看着比较明显，证明在金属格栅面层进行焊接的方法行不通。

技术人员通过对相关工艺工法资料的查找、与生产厂家进行沟通了解、对市场进行调查等方式，决定尝试用拼接的方法进行金属花格制作，并按照图纸要求制作了金属花格的一个节点部位（图 4-7-9）。

格栅拼接安装的效果可以看出，虽然拼接的方式便于安装，但是拼接的缝隙较大，平整度

图 4-7-9　金属格栅样板拼接安装的效果

较差，远大于规范要求，影响整体观感，效果达不到打造艺术品的要求。另外，根据市场调查和跟厂家沟通，采取拼接安装的方式造价特别高，远超出了工程造价的预算，所以拼接安装的方法无论是工艺还是造价，均不满足工程要求。

3. 在经过多次的试验及可行性论证之后，技术人员决定采取角焊的方法制作金属花格。铝方通按照图纸尺寸下好料并拼接严密，在每个对接接口的阴角部位进行焊接，这样能保证所有阳角及平面的平整度，且焊缝在阴角部位不会影响金属花格的整体观感。样板制作完成后放置于阳光下暴晒了一段时间，未发现有变形的情况，而且阴角部位焊缝强度也满足受力要求，证明此办法可行(图 4-7-10)。

图 4-7-10　金属花格样板角焊的效果

经过前后两个月的尝试摸索，通过对比在面层焊接、拼装、角焊接等方式之后，最终决定采取角焊的方式进行金属格栅的制作。此施工工艺施工简单，便于操作，且造价较低，在工程造价预算范围之内，制作加工出的质量也满足规范要求和实际效果要求，属于最佳的施工工艺选择。

(三)着力打造艺术品站房的多方尝试

除了上述高密北站的喷漆颜色选择和金属栅格工艺外，为将站房工程打造为艺术品工程，济青高铁还做出了大量努力。

1. 坚持样板引路，达到站房设计最佳效果

结合济青高铁各站工程特点，先后在各站制作了 50 余个施工样板单元，以样板单元的实

作效果，指导主材选材、工艺参数选择和结合部处理。在站房地面石材铺装时，制作地面铺贴样板单元，明确平整度、对缝关系等工艺参数。施工单位主动进行石材地面晶硬处理，克服了山东本地石材加工精度低、硬度不足和泛碱的缺点。各站公共区域墙地面、吊顶、外部墙均达到较好的装饰效果。

2. 全方位比选，优中选优

材料选用是保证装饰效果和质量的关键。为保证实体效果和质量，红岛站南北入口浪花铝板经过 10 多次比选，最终采用了压花氟碳喷涂甩点铝板，保证视觉效果的同时，降低了光反射，提高了加工工艺性、耐污染性能、耐候性。

章丘北站的幕墙玻璃先做材料的技术分析和比对，选出 4 个样品经过两个多月的挂样比选，确定了合适的透光率和颜色，对全线其他车站起到了很好的示范效果。

高密北站设计外立面石材幕墙分别从全国各地遴选了白麻、灰麻等共计 40 余块石材样品，并根据施工工艺及做法等比例制作了带洞口的石材幕墙样板，最终确定室外石材选择山东莱州 365 白麻火烧石材，效果良好。

青州市北站外墙墙面石材根据古建筑特点，经过多次比选，最终采用了山东当地的锈石，体现出青州古城的历史风貌。

坚持采用高质量的空调、电扶梯和卫生洁具，制定技术标准时，就把选用一流产品作为目标，不盲目追求低价。卫生洁具在公共区选用国际一流品牌，办公区选用国内一流品牌，并组织使用确定尺寸型号。电梯和空调更是坚持以国际一流标准为要求，选用安全可靠、先进节能的产品。济青公司对已运营高铁车站大空间照明灯具运营现状进行认真调研，并多次与铁总专家沟通，最终在公司领导的支持下，进行了 LED 灯具变更，并在招标过程中严格制定技术标准，采用了高质量的 LED 灯具。

3. 融合地方文化元素，为站房体质增彩(图 4-7-11)

各县级站与地方人民政府密切配合，由山东工艺美院根据地方文化、历史名人、景点等元素进行提炼，在进站大屏两侧制作了铝板壁画。

图 4-7-11　民俗铝板壁画

(1)临淄源远流长：表现临淄地区的文化特色，稷下学宫与蹴鞠文化等。

(2)高密三贤四宝：左侧为诞生在高密的齐相晏婴、汉代经学大师郑玄、清代大学士刘墉，被誉为“高密三贤”。右侧为高密茂腔、扑灰年画、剪纸、泥塑被称为民艺“四宝”,已列入国家非物质文化遗产保护名录。

(3)青州通达九州:借助大九州的概念,表现中国路上交通的变迁史。左侧为从古代路上交通到现代高铁交通的演变。右侧包括孔子东游、秦始皇东巡、唐太宗东征等。

(4)邹平绿水青山:鹤伴山是邹平的文旅特征,壁画中18只仙鹤在青山上飞舞。两侧各九只仙鹤,体现了道教文化中九九归一的思想,邹平的著名景点白云山—白云观是我国道教文化中61福地之一,道教文化在邹平的历史中有比较重要的地位。

(5)章丘人文荟萃:从历史场合中选取章丘各个时期有代表性的历史名人及龙山文化和民间风俗元素,以山水为背景表现人杰地灵的章丘。

五、大规模使用BIM信息化技术

济青高铁在站房工程中大规模使用BIM技术,在铁路站房建设领域独树一帜,取得了丰硕的成果,推动了铁路站房建设BIM技术应用的发展。

(一)建立BIM技术应用管理体系

为保障项目正常进行,站房组建立了BIM技术管理体系。采用建设单位主导,BIM技术应用咨询单位辅助的管理模式,对整个项目BIM技术的应用过程进行管控。制定《济青高铁BIM管理办法》《济青高铁BIM技术应用实施导则》《济青高铁BIM技术应用模型标准》等相关文件,明确项目参建各方的职责分工,规范参建各方进行信息交互的标准方式。

(二)平台搭建与培训

由于站房及其施工单位比较分散,为便于管理,BIM咨询单位搭建了企业级管理平台。考虑到各施工项目部硬件配备和技术水平高低不一,采用虚拟化技术,将平台发布到云端,数据与信息流集中存储,既保证了数据安全又降低了硬件要求,使现场访问更加便捷。在项目准备阶段,先后组织各参建单位开展了6次BIM技术应用培训,由浅入深,从建模到管理平台的应用,为项目BIM技术应用顺利实施提供了有力保障。

(三)BIM技术的具体应用

以下以临淄北站和青州市北站工程中的BIM技术应用为例,详细呈现BIM技术在站房施工过程中产生的作用。

1. 临淄北站BIM技术应用

临淄北站利用Revit及其他软件工具,由专业团队准确、高效地搭建三维模型,使各参建方更加直观地理解设计意图,为施工组织设计、错漏碰缺检查及设计优化、管线施工综合排布、四维施工模拟(可视化进度计划)和主材工程量统计等后续工作提供基础模型。

基于BIM的施工组织设计为劳动力计算、材料、机械、加工预制品等统计提供了新的解决方法,在进行施工模拟的过程中,将资金以及相关材料资源数据录入到模型当中,在进行施工模拟的同时也可查看不同进度节点下相关资源的投入情况。同时,系统可通过导入的施工进度计划、活动紧前紧后逻辑关系,自动生成进度前锋线,匹配关键路径。此外,BIM平台还支持与实际进度的对比,比较实际施工进度与计划施工进度的差异,控制工期的偏离值,保证项目正常完工。

利用已经搭建完成的模型和碰撞检查软件,对建筑与结构、设备专业管线之间进行各种错漏碰缺的检查，并导出碰撞检查报告，提出设计优化建议。一方面可以提高设计单位的设计质量，另一方面避免了后期施工过程中出现各类返工引起的工期延误和投资浪费(图 4-7-12)。

依据设计文件，利用搭建好的模型，按设计和施工规范要求将主管廊及设备间的水、电、暖、通风等各专业管线和设备进行综合排布，既满足功能要求，又满足净空、美观要求。此项功能的优点在于：第一，可以用作施工单位指导现场施工，避免因返工造成的工期拖延和资金浪费；第二，管理部门可以严格按此监管工程质量和进行准确的工程量统计；第三，形成各系统功能控制区域，为运营管理单位后期运维提供技术支持。

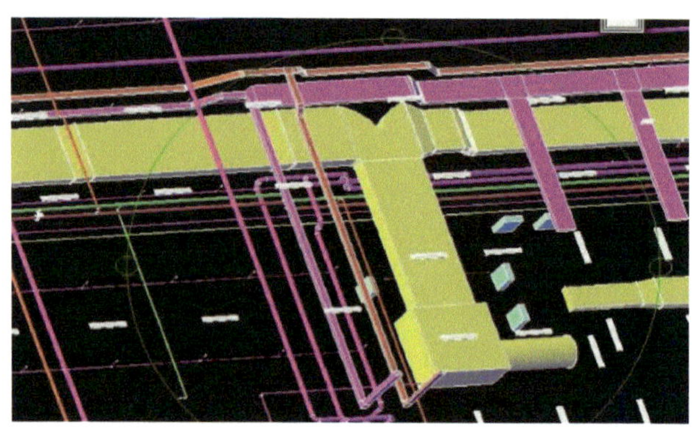

图 4-7-12　碰撞检查过程图

利用四维施工模拟相关软件，根据施工组织安排的施工进度计划安排，在已经搭建好的模型的基础上加上时间维度，分专业制作可视化进度计划，即四维施工模拟。一方面可以指导现场施工，另一方面为建筑、管理单位提供非常直观的可视化进度控制依据。

通过建立 BIM 管理平台防护设施模型，可以让项目管理人员提前对施工面的危险源进行判断，在危险源附近及时进行防护设施的布置，对安全死角实现提前排查。同时，安全检查记录可上传至平台，实时盯控整改情况，实现过程管理(图 4-7-13)。

图 4-7-13　BIM 技术动画方案展示

2. 青州市北站 BIM 技术应用

青州市北站在装饰装修、机电安装方面大量运用 BIM 技术进行施工辅助。

(1)检索图纸问题

①通过 BIM 模型的建立与问题排查，发现德兴东站强电桥从卫生间上空穿越，不符合规范要求。桥架进入候车大厅内，从吊顶及风口以下位置穿出上翻，不满足装修与美观要求。

结合现场实际提出了“变更桥架走向，不进入卫生间，改走旅客服务上空，并从施客服务吊顶以下穿出、上翻”的建议，得到了监理单位、建设单位、设计单位的一致认可，避免了施工桥架后，拆改桥架、重新加工与敷设、重开墙洞、二次封堵墙洞等带来的经济与工期损失。

②在检索外墙图纸时，发现建筑结构图纸所留设门洞位置与外装图的石材分缝位置不一致，需要请设计单位明确是以建筑图为准还是以外装图为准。

经与设计单位沟通，设计单位明确了按外装修图来调整门洞口位置，且该位置不影响房间的使用功能。通过提前发现门洞位置冲突，顺序完成变更，有利于项目二次结构的一次性施工准确性，避免二次返工，避免经济与工期的损失。

(2)优化管线排布

根据各专业管道、桥架的走向，施工先后顺序、检测频率要求，合理优化、布置各管线的排布位置，使综合管线功能齐全、布置优美。

BIM 建模后，根据结构模型与机电模型的对比，通过错漏碰缺检查，找出管线与结构的冲突、管线与管线之间的冲突。汇总后，依据“管线让结构、压力让重力、柔性让刚性、小管让大管”的原则提出调整建议(图 4-7-14)。

根据设计单位出具的变更文件，按变更调整管线位置，避开冲突。

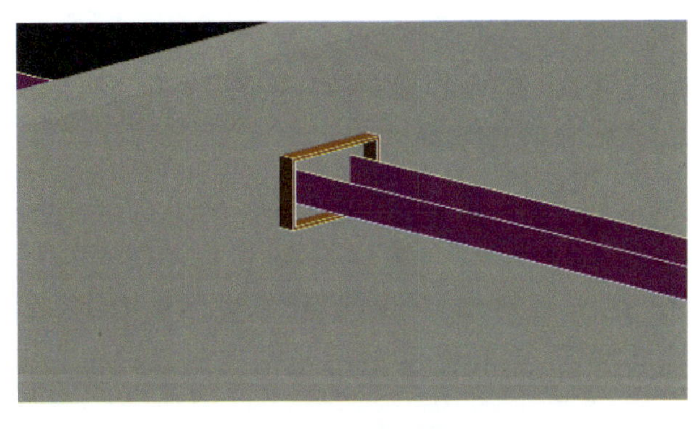
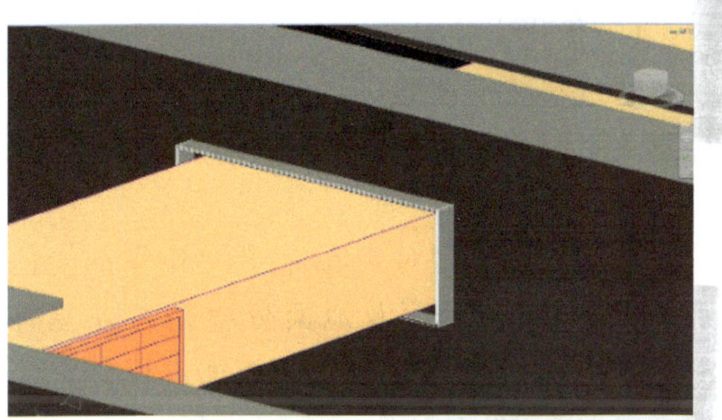
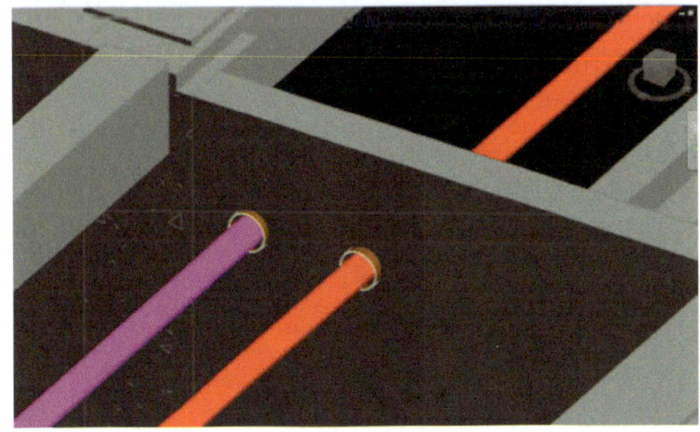
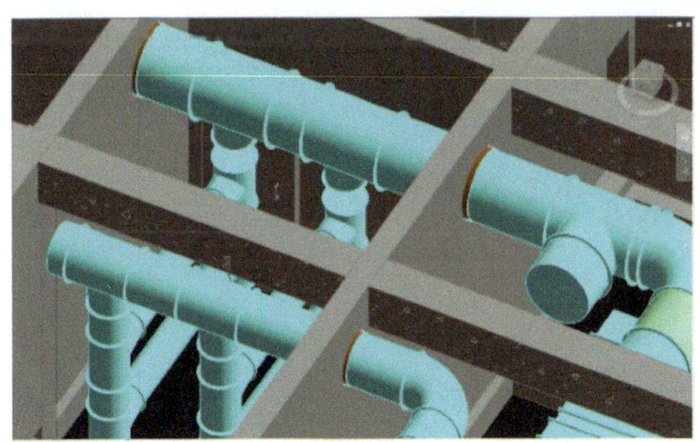

图 4-7-14　BIM 应用示意图

通过机电模型与建筑结构模型对比，绘制出优化后的结构楼板开洞图，确定最优开洞位置，避免了结构后开洞导致的结构损坏及经济与工期损失。

(3)优化净高

在传统的项目施工过程中，机电管线的施工没有严格的标准，往往在施工结束后会出现净高不足或管线排布不合理的情况，给项目造成损失。通过建立 BIM 模型，进行管线综合排布优化,对各区域进行净高分析,出具管线综合方案以及关键节点的净高分析平面图。

(4)优化支吊架

通过三维模型的优化,形成最优的支吊架设计方案,准确输出材料用量,大量减少支吊架的现场制作,节约施工时间,缩短工期,提高效率(图 4-7-15)。

图 4-7-15　支吊架 BIM 示意图

(5)优化安装末端

通过精装模型的定位,重新布置各种安装末端的位置,做到合理布置、美观、大方、整洁,同时避免了因调整末端设备位置而产生的返工,产生了显著的经济效益。

(6)三维细部处理

利用三维模型对天地墙、各部位细部构件排布方案进行模拟,修改方案中不合理之处,特别是针对吊顶、墙面及地面分缝是否在立体上相协调起到很好的调整效果。利用 Revit、SketchUp 模型不仅能够对可视面进行材质对比效果预览,更能够反映出与结构建筑之间的构造空间关系(图 4-7-16)。

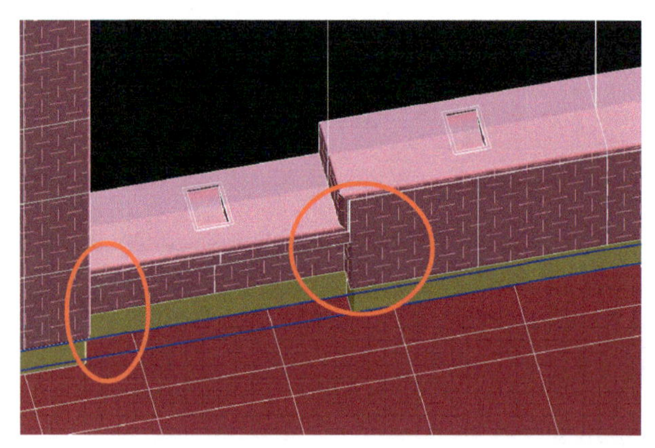

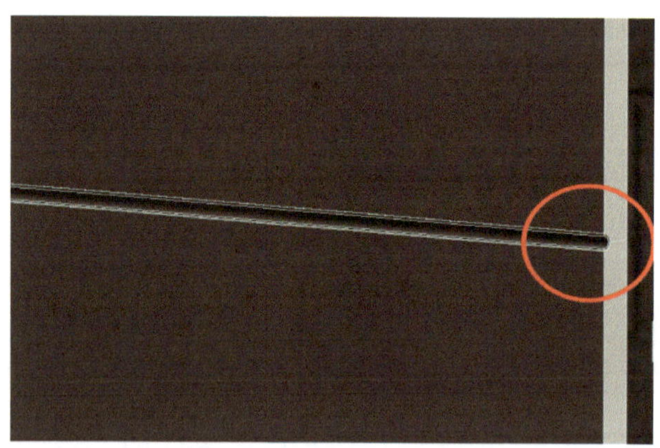

图 4-7-16　BIM 有助于细部处理示意图

(7)精确下料

建立精装模型后,对每一块石材、铝单板、玻璃进行编号。建立材料台账,详细记录每一编号对应的位置、加工尺寸等信息,便于加料的加工与管理。

根据材料台账,综合材料加工、运输、安装的周期,可提前对材料进行下单、加工。

根据台账详细参数，结合工厂集中大模型加工的条件，可有效控制材料加工质量、节约原材料用量等，显著节约生产成本。

(8)多专业协同

通过 BIM 技术，项目妥善处理好了结构与精装、结构与机电安装、机电安装与精装等专业之间的相互协调、配合。

同时对多标段、多施工单位的协同施工，BIM 技术也发挥了巨大的作用。如信息与客服专业的多功能售票机、车次屏、票额屏、监控、广播等系统均与站前工程交叉施工，运用 BIM 技术协同建模技术，能精确估计加工与安装尺寸、位置信息，确保双方施工的精确性，加快了施工进度。

(9)三维技术交底

利用 BIM 工具 Revit 或 SketchUp，可以快速完成精装修修复排版，并且可以多视角、立体、直观、简单易懂地向施工管理人员、现场作业人员进行技术交底。如卫生间进行三维立体排砖、地漏与洁具的具体安装位置、标高，传统书面交底生硬，难记，利用 BIM 技术进行三维模型交底，工人易懂、好记。辅助手机、平板电脑等移动端，可以随时查看。

BIM 技术还能生成材料台账，交底时可以同步完成材料数量交底。BIM 技术建立的模型，以及完成的深化，可以按现场施工需要整改或部分上传至云端，手机或平板电脑等移动终端可以随时下载、查看。

现场施工时，可以使用移动终端指导现场放样、施工。

(10)VR 技术运用

以项目的结构 BIM 模型为基础，搭建三维虚拟环境，结合 VR 眼镜实现了动态漫游，利用虚拟现实的交互性，一方面让施工人员对结构施工有了更加逼真和准确的感受，另一方面直接体验高空坠落、洞口坠落、脚手架倾斜等效果，加强了施工结构印象和提高了安全施工意识。

以项目的精装 BIM 模型为基础，结合 VR 眼镜实现了动态漫游，利用虚拟现实的交互性，一方面让设计人员对精装细部有了更加逼真和准确的感受，有利于提前确定精装深化方向的可行性；一方面可以优化精装细部的处理，提前确定精装修方案，有利于材料的定样、采购、加工、安装，缩短工期的同时，减小生产成本。

(四)BIM 技术应用成果

济青高铁站房工程自开工以来，不断总结 BIM 技术应用成果，积极参与国家级、省部级 BIM 比赛，不断在 BIM 技术应用上创新创优。现已取得国家级奖项 5 次，省部级奖项 4 次。《基于 BIM 技术的济青高铁管理模式创新研究与实践》参加山东省国资系统优秀研究成果评比，获得三等奖。以“济青高铁 BIM 技术应用”作为案例，参加工信部组织编写的《铁路工程 BIM 基础知识》及《BIM 应用协同平台——iTWO4.0 从入门到精通》两本教材。

第三节　地下通廊及大跨度屋盖施工

一、地下通廊施工

济南东站地下一层为旅客换乘通廊，地下二层为地铁 R3 线。地下换乘通廊为框架结构，两侧设地下出站厅、出租车道，通廊长 289.1 m，宽 107～116.8 m，呈双曲线造型，基底埋深 4.05 m，地铁 R3 线采用地下连续墙围护，明挖法施工。工期为 2016 年 9 月 10 日至 2017 年 5 月

31 日，工程体量大、工期紧、空间交叉作业繁多，在施工过程中通过优化施工组织、创新、改进工艺等方式大幅缩短工期，为后续项目建设赢得时间。济南东站站房剖面图如图 4-7-17 所示。

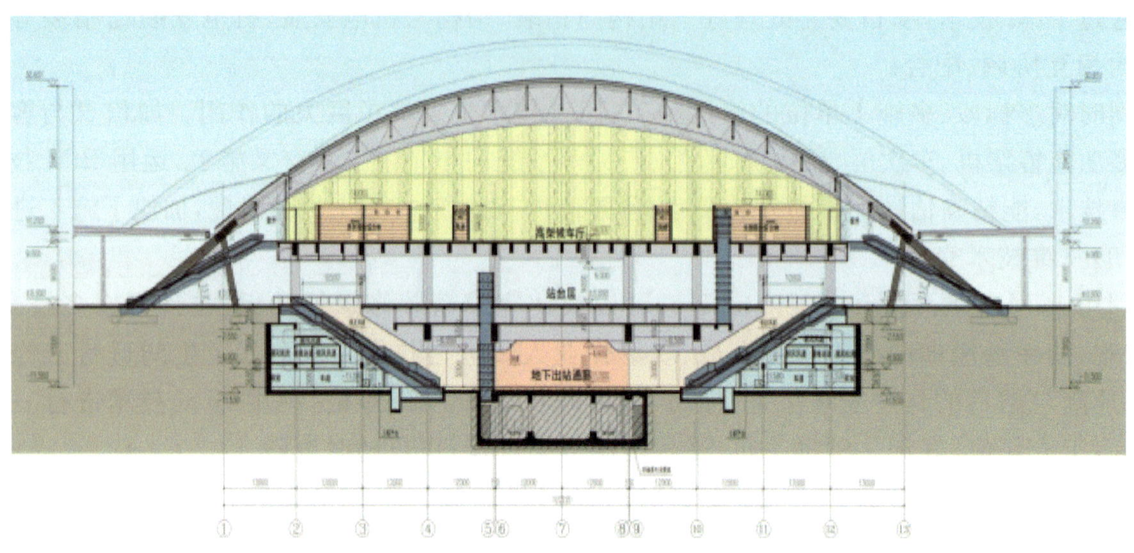

图 4-7-17 济南东站站房剖面图

（一）工程特点及难点

1. 地点邻近白泉，节水保泉难度大

济南东站地处白泉泉域，距离白泉约 800 m，白泉为济南市 72 名泉之一。政府文件要求加大节水保泉的力度，在地下水富集区，深基坑施工降水回灌难度极大。

2. 超大面积深基坑工程施工难度大

地铁 R3 线与通廊结构同步施工，施工周期长，通廊基础承台均为下卧式承台，开挖后形成众多坑中坑、交叉坑。此外，地铁 R3 线及通廊基坑开挖后出现多级、超深基坑，泉域高水位下基坑降水控制、基坑稳定性和变形控制为重中之重。

3. 工程工期紧、交叉作业施工难度大

工程计划工期为 2016 年 9 月 10 日至 2017 年 5 月 31 日。地铁 R3 线与地下换乘通廊同步交叉施工，地铁内支撑均为混凝土支撑，安拆周期较长，通廊南北向框架梁多为圆弧曲线型，工程规模大、工序复杂并跨冬、雨季施工，按照传统施工组织方式难以保证工期要求。

4. 大面积、大方量混凝土施工

地下通廊结构长 289.1 m，宽 107～116 m，基础防水板厚 0.8 m(局部承台厚 4.6 m)。针对一般长、大面积的混凝土结构，因温度、收缩的影响，混凝土结构常采取设缝分段、分块浇筑的施工工艺。若按一般设计要求，工程所有混凝土后浇带在两侧混凝土浇筑 60 d 后方进行浇筑，严重影响整个施工工期。

5. 大跨度、超大截面混凝土框架梁施工

工程为大跨度、大空间框架结构体系，结构层高 9.45 m，梁截面达 1 300 mm×2 600 mm，跨度 24 m。需采用高支模体系，基础底面预留水沟及电梯基坑较多、高差大、上部框架梁为圆弧曲线型，致使支模体系复杂，对支撑体系的选用关系到安全、质量和经济效益。

（二）施工措施

1. 施工场地平面布置

充分做好施工场地布置，优先考虑材料的运输方式。由于基坑水平宽度达 140 m，材料垂直运输是关键；其次，地铁 R3 线与换乘通廊施工需要大批量周转材料占用场地较大；再者，站前施工单位路基填筑与通廊同步施工，交叉作业频繁。对施工场地进行布置时结合了施工实际进度进行场地动态布置。

第一阶段，基坑外及通廊两侧各 40 m 范围内硬化布置环形施工道路，环路中间设材料存放场地；基坑内，地铁 R3 线位于通廊中间地下二层，通廊基坑宽度达 130～150 m，同步展开施工时，一旦通廊开挖后会极大地降低中间地铁 R3 线材料垂直运输及混凝土浇筑的效率。因此，通廊基础及防水板施工合理划分了施工单元、设置施工缝，通廊一级基坑土方开挖完成后于西侧基底留 20 m 地铁施工通道，实现地铁 R3 线、通廊东侧底板、通廊西侧预留通道外底板同步组织施工，通廊东侧底板完成后地铁施工通道转换至通廊西侧底板，最终地铁顶板与通廊西侧底板同步完成转入下步施工。

第二阶段，路基填筑到通廊边时，移交通廊西侧施工场地并保留东侧施工场地，待西侧填筑完成后与东侧场地进行转换，确保主结构施工期间材料周转、钢筋运输、混凝土施工有足够场地。

2. 缩短关键线路工期

根据施工进度计划网络图，找出关键线路，通过优化施工组织、创新、改进工艺等方式大幅缩短关键线路工期。

（1）桩基共 1 648 颗、桩长 50 m，通过精确统计分析机械成孔效率、钢筋笼加工效率、混凝土供应效率等各方面因素，现场布置 18 台旋挖钻机于 1 个月内完成所有桩基工程。期间降水井、止水帷幕等非关键工作穿插进行。

（2）土方开挖期间，优先开挖塔吊基础完成塔吊安装，解决场内材料垂直运输问题。

（3）分区、分阶段进行地基验收，分流水段组织基础承台及防水板施工，为上部结构施工尽早提供作业面。

3. 优化施工组织方案

济南东站工程为济南市重点工程，为保证工期，在确保安全的基础上大胆进行创新，突破了传统建筑工法，采取了一系列快速标准化施工工法，不仅缩短了工期，更节约了成本。

（1）优化基坑降水方案

深基坑降水一般采用普通无砂水泥管井，而无砂水泥管适用于浅层无压地下水的处理，过滤器强度极低。工程地处白泉泉域，存在地下承压水，使用无砂水泥管难以保证相应降水处理效果。为此，提出选用新型钢管桥式过滤器（桥指的是钢管上凸出的小桥，桥高 1 mm 左右，孔隙率约为 15%），如图 4-7-18 所示，强度较高，抽水过程中，地下水由桥孔侧向进入井管，适用于水压力大、长时间抽水的基坑，过滤器材质为钢管，桩基施工、土方开挖时便于保护。

为保护地下水资源，基坑降水进行坑外回灌。距离基坑约 50 m 处设计回灌深井群，井深根据含水层特性确定。通过增压设备将降水回灌至透水性好的含水层中。为了避免基坑抽出的地下水在回灌过程中对地下水二次污染，对基坑抽出的地下水进行处理后才能作为回灌水源，除简单过滤抽出地下水中的泥沙外，还应对地下水在暴露过程中与空气接触所产生的不属于原有地下水的成分进行过滤。

图 4-7-18　钢管桥式过滤器

(2)下卧承台＋防水板施工方案优化

为加快工程进度，超厚下卧式承台与防水板一次性浇筑。首先按承台设计尺寸，四周浇筑 200 mm 混凝土现浇胎膜，防水卷材按照“外防内贴”法铺贴于垫层及胎膜上，然后承台钢筋与防水板钢筋混凝土一次性施工完成，实现了下卧承台与防水板之间无水平施工缝的要求，既加快工程进度又保证了基础防水板的整体性。

(3)混凝土施工方案优化

按照设计要求，工程所有后浇带在两侧混凝土浇筑完成 60 d 后方可进行浇筑，严重影响整个施工工期。为此，施工项目部提出跳仓法施工工艺，通过混凝土收缩裂缝验算能保证长度在 40 m 内的基础混凝土在无缝施工工况下，混凝土表面无收缩裂缝。

为保证工程质量，跳仓后浇位置通过提高膨胀剂掺量的方法，形成后浇膨胀加强带。

超大基坑、大方量混凝土浇筑时，为提高混凝土浇筑速度，现场采取汽车泵水平接力的方式进行浇筑。

(4)超厚基础钢筋安装方案优化

超厚基础中在出现大型号、多层数、密间距钢筋的情况下，钢筋弯折成几字形马凳的强度和稳定性不能满足施工要求，型钢马凳支撑安装比较笨重、现场焊接量大、施工速度慢。为此，在基础承台及防水板的钢筋工程中探索出了一种能满足超厚筏板基础钢筋支撑要求的新型钢筋马凳支撑体系。

钢筋支撑马凳采用四根钢筋焊接成塔式形状，下大上小，顶部焊接钢管托架作为钢筋横担搁置点。马凳根据使用部位及钢筋网片层数定尺加工，达到尺寸精准、结构稳定、使用过程中快速便捷、钢筋绑扎安装面层平整美观的要求。整个马凳筋质量轻便、结构稳定、便于安装，解决了大厚度钢筋工程中钢筋弯折成几字形马凳强度低、稳定性差的问题，避免了型钢马凳现场焊接量大、对主筋损伤大的弊端，大大加快了钢筋安装速度。

(5)框架柱加固体系优化

方柱模板可调式紧固件是对应固定方柱模板的专用定制型配套卡箍,每条卡板上都有弯头且另一端带楔形固定销,卡板延长方向上设有若干相间隔的固定孔,形成安装拆卸方便的方柱模板紧固件。紧固件的水平安装可以保证其受力均匀,无需设置对拉螺杆,安装时从下到上依次进行安装。整个安装过程快捷简单,大幅节约安装时间。

拆模时,把加固在模板外侧的加固件上的斜铁依次去除,加固件自行脱落。按照"先装后拆,先非承重部分,后承重部分"的原则依次拆模。拆模时严禁用工具撬开,若方柱模板没有自动与水泥柱分离,则只需用木条轻击模板,模板便可自然脱模,大幅度地提高了工作效率。

(6)模板支撑体系方案优化

工程为大跨度、大空间框架结构体系,结构层高 9.45 m,梁截面达 1 300 mm×2 600 mm,跨度 24 m,基础底面预留水沟及电梯基坑多、高差大、上部框架梁为圆弧曲线型等特点,致使支模体系复杂。为此,现场采用承载力强、施工快捷的盘扣式脚手架支撑体系。其主受力杆件为 ϕ63 体系,材质为 Q345,承载力远大于传统钢管脚手架体系。连接节点具有可靠的自锁能力,承载能力高,稳定性好,在相同步距下,承载能力是扣件式钢管脚手架的 3 倍,是碗扣式脚手架的数倍。构件均为标准规格构件,便于现场对支架搭设质量的检查与管控,为施工安全提供了有力保证。

同时,施工中大批量采用定尺钢背楞作为模板加固体系,解决了木方背楞吸水变形、刚度变形不一致等问题,施工中有效地保证了混凝土构件外观尺寸,且通过以钢代木来减少木材使用量,将主要构件模板背楞定尺标准化,安拆快捷且周转次数大幅提升,不仅起到了节能减排作用,而且缩短了工期。

(7)钢筋加工工厂化技术

大型车站框架结构使用钢筋多为 ϕ40 mm 的钢筋,加工精度、难度远大于一般工程项目。因此,采用工厂化加工技术,通过现行的自动数控设备加工和科学管理的生产方式,代替传统建筑施工中钢筋加工分散、低水平、低效率的手工业生产方式。工厂化加工使钢筋加工构件尺寸精准、大批量高效率生产、现场配送、便于管理并减少了现场临建占地。高精度切断、弯曲、套丝既保证了施工质量又提高了现场安装效率,节约了工期。

二、大跨度钢结构屋盖施工

济南东站候车大厅屋盖采用结构型式为倒三角拱桁架+钢管混凝土斜柱结构大跨度钢桁架结构体系。其跨度为 122～156 m,拱高 29～36 m,南北方向长 408.6 m,拱顶为渐变式抛物线数学模型。拱顶总面积 51 171 m^2,投影面积为 39 822 m^2。主桁架间距 21.5 m,两榀主桁架之间连接对应节点均匀布置纵向次桁架,高度从拱中心向拱脚两侧逐渐降低。钢屋盖拱脚处结构体系采用钢筋混凝土承台+连接承台的预应力钢拉索+钢管混凝土斜柱+钢管立柱。钢材材质:封边梁为 Q345GJB,铸钢件:G20Mn5QT,主、次桁架等其他构件均为 Q345B。

济南东站综合站房的屋盖钢结构空间钢桁架安装存在结构跨度大,质量大,结构复杂等特点,施工技术难度大。提升前,每个过程都经过了详细的设计、计算、分析,施工过程通过对一切可能遇到难题的论证。在各个有关单位的共同努力下,最终确保了空间桁架空中提升安全、顺利、优质地完成，为以后同类钢结构工程的提升积累了施工经验。

济南东站因为站房候车大厅的大空间东西长度有 102 m，导致其钢结构屋盖主桁架的最大跨度有 156 m，需分段进行吊装施工。经过优化设计，将主桁架分为三段：两端段和中间段。两端段可在地面上利用大型履带吊进行吊装；中间段在站房楼面上经过组装形成 4 个整体拼装单元，然后再将 4 个整体单元先后进行整体提升(原因：站房钢筋混凝土楼面不可能承受巨大的吊车荷载及钢结构构件自重荷载的双重重量，楼面经过加固补强也不经济合算)。根据现有的先进技术力量，针对主桁架中间段采用计算机同步控制进行整体提升，然后再逐个对主桁架进行对口合龙提升微调，来达到提升就位合龙的目的，就可以解决其吊装的技术难题。这就不可避免出现如下几个技术难题需要解决。

(一)主桁架钢结构整体单元拼装的精度问题

1. 构件的工厂加工

钢结构主桁架空间复杂相贯线节点采用“钢结构构件节点数字化建模方法—相贯线切割轨迹生成”算法软件，通过计算机仿真进行钢结构三维空间建模建立复杂截面相贯线节点模型，提取节点相贯线轨迹，依据坡口角切割标准，生成机器人操作空间切割轨迹，使相贯线和坡口符合国家标准要求。利用 LMGQ/P 型数控管相贯线切割机进行切割下料，为下一步主桁架的现场组装拼接精度创造了条件，车间切割和预拼装实景如图 4-7-19 所示。然后在工厂进行钢桁架的预拼装，查找下料相贯线尺寸的误差和不足，进行改进，达到《钢结构工程施工质量验收规范》(GB 50205—2001)要求的允许尺寸偏差。

图 4-7-19　车间切割和预拼装实景图

2. 主桁架现场高精度的组装拼接

为确保精度的准确性，采用了全站仪、GPS 定位仪等先进的测量仪器进行控制。各提升单元独立施工过程中的测量是成功的关键点，它影响主桁架构件拼装的准确性以及主桁架构件单元在提升过程的位置正确性。

根据各主桁架单元实体模型立面图，找出整个桁架的最低点，以桁架最底点作为桁架拼装基准点，以该基准点为基础，利用桁架的三维模型在每榀主桁架的胎架上，测量出每个轴线主桁架的上、下弦杆对应点与该基准点纵、横向及竖向距离，根据该测量数据值设置在胎架上，调整该胎架上横梁的标高，使横梁的标高作为桁架弦杆的下标高。作为各独立的提升单元，拼装时先利用原有基准点设置独立的轴线控制网，利用可调节的拼装胎架和活动定位工装确定拼装分区中心，来修改坐标的起始端下基准点位置，安装固定后由此基准点向四周扩散进行组装，确保把提升段主桁架拼装误差消除在每个单元内。

（二）主桁架在合龙过程中出现主桁架焊缝接口偏大影响的控制

主桁架在合龙过程中出现主桁架焊缝接口偏大影响焊接质量，从而影响整个钢结构屋盖的安全质量问题。济南东站采取了如下技术措施：

1. 利用设计变截面的锥形构件在合适位置进行拼装，因为 B 轴、AE 轴主桁架弦杆存在变径管，所以在 B 轴、AE 轴位置主桁架对接口采用变径管作为后装段来解决焊接偏差问题。为保证桁架顺利提升就位，在提升单元断口处主桁架弦杆预留一段后装段，各提升单元提升就位后进行补装，桁架合龙达到设计状态后再卸载提升器，但不能超出《钢结构工程施工规范》(GB 50755—2012)第 9.2.4 条：钢管接长时每个节间宜为一个接头。

2. 采用严格控制主桁架弦杆焊缝斜接焊口尺寸的准确切割方法：用 LMGQ/P 型数控管相贯切割机进行斜口焊缝切割，从而达到高精度的拼装。

3. 斜焊缝对接口位置确定：主桁架下弦分段位置设置在 4 轴线和 10 轴线内侧偏移 450 mm 位置处。确保上、下弦杆斜口角度的正确性。禁止弦杆切割垂口，即垂直弦杆中心线的断口，防止出现桁架固定端弦杆下口与提升端弦杆上口角度的不正确而妨碍提升。另外，斜口与垂口相比增加了焊缝的长度，对焊缝的强度也进行了加强。根据工程钢结构设计说明要求“根据材料长度，某一弦杆节点间最多可设一个接头，接头位于节间 1/3 附近，对于桁架腹杆一般不得拼接”与《钢结构工程施工规范》(GB 503755—2012)第 9.2.4 条“钢管接长时每个节点应为一个接头”，与设计图纸要求一致。

（三）主桁架分段拼装焊接过程中对构件尺寸变形的影响因素

由于主桁架杆件在下料过程中存在允许误差的积累，或个别杆件的焊缝坡口尺寸下料时不准确造成尺寸超出允许偏差，导致焊缝接口出现较大焊缝间隙；以及天气温度变化的影响造成主桁架在单元整体拼装过程中，出现杆件对接焊缝间隙或相贯线焊缝间隙尺寸偏大。另外预拼装构件焊接过程中，焊缝焊接出现纵向、横向、厚度方向的收缩变形，也会造成个别构件对接口出现较大焊缝间隙。

根据《钢结构焊接规范》(GB 50661—2011)第 7.3.3 条规定：对接焊缝坡口尺寸超过规定值，但数值不大于较薄板厚度 2 倍或 20 mm 两值中的较小值，可在坡口单侧或两侧堆焊。这就不可避免会产生焊缝内应力—残余内应力，针对低碳钢和强度不高的低合金结构钢(屈服强度小于 400 MPa)，焊缝的残余内应力可达到材料的屈服强度。它不但会降低结构的刚度和稳定性，还会导致焊接变形翘曲，焊接开裂，应力腐蚀等问题极大影响构件的使用寿命，降低可靠性。

为了在施工现场消除焊缝残余内应力的难题，施工单位采用了先进的高频、高聚焦的豪克能消除应力技术。它不受工件的材质、形状、结构、板厚、场地空间及环境等的限制，将焊缝内的拉应力改变为压应力。相对传统工艺锤击法、振动法、热处理更加体现出其处理频率高、冲击能力强、消除应力彻底的优点。

经过采用盲孔法残余应力检测仪(HK21B)进行检测，其超宽焊缝使金属表层产生较大的压缩塑性变形，改变原有应力场，使数值由拉应力改变为压应力，效果达到 100%，从而达到了消除残余应力的理想效果，确保了钢构件的稳定结构尺寸。

（四）主桁架在吊装提升过程中的变形控制

为了保证桁架的强度、刚度、稳定性，采取了一定的控制措施：主桁架局部稳定性采用加强腹杆的方法加以控制；为了防止钢结构屋盖主桁架在提升过程中的纵向变形，每个主桁架中间段采用预加水平预应力张拉措施；整体稳定性采用横向次桁架与主桁架焊接连成一个整体提升单元。

1. 提升过程保证主桁架受力点的稳定性以及刚度，在提升吊点处增加加固杆，如图 4-7-20 所示。

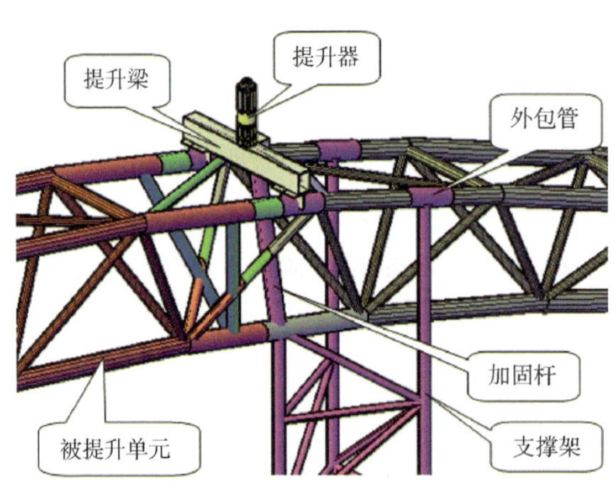

图 4-7-20　桁架增加加固杆示意图

2. 原结构在指定位置断开后，改变了受力状态，故须在拱结构下设置平衡拉索，用来控制、调整提升单元的形态。平衡拉索采用单孔锚张拉，油压控制，位移监测，在结构离地检查前完成。张拉节点方式与下吊点相似，采用局部加固，焊接耳板，专用吊具，吊具与耳板销轴连接，两侧相同。

3. 提升段纵向 W-R 轴线间主桁架是由次桁架组合焊接的整体单元。由于在焊接过程中，焊接内应力的作用以及次桁架等结构的重力荷载引起该提升单元主桁架构件的变形，出现主桁架上弦杆焊缝接口纵向、横向、高程位移，与原有理论数据不符，相对偏差见表 4-7-7。

表 4-7-7　中央站房 R-W 轴主桁架提升复核表

位置		差值(mm)		位置		差值(mm)	
		南北朝向	高程			南北朝向	高程
R 轴西侧	南上弦端	30	42	R 轴东侧	南上弦端	−14	31
	下弦端	18	0		下弦端	4	20
	北上弦端	26	21		北上弦端	−1	5
S 轴西侧	南上弦端	20	14	S 轴东侧	南上弦端	−5	24
	下弦端	3	19		下弦端	11	19
	北上弦端	23	2		北上弦端	5	33
T 轴西侧	南上弦端	−3	4	T 轴东侧	南上弦端	−4	18
	下弦端	7	11		下弦端	−4	7
	北上弦端	3	21		北上弦端	−2	30
U 轴西侧	南上弦端	−2	4	U 轴东侧	南上弦端	0	10
	下弦端	8	−7		下弦端	−2	14
	北上弦端	38	20		北上弦端	−2	18
V 轴西侧	南上弦端	−16	20	V 轴东侧	南上弦端	0	29
	下弦端	20	35		下弦端	0	32
	北上弦端	−3	32		北上弦端	11	24
W 轴西侧	南上弦端	−13	30	W 轴东侧	南上弦端	−13	1
	下弦端	4	24		下弦端	1	14
	北上弦端	−5	28		北上弦端	−9	29

可见最大相对偏差：U 轴西侧北上弦端南北朝向达到 38 mm(也即上弦杆合龙钢管对接口的水平方向错边量)，R 轴西侧南上弦端高差达到 42 mm(也即上弦杆合龙钢管对接口的上下方向错边量)，都超出《钢结构工程施工质量验收规范》(GB 50205—2001)要求一、二级对接焊缝错边 $d<0.15t$ 且 $d\leqslant2.0$ mm 的允许误差要求。为调整弦杆钢管的错边量，施工项目部利用其本身的弹性变形，采用千斤顶进行强制调整到位，满足上弦杆焊接对接口的错边量在允许误差范围内后，进行定位板固定，逐榀桁架的对接口调整到位后，进行焊接施工。采用加热法或高频焊接应力消除设备法进行主桁架杆件焊接区域以及热影响区域内应力的消除，以稳定结构尺寸形状，减少畸变。在主桁架提升段弦杆长度方向合龙对接口时，增加钢绞线预应力张拉设施，使提升段的主桁架整体单元防止纵向变形。由于天气温度的变化，主桁架长度在昼夜温差下伸缩量也不容忽视，根据现场实测，伸缩量可达到 25 mm 左右。为此，当提升到主桁架固定端下方 30㎝左右时，等待清晨天气温度下降至 25 ℃以下，提升段的主桁架收缩量满足提升要求时再提升到位。

(五)主桁架钢结构屋盖工程变形的整体控制检测

在钢结构主体屋面工程完成后，分别进行各轴线主桁架变形挠度值测量。

设计要求变形控制值：主桁架在永久和可变荷载标准值下产生的挠度允许值 $L/400$，在可变荷载标准值下产生的挠度允许值 $L/500$（L 为受弯构件的跨度）。

对屋盖钢结构工程所有观测点进行观测，根据实测记录进行数据对比分析。取代表性轴线进行下挠度值分析。

W 轴线桁架跨度为 133 m，经过对比分析，主桁架提升段东、中、西下挠度值分别为 24 mm、13 mm、23 mm，远小于设计要求的 133 000/500＝266 mm。

最大边跨 AE 轴线桁架跨度为 156 m，经过数据对比分析，主桁架提升段东、中、西下挠度值分别为 35 mm、－11 mm、92 mm，远小于设计要求的 156 000/500＝312 mm。

第四节　幕墙施工

一、铝板幕墙施工

济青高铁多个车站均在幕墙施工中具备特色，其中特色最鲜明的是红岛站的“浪花”双曲铝板幕墙。该站采用南北入口浪花双曲铝板造型，由多个不规则双曲面通过拼接形成栩栩如生的浪花造型。浪花底标高为 9.6 m，北浪花顶标高为 55 m，南浪花顶标高为 60 m，幕墙面积 78 000 m^2（其中铝板为 75 000 m^2，观景平台及采光顶玻璃 3 000 m^2）。

（一）BIM 应用，设计引领

首先对设计院提出的模型进行分析及优化，施工项目部采用基于 Rhino 及其 Grasshopper 插件和 CATIA 参数化建模 BIM 软件，对整个表皮模型进行优化，主次龙骨建模，铝板建模。通过 BIM 参数化模型进行材料下单，提高了加工及安装效率，降低施工难度，增加效益（图 4-7-21）。

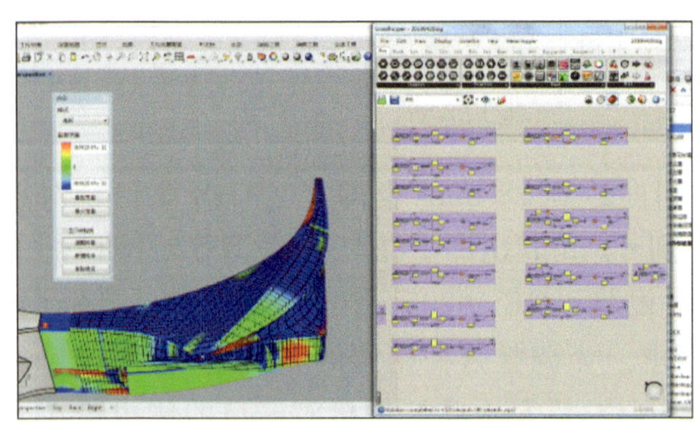

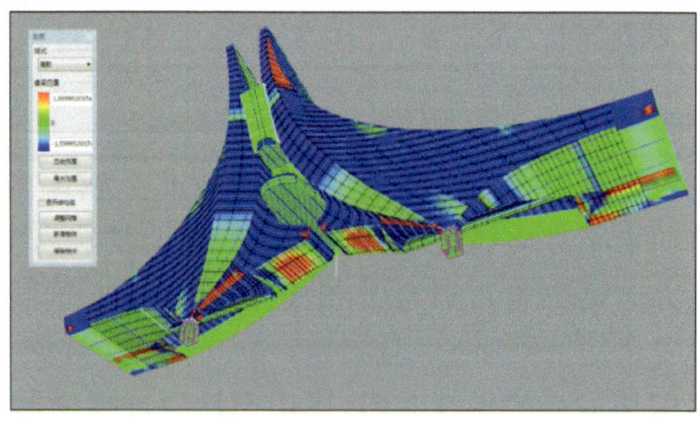

图 4-7-21　BIM 建模材料下单

（二）测量放线

精密测量仪器和 BIM 平台软件可以实现数据相互导入。安装的控制点坐标从施工 BIM 模型中提取，利用测量仪器在现场标示出来，指导工人精确安装。安装完毕后，检测安装精度数据并导入 BIM 软件分析，如有偏差，精确微调以达到设计效果。

（三）安全措施搭设及主次龙骨安装

曲面浪花幕墙钢结构节点跨度较大，侧面斜度较大，浪花结构周围场地空间有限、图纸设计采用内部固定，人员需在钢结构腔体内部施工，故选取反吊脚手架进行大面施工。面板收尾处局部采用高空作业车为施工平台。反吊脚手架的原理就是在主体钢结构内侧铺设一层脚手架网格，适当布置剪刀撑，脚手架与钢结构使用连墙件的方式固定。

浪花使用的 300 mm×150 mm×12 mm 钢构多数长度在 7 m 左右，最长 12 m，最大重量 500 kg，铝板多数为 3 m 的板块，各构件的板块较大，因此材料的吊装是个难题。浪花最高点的标高为 55.25 m，但大部分钢构及铝板在标高 40 m 以下，候车层标高为 9.6 m，运输机械在候车层标高位置起吊，最大起吊高度要超过 30 m，因此选用 35 t 吊车与 25 t 吊车相互配合使用，40 m 标高以上钢构使用卷扬机进行吊装(图 4-7-22、图 4-7-23)。

图 4-7-22　安全措施搭设

图 4-7-23　观景平台龙骨装配式吊装

(四)双曲铝板安装

铝板挂接方式可以实现双曲面铝板对节点的多维可调性要求，同时铝板采取与单元板块相同的挂接方式，便于施工，节省工期(图 4-7-24)。

图 4-7-24　浪尖铝板安装

二、背栓式干挂石材墙面施工

红岛站墙面装饰装修为石材墙面及铝板墙面，石材墙面采用背栓式石材干挂。

（一）工艺流程

弹线定位→技术复核→钢骨架制作安装→石材加工→隐蔽验收→石材初步安装→调平调直→最终固定→擦缝清理→成品保护

（二）施工操作要点

1. 弹线定位，技术复核。根据测量放线交底交于的十字主控线和 1 m 标高线，在每根柱子上放好轴线、1 m 标高控制线，走廊地面上放好中轴线。专业工程师填写技术复核申请表，经技术工程师、测量工程师等技术复核合格后，再根据设计图纸的内控尺寸和石材分格排版图，完成面线（地面石材、吊顶）、龙骨分档线等，根据完成面返尺，将返尺数据用书面上报相关专业工程师。

2. 钢骨架加工安装。根据石材完成面线、龙骨分格线，用 M10 化锚固定 300 mm×200 mm×8 mm 后置埋板，墙面上埋板的间距视腰梁而定，柱面上埋板的间距为 3 000 mm，水平方向间距均为不大于 1 200 mm。竖向龙骨采用 80 mm×43 mm×5 mm 热镀锌槽，槽钢与钢埋板采用槽钢连接件焊接连接。横向龙骨常采用 50 mm×50 mm×5 mm 热镀锌角钢，热镀锌角钢安装前，在角钢上钻眼，石材背栓眼的位置为：水平向为 160 mm，竖直向为 150 mm。然后与槽钢焊接连接。

3. 石材安装。干挂石材按照下单图纸加工并编号，在石材厂固定干挂件，石材安装前，按编号预排。石材从最下层开始依次向上安装，石材初次定位，墙面上挂水平、竖直位置线，调整挂件以控制石材的垂直度、水平度，竖向、横向平整度达到要求后，拧紧干挂件上的螺栓使石材准确定位。消防箱位置的石材面板安装，暗门骨架单独用 50 mm×50 mm×5 mm 镀锌角钢焊接安装，石材安装完成后保证暗门开启角度不小于 120°。

（三）背栓式干挂石材施工方法优点

1. 施工效率高；

2. 有效降低行车振动对墙面带来的影响。

三、铝板幕墙密拼设计施工

传统的密拼铝板幕墙主要采用加长转接件角码的方式插接拼装完成的，众多的工程经验表明该工艺具有安装方便、施工简单的特点，但也有如下缺点：现场平整度不好控制，施工完成后，铝板接缝处容易凹凸不平，影响建筑设计的表达效果，不满足建筑设计的设计要求；现场施工对龙骨精度要求高，现场实际情况下龙骨焊接对龙骨的变形影响很大，造成了龙骨完成后变形严重，增加了铝板安装的难度。

红岛站施工通过两种新型密拼开缝铝板系统的设计实例分析密拼铝板幕墙体系。

（一）铝单板板块挂接

将 3 mm 铝单板板块通过铝合金角码转接挂接在铝板龙骨上，如图 4-7-25 所示。

这个系统采用在铝板折边处冲孔的方法，如图 4-7-26 所示，通过铝合金角码插入铝板折边冲孔位置连接，铝合金角码与铝板龙骨连接的方式挂接。

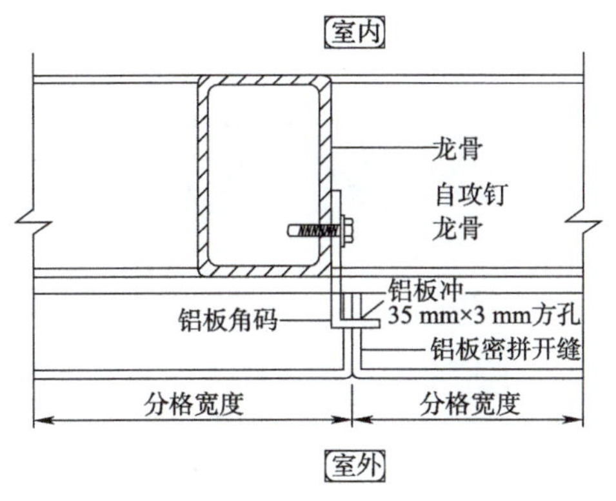

图 4-7-25　铝合金角码转接挂接

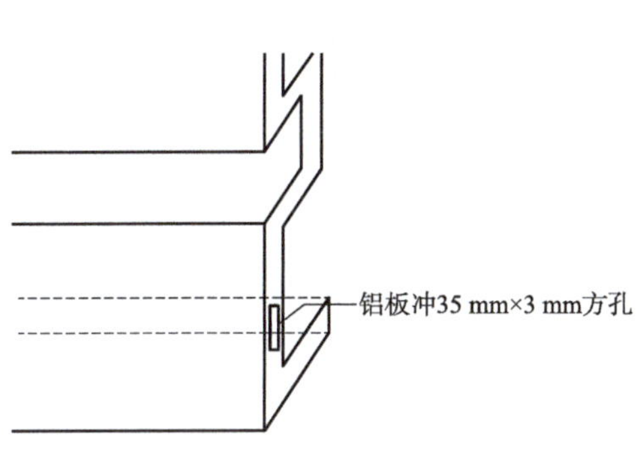

图 4-7-26　铝板冲 35 mm×3 mm 方孔

铝合金角码采用 2.5 mm 厚铝合金定制加工，居中开 6 mm×20 mm 腰孔，如图 4-7-27 所示，便于现场根据实际放线情况随时调节铝板，即保证了铝板平整度，又便于现场安装调节。铝合金角码通过自攻钉与铝板龙骨连接，安装简单、牢固可靠。

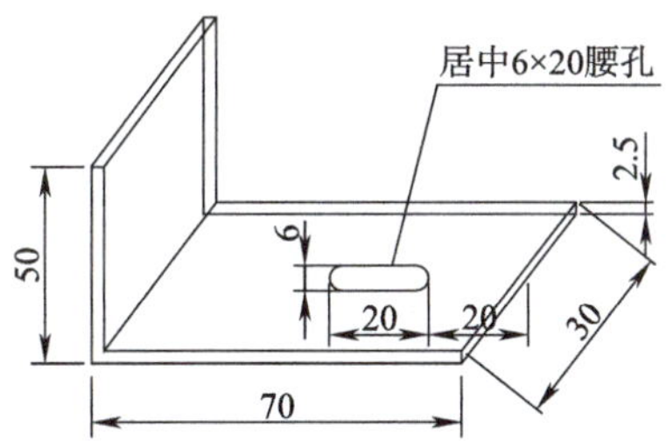

图 4-7-27　居中开 6×20 腰孔(单位:mm)

铝板通过折边处冲孔 35 mm×3 mm 方孔与铝合金角码连接，施工方便简单，通过铝板间的紧密结合及根据设计要求有顺序的安装，安装完成后铝板牢固稳定都符合规范要求。

(二)铝板钥匙孔式挂接

铝板钥匙孔式挂接方式，采用铝板开孔与定制螺栓挂接的方式连接，连结方式如图 4-7-28 所示。

板块 1 铝板折边通过自攻钉与铝板龙骨连接，连结方式如图 4-7-29 所示。

如图 4-7-30、图 4-7-31 所示，折边处开钥匙孔型挂孔，板块 2 铝板通过冲 $\phi 6.5$ mm 孔与特制螺丝连接，在板块 1 安装完成后，板块 2 通过挂接方式与板块 1 连接成一个整体，并通过板块 2 垂直自重的力达到安装牢固平整度高的要求。

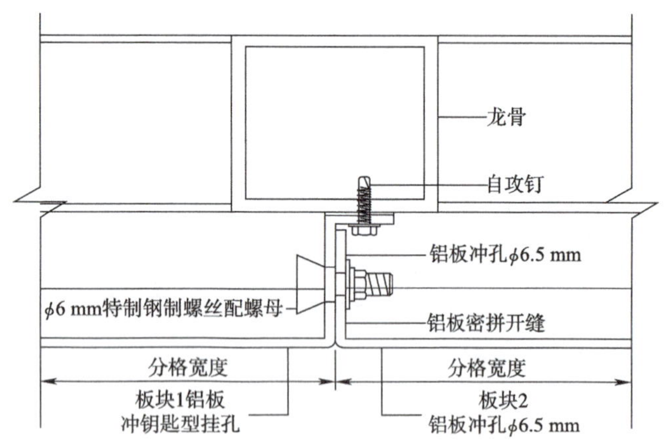

图 4-7-28　铝板开孔与定制螺栓挂接

图 4-7-29　自攻钉与铝板龙骨连接

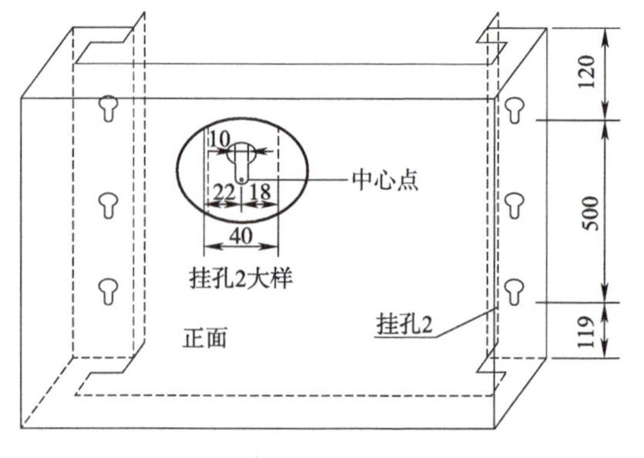

图 4-7-30　钥匙孔型挂孔

（单位：mm）

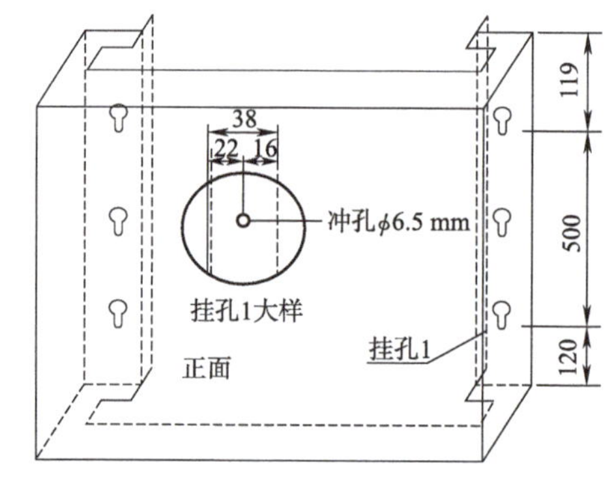

图 4-7-31　板块 2 铝板通过冲 ϕ6.5 孔与特制螺丝连接（单位：mm）

（三）密拼铝板幕墙体系优点

1. 施工效率高，铝板安装快；

2. 材料完整性好，装饰效果及安装质量好；

3. 解决了传统工艺铝板伸缩缝隙宽度尺寸难于控制、累积变形过大的关键技术难题，有良好的经济效益和综合效益。

第五节　主体钢结构工程施工

一、钢结构工程概况

红岛站站房项目钢结构主要为承轨层（−2.900 m）上部结构，钢柱从承轨层−1.7 m 钢管柱开始，主要由钢管柱、箱型平面桁架、钢梁、屋盖管桁架及南北站房入口浪花结构组成，总用钢量约 3.7 万 t。主站房钢结构如图 4-7-32 所示。

南北站房钢结构主要由钢管柱、箱型柱、箱型平面桁架、钢梁和浪花空间桁架组成，结构复杂，总用钢量约 1.3 万 t。南北站房钢结构及结构立面如图 4-7-32～图 4-7-34 所示。

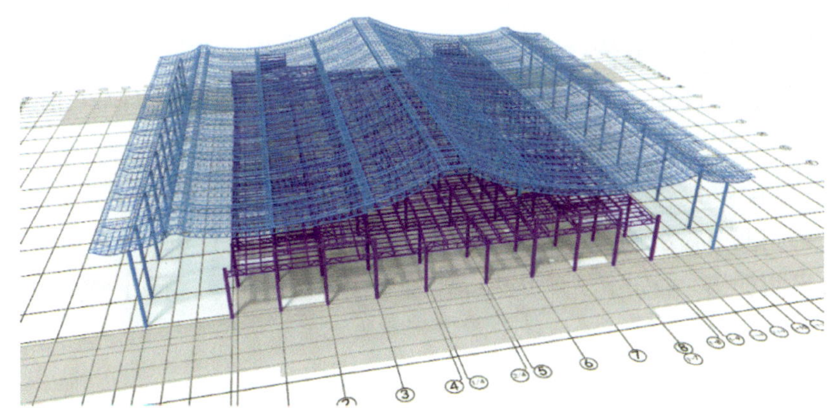

图 4-7-32 主站房钢结构示意图

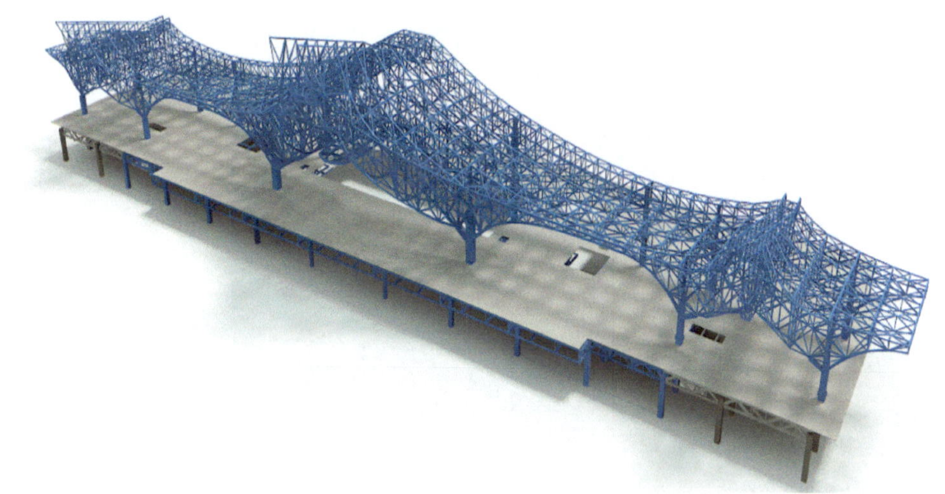

图 4-7-33 南北站房钢结构效果图

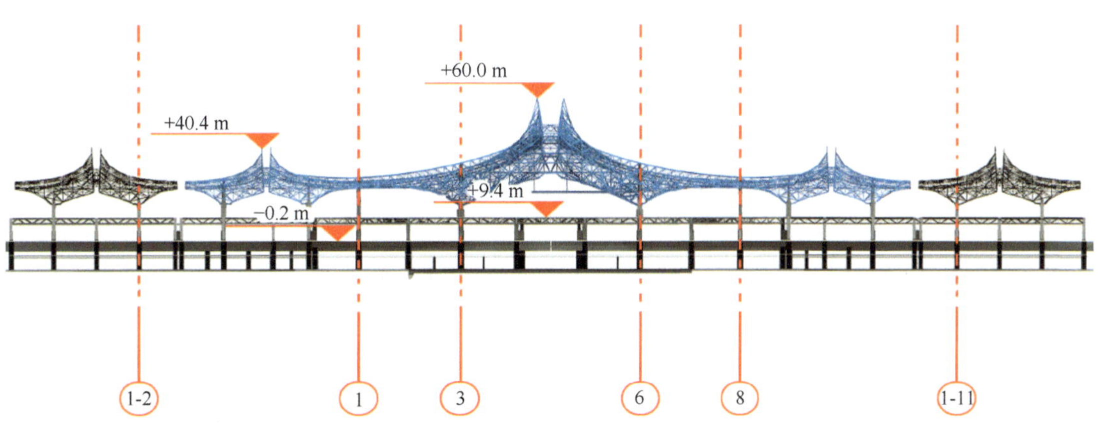

图 4-7-34 结构立面图

二、钢结构施工思路概述

1. 根据整个站房工程施工的总体部署以及总体施工进度的要求，候车层和屋盖被划分为两个独立立体空间对称同步施工。

根据结构自身特征、施工工期、现场施工条件以及大型行走式塔吊、履带吊的市场情况，通过综合对比分析，确定站房钢结构吊装的总体方案为：采用多台大型行走式塔吊（履带吊配合）、分区对称向南北退步行走、分单元逐层吊装到位的吊装方案，即以J轴为中心，南北两区从中心向两侧同步流水施工。

南北两个区各布置3台行走式塔吊，先安装南侧正线桥，然后6台塔吊从J轴开始向南北两侧立体分区分单元退位流水施工，候车层领先屋盖一个施工单元，最后西侧塔吊拆除中间塔吊，最后利用汽车吊拆除靠结构外侧的塔吊，并安装相应的结构。行走式塔吊布置如图4-7-35所示。

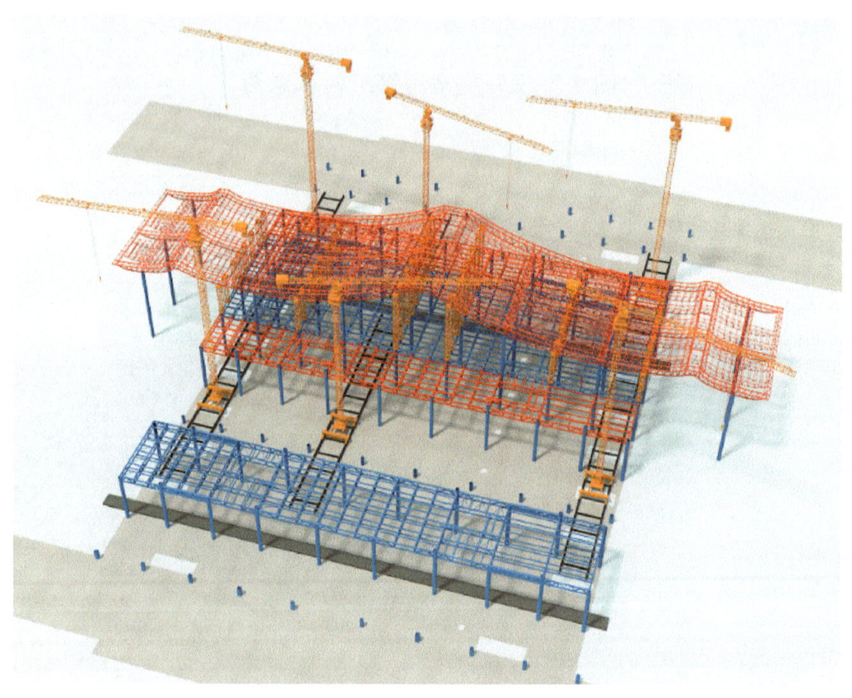

图4-7-35 行走式塔吊布置示意图

(1)实施分阶段施工：根据站房工程结构型式总体上将整个钢结构工程划分为候车层和屋盖两大阶段来组织实施，两部分结构体系基本相似，施工方法的选择基本相同。

(2)实施平面分区施工：钢结构分布面积大，根据工期要求各分区同步施工，有利于与混凝土及装饰幕墙等专业进行相应的分区穿插施工，保证项目工期。

(3)采取高效、安全的安装作业方式：采用起重能力大、机动性好的吊装机械实施机械化吊装作业，提高安装效率。

(4)合理实施分段、分单元安装：对钢管柱和平面箱形桁架等主要构件进行合理分段，以降低钢结构制作、运输、安装的难度。同时对屋盖管桁架进行分区分单元拼装，提高安装效率，减少高空作业。

(5)充分保证与相关工程施工的衔接与协调：全面考虑正线桥铺轨、东西落客平台以及站台等，在施工总平面布置、施工顺序、进度节点等方面做好充分衔接和协调。

2.对于南北站房结构，根据结构自身特征、施工工期、现场施工条件以及大型行走式塔吊、履带吊的市场情况，通过综合对比分析，确定南北站房钢结构吊装的总体方案。

采用两台大型行走式塔吊分层对称施工，即南北站房两个区在站台层各设置2台行走式塔吊，先安装候车层钢结构，然后利用候车层楼面作为拼装场地安装浪花钢结构，最后利用汽车吊拆除塔吊，并安装相应的结构。南北站房塔吊布置如图 4-7-36 所示。

图 4-7-36　南北站房塔吊布置示意图

三、钢结构施工总流程

钢结构施工总流程如图 4-7-37 所示。

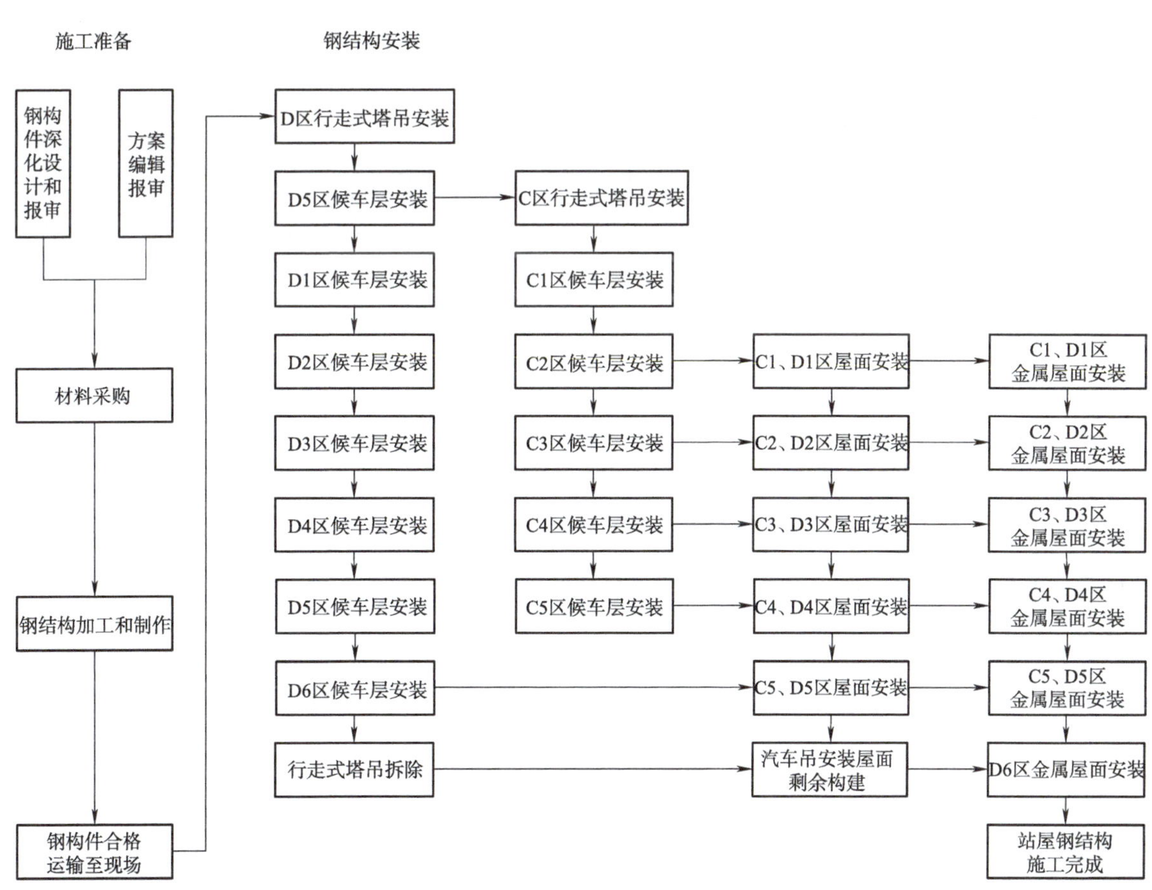

图 4-7-37　钢结构施工总流程图

四、主要分项工程施工安排

(一)主体钢结构吊装作业

主体钢结构吊装的工序内容主要包括塔吊移位、构件现场卸货、起吊、就位、固定、测量校正、高强度螺栓施工,以及临时技措等的施工,以南北向设计轴线间距为一个吊装单元,其总体作业线路安排为:塔吊移位→构件配套→第一节钢柱和临时支撑吊装、校正和固定→候车层桁架吊装、固定→旅服夹层和临时支撑吊装、固定→屋盖管桁架场内拼装、运输→屋盖吊装、校正和固定,在上述线路间还适时穿插进行钢管柱内混凝土浇筑和部分焊接工作。

(二)主体钢结构焊接作业

根据结构特征,结合吊装顺序,一个安装单元的主体钢结构焊接的总体作业线路安排为:焊接准备→站台层柱与承轨层柱焊接→候车层桁架与桁架、桁架与柱、柱与柱等焊接→商业夹层梁与柱、柱与柱焊接→屋盖桁架与桁架、桁架与檩条焊接,其间适时穿插预后热、探伤、返修等工作。

(三)候车层、商业夹层次梁、压型钢板安装作业

候车层次梁、压型钢板等安装施工,总体作业线路安排为:次梁安装→压型钢板铺设→栓钉焊接→移交楼板混凝土施工,待候车层楼板混凝土分段浇筑完成后,开始分段进行候车层防腐、防火涂料的施工。

五、钢柱安装

站房区域钢柱主要分为圆管柱和方管柱,位于P轴至C轴和1-3至1-10轴线交叉的轴网内,主要用于支撑高架候车层桁架和屋面管桁架。钢柱截面型式分为1 100 mm×1 100 mm×50 mm、1 300 mm×1 300 mm×50 mm、1 300 mm×1 300 mm×80 mm、1 300 mm×1 300 mm×100 mm、1 400 mm×1 400 mm×50 mm。底标高为−1.7 m(地下结构承轨层−2.9 m预留1.2 m安装高度),高架候车层标高为9.3 m(部分钢柱收头),屋面标高为20.7 m、21.4 m、26.4 m(部分钢柱延伸至屋面)。站房钢柱材质为Q420GJC。

站房钢柱安装主要使用6台行走式塔吊(1、3、4、6号为ZSC1200,臂长70 m;2、5号为ZSC800,臂长50 m)安装。根据行走式塔吊吊装工况和行走路线的分析,结合钢结构制作、运输及现场安装,将钢柱分为4个施工段进行安装,行走式塔吊行至相应轴线位置安装。

施工段1:南侧正线桥以南C轴钢柱,使用1~3号塔吊安装。

施工段2:南侧正线桥以北,北侧正线桥以南D、E、F、G、H、J轴钢柱安装,使用1~3号塔吊安装。

施工段3:北侧正线桥以北K、L、M、N轴钢柱安装,使用4~6号塔吊安装。

施工段4:北侧正线桥以北P轴钢柱安装,使用4~6号塔吊安装。

钢柱施工段分布示意图如图4-7-38所示。

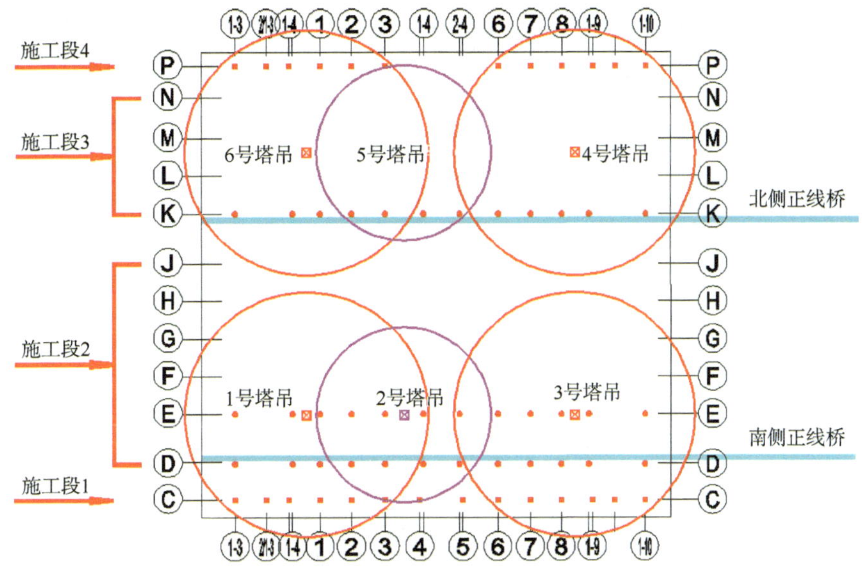

图 4-7-38　钢柱施工段分布示意图

六、主吊装机械类型

由于工期紧，体量大，施工单位投入了大量的机械设备，以满足钢结构吊装要求。其中大型机械包括汽车吊、履带吊、行走式塔吊等吊装机械。

1. 基于站房钢结构分布面积大、构件数量多、构件规格大、单件重量重、施工工期紧等诸多特点，采用起重能力大、机动性好的行走式塔吊或履带吊来实施机械化吊装作业。同时为了满足钢构件吊装的效率和操作安全性等方面要求，采用行走式塔吊作为候车层和屋盖钢结构吊装的主吊装机械。

2. 由于站房钢结构工程分布面积大(南北长 248 m、东西宽 265 m)，而且单件重量普遍较重。同时，紧靠站房雨棚与站房结构施工同时处于平行的抢工状态，显然不适合在站房界外设置塔吊，因此，在站房界内设置行走式塔吊和履带吊，以及主要钢构件运输道路，在外侧设置辅助钢构件运输道路，来实施站房钢结构吊装。

3. 由于钢柱生根于－2.900 m 标高，因此在承轨层顶板结构施工基本完成后，才开始实施钢结构吊装。其结构特征以及施工状况具有如下特点：承轨层需承受高速列车的荷载，其结构特征和承载能力具备在其上设置行走式塔吊的条件。

4. 依据上述分析，塔吊设置方式为六台塔吊对称设置方案：充分利用承轨层结构的特征及其承载能力，在 1～1-5 轴线间的地铁结构顶板上、3～4 轴线间、8～8-1 轴线间的承轨层上各设两台塔吊，即在南北两侧向各设置 3 台塔吊，如图 4-7-39、图 4-7-40 所示。此状态下塔吊的最大起重能力需达 1 200 t·m 左右。

七、屋面系统抗风性能

红岛站金属屋面同与其他火车站建设工程的金属屋面相比标高较高，且金属屋面为双曲面造型，屋面檐口周边风荷载较为集中区域，极易受到强风破坏。天沟局部屋面板断面斜切，为抗风薄弱环节，采取了如下加固措施。

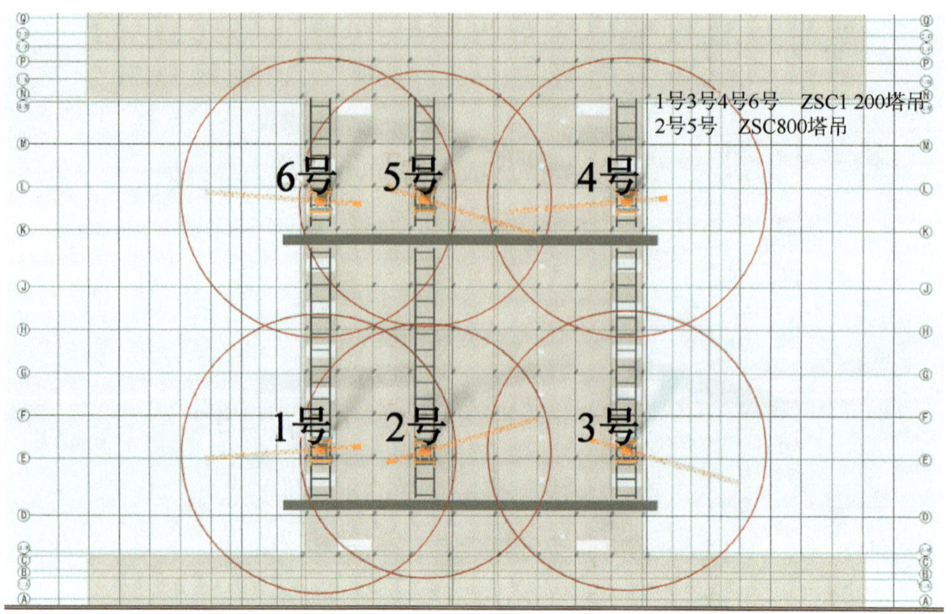

图 4-7-39 六台行走式塔吊吊装方案平面示意图

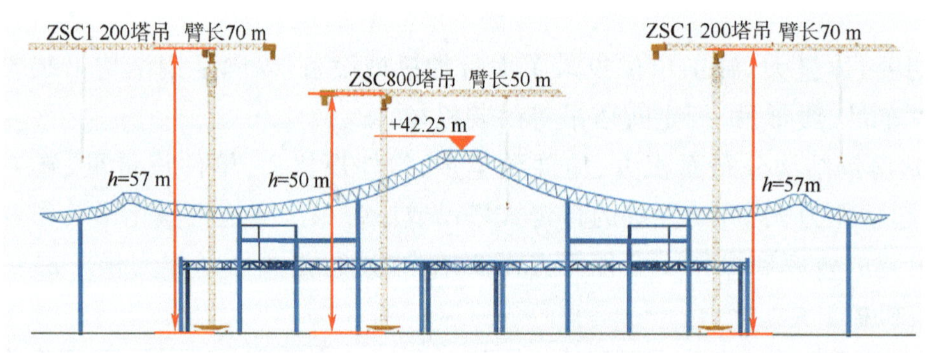

图 4-7-40 塔吊立面布置图

1. 对屋面檐口大小浪花区域钢骨架进行加大加厚处理，同时对此部位屋面铝支座进行加密处理。

2. 天沟处收口、咬合的薄弱点极易被强风撕裂，因此对此区域的屋面板进行了多次收边咬合，确保此部位屋面板咬口紧密，且咬合完毕后马上进行端部抗风件的固定，确保形成整体抗风。屋面天沟处为抗风薄弱处，此处用抗风夹和铝支座加密，并用铝圆筒连接，加强此处的抗风能力，如图 4-7-41 所示。

3. 对于屋脊处屋面板的部位，由于屋面板到屋脊处断开，这些部位极易被强风撕裂，故采取了加固措施。采用板端部设置螺栓固定的方法，确保此部位抗风能力。整个屋面屋脊或天窗及天沟等抗风薄弱处，均用铝圆筒抗风夹连接，确保抗风强度及整体抗风，如图 4-7-42 所示。

4. 为了加强屋面整体的抗风性能，结合以往施工经验，在屋面板端部每个支座处安装了一套防风夹。

图 4-7-41　天沟收口、咬合处多次收边咬合

图 4-7-42　铝圆筒抗风夹示意图

第六节　采暖与通风施工

一、暖通工程主要内容

济青高铁采暖通风工程包括:站房候车厅高大空间分体式屋顶式热泵型空调机组及整体式屋顶式热泵型空调机组的集中空调系统;旅客服务、售票厅、售票室、办公等区域的变制冷剂流量多联分体式空调系统;设备机房独立控制且 24 h 不间断工作的机房专用空调系统;变配电室、设备用房等的通风系统以及站房内的防排烟系统。通风与空调系统的节能设计,在充分体现可持续发展思想的同时,选用了最经济合理、先进、成熟、可靠的技术。

二、空调风系统的安装

(一)风管管材

排烟管道采用镀锌钢板制作,镀锌钢板厚度不小于《通风与空调工程施工质量验收规范》(GB 50243—2002)中的规定,用于排烟系统的管道厚度按中、低压系统选用。空调系统风管采用单面彩钢酚醛复合风管,防火等级不燃 A 级。

(二)风管制作工艺流程(图 4-7-43)

(三)风管的安装

风管安装按先主管、后支管、再立管的顺序进行。安装前把风管内外表面的污物清除干净。调节阀及防火阀单独设置支吊架。每条风管至少设置 2 个防摆动的固定支架。安装后的风管表面平整,不错位及扭曲。穿越沉降缝或变形缝的风管两侧,以及与通风机进、出口相连处,设置长度为 200 mm 的防火软接;软接的接口牢固、严密,在软接处禁止变径。

(四)消声器的安装

1. 消声器外表面平整,无明显的划痕及锈蚀。

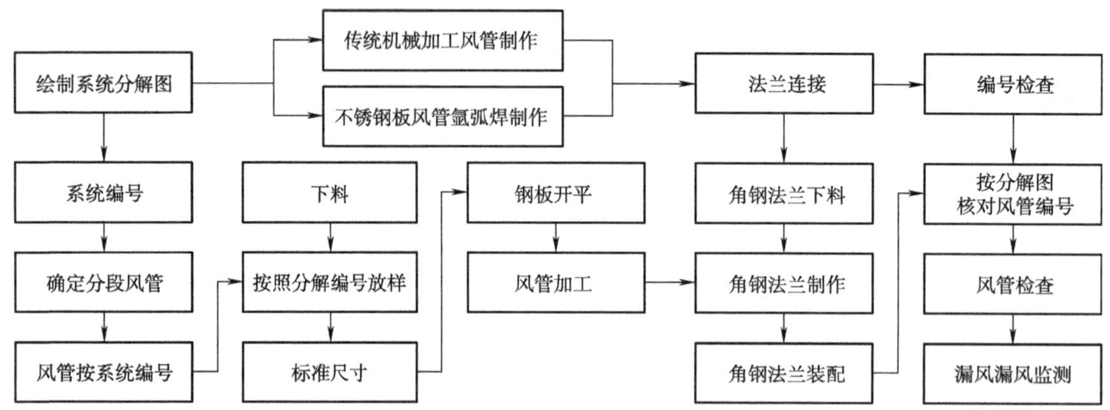

图 4-7-43　风管制作工艺流程图

2. 吸声片外包玻纤布平整无破损，两端设置的导风条完好。

3. 紧固消声器部件的螺钉分布均匀，接缝平整，不得松动、脱落。

4. 穿孔板表面清洁，无锈蚀及孔洞堵塞。

5. 消声器安装的方向正确，不得损坏和受潮。

6. 消声器单独设支架，其重量不得由风管承受。

（五）风阀的安装

1. 安装各类风阀时，其外观质量和动作灵活性、可靠性检验合格后方能安装，并务必保证阀体上的箭头标志方向与气流方向一致。

2. 风阀设单独支吊架，安装方向正确，一经作用，能顺气流方向自行严密关闭。防火分区隔墙两侧的防火阀，距墙表面不大于 200 mm，且防火阀与墙（板）之间的风管用 50 mm 厚铝箔饰面离心玻璃棉板保温隔热。在吊顶内的防火阀、排烟阀以下留检查口。

3. 与防火阀连接的过墙（楼板）风管，设预埋管。

4. 风管止回阀安装时，保证其叶片吹起时有足够的直管段长度，确保叶片不受挡，不卡住，平衡杆活动不受阻挡。

（六）风口的安装

风口与风管的连接需严密、牢固，与装饰面相紧贴；表面平整、不变形，调节灵活可靠。同一厅室、房间内的相同风口的安装高度一致，排列整齐。

（七）风管的保温

空调风管、新风空调器风管采用彩钢复合风管，防火等级不燃 A 级，复合风管外侧为经流水线一次性复合的高温烤涂漆处理的彩钢板，外表面颜色满足装修要求，一般为亚光深灰色，内侧为复合特殊经高温镀膜防腐抗氧化的压花纯铝箔，中间为特殊改性高密度酚醛保温材料，厚度 20 mm，导热系数不大于 0.025 W/(m·K)，风管最小热阻 0.8 m^2·K/W，采用铝合金断桥法兰连接。

三、防排烟系统安装

（一）防排烟系统风管的选材

用于排烟系统的管道采用镀锌钢板制作，板厚按《通风与空调工程施工质量验收规范》（GB 50243—2002）中低压系统执行。

(二)防火排烟阀的安装

防火阀、排烟阀设单独支吊架,安装方向正确,一经作用,能顺气流方向自行严密关闭。防火分区隔墙两侧的防火阀,距墙表面不大于200 mm,且防火阀与墙(板)之间的风管用50 mm厚铝箔饰面离心玻璃棉板(容重为48 kg/m^3)保温隔热。排烟阀的手动开启装置,就近安装在墙(柱)面上,安装高度1.5 m。

(三)风机的安装

排烟风机(排风兼排烟风机)保证在280 ℃时能连续工作30 min,所有用于防、排烟系统(排风兼排烟系统)的设备、配件及材料均达到相应的防火等级。

排烟风机(排风兼排烟风机)安装前均在结构施工时预埋钢构件用于安装时支吊架的连接并使用减振吊架。

四、多联空调系统的安装

(一)室内机、室外机的安装

1. 吊装的室内机吊杆采用ϕ10 mm圆钢,并保证有一定的长度调节余地。吊装的室内机吊环下侧采用双螺母进行固定。当吊顶不可拆时,室内机接管侧以下的吊顶处预留一个尺寸不小于450 cm×450 cm的检修口。

2. 室内机安装步骤:确定安装位置→划线标位→打膨胀螺栓→吊装室内机。

3. 室外机基础采用混凝土基础,待核对招标所订设备基础尺寸无误再浇筑,并满足以下要求:

(1)室外机基础在屋面防水和保温完成前制作。

(2)室外机安装时,基础周围已做好排水沟。

(3)室外机与室外机之间、室外机与构筑物之间的间距要求,满足招标所订设备技术资料的规定。

(二)冷媒管支吊架

支吊架做法参见国标《室内热力管道支吊架》(95R402)。

1. 水平吊架间距:铜管外径$d<12.7$ mm,最大间距1.2 m;铜管外径$d\geqslant 12.7$ mm,最大间距1.5 m。

2. 立管进行卡固,卡固时把液管和气管分开进行固定,卡箍距离为1～2 m。

3. 当液管和气管共同吊装,以液管尺寸为准;铜管系统和水管系统分开吊装。

(三)保　　温

冷媒管、冷凝水管采用难燃B1级橡塑保温材料保温,其导热系数在平均温度为0℃时不大于0.035W/(m·K)。冷媒管保温厚度为:室内管道$d\leqslant\phi 12.7$ mm,$\delta=15$ mm;$d\geqslant\phi 15.88$ mm,$\delta=20$ mm。室外冷媒管道保温厚度增加10 mm,外缠稀松布,外涂3层防晒漆。冷凝水管保温厚度为10 mm。

五、屋面空调机组安装

施工时按先大型后小型,先里后外,先特殊后一般的施工顺序施工,并优先考虑位置特殊、安装工作量大的设备。根据工程设备布局量多、面广的特点,为了保证工程质量及缩短工期要求，施工时根据土建施工进度进行施工。

1. 开箱检查。认真核对组合式空调器的名称、型号和规格，核对装箱清单、设备说明书，产品质量合格证书与产品性能检测报告等随机文件。检查组合式空调器及其零部件有无变形、损坏、锈蚀、缺失等问题，检查叶轮与外壳有无擦碰、摩擦。

2. 基础验收。组合式空调器的基础与设备基础要求对应，标高和形式符合设计要求。

3. 机组安装。组合式空调机组安装时，检查各功能段的排列顺序与设计图纸是否相符；各功能段之间连接严密；机组安装平直，检查门开启灵活，并能锁紧；机组内清扫干净；空气过滤器和空气热交换器翅片清洁完整。当机组进气温度低于冰点运行时，设防止盘管冻裂措施。

4. 机组的检测装置。机组内设置必要的风温湿度检测装置，过滤器设置压差检测装置。

第七节　给排水工程施工

一、给排水工程主要内容

济青高铁给排水工程包括：站房红线范围内的室外给排水及雨水系统、室外消火栓系统、站房内生活给水系统、生活排水系统、室内消火栓系统、自动喷淋灭火系统、固定消防水炮灭火系统、气体灭火系统、灭火器配置系统、屋面雨水排水系统等。

二、给排水工程施工

生活给水系统采用钢塑管丝接或者卡箍连接；地下层污废水排水管采用压力排水；雨水系统采用虹吸和重力流排水方式，站房钢预应力钢结构屋面雨水采用虹吸排水，其他采用重力流雨水排水系统；排水采用雨、污分流排水系统；雨水、污水经管道汇流后进入城市排水系统；消防给水系统采用镀锌钢管丝接或者卡箍连接。施工主要过程如下：

（一）核准预留预埋位置

认真核对施工图，确定预留孔洞、预埋件的坐标、标高和尺寸，并符合规范和设计要求，避免交叉。如发现问题，专业人员与土建技术人员进行沟通及时联系设计协商解决。

（二）给水管道安装

管道安装前清除内部污垢、杂物，安装中断或完工的敞口处临时封堵，以免堵塞；管道安装符合施工图纸、施工验收规范、规程、规定和质量检验评定标准的要求；管道连接严密、固定牢固；立管安装要垂直。

管道安装过程中，如遇到交叉换位时遵循如下原则：一般是小管径让大管径管道，常温管道让高温或低温管道，有压管道让无压管道。

给水、压力排水、消防用钢塑管、镀锌钢管直径小于或等于 80 mm 时，采用丝接。管径大于 80 mm 时，采用卡箍连接。

支吊架连接采用焊接方法，焊接要求符合焊接的质量标准。对同一直线上的支吊架采用同一规格，对同层管道支吊架安装时，除要求坡度外，支吊架底线保持同一平面。支吊架制作好后要进行除锈和防腐处理并按要求刷面漆。

（三）室外排水管道安装

室外排水管道采用 HDPE 双壁波纹管，胶圈密封承插连接，管道施工前根据管道埋深及坡度挖好管沟，然后垫层处理，铺设细砂，局部地质条件差的部位要及时更换土质，并对回填部分进行夯实。管道坡度完成后，下管安装，安装完成后管道上部再铺设细砂，然后根据规范要求分层回填，并夯实。

检查井采用砖砌，按照施工图纸合理布置，井底按规范要求做好导流槽，井底及井壁内外抹灰均匀，严禁渗水漏水，并预留好爬梯；井盖根据装饰装修排版，统一定做安装。

（四）消防系统安装

1. 消火栓的安装

消火栓的栓口朝外，不安装在门轴一侧，其箱体安装的垂直度符合要求。安装消火栓其阀门距地面、箱壁的尺寸符合施工规范的规定，水龙带与消火栓和快速接头的绑扎紧密，并卷折挂在托盘或支架上，消防水枪竖放在箱体内侧，自救式水枪和软管放在挂卡上。暗装消火栓栓口根部用水泥砂浆填塞、抹平，不得污染消火栓箱箱体。

消火栓箱按设计要求标高固定在墙面上或墙洞内，要求箱底横平竖直固定牢固，对暗装消火栓箱，将消火栓箱门预留在装饰墙面的外部。单出口消火栓箱的水平支管，从箱的端部经箱底由下而上引入，栓口朝外。

消火栓在不违反规范规定的情况下，公共区域消火栓的安装配合装饰装修排版，做到简洁、美观。

2. 喷洒头安装

吊顶内净空大于 800 mm 且有可燃物，按照施工图要求，设置上下喷头，上下喷头的型号和规格根据设计选择。各层平面图中所绘喷头定位，为下喷头位置，上喷头根据吊顶情况避开各类设备管道安装。喷淋头安装，有吊顶的下喷头带装饰盘；装饰盘与吊顶平，装在吊顶内的上喷头距楼板 100～150 mm。在宽度大于 1.2 m 的风管下增设喷头。

自动喷淋灭火系统，在不违反规范规定的情况下，喷淋头的安装尽量配合装饰装修排版，做到简洁、美观。

3. 消防水炮安装

部分站房设置了固定消防水炮灭火系统，其管道安装时，支架布置在预应力钢结构链接球上，支架形式合理。水炮安装时，支架牢固，并增设固定支架，防止水炮喷水时巨大的反冲力造成水炮移位甚至脱落，安装时尽量配合装饰装修，确定消防水炮安装位置。

（五）气体灭火系统

部分站房“四电”设备用房灭火主要包括柜式无管网气体灭火系统和悬挂式超细干粉灭火器。其中无管网柜式气体灭火主要安装在信息、信号及通信设备用房内，根据机柜的安装位置合理布置，气体喷洒口朝向机柜，柜体安装牢固、平稳。悬挂式超细干粉安装在信息设备间，安装时吊杆需稳定牢靠，且根据信息设备位置选择安装部位，尽量安装在信息设备的正上方，增大有效保护面积。

（六）虹吸式雨水管安装

部分站房虹吸式雨水系统用不锈钢雨水斗收集雨水，管材采用虹吸雨水专用 HDPE 管道，电热熔连接，经管道收集后排入室外雨水管网，并最终排至市政管网。

虹吸雨水斗的安装按技术规程的要求安装，达到虹吸的作用。在天沟内安装雨水斗时注意雨水沟周边与天沟的焊接，确保雨水斗周围不漏水。管道安装时简洁美观，支架布置合理。

(七)阀门安装

阀门安装前首先仔细检查核对型号与规格是否符合设计要求。先清洗、研磨，以保证阀门安装后开启自如、关闭严密。低压阀门从每批中抽查 10%(至少一个)，进行强度和严密性试验。若有不合格，再抽查 20%，如仍有不合格则需逐个检查，并填写有关表格。用洁净水进行强度和严密性试验。试验压力为公称压力的 1.5 倍，以阀瓣密封面不漏为合格。不合格的不得安装。

三、给排水系统检测和调试

(一)压力管道系统试验

管道安装完毕，在检查后进行压力测试。水压试验步骤为:先打开高处排气阀，向管路灌水，待水满后，关闭排气阀和进水阀，用试压泵加压，分 2～3 次加至试验压力，停压 60 min，在 15 min 内压降不大于 0.05 MPa，并且管道附件、接口无渗漏。然后，将管道压力降至系统的工作压力，保压 120 min，检查管道、接口无裂缝、无渗漏为合格。试压时不得带压修补，各层、各区试压合格后，系统整体试压时，只需将整个系统管路加压至系统工作压力，检查整个系统管路、附件、接口无渗漏为合格。试压结束后，将系统的水放干净。放水时有组织的集中排放至户外排水井，未出现到处乱排现象，避免对装修成品造成破坏。

(二)重力流管道系统试验

重力流管道试验主要包括排水管道的灌水、通水、通球试验及室外埋地管道的满水试验。室内排水管在隐蔽前做灌水试验，灌水高度不低于底层卫生器具的上边缘，灌水到满水 15 min，水面下降后再灌满观察 5 min，液面不降，接口无渗漏为合格。雨水管道灌水高度达到立管上部的雨水斗，观察 1 h，液面不降为合格。通球试验时，通球球径不小于管径的三分之二，通球率 100%为合格。室外排水管以检查井分段灌水试验，试验水头是上游检查井管道管顶 1.0 m 水头，时间不少于 120 min，液面不降合格。

(三)水泵的调试

水泵调试前检查电动机的转向是否与水泵的转向一致、各固定连接部位有无松动、各指示仪表、安全保护装置及电控装置是否灵敏、准确可靠。水泵在运转时，转子及各运动部件运转应正常，无异常声响和摩擦现象，附属系统运转正常，管道连接牢固无渗漏，运转过程中还测试轴承的温升，其温升符合规范要求。

水泵试运转结束后，将水泵出入口的阀门和附属管路系统的阀门关闭，将泵内的积水排干净，防止锈蚀。

第八章　通 信 工 程

第一节　工 程 概 况

济青高铁通信专业主要工程内容包括:沿线路两侧槽道内敷设长途通信光缆线路工程;区间基站、中继站、直放站、牵引变电所亭、箱式变电所、视频采集点、警务区、给水所等的光、电缆线路。沿线各站地区和站场通信线路。济南通信中心、济南通信站、青岛通信站、沿线各车站、维修车间及工区、区间各信号中继站、无线基站、牵引变电所、AT 所、分区所、电力变配电所、警务区、公安派出所等处通信各子系统(传输系统、电话交换及接入系统、数据通信系统、专用移动通信系统、调度通信系统、会议电视系统、应急通信系统、时钟及时间同步系统、通信电源、电源及环境监控系统、综合视频监控系统、通信防雷等系统设备等)。车站、段(所)信号楼、维修车间、维修工区、35/10 kV 变配电所、公安派出所、各生活配套房屋等综合布线系统。济南西站、济南通信站及济南枢纽内相关节点、青岛通信站及青岛枢纽内相关节点、淄博工务段既有传输接入、交换等设备与济青高铁新设设备的互联,既有传输、交换设备的扩容。济青高铁接入济南调度所相关工程。既有济南调度所 GSM-R 系统核心网系统扩容工程。配合信号 RBC 无线闭塞系统、列控系统、客服信息系统接口、电力供电系统接口,联调联试。

第二节　通信工程施工方案

为贯彻执行济青公司"管理达标及三项工程建设"的要求,实现"四电"工程按绣花工程建设的目标,施工单位将人员培训作为重中之重,力求技术标准全面统一;成立引领绣花工程建设的海港劳模创新工作室,攻坚克难,定标定样,提高工艺标准;以"绣样要新,下针有神,落针要美"为核心,制定详细可行的施工方案。通过开展"匠心筑梦花耀济青"的主题活动,将绣花工艺和工匠精神传递给每一位参建员工,同时举办了一系列针对关键技术标准、关键工艺要求、操作流程等关键工序的重点培训和专项培训。施工单位借鉴历来高铁建设的成功经验,以实施性施工组织设计为依托,编制了"绣样图册"、首件施工方案、作业指导书以及绣花工程实施方案等,主要工序施工方案如下。

一、光电缆线路工程施工方案简述

以批准的施工设计图为依据进行路径复测和线路核查工作。主要核查光电缆径路(槽道)上光电缆的过轨、上下桥位置及特殊地段情况,沿线各站点的通信接入点、信号接入点以及信息采集点的光纤接入需要(光缆引入)。

核查单盘光电缆的物理、机械性能及特性指标是否满足设计及施工规范要求。光缆测试采用背向散射法,即利用光时域反射仪(OTDR)进行测试。

光缆上下桥方式:光缆上、下桥时,采用密封电缆槽道内加爬架的方式固定光电缆;桥上及桥下端点采用光电缆槽平稳过渡，过渡光电缆槽坡度不宜过大，保证光电缆的最小弯曲需要。

区间光缆人工敷设，敷设劳力以每人 10～15 m 的距离间隔依次抬放，向区间另一方向前进，间隔 20～25 m 处放置滑轮减小摩擦，避免出现“背扣”和“浪涌”现象。

区间每 500 m 预留 3～5 m，路基地段预留在通信电缆井内，桥梁、隧道地段采用 S 形预留在电缆槽道内。

桥上光电缆采用镀锌钢槽引下，为防止线缆被盗或人为破坏，对距地 2.5 m 范围内爬槽进行水泥包封。

基站电缆井内通过增加光缆绝缘节支架、防雷汇流排、光电缆盘留架使井内线缆走线整齐明了。

二、无线铁塔施工方案简述

铁塔基础尺寸及塔靴安置位置符合设计要求，基础打在坚实地基上。浇灌基础前打好铁塔地网，防雷接地电阻小于 4 Ω。基础混凝土所用原材料等级符合设计要求。基础混凝土的强度符合设计要求，先做混凝土试块送检。基础顶面水平平整，塔靴与基础面紧密贴合，允许水平误差为 3 mm。铁塔塔高、平台位置及方向符合设计规定及如下要求。

1. 铁塔相互连接的主材及其连接板在安装前进行试装。

2. 每一结构单元安装完毕，及时在两个相互垂直的方向用经纬仪验证垂直度并进行校正和固定，单元塔节整体倾斜不得大于节间高的 1‰。

3. 铁塔安装完毕后，用经纬仪测量其垂度不得大于全塔垂高的 1/1 500。

三、设备安装施工方案简述

设备安装时，首先进行首件定标工作，进行样板站安装，确定施工工艺和施工方法，然后按照样板确定的施工工艺、方法培训施工人员，再逐站按样板进行济青高铁全线设备安装工作。

四、联调联试、试运行方案简述

根据整体施工进度安排、通信专业施工特点，减少相互干扰，满足相关专业需要。首先进行铁塔基础制作、铁塔组立、光电缆敷设施工，再进行设备安装调试。建设前期多次组织济南局业务处室、设计、施工和设备厂商研究如何避免沿线既有 GSM-R 网络对系统影响的技术方案，编制出高质量的 GSM-R 编号方案和数据网编号方案，并通过铁总通信中心专家组的审核。通信调试工作首先进行加电及电源系统调试，然后开始传输及接入系统的调试，以便为其他子系统提供通信通道。其他终端通信设备在联合调试前完成安装和调试，达到联调联试试运行条件。联调联试期间，针对 GSM-R 网络电路域数据业务传输干扰时间和无差错传输时间等指标不达标的情况，会同济南局业务处室组织设计、施工、设备厂家多次添乘高速检测列车，分析数据，给出切实有效的调整基站建议，创新性地采用车地联动的方式，即检测列车上专家组对于测试发现的问题实时提出分析思路和工程调整方案，并及时通知地面的施工人员按照解决方案调整天线参数，及时在当天完成解决方案的验证，避免了传统下车后再组织分析调整的弊端，缩短了整改再验证的时间，最终在高速检测列车最后一天的测试中，顺利通过联调联试各项指标测试。

第三节　主要工程施工工艺及方法

一、设备安装

机房设备安装中采用的 BIM 技术及二维码信息应用。

济青高铁通信设备安装工程中采用了建筑信息模型(BIM)技术，经过 BIM 建模，提前采用机房内分层布线，分颜色布线，分功能布线，所有线路走向不捆把，而分层、分色，一顺到底，从而实现了“零交叉、零差错”要求，避免了多次返工，方便后期维修。同时采用 BIM 仿真技术进行设备安装的新方法、新工艺，使用多少缆线可以精确到米、厘米，使用零配件可以精确到个、颗，减少了材料浪费，降低生产成本。

设备信息、安装信息通过二维码扫描实现维护快捷便利。通过对关键设备、模块单元、缆线走向、用途等设置的二维码标识信息，维护人员用手机扫一扫，需要的信息便可随意查看，比查图纸档案方便百倍。

设备安装按设备检验→底座固定→机架固定→机盘安插→安装清理的顺序进行。

设备到货后，采取汽车集中装车，逐站卸车方案进行运输。设备进入站点后，对设备采取防潮、防盗临时存放措施。设备安装时再进行开箱检验及安装工作。

安装工作开始后，首先进行首站定标工作，确定施工工艺和施工方法，然后按确定的工艺方法分组逐站进行济青高铁全线的设备安装工作，安装工作完成三分之二后，组织进行设备单机调试工作，单机调试结束后进行系统调试。

设备安装施工流程如图 4-8-1 所示。

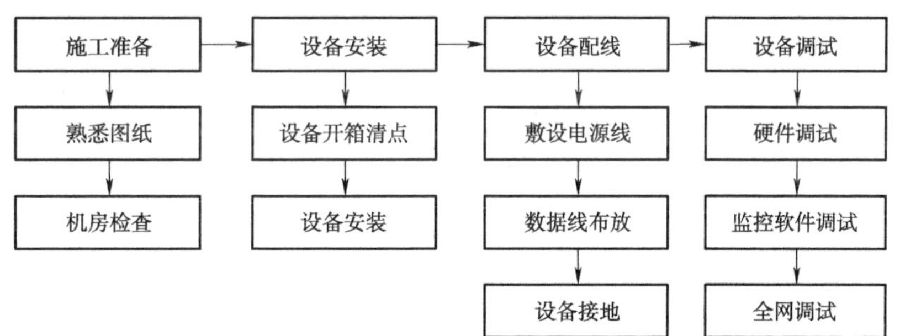

图 4-8-1　设备安装流程

注意事项：底座固定时先进行适当紧固，再进行水平、方位及高度调整，各方面均达到要求时，再做最终紧固；机架固定后要检查机架垂度是否在允许范围内(如有偏差需要再次调平)；机盘安插时特别注意采取防静电措施。

二、设备配线

根据设计图纸上规定的走线位置和焊接部位，用钢卷尺实际测量电缆，裁剪后的电缆设置标签，注明其规格、用途和走向等。剪下剩余的电缆用胶布缠扎密封，以防潮气侵入。

配线在电缆走道上，按机列、机架顺序平直排列整齐。电缆转弯曲率半径不小于 60 mm。电缆槽道内配线顺直，列间电缆、电线均匀分布在几个槽道内。

主电源线、列电源线和机架电源线的安装采用整段线料；主电源线和列电源线的布放和安装，每对正、负馈电线相互平行，正、负线在转弯处弯度一致，转弯处的曲率半径符合规定，安装后的电源线末端用绝缘物封头。电源线正、负极性做明显标志，正极为红色，负极为蓝色。

由于馈线窗具有密封性能强，安装方便、外观轻巧、美观等特点，具有很强的防风、防雨、防漏等性能。通信工程在室内外都进行了馈线窗的安装，增加了馈线引入的密封防护。铝合金走线架是现代通信机房中必不可少的辅助设备，它不但具有支撑全部线缆重量、提供布线的功能，而且兼具美化机房的作用。通信工程全部采用优质铝合金走线架及理线夹板对线缆进行固定。

室内走线架分为数据线走线架和电源线走线架，规定机柜正面为数据线走线架，背面为电源线走线架。对于 BTS 设备机柜侧走线架，一侧走数据线、一侧走电源线、地线。设备数据线、电源线和地线分道布放，若必须在同一走道数据线布放在上一层，与下层电源线、地线间增加一层理线器。在线缆交叉处也采用增加一层理线器的方法增加线缆间隔。

在本次济青高铁项目，铁总首次批复了铁塔监测系统，铁塔监测系统主要由安装于塔顶的传感器监测单元(主要在塔顶平台位置安装有风速传感器、风向传感器、水平传感器、垂直传感器、2 个天线传感器。在距地面大约 5 m 的位置安装有沉降传感器，在室内机柜安装数据采集单元)，在济南通信监测中心的设置中心服务器、监测数据采集箱，以及用于在上述设备之间传输数据的数据通信设备等组成。通过增加通信铁塔监测装置，实现远程对铁塔的状态和环境等参数实时监测，对异常状态进行告警、预警，记录和分析相关数据，避免产生通信铁塔因落物、沉降或倾覆后危及安全行车的安全隐患，减少后期人员维护成本及巡查效率。

第四节　通信迁改

该项工作的实施首先被公司领导高度重视，分管领导多次带队赴军委总参谋部协调解决国防光缆迁改事宜；二是结合施工组织设计和现场实际情况，针对每一处光缆线路迁改都制定了具体迁改时间、计划需求，确保迁改如期完成；三是制定迁改考核办法，加强施工单位积极组织迁改进度，由公司工程部及现场指挥部负责督促落实、严格考核。

第九章　信号工程

第一节　工程主要内容

济青高铁信号专业主要工程内容如下。

一、运输调度指挥系统

济青高铁运输调度指挥采用调度集中(CTC)系统。济南局调度所新设济青行调台、青岛枢纽调度台,CTC总机系统相应修改;各站(场、所)新设CTC分机设备、信息安全设备及通道质量监督设备。

二、列控系统

济南东站(不含)至胶州北站(不含)采用CTCS-3级的列车运行控制系统,其余区段采用CTCS-2级的列车运行控制系统。正向追踪间隔应满足运输需求,反向按站间闭塞设计。客专正线区间不设置地面通过信号机,有普速车上线的区间(与既有胶济客专、青连衔接)设置通过信号机。

三、联　锁

各站(场、线路所)、济南东动车所、红岛存车场采用硬件安全冗余型计算机联锁系统,具有自检、自诊及远程诊断和对信号机、转辙机等基础信号设备的报警功能。

正线车站(场、线路所)采用与区间同制式的ZPW-2000系列轨道电路;济南东动车所、红岛存车场采用97型25Hz相敏轨道电路,股道叠加ZPW-2000电码化,其他区段暂按高压脉冲轨道电路设计。

正线车站(场、线路所)、济南东动车所、红岛存车场道岔设计,配备相应的转辙设备。正线车站道岔采用外锁闭、多机分线、分控制的方式。直向通过速度160 km/h及以上的道岔尖轨密贴段牵引点设置密贴检查器。

四、集中监测系统

正线车站(场、线路所)、济南东动车所、红岛存车场新设集中监测分机,纳入济南电务段、青岛电务段集中监测总机系统,并对济南电务段、青岛电务段集中监测总机系统相应修改。在济南东站、淄博北站、潍坊北站、红岛站设信号综合维修车间,各配置1套监测终端设备。

五、电　源

正线车站(场、线路所)、区间中继站、济南东动车所、红岛存车场及RBC/TSRS集中机房新设综合智能电源屏,并配置UPS电源。UPS容量负荷按照除转辙机外所有用电量计算,有维护人员值守车站(场、所)UPS不间断供电时间不应小于30 min;无维护人员值守车站(中继站、线路所)及RBC/TSRS集中机房配置的UPS不间断供电时间不小于2 h。

六、综合接地及综合防雷

全线采用综合接地和综合防雷系统,其中350 km/h地段贯通地线及引接线、横向连接线铜截面为70 mm^2,250 km/h地段贯通地线及引接线、横向连接线铜截面为35 mm^2。

第二节　主要工程施工方案

一、施工组织总体原则

为实现专业化施工,施工单位设置专业作业队,作业队下设电缆线路施工组、信号机安装组、轨道电路设备安装组、转辙设备安装组和室内设备安装组。施工时,先进行电缆工程后进行设备安装工程,先室外工程后室内工程。原则上按照一站一区间的方式逐站逐区间进行施工,根据站前铺轨单位铺轨进度,灵活安排人员队伍配置。

二、施工总体流程

信号工程施工总体流程如图4-9-1所示。

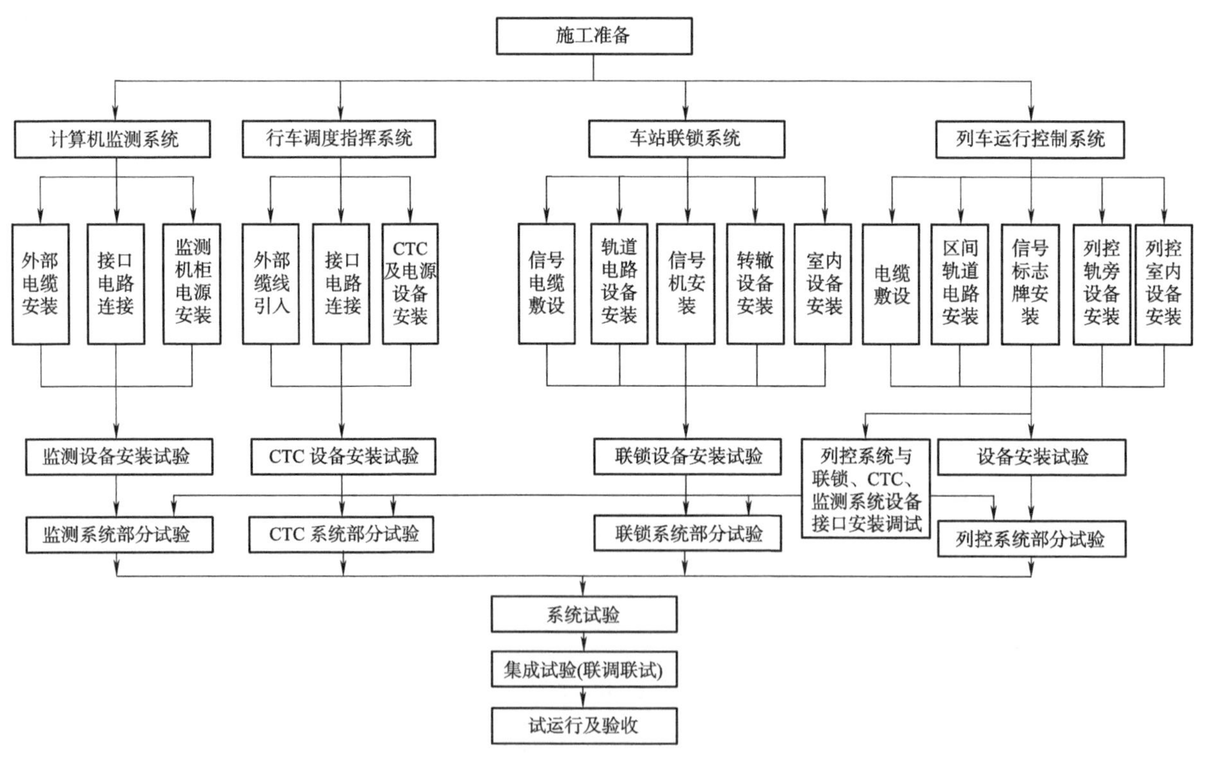

图4-9-1　信号工程主要项目施工总体流程

三、电缆工程施工方案简述

工程开工后,首先进行电缆敷设,敷设前根据现场定测情况组织订货,尽量避免电缆接头,重点确认土建预留的路基地段、桥梁地段、隧道地段信号电缆槽、线路预埋横向过轨管、各综合洞室、梁端预留孔洞(锯齿型槽口)、综合接地预埋件是否满足要求。电缆敷设前进行单盘测试,接续前进行电气测试,电缆工程结束后进行综合测试。敷设电缆时配备足够的人力,防止拉伤电缆,电缆接续采用地下接续方式,箱盒安装及电缆配线,实行“首件定标”制度,按认可后的首件定标标准进行施工。电缆敷设原则上按照一站一区间的方式逐站逐区间进行施工,在条件不具备的情况下车站及区间穿插施工。

电缆敷设采用轨道平板车运送电缆进行电缆敷设,在铺轨未完成区段,利用载重汽车运送电缆至最近处进行电缆敷设。为提高电缆施工效率,主干电缆采用机械加人工的方式进行敷设,分支电缆主要考虑采用人工方式进行敷设。

敷设电缆前,联合相关部门使用地下电缆探测仪探明既有电缆路径的走向,人工进行电缆沟开挖。

四、室外设备安装施工方案简述

首先按图纸进行定测,做好标记,依次安装设备基础,然后安装调谐单元、匹配变压器、谐区禁停标志牌、补偿电容、应答器、转辙设备、信号机、道岔融雪等轨旁设备,确保钢轨钻孔施工质量,确保冷挤压塞钉与钢轨接触良好和设备限界满足验标要求。

(一)地面固定信号机施工方案

信号机安装原则采用一站一区间的方式逐站逐区间进行施工。进行信号机安装时,信号机安装组分为两个作业小组进行施工,其中一个小组负责信号机机柱立设,另一小组负责吊装信号机机构及信号机配线。根据设计文件,施工单位会同相关单位确定按设计要求及规定的信号机限界和位置等。开挖机柱坑或基础坑,深度达到技术要求,保证机柱稳固;机构从上到下安装;高柱信号机从下往上穿引线把,矮型信号机从上往下穿引线把;点灯装置与内部线把同步安装,显示距离满足技术规范要求。按规定安装安全地线,地线与高柱信号机的梯子相连。

(二)转辙装置施工方案

转辙机设备安装,首先调查现场铺设的道岔型号、开向是否与设计图纸一致,不符合安装技术标准的道岔请铺轨单位或工务部门协助调整。安装装置眼孔钻取使用专用钻床,先安装转辙装置,再安装转辙机,配线。模拟试验时从分线盘送电对电动转辙机进行调整,保证尖轨密贴,机械特性良好,再接入室内联锁电路进行试验,保证联锁关系准确。

(三)轨道电路安装施工方案

轨道电路设备安装,采用站内和区间交替施工的方式进行施工。在铺轨未进行区段,凡是不涉及在钢轨上安装的设备均可提前进行安装,不能就位的先搁置在线路边适当位置,待钢轨铺设后再进行设备就位及涉及钢轨上安装的设备安装。

钢轨接续线、道岔跳线、钢轨引接线施工时,先进行定测,在轨腰位置标注安装位置,施工时按轨道钻孔、安装、涂机械油或防锈漆、打入塞钉顺序作业(更换轨道电路时,塞钉待开通时打入,与既有轨道电路倒接)。钢轨绝缘、箱盒安装符合设计和施工规范。各站在开通时由室内对轨道设备送电,因此,对受端进行电压测试并对电气特性不达标的轨道电路进行调整,使其满足技术要求。

五、室内设备安装施工方案简述

室内设备安装在房屋条件具备后立即进行施工。室内设备安装前,对车站联锁室内设备、列控及区间室内设备、计算机监测和调度集中控制系统室内设备进行统筹规划，安排施工的先后顺序，避免重复施工。

首先核对信号机械室内的沟、槽位置是否符合设计要求，检查有无部件损坏及变形，按图纸标定的尺寸确定机柜与墙壁、机柜与机柜之间的距离，机柜安装牢固，横平竖直，高低一致，底座着地不悬空，柜与柜连接密贴。

机柜安装前，加工与机柜相同尺寸的底座，高度与防静电地板相平。根据施工图纸在防静电地板上标记机柜安装位置，对防静电地板进行切割。将机柜与底座进行连接固定，再根据施工图纸安装机柜。利用水平仪对机柜进行测量，不平机柜角加垫片，机柜整体水平、垂直后，利用电钻钻孔，将底座与防静电地板下的水泥地面进行固定。安装相关走线槽道后，进行设备布线及其他设备的安装等施工。

室内机柜及设备严格按设计图排列和摆放，做到美观整齐，并固定牢固；严格按设计文件要求进行放线、绑线和配线，配线完成后对线路进行导通试验；在机架配线完成后，用测试仪表导通确认正确无误，才可安装机架上插接件；配电箱及各种电源线按设计文件和用电安全操作规程的要求安装和引接；设备送电前连好各种接地，保证设备安全。

第三节　主要工程施工工艺及方法

一、光电缆线路

(一)电缆敷设

1. 电缆敷设施工工艺流程如图 4-9-2 所示。

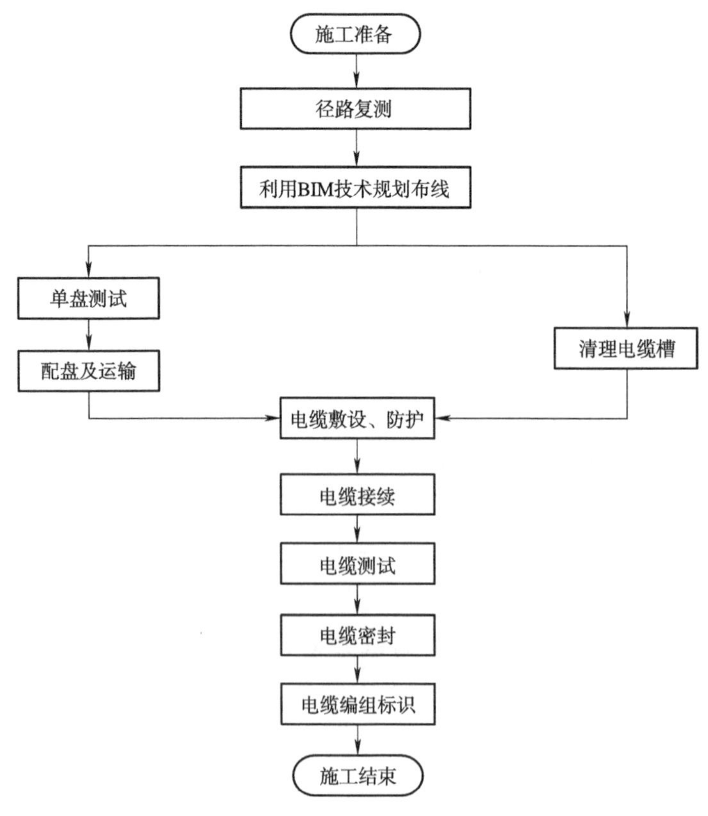

图 4-9-2　电缆敷设施工工艺流程图

2. 信号电缆敷设在已预设好的靠线路侧的电缆槽内(上下行靠近线路侧电缆槽为通号电缆槽)。敷设电缆前,清除沟槽内的石砟及其他杂物。区间电缆敷设按照应答器电缆、轨道发送电缆、信号机电缆、轨道接收电缆从槽道线路侧向外侧依次排列,每隔 100 m 采用绝缘扎丝进行绑扎编组,如图 4-9-3 所示。

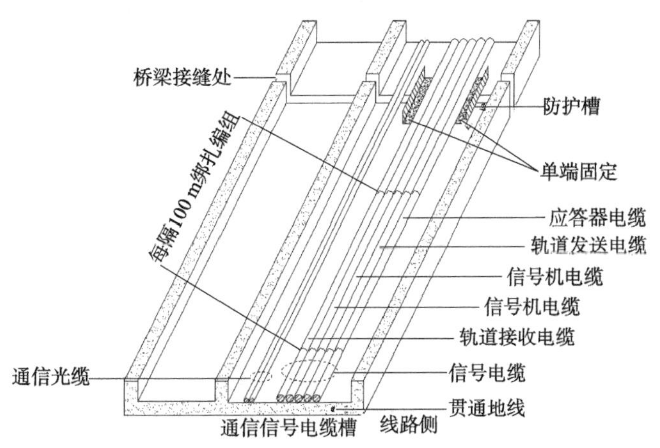

图 4-9-3　电缆槽电缆敷设示意图

3. 站内电缆敷设原则上按距离信号楼由近及远,依次从线路侧向线路外侧排列,电缆较多时分层布放;支线电缆敷设在线路侧,干线电缆敷设在线路外侧。

4. 在手孔井、槽道内突出边缘、挂钩处,过轨引入、引出口处,使用压缩空气用织物增强橡胶软管防护。

5. 电缆敷设使用专用敷缆车、专用支架及专用滑轮组等机具。

6. 电缆余留使用 S 弯专用模具盘留。

7. 通信信号手孔井内使用复合材料电缆槽进行隔离防护,如图 4-9-4 所示。

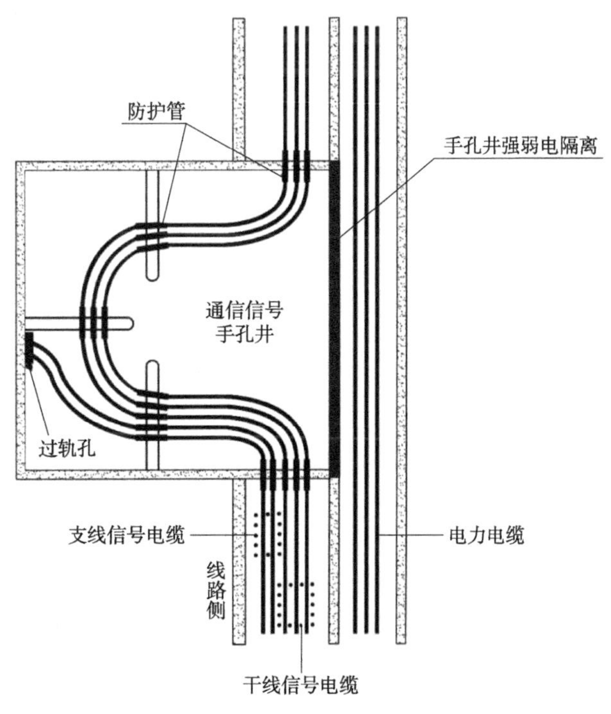

图 4-9-4　电缆井电缆隔离及防护

(二)信号电缆箱、盒安装

1. 信号电缆箱、盒安装施工工艺流程如图 4-9-5 所示。

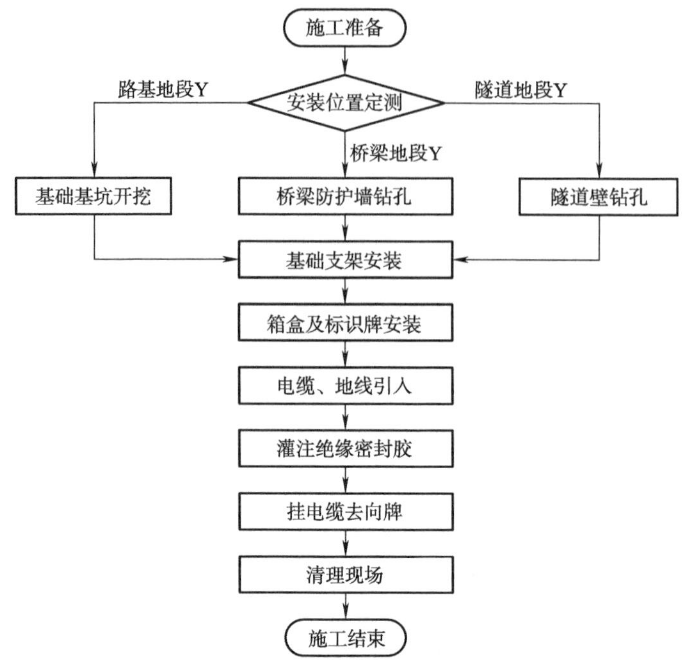

图 4-9-5　信号电缆箱、盒安装施工工艺流程图

2. 路基地段箱、盒安装

(1)路基上 XB 箱、方向盒、终端盒安装支架均为门形支架,XB 箱、方向盒安装支架两个为一套对称使用,终端盒安装支架为一个,如图 4-9-6 所示。

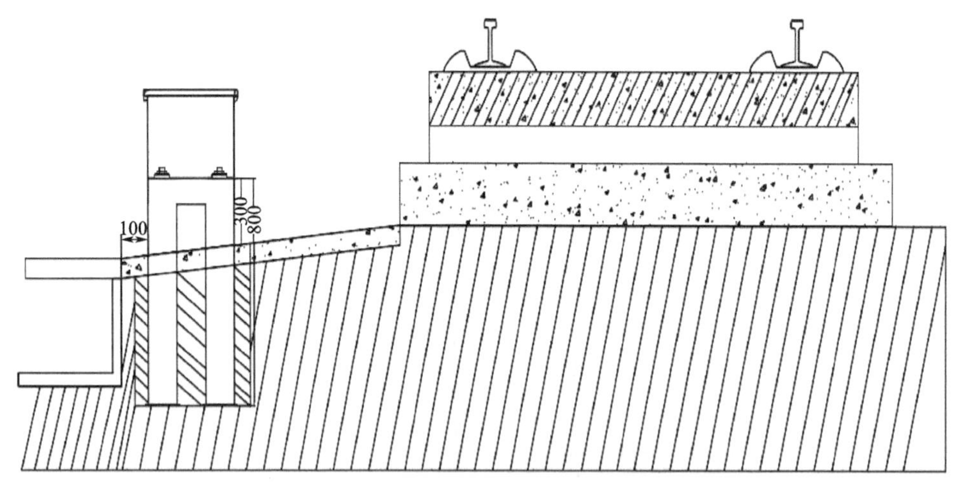

图 4-9-6　路基地段箱、盒安装示意图

(2)方向电缆盒安装在专用金属支架上,靠近电缆槽道安装,埋深(600±50)mm;

(3)多个方向电缆盒并列安装时,顶面平齐,基础中心在一条直线上,与钢轨平行;

(4)密检器终端电缆盒与道岔终端电缆盒安装顶面平齐,基础中心在一条直线上;

(5)矮型色灯信号机终端电缆盒支架顶面与信号机支架顶面保持同一水平面,支架中心与信号机支架中心在一条直线上;

(6)引入电缆盒电缆采用压缩空气用织物增强橡胶软管进行防护。

3. 桥梁地段箱、盒安装

(1)桥上箱、盒安装在防撞墙外侧,采用模版定位专用钻孔机在防撞墙上钻 2 个(终端盒)或者 4 个(方向盒、XB 箱)通孔,用两根或者四根防松螺栓将支架固定在防撞墙外侧壁上,如图 4-9-7 所示。

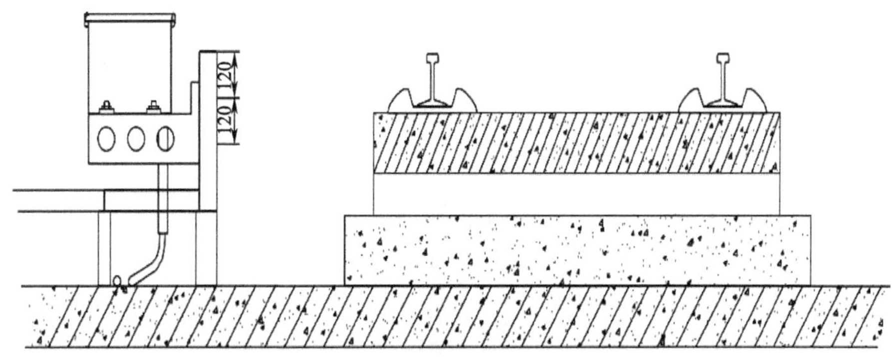

图 4-9-7　桥梁地段箱、盒安装示意图

(2)方向电缆盒金属支架安装避开桥梁和防护墙变形缝。

(3)防护墙从线路侧向线路外侧钻孔,孔口平滑美观,防护墙引线孔高于轨道板面 5～10 mm。

(4)引入电缆盒电缆用压缩空气用织物增强橡胶软管进行防护。

4. 桥梁地段箱、盒安装

(1)隧道内终端方向盒安装在隧道壁上,采用化学锚栓将金属支架安装在隧道壁上,盒底面高于电缆槽盖板顶面(300±50)mm;电缆穿越电力电缆槽和水沟时采用钢管防护,盖板不挤压电缆,如图 4-9-8 所示。

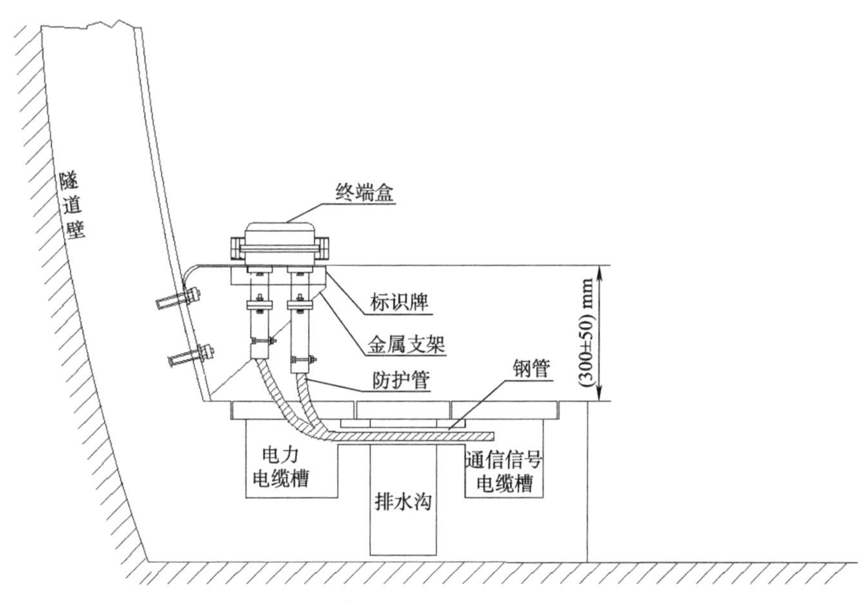

图 4-9-8　隧道地段箱盒在隧道壁上安装示意图

隧道内应答器终端电缆盒和双体防护盒安装在电缆槽外壁上,终端电缆盒和双体防护盒

顶面不高于钢轨顶面，电缆槽侧壁钻孔从线路侧向槽道内侧、贴近电缆槽底部，孔口平滑美观，并符合电缆弯曲半径要求。

（2）引入电缆盒电缆采用压缩空气用织物增强橡胶软管进行防护。

（三）电缆箱、盒配线工艺

1. HF-7方向电缆盒配线如图4-9-9所示，HZ-24终端电缆盒配线如图4-9-10所示。

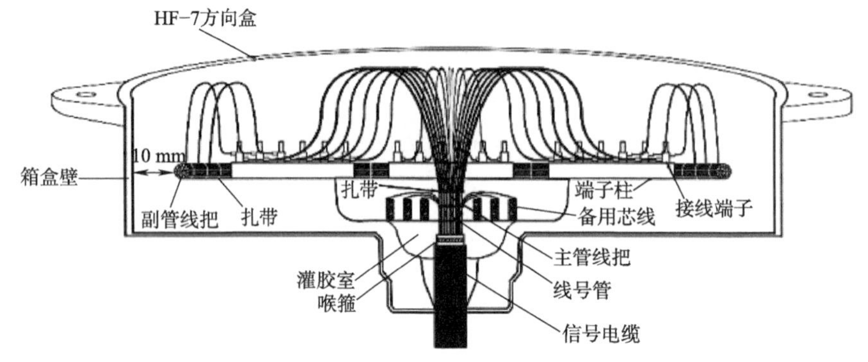

图4-9-9　HF-7方向盒配线示意图

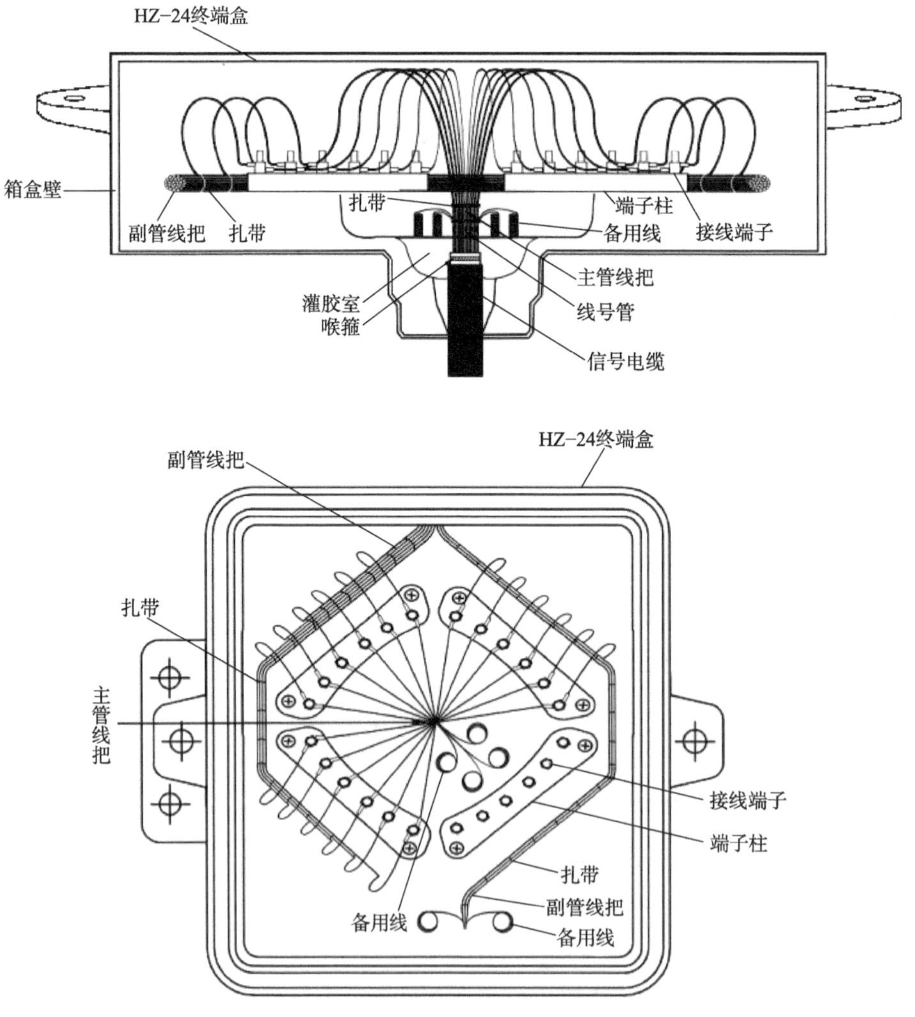

图4-9-10　HZ-24终端盒配线示意图

2. 箱盒配线前采用兆欧表进行绝缘测试；

3. 箱盒配线前提前规划配线；

4. 根据图纸对位端子和芯线，近端芯线放在线把内层，远端芯线放在线把外层依次相叠，线把绑扎均匀无勒痕；

5. 电缆芯线从箱盒壁侧出线，线把距离箱盒边缘 5～10 mm；

6. 将芯线梳理、分组、编号，在电缆成端根部增加印有电缆组别的胶管，并露在胶面上。

二、地面固定信号及标志牌

（一）色灯信号机

1. 色灯信号机安装施工工艺流程如图 4-9-11 所示。

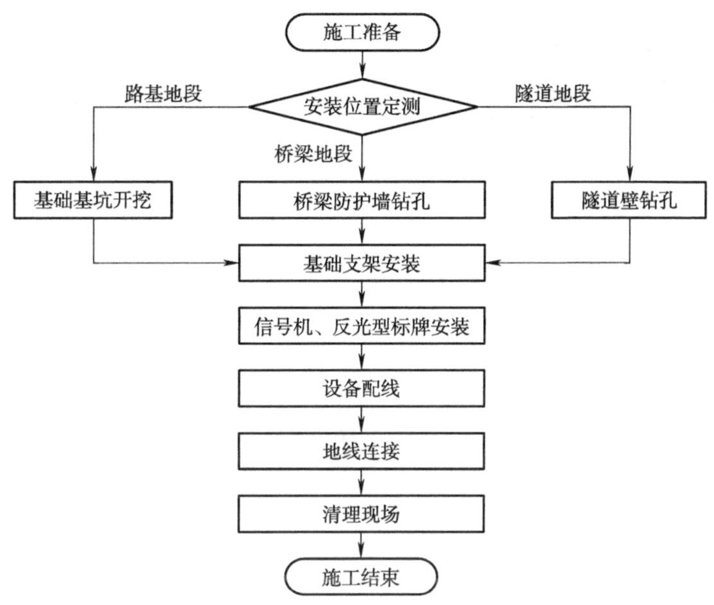

图 4-9-11　色灯信号机安装施工工艺流程图

2. 路基地段矮型七灯位信号机安装

(1)三灯位机构连接管顶面距钢轨面 315～350 mm，四灯位机构与三灯位机构顶端平齐，机构最凸出边缘距所属线路中心不小于 2 331 mm，如图 4-9-12 所示。

(2)机构与机构连接管之间加装橡胶垫防护；

(3)引入机构采用配线电缆，线色与灯位颜色保持一致，并加装标识；

(4)机构至箱盒间线缆采用压缩空气用织物增强橡胶软管进行防护；

(5)设备标识采用反光型标牌。

3. 桥梁地段矮型三灯位信号机安装

(1)采用 M20 mm 通透螺栓和补强板，将金属支架固定在防护墙上，如图 4-9-13 所示；

(2)信号机金属支架严禁跨桥梁及防护墙变形缝安装；

(3)防护墙从线路侧向线路外侧钻孔，孔口平滑；机构与机构连接管之间加装橡胶垫防护；

(4)引入机构采用配线电缆，线色与灯位颜色保持一致，并加装标识。

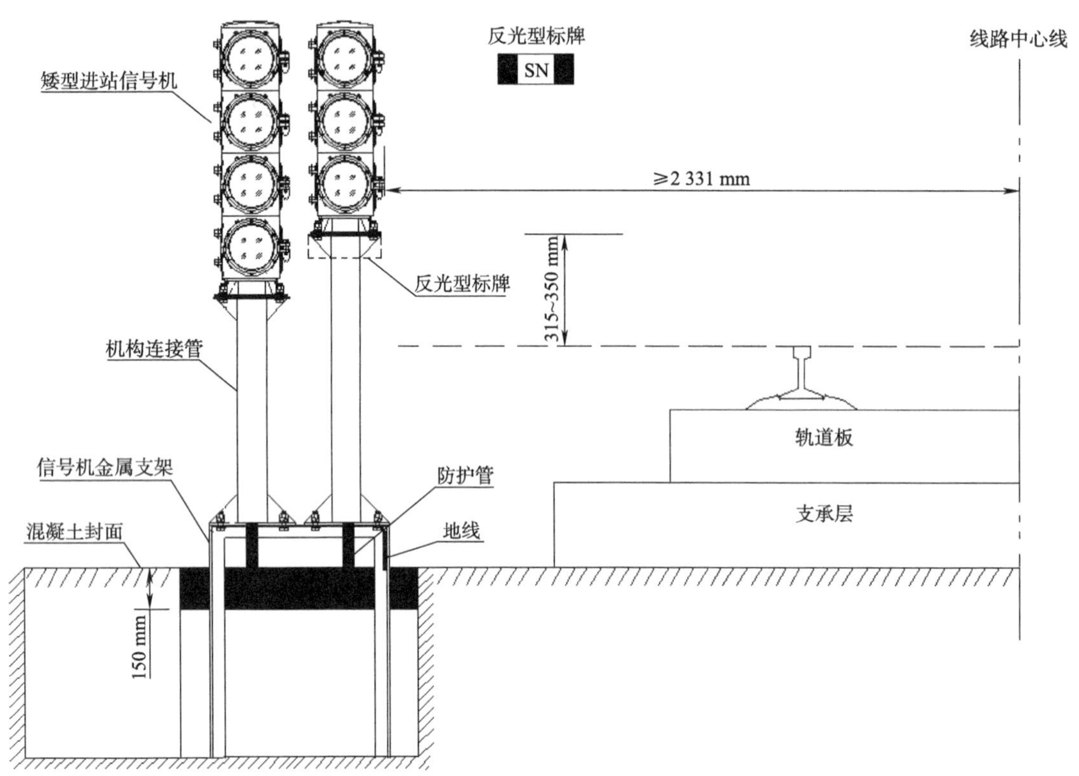

图 4-9-12　路基地段矮型七灯位信号机安装示意图

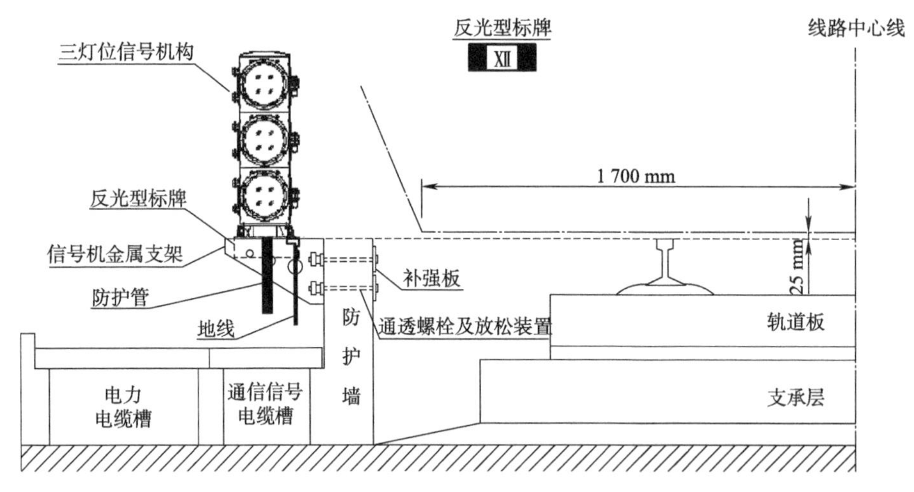

图 4-9-13　桥梁地段矮型三灯位信号机安装示意图

4. 隧道地段矮型三灯位信号机安装

采用 M20 mm 通透螺栓和补强板，将金属支架固定在防护墙上，如图 4-9-14 所示。

(二)信号标志牌

1. 区间信号标志牌安装

(1)路基、桥梁地段区间信号标志牌、预告标、级间转换标、中继站标安装在接触网支柱上，如图 4-9-15 所示。

安装时注意接触网支柱的型号，标志牌不得与其他专业安装的设备位置冲突；接触网支柱与区间信号标志牌连接的卡箍折弯处加装橡胶垫防护。

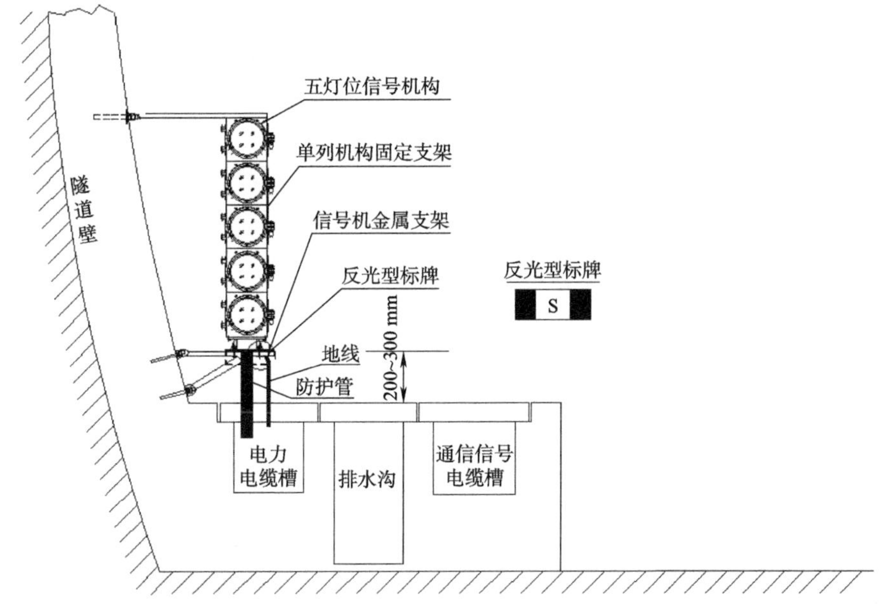

图 4-9-14 隧道地段矮型三灯位信号机安装示意图

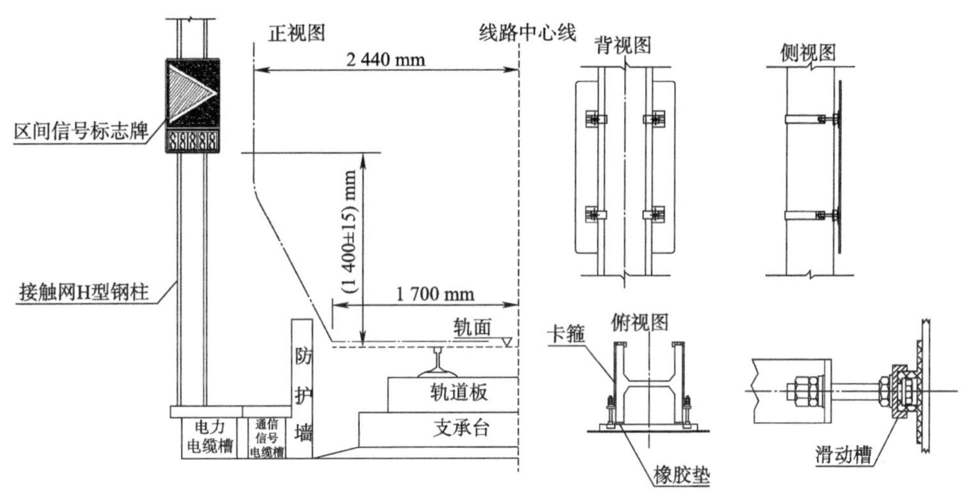

图 4-9-15 路基、桥梁地段区间信号标志牌安装示意图

(2)隧道地段区间信号标志牌、预告标、级间转换标、中继站标安装在接触网支柱上，如图 4-9-16 所示。

区间信号标志牌、预告标、级间转换标、中继站标采用内螺纹化学锚栓安装在隧道壁上；化学锚栓完成硬化后再进行信号标志牌安装。

2. 调谐区标志牌安装

(1)路基地段调谐区标志安装在金属立柱上，如图 4-9-17 所示。

距调谐匹配单元纵向距离为(1 000±200)mm；

顶部高于钢轨顶面 200～260 mm，牌中心与双体防护罩中心一致。

(2)桥梁地段调谐区标志安装在金属立柱上，如图 4-9-18 所示。

距调谐匹配单元纵向距离为(1 000±200)mm；

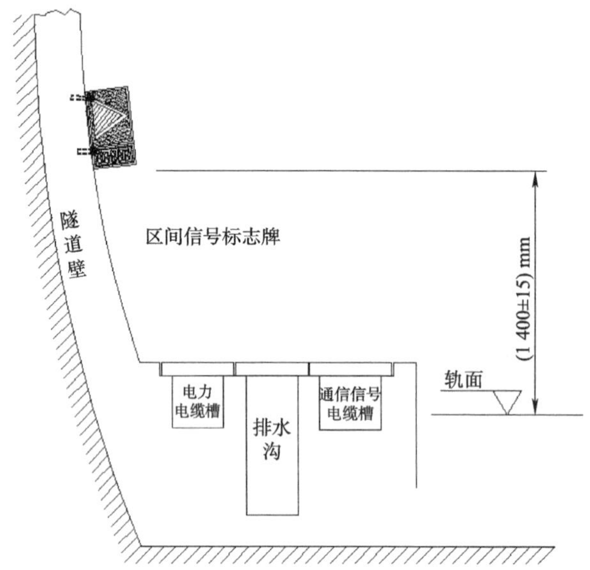

图 4-9-16　隧道地段区间信号标志牌安装示意图

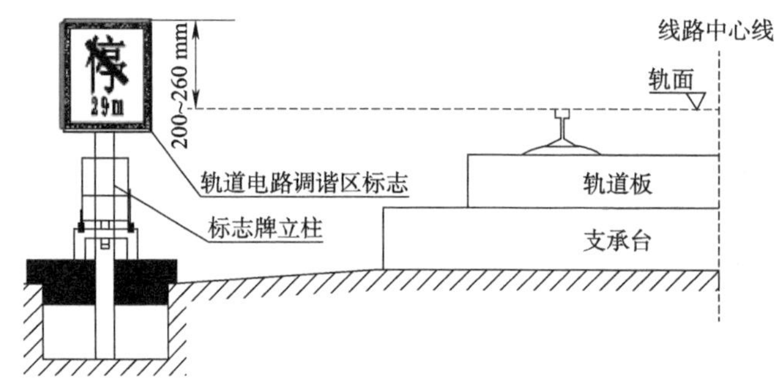

图 4-9-17　路基地段调谐区标志安装示意图

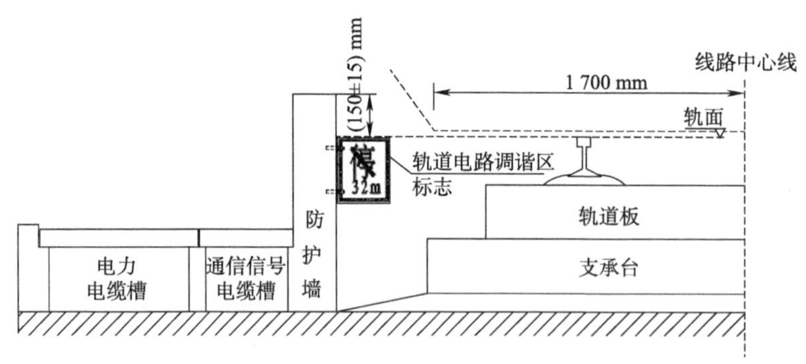

图 4-9-18　桥梁地段调谐区标志安装示意图

安装高度低于轨面 10～20 mm；轨面高于防撞墙地段，标志牌顶部低于防护墙顶面(150±15)mm；化学锚栓完成硬化后再进行轨道电路调谐区标志安装。

(3)隧道地段安装在电缆槽壁侧壁上，如图 4-9-19 所示。

距调谐匹配单元纵向距离为(1 000±200)mm，安装高度低于轨面 10～20 mm，化学锚栓完成硬化后再进行轨道电路调谐区标志安装。

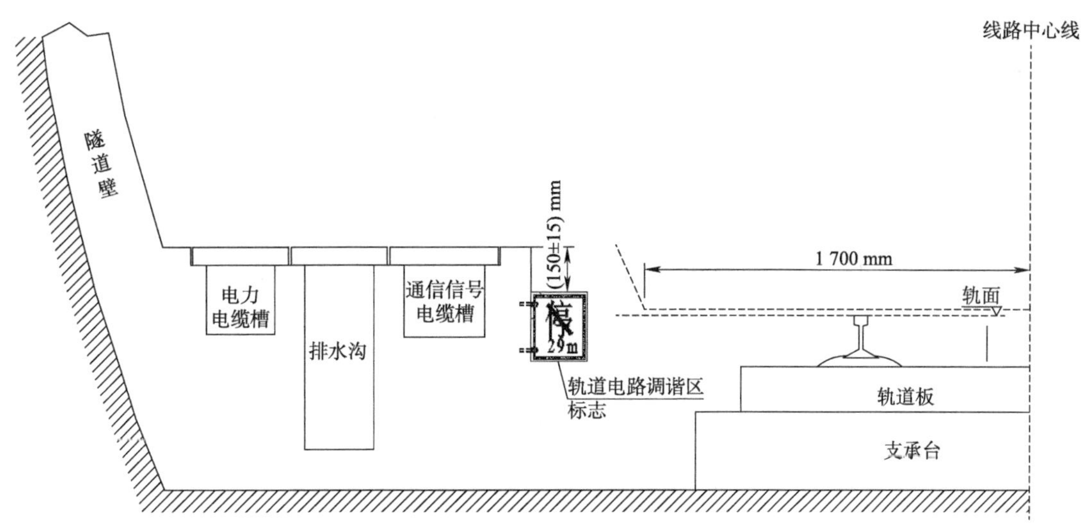

图 4-9-19　隧道地段调谐区标志安装示意图

三、转辙装置

转辙装置的施工程序及工艺流程如图 4-9-20 所示。

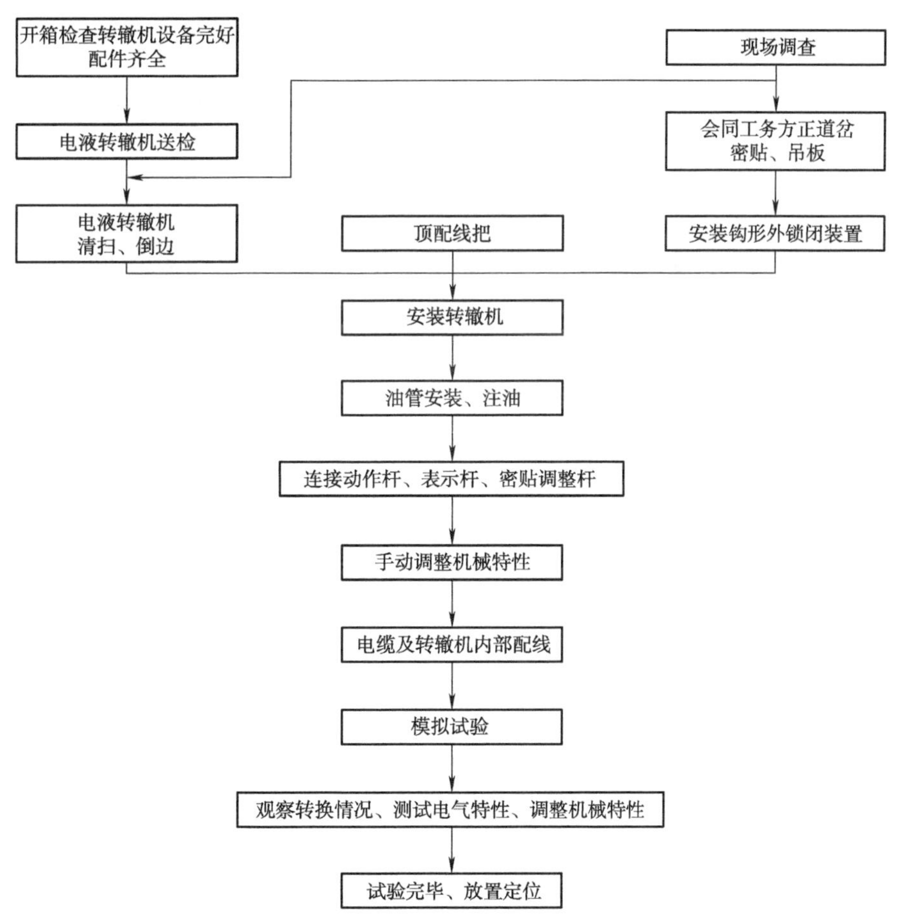

图 4-9-20　转辙装置施工程序及工艺流程

1. 作业准备

(1)核对图纸和实际转辙机、外锁闭装置、密贴检查器、锁闭检查器、安装装置及其附件的型号、规格、左开右开、左装右装、杆件、安装装置配件数量。

(2)对使用的工具、仪表进行检查,确认性能指标合格。

(3)客专(07)009,用于60 kg/m钢轨18号无道砟道岔转换,道岔5点牵引,道岔牵引点开程为160、118、71、119、59,配套:尖轨ZYJ7/1800/220 +SH6/180/170+SH6/4200/150,心轨ZYJ7/ 1800/220+SH6/4200/150。GLC(07)02W,用于60 kg/m钢轨18号道岔,5点牵引,开程160、118、71、115、64,配套:尖轨ZYJ7/1800/220+SH6/180/170+SH6/4200/150,心轨ZYJ7/1800/220+ SH6/4200/150;CZ2209A,用于50 kg/m钢轨9号道岔,单点牵引,开程152,配套:ZYJ6/4000/170;专线7659,用于60 kg/m钢轨12号交叉渡线的道岔,4套2点牵引,开程160、80,配套使用:(ZYJ4×2)×4;专线4257~4260,50 kg/m 12号2点牵引,配套:ZY4+SH5。

2. 技术要求

(1)密贴段各牵引点处有4 mm及以上间隙时,道岔不能锁闭和接通道岔表示。两牵引点间有5 mm及以上间隙时,道岔不能接通表示。在尖轨第一与第二、第二与第三牵引点之间,尖轨与基本轨间任一点间插入10 mm厚、20 mm宽的铁板时,相关两个牵引点外锁闭,电液转辙机不锁闭,且不得接通表示接点。

(2)外锁闭道岔尖轨开程误差+3 mm。

(3)主机缺口(2±0.5)mm,其他机缺口(4±1.5)mm。

(4)道岔尖轨和心轨第一牵引点锁闭量不小于35 mm,道岔其余牵引点锁闭量不小于20 mm。

(5)密贴:尖轨、心轨第一牵引点不大于0.5 mm,其他不大于1 mm。

(6)道岔正常转换时压力不大于9 MPa(太原厂出厂设置12.5 MPa)。

(7)溢流压力10~13 MPa。

(8)限位块距锁框的调整0~3 mm。

(9)钩锁框与锁钩斜面间隙0~0.5 mm。

(10)定、反位锁闭量之差不大于2 mm。

3. 道岔调试

(1)调开程:手摇或电动转辙机,检查道岔开口,两侧基本相同,如相差较大时通过调整动作连接杆使两侧开口相差不超过2 mm,动作连接杆上每齿转动一圈为3 mm。然后检查道岔开口是否符合规定要求,若开口大于规定值时,在尖轨连接铁和尖轨间加调整垫调整;若开口小于规定值时,可能是道岔工务参数不符合标准、锁闭杆安装错误或者某一牵引点未锁闭到位。

(2)调密贴:通过增减锁闭铁和锁闭框之间的调整片,使两尖轨(可动心轨)与基本轨(翼轨)密贴满足要求。

(3)调表示:调整安装装置的长、短表示杆使尖轨、心轨第一牵引点缺口(2±0.5)mm,其他机缺口。缺口间隙为(4±1.5)mm。调整心轨转辙机缺口时,先调主口(伸出位置),后调付口(拉入位置)。使转辙机检测柱在定位、反位时落入表示(锁闭)杆缺口,并使缺口内两侧间隙相等,用螺母将无扣轴套紧固。

(4)将限位块和可调限位块用M12螺栓和弹垫紧固在锁闭杆上,可调限位块与锁闭框间留有不大于 3 mm 的间隙。

(5)调整心轨动作连接杆接头螺扣的旋入量,使两侧锁闭量偏差小于 2 mm。

(6)尖轨的密贴、表示调整完成后,调整密贴检查器两侧接头连杆,使密贴检查器在定位、反位的表示均符合要求。

(7)手摇道岔往复动作检查缺口无误,道岔开口正确,定反位密贴良好后,拨出手摇把,合上遮断器。

(8)送电试验:在转辙机空动缸处接上随机工具中的油压表,检查转辙机转换油路系统两侧压力,标准值为不大于 9 MPa,将两侧溢流压力调整至尖轨不大于 13 MPa(可变动,具体视电务段标准)。

(9)电操转辙机,在尖轨第一、第二、第三牵引点、心轨第一引点外锁闭装置锁闭杆中心处的尖轨与基本轨、可动心轨和翼轨间插入 4 mm 厚、20 mm 宽的铁板时,道岔不得有表示;在尖轨第一和第二、第二和第三牵引点间的尖轨与基本轨间任一点间插入 5 mm 厚 20 mm 宽的铁板时,密贴检查器不得接通表示接点。在尖轨第一、第二牵引点间的尖轨与基本轨间任一点间插入 10 mm 厚 20 mm 宽的铁板,相关两牵引点外锁闭和电液转辙机不锁闭且不得接通机内表示接点。

(10)转辙装置各部位紧固件齐全,螺栓紧固并达到规定的拧紧力矩,丝扣露出螺帽外的余量为 5～10 mm,并采取防松措施,开口销张开至规定角度。

(11)各部绝缘安装正确,不遗漏,不破损,用 500 V 的兆欧表测量电阻不小于 25 MΩ。

(12)零件无异常现象(意外损坏、异常磨损)。连接销与绝缘件、绝缘件与孔的磨损旷量不大于 1 mm。

(13)托板与岔枕联结牢固,并与道岔直股基本轨垂直,表示拉杆接头与尖端铁的连接牢固、不松动。

(14)转辙机及密贴检查器内部配线宜采用标称截面积不小于 1.5 mm^2 的多股铜芯塑料软线。

4. 密贴检查器

(1)在尖轨与基本轨密贴段的两牵引点中间位置,由密贴检查器对尖轨与基本轨的密贴情况进行检查。18 号道岔密贴检查器设置位置在道岔第 8、16 枕木。

(2)道岔密贴检查装置安装步骤:

①将两侧连接铁与尖轨相连;

②安装密贴检查器固定板;

③将密贴检查器固定在固定板上。

(3)道岔密贴检查装置安装符合如下要求:

①安装牢固,运动部件动作灵活,道岔转换时,表示杆运动平顺,无卡阻现象;

②当密贴检查器的接点组可靠断开时,其可靠断电距离不小于 4 mm;

③各部件绝缘良好无破损,密贴检查器各独立的导电部分之间及与机壳之间的绝缘电阻,用 500 V 兆欧表测量,其绝缘电阻符合设备相关规定;

④密贴检查装置在第一牵引点处尖轨与基本轨、心轨与翼轨间有 4 mm 及以上间隙时,不得接通道岔表示;当尖轨或心轨从密贴位斥离至 5 mm 及以上间隙时,断开道岔表示。

四、室内设备

(一)机柜安装

1. 室内安装工程施工工艺流程如图 4-9-21 所示。

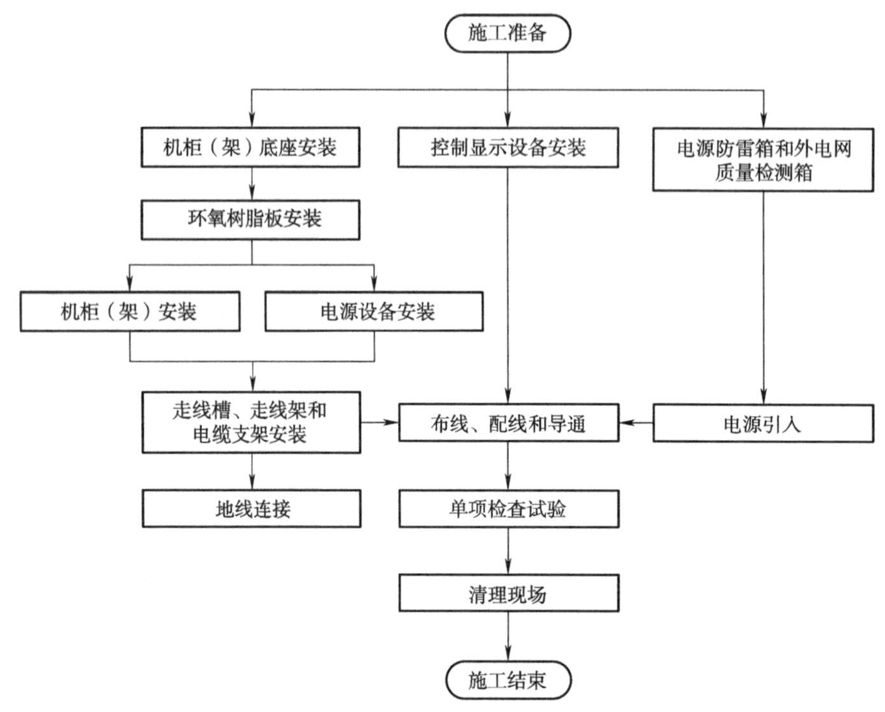

图 4-9-21　室内安装工程施工工艺流程图

2. 根据室内机柜布置图，用钢卷尺和水平仪等工具确定设备摆放位置；根据定测位置摆放底座，标注地面打孔位置。

3. 根据标注的打孔位置钻孔，清扫灰尘，安装膨胀螺丝；用红外线测量工具检测底座平面是否在同一水平面，并用检测垂直度和间距。

4. 机柜(架)间加装 1 mm 厚环氧树脂板；机柜与底座间、相邻机柜间采用高强尼龙螺栓。

(二)室内线缆布防及配线

1. 室内配线采用配线电缆；图纸审核完毕后，制作线缆配盘表。配缆原则是：线缆的始端与终端尽量同层同侧，定出线缆的芯数和长度；同类型线缆规格不宜过多，同层线缆使用量较多时，先使用大芯数线缆，仍不够使用时，用小芯数线缆补充。

2. 采用下走线方式布防线缆，设置空组合柜引上各类线缆，顶部线槽内增设立交栅格，线缆按用途不同采用不同颜色的固线器固定。

3. 机械室下走线方式，使用走线架固定在地面，线缆采用绝缘固线器固定。

4. 机械室上走线方式，使用走线架及绝缘固线器布放及固定线缆。

5. 机柜线缆引入口采用防磨卡条进行防护；线缆采用新型配线电缆，配线采用卡尺对每根线缆的长度进行卡控，提高施工工艺质量；焊接配线采用穿焊方式。焊接牢固，焊点光滑、饱满，无毛刺、假焊、虚焊，严禁使用带有腐蚀性的焊剂；配线采用线号管标明去向，线号管长度一致;配线无应力,弧度一致,整齐美观。

(三)室内电缆成端

1. 一次成端

(1)在电缆预做绝缘处中心点两端各 50 mm 处,用电缆割刀环切电缆外护套,剥去多余的电缆外护套(即剥开电缆皮长度 100 mm)。将环刀刻度调至合适刻度,一般在 2～3 mm,纵刨电缆外皮,去掉多余的外护套,漏出电缆钢带。

(2)保留钢带 40 mm,用电缆割刀环切电缆钢带,去掉多余的钢带,漏出铝护套;清理钢带及铝护套表面的附着物,以减少钢带与排流导线连接后的电阻。

(3)将室内电缆成端内置排流导线上的 V 型卡子连接固定在电缆钢带和铝护套上,拧紧 V 型卡子上的 2 个螺丝;将室内电缆成端盒内置排流导线上的 V 型卡子连接固定在电缆钢带上,拧紧 V 型卡子上的 2 个螺丝;用排流导线上的小喉箍将铝护套连接固定紧。

(4)用电缆专用密封胶带缠绕在成端上、下两端的电缆上做密封处理,使成端下端密封环密封,扣上电缆成端外壳,两头用喉箍将盒体上下锁紧。

(5)从成端灌胶孔灌注密封胶,保证成端内灌满密封胶;采用冷压铜端头连接成端盒的接地端子,使之并入贯通地线或地网。

(6)电缆一次成端接地可采用电缆成端架或地面支架。

2. 二次成端

(1)在电缆预做绝缘处中心点一端,用电缆割刀环切电缆外护套;将环刀刻度调至合适刻度,一般在 2～3 mm,纵刨电缆外护套,去掉多余的外护套,漏出电缆钢带。保留钢带 20 mm,保留铝护套漏出钢带 20 mm,用电缆割刀环切去掉多余的钢带、铝护套,用纱布擦掉钢带及铝护套表面的附着物,以减少排流导线连接后的电阻。

(2)将室内电缆成端内置排流导线上的 V 型卡子连接固定在电缆钢带上,拧紧 V 型卡子上的 2 个螺丝,用排流导线上的小喉箍将铝护套连接固定紧。

(3)用电缆专用密封胶带缠绕在成端上、下两端的电缆上做密封处理,使成端下端密封环密封;扣上电缆成端外壳,两头用喉箍将盒体上下锁紧。

(4)从成端灌胶孔灌注密封胶,保证成端内灌满密封胶;采用冷压铜端头连接成端盒的接地端子,使之并入贯通地线或地网。

(四)电缆引入室内

1. 电缆引入室内时利用 BIM 技术进行电缆布列。

2. 电缆引入口至设备机柜间电缆,采用走线架分层布防及固定。

(五)其　他

1. 接口柜线把绑扎配线。

2. 组合柜零层电源端子标识、移频柜电源线配线。

3. 有砟线路设备硬面化采用拼装式围台。

4. 将施工图纸、技术交底和管理制度等信息通过后台输入生成二维码后,可以直接下载打开或者预览,如图 4-9-22 所示。

图 4-9-22　二维码的运用

第四节　“四新”技术的应用与创新

一、结合工匠精神，特提出“匠心筑梦、花耀济青”建设理念

施工单位成立“海港劳模创新工作室、创新基地”。由 5 名技术能手和骨干先后启动“桥梁设备定位模版、组合柜侧面配线卡尺、岔芯跳线安装工具、电缆盘 S 弯模具”等多项创新项目。

1. 桥梁设备定位模版用于挡墙上信号设备支架钻孔的中心定位，HF-4、HF-7、双体盒、扼流变压器等信号设备支架的定位都在同一块模板中。

2. 组合柜侧面配线卡尺，用于侧面配线时对线缆长度的统一卡控，保证每层端子线缆长度、弧度一致。

3. 道岔控制箱用于对每个车站站前道岔首件进行真实的电操试验，以及测试各项道岔数据，如图 4-9-23 所示。

图 4-9-23　道岔控制箱

4. 岔芯跳线安装工具用于芯轨处道岔跳线的安装。使用时模具可根据跳线的安装位置进行调整，并利用千斤顶传动拉动模具外侧钢板，将道岔跳线安装到位，如图 4-9-24 所示。

5. 电缆盘 S 弯模具用于电缆槽盘电缆余量，在使用时将两个模具放入电缆槽中，弧度相对，只需将电缆顺模具向内或向外推即可，解决了之前由于电缆槽宽度过小，电缆余量 S 弯难度较大，费时费力的难题，如图 4-9-25 所示。

图 4-9-24　岔芯跳线安装工具

图 4-9-25　使用 S 弯模具盘电缆余量后效果

6. 创新工作室把 QC 成果、工法论文和形象进度表等内容分别制成二维码，并将这些涵盖了庞大信息的“小黑块”整齐放到展板上，只需打开手机微信扫一扫，即可通过文字叙述＋图表的方式展示，如图 4-9-26 所示。

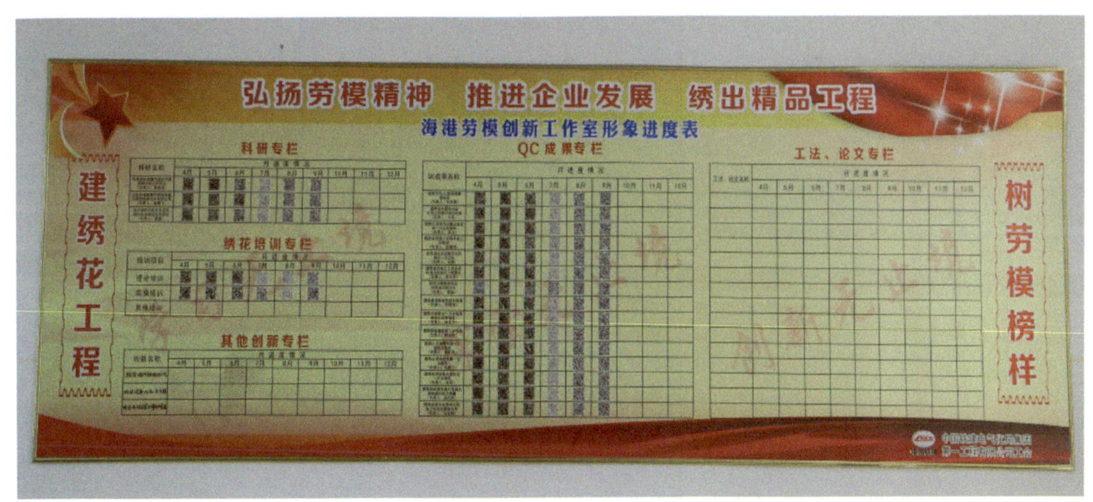

图 4-9-26　二维码展示

二、利用 BIM 应用进行电缆间引入排序、机械室内布防线缆的规划、线缆的碰撞试验

三、总结国内外高铁工程管理经验，提炼升华国内外先进工艺

制定出图文并茂的、切实可行的《绣样手册》，高标准高质量地完成信号首件工程和通信首件工程定标和推广，如图 4-9-27 所示。

图 4-9-27　室内样板工程和绣样手册

第十章　信 息 工 程

第一节　工 程 概 况

济青高铁信息工程主要包括：客服信息、综合办公管理、公安管理信息、动车组管理信息、综合维修管理信息、综合布线、入侵报警、防雷及接地、电源与环境监控、车站信息机房（信息设备间）基础设施各系统，以及客票、旅服、办公网等，济南局票务、旅服、办公、TDMS5.0 等中心信息系统扩容接入。

一、总体特点

信息系统工程总体特点是施工任务重，工期持续时间长，从站房开始施工到最后竣工，都有客服信息工程的施工内容，基本上贯穿整个站房的施工，与建筑、通信、电力等专业接口复杂，客服信息工程多数情况是与房建其他专业交叉施工，专业间的相互干扰相互影响的情况比较严重，各专业间的成品保护矛盾比较突出，接入既有系统扩容协调难度大。

（一）工程内容广

涉及票务、客服、电源、信息、综合布线等专业工程。

（二）技术含量高

信息系统设计标准高、科技含量高、施工精度高，要求在施工中做到实施有规范、过程有控制、结果有考核，各个工序都要确保安全质量，使工作有条不紊地进行，科学有序地全过程控制好施工质量。

（三）接口多、协调工作复杂

信息系统与通信、电力、建筑等专业间存在着许多接口，如通信专业向票务系统提供数据通道、旅服系统综合视频监控平台（视频服务器、存储及编码设备等）由通信专业提供等；与电力专业 BAS、FAS 设备接口在旅客服务系统集成平台预留接口条件；由电力专业在信息机房、综合监控室（或售票室）等有客服系统设备的房屋内预留接地端子等；票务系统与建筑专业配合确定各站客流流向、付费区/非付费区划分、设备位置等，票务系统根据建筑平面图进行设备布置。各专业工程间接口多、标准高、施工及配合难度大，要求在工程实施过程中专业间要紧密配合，加强联系，及时沟通，重点做好交叉作业、接口施工等工作。

二、主要工程数量

济青高铁信息工程中票务系统、旅客服务信息系统、办公管理系统和公安管理信息系统的工程数量见表 4-10-1。

表 4-10-1　信息工程主要工程数量

序号	工程名称	单位	数量
一	票务系统	站	9

续上表

序号	工程名称	单位	数量
二	旅客服务信息系统	套	1
1	集成管理平台	站	9
2	综合显示系统	站	9
3	客运广播系统	站	9
4	视频监视系统	站	9
5	时钟及入侵报警系统	站	9
6	安检仪系统	站	9
7	入侵报警系统	站	9
8	电源及环境监控系统	站	9
9	同步时钟系统	站	9
10	查询求助系统	站	2
11	接地系统	站	9
12	电源系统	站	9
三	办公管理系统	站	9
四	公安管理信息系统	站	9

第二节　施工顺序与施工阶段

一、施工顺序

施工准备及施工图核对→物资设备采购→设计联络及设计技术交底会→综合布线(线缆敷设)→设计联络及专项设计交底→旅客服务、票务、公安信息、办公信息系统等设备安装及单体调试→联调联试。

二、施工阶段

根据项目特点,将该项目实施过程分四阶段进行。

第一阶段:各种预埋管件的安装、布线及终端设备预埋件、吊挂件、壁挂件、支架、托架的加工、安装。根据中标厂家提供的加工图纸及安装方案,报设计审批,审批后加工需要安装的吊挂件、壁挂件、支架、托架等。根据设计的设备布点图纸,在指定位置安装设备的吊挂件、壁挂件、支架、托架。实施过程中需要与土建相关施工项目同步进行。

第二阶段:各系统终端设备的安装和配线。设备到货以后,根据设计图纸及厂家提供的安装图纸,在既有吊挂件、壁挂件、支架、托架的位置上安装终端设备及设备配线。

第三阶段:信息机房及配线间内集成设备的安装及配线。

第四阶段:完成系统调试。各子系统调试并完成整个系统联调联试,使系统具备试运行条件。

第三节　主要工程施工工艺及方法

一、票务系统

(一)施工流程(图 4-10-1)

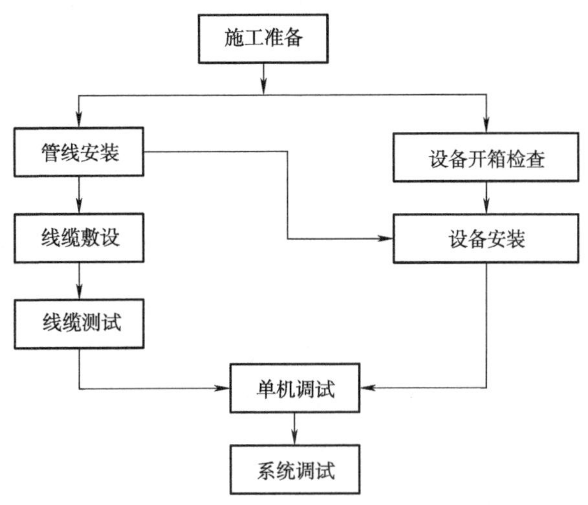

图 4-10-1　票务系统的施工流程图

(二)施工方法

1. 管线安装

根据施工图纸及设计要求,对顶棚和墙壁上的外露管线做到横平竖直,外观美观;对站厅内地面售检票预埋管线要经过放线、切割、开凿和预埋管道施工工序施工,做到预埋管线接地符合招标文件及国标要求,地面恢复与原地面一致,并做好隐蔽工程的拍照记录归档。

2. 线缆敷设

根据施工图纸,确定沟、槽、管线内所敷设电缆、电线型号规格;测量线路长度确定敷设缆线长度;剪裁好的缆线由设备始端放到设备终端,绑扎电缆并做好标识。

3. 缆线测试

线缆敷设完毕,用仪表测试缆线电气性能是否良好,并做好记录归档。

4. 开箱检查

组织相关单位,进行设备开箱检查,对于有缺损的设备要进行拍照,并做好记录归档。

5. 票务系统终端设备的安装

(1)设备安装的位置与设计要求一致;

(2)地脚螺丝的孔洞大小和深度符合设计要求;

(3)地脚螺丝的安装深度和露出地面高度符合设计要求;

(4)地脚螺丝垂直、牢固,螺丝完好;

(5)设备就位时要小心轻放;

(6)设备安装与地面垂直、平稳,倾斜的偏差小于设备高度的 1/1 000,固定螺丝紧固。

6. 电缆配线

(1)电力电缆和通信电缆配线符合设计要求;

(2)绝缘电阻符合设计要求，并做记录；

(3)配线焊接牢固；

(4)接地装置种类，栓地电阻阻值，用材规格引入方式符合设计要求。

7. 票务系统机房设备安装

服务器机柜、网络设备机柜、电源设备机柜机架安装符合设计要求，计算机终端设备的安装符合设计要求，并满足计算机系统安装的有关现行规范和标准的规定。

8. 自动检票机安装工艺

(1)将闸门放置在地面保证平稳；

(2)用粉笔线在地面上定位闸门阵列安放的位置(闸门阵列的中间该被定位，标记第一个闸门垂直中线)；

(3)从一个极点开始，在第一个闸门位置安放闸门钻孔模板，确定与粉笔线水平并垂直；

(4)在这个闸门模板旁边，定位一个合适的间隔区；

(5)在通道模板旁放置另一个闸门模板，确定与粉笔线水平；

(6)使用在闸门模板上的孔口，为模板锚栓在地面上选择 4 个参照点，左、右两边各 2 个；

(7)重复步骤(4)～(6)，直到所有的孔都被标记；

(8)用锤钻通过钻孔模板向地面钻 12 个孔(用 12 mm 的金刚石钻头或 Hilti 硬质合金 TE 钻头)，确保每个锚栓进入混凝土至少 120 mm(根据现场情况，如果达不到 120 mm，与闸机厂家确认后调整打孔深度)；

(9)清除孔的灰土；

(10)移除钻孔模版安置闸门；

(11)用化学锚栓物质填充孔并把螺纹棒放入孔中；

(12)看是否闸门平衡。如果需要加钢质垫片。垫片不能超过 9.5 mm 厚，而且必须放在地面与闸门框架底部顶角处；

(13)等待 20min 化学锚栓物质变干；

(14)使用扳手拧上 12 个螺母，确保闸门与地面安全固定；

(15)使用密封剂将每个闸门底部封好(推荐 3M 5200 Marine Adhesive)；

(16)安放斜坡；

(17)用化学锚栓物质填充孔并把螺纹棒放入孔中；

(18)看是否斜坡平衡。如果需要加钢质垫片，垫片不能超过 9.5 mm 厚，而且必须放在地面与斜坡框架底部顶角处；

(19)等待 20min 化学锚栓物质变干；

(20)使用扳手拧上 4 个螺母确保闸门与地面安全固定，查阅 Hilti 产品技术说明；

(21)使用密封剂将每个闸门底部封好(推荐 3M 5200 Marine Adhesive)。

9. 线　　缆

闸门供电：单相 230VAC(－10％)，3 线电缆，50/60Hz(－10％)，2400W(最大)，控制和信号线离电源线至少 0.3 m。每一个闸门的服务电源插座是 230VAC，6A 带一个分离的断路开关。

10. 设备调试

设备配线，检查接线无误后设备送电，然后将进行单台设备试验和系统调试。

二、旅客服务信息系统

（一）综合显示系统

1. 施工流程（图 4-10-2）

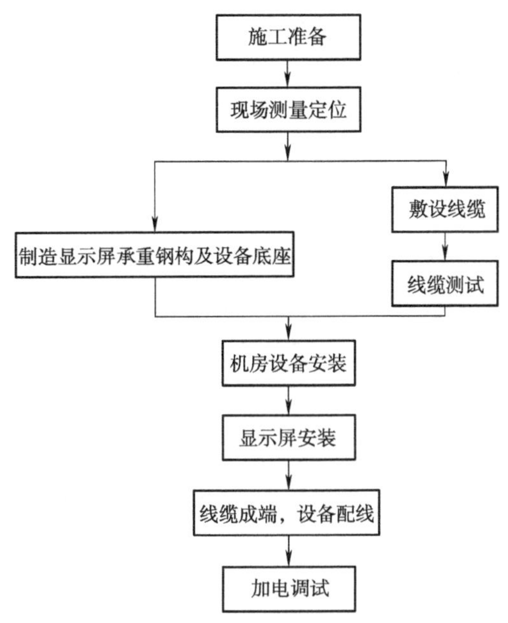

图 4-10-2　综合显示系统的施工流程图

2. 施工方法

（1）预埋件制作及缆线敷设

在取得施工图纸后，根据批准的设计文件进行施工现场调查，核对设计图纸文件，进行施工复测。检查沟槽、管、洞、电缆桥架、托架等的预留情况，检查预埋管线安装是否完成，管线出线位置是否正确，发现与设计不符的，及时提出，并与相关承包商联系解决。

缆线敷设时根据设计管位穿放，进入机房后注意绑扎整齐、美观，标识清楚、正确。

（2）室内设备安装

室内显示屏有壁挂、吊装、镶嵌三种安装方法。

①壁挂式

此安装方法适用于：墙体必须有足够的承重能力，而且易于用膨胀螺栓、普通螺栓或者是易于焊接的墙面（如钢结构的墙体），以便在墙体上固定挂接显示屏的挂件。

安装前须了解墙体是否有足够的承重能力用来固定显示屏（计算方法：室内显示屏重量按 35 kg/m^2 计，根据显示屏的实际总面积计算出显示屏一共有多少重量，看墙体是否能承受这么重的显示屏）。

确定其墙体有足够的承重能力以后，根据客户的实际要求（安装位置、安装高度、左右距离）后进行实际测量，做好详细的记录，并在墙体上做好刻度，标度、标示清楚，以便更好地进行下一步工作。

②吊　　装

此安装方法适用于：四周无墙面，无可用固定点的室内显示屏，而且屋顶有足够的承重能力。

安装前了解屋顶或其他固顶是否有足够的承重能力来固定显示屏（计算方法：室内显示屏重量按 35 kg/m^2计，根据显示屏的实际总面积计算出显示屏一共有多少重量，看屋顶或其他固顶是否能承受这么重的显示屏）。确定屋顶或其他固顶有足够的承重能力以后，根据客户的实际要求（安装位置）进行实际测量，做好详细的记录，并在屋顶或其他固顶上做好刻度，标度、标示清楚，以便更好进行下一步工作。根据显示屏的高度确定好要用的挂件个数，并做好标示。固定显示屏吊装挂件，然后安装显示屏。

③镶　　嵌

此安装方法适用于：所有需要暗装的显示屏。

安装前了解显示屏的成品尺寸，然后制作要镶嵌处的尺寸，以显示屏成品尺寸为准。把显示屏整个放入要镶嵌处。固定显示屏边框，用螺丝把显示屏边框和四周连接物连接牢固即可。检验标准：显示屏要安装平整，边框四周平面与镶嵌处外表面的距离一致，误差不得超过 5 mm。

(3)室外显示屏安装

室外显示屏的安装方法有两种：坐装和结构架镶嵌式安装。

①坐　　装

安装处是一个平面（如楼顶，地面等）。首先考虑所安装处是否有足够的承重能力（室外显示屏的重量按 65 kg/m^2计）。待确定安装处有足够的承重能力以后，确定安装位置并做好测量工作，做好标示。计算出显示屏挂件个数。按箱体上挂件安装位置固定好室外屏显示挂件。把显示屏箱体放于固定好的挂件上，并用螺栓把显示屏箱体和挂件连接牢固。按从下到上，从左到右的顺序安装显示屏显示单元，安装显示单元时要安装整齐。在每一个显示单元安装之前在显示单元贴紧处打上防水玻璃胶，然后把显示单元固定在箱体上并拧好螺丝。待所有显示单元安装完毕后，在显示屏显示单元四周打上防水玻璃胶，要打均匀牢固。防水玻璃胶打完以后，认真细致地检查一遍，看是否有漏打和打胶不均匀处，漏打和打胶不均匀处重新打上防水玻璃胶，直到所有防水玻璃胶全部处理妥当。检验标准：显示屏显示表面平整，整个平面前后不得超过 5 mm，无漏水处。

②结构架镶嵌式安装

适用于面积超过 5m^2的非条屏显示屏。首先确定好要安装的显示屏长度和高度，为后边的安装过程打好基础，然后做结构，所做结构必须考虑到结构的承重能力（1m^2室外显示屏的重量按 65 kg 计）。根据此种显示屏的显示单元做好结构，尺寸要严格按照显示单元的规格来确定。结构完毕后，开始安装室外显示屏显示单元。安装显示屏显示单元须依照从左到右，从上到下的顺序安装。安装显示单元时要安装整齐，并在每一个显示单元安装之前在显示单元要贴紧处打上防水玻璃胶，然后把显示单元固定在结构上并拧好螺丝。待所有显示单元安装完毕后，在显示屏显示单元四周打上防水玻璃胶，要打均匀牢固。防水玻璃胶打完以后，认真细致地检查一遍，看是否有漏打和打胶不均匀处，漏打和打胶不均匀处重新打上防水玻璃胶。直到所有防水玻璃胶全部处理妥当。检验标准：显示屏显示表面要平整，整个平面前后不得超过 5 mm,无漏水处。

(二)广播系统

1. 施工流程(图 4-10-3)

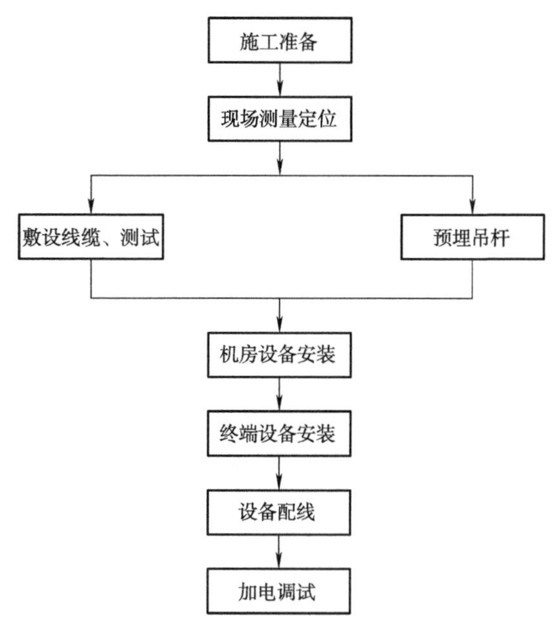

图 4-10-3 广播系统的施工流程

2. 施工方法

(1)钢槽、钢管安装和线缆敷设

①钢管安装

钢管安装牢固、平直美观,管子间隔均匀,钢管弯曲半径不得小于钢管外径的 6 倍,管口平滑有防护缆线措施,钢管固定严格按照《建筑电气安装工程质量检验评定标准》(GBJ 303—88)的有关内容进行,在建筑物沉降、伸缩处采取软连接措施。钢管安装完成后每隔 25m 做相应的标记并在接头、箱盒连接处做电气连接,连接至地线箱。

②缆线穿放

a. 钢管安装完成后进行缆线穿放,首先检查管路是否清洁,穿入牵引钢丝带动缆线,放线时必须使用放线架以防止缆线扭绞、打结,检查管口是否有防护措施,牵引时匀速拉动。在接线盒内留有适当余量,缆线接续后做好绝缘处理并盖好各类箱盒盖板。缆线在管内不得有接头。

b. 缆线穿放完毕后对缆线的直流指标进行测试并做好记录,最后做好标签,标明缆线规格、型号、去向等信息。

(2)预埋吊杆

广播系统部分扬声器需要提前进行吊杆的制作和预埋,根据设计图纸并结合车站房建及装修施工进度将预制好的吊杆预埋到相应的位置,为扬声器安装做好准备。

(3)设备安装

①吸顶扬声器安装

安装吸顶扬声器时与车站装修单位密切配合,尽量在车站顶棚开始封顶时进行扬声器的安装。扬声器安装牢固,美观,还要考虑各种灯的位置,消防喷头的位置,空调出风口,以及天花板封顶的造型等。安装孔使用专用开孔器开孔,不破坏顶棚的整体效果。安装时将现场布线与扬声器线进行连接,将扬声器左右两个卡爪向上掰开后放入天花板预先开好的安装孔中,卡爪上的弹簧使其回复原位,将扬声器固定在天花板上。

②室内壁挂扬声器安装

根据设计要求找好标高,严格按照扬声器后面标注的安装孔位置在墙壁上预埋安装挂件,挂件安装牢固。在墙壁上打眼使用专用的冲击钻,不破坏墙壁。把现场布线与扬声器线连接,将余留线缆整理好;将扬声器固定在安装挂件上。

③吊挂扬声器安装

首先根据扬声器安装方式和现场情况预制吊杆,根据车站房建及装修进度进行吊杆预埋。

吊杆安装:吊杆安装在建筑物吊顶之上的混凝土或钢梁结构上。在混凝土结构上安装采用膨胀螺栓;在钢梁结构上安装采用焊接方式。将吊杆下部露出在建筑物吊顶之下,用以安装扬声器。最后将预先敷设的线缆通过吊杆穿线孔穿入钢管,从钢管下部引出。

扬声器的安装:首先将扬声器线缆与现场敷设的线缆进行连接并做好处理。将扬声器上部的钢管穿入吊杆下部钢管内,利用螺栓作为顶丝上入吊杆预先焊接的 6 个螺母及钢管孔内,将扬声器进行固定,安装完成。

(三)视频监控系统

1. 施工流程(图 4-10-4)

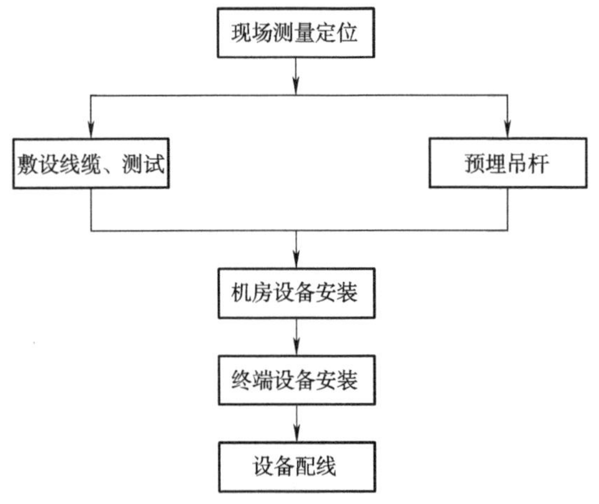

图 4-10-4 视频监控系统的施工流程

2. 施工方法

(1)线缆成端及设备配线

①摄像机同轴缆成端的 BNC 头焊接时不能出现虚焊、假焊,混线、断线,焊接完成后线的绝缘性能良好。控制缆的正负极性接正确,不能接反。

②上线前测试现场敷设的视频电缆、控制电缆、网线的电气性能是否良好,光纤衰耗是否合格。若线缆敷设工序与设备安装工序相隔时间较长,在设备安装前重新复测线缆的性能。

③摄像机安装前,确认电源电压是否满足设备要求。摄像机分为 24 V 直流供电和 220 V 交流供电两种,24 V 供电的摄像机需加装 220 V/24 V 的电源适配器。由于现场有 380 V 供

电设备，为防止误接线电压 380 V，加电前需测试电压。确认后，再给摄像机加电。

(2)室外球型机安装

室外球型机安装可以分吊装和壁装两种方式。

①吊 装

按照设计找好安装位置，在安装位置开孔，然后将预先布放的摄像机线缆从孔中拉下，做好接头准备。拆开摄像机，取下摄像机的上基座，从上基座上取下附件管。安装机架时，将摄像机支架用膨胀螺栓固定在顶部安装面上，将附件管装入支架，将缆线穿过支架引出，与摄像机上基座上的电缆进行接续。使用四只螺丝将摄像机上基座固定在附件管上，使用硅胶等防水材料填充支架与附件管之间的缝隙。根据监控设备地址码和摄像机说明书进行球机的波特率、地址及协议的设置。安装摄像机时将防掉落钢丝钩住机架，将摄像机固定到上基座上，上紧螺丝，摄像机安装完毕。

②壁 装

以摄像机壁挂支架底面的安装孔为模板，在墙壁上画出打孔位置并打孔，将 4 个 M8 膨胀螺栓安装到孔内。将线缆从壁挂支架中穿过引出与摄像机上基座上的线缆进行接续，接续方法与吊装式相同，利用膨胀螺栓将壁挂支架安装在墙壁上。接下来安装上基座与摄像机，其步骤与吊装安装方式相同。

(3)枪机的安装

按照设计安装位置，结合房建进度在预埋支架、加工底座阶段事先将摄像机支架或吊杆预埋在相应位置。在房建装修完之后进行枪机的安装。准备好工具和材料，检查预埋的管线接口是否处理好，测试电缆是否畅通，就绪后按事先确定的安装位置，准备安装。若不是利用事先预埋的吊杆或支架，则进行枪机吊杆和支架的安装。

拿出摄像机和镜头，按照事先确定的摄像机镜头型号和规格，仔细装上镜头(红外摄像机和一体式摄像机不需安装镜头)。将镜头的电缆连接到摄像机的自动光圈镜头插口。

把焊接好的视频电缆 BNC 插头插入到摄像机视频输出插口(用插头的两个缺口对准摄像机视频插座的两个固定柱，插入后顺时针旋转即可)，确认固定牢固、接触良好。将电源电缆连接到摄像机，确认连接正确、良好。

用牢固的电缆扎线将视频电缆和电源电缆扎好，捆绑在摄像机安装支架或吊杆上。

接通监控主机和摄像机电源，通过监视器调整摄像机角度到预定范围，并调整摄像机镜头的焦距和清晰度，安装完成。

(4)调试方法

①摄像机视频输出调试

通过调整视场角来调整监视的角度，选择合适的光圈相对孔径、景深来改善所摄画面的质量。

②镜头的焦距、聚焦的调整

对于手动聚焦镜头，采用特写聚焦的方式进行调整。

对于球机，可以给多个重要监视区域设置预制位的方式，来增加监视区域，减少盲区。

对于监视进门处的摄像机，主要考虑逆光条件下的摄像机安装位置选择，调试时，选择在室内外光线对比最强的时间，在现场进行模拟调试，以确定最终安装位置。

（四）安检系统

1. 系统构成

安检系统主要由X射线检查系统及相关辅助设备组成。X射线检查系统放置在车站各入口附近，落地安装。安检通道进出两端设置视频同步记录设备，包括摄像机（高清），7×24 h存储设备。

2. 施工流程与施工要点

安检系统的施工流程：施工准备→设备安装→系统调试。其施工要点包括：

（1）预埋管安装，电缆穿放

①预埋管安装：按照规范进行支撑物安装、钢管安装、特殊部位处理、标识、地线连接等工作，安装时注意满足平直、美观、牢固等工艺要求；

②电缆均匀穿放，做好管口防护措施，做好各种箱盒的恢复工作，缆线标识清楚、正确，缆线敷设完成后进行测试工作，缆线绑扎美观整齐。

（2）设备安装调试

设备严格按照设备平面设计图进行安装，安装时充分利用水平尺、定位仪反复比较保证垂直度，水平度在设备安装规范范围内。安检仪安装考虑防滑和加固处理，以防造成位移。安检仪配套的安检桌椅摆放到指定位置。安检仪固定好之后按照产品说明将线缆接好，进行调试，对照合同对各项功能进行检测。

三、综合布线

（一）管线预埋

管线预埋的施工流程：施工准备→技术交底→划线定位→开槽打眼→敷设固定→接地→封堵→质量检查→资料提交。

1. 施工步骤

（1）确定位置：根据施工图纸进行现场位置确定，将测量的数据记录、整理，标注预埋位置。

（2）开槽、孔、洞：用冲击电锤、岩石切割机在所需预埋位置开凿槽、孔、洞。

（3）固定：将所需预埋体放入所开的槽、孔、洞中，并加以固定，防止恢复施工时出现移位。

（4）接地：对预埋钢管要求接地连接电气连通。

（5）封堵：管材固定后用塑料泡沫封堵管口、接线、过路盒底盒，钢管口用彩色条纹塑料布缠绕。

（6）检查：安排人员对预埋管线、箱、盒做好定期和针对性检查，防止受到其他专业的损害，对已损害的预埋件及时采取补救措施。

（7）资料提交：将每一段预埋管线的情况做一份隐蔽检查资料提交给监理工程师，签字后存档作为竣工资料。

2. 施工质量控制要点

（1）布线根据现行国家标准和设计图纸的规定要求，对管线和电缆的型号、规格、种类进行检查确认。按照供货商所提供设备特点、技术参数、接线图与其他有关资料安装系统设备。

（2）所有现场安装的设备、线路、交接位、喉管、线槽，都加以适当的标记以便识别。

（3）管线在设有吊顶的地方管线敷设于吊顶内，无吊顶的地方管线沿墙壁暗敷。敷设在多尘或潮湿场所管路的管口和管子连接处的，均采取了相应的保护措施。

(4)暗敷的防护管离装修完成面表面净距离不小于 15 mm。

(5)对埋设镀锌钢管采用螺纹连接，塑料管采用配套接头粘接，直线段每隔 1.0～1.5 m 设置固定点。

(6)敷设管路出现如下情况时，在便于接线处装设过路盒：管子长度每超过 45 m，无弯曲；管子长度每超过 30 m，有一弯曲；管子长度每超过 20 m，有二弯曲；管子长度每超过 12 m，有三弯曲。

(二)金属线槽安装

该工序的施工流程：施工准备→技术交流→划线定位→支架安装→线槽安装→电气接地→防火封堵→安装资料提交。其质量控制要点如下：

1. 线槽的结构型式、型号规格、选材等均符合设计规定，产品有合格证，安装前根据外围设备的位置，从始端至终端找好水平或垂直线，并做好标记，确定线槽走向的中心线，标出线槽支、吊架的固定位置。

2. 线槽的安装程序为：先主干后分支线，先将弯头、三通和大小头定位后，再进行直线段的安装，线槽的连接保持横平竖直，底部接口平整无毛刺，固定或连接桥架采用螺栓连接，螺母在槽的外侧，内侧光滑，支架要牢固、平直，焊接部位作防腐处理。

3. 线槽敷设的水平或垂直允许偏差为其长度的 2‰，全长允许偏差为 20 mm。

4. 线槽的所有非导电部分的构件均相互连接，使之与线槽本身有良好的电气连续性，在有伸缩补偿装处用导线搭接使之成为一个连续整体，线槽有可靠接地，且不能作为设备的接地导体。

5. 线槽的直线段每隔 1.5～2.0 m 设置吊架支撑点或支点，在线槽接头处、线槽走向改变或转角处也设置吊架或支架。

6. 吊装线槽的吊杆直径，不小于 6 mm。

7. 管线每 30 m 及经过建筑物的变形缝(包括沉降缝、伸缩缝、抗震缝等)处，采取补偿措施，导线跨越变形缝的两侧固定，并留有适当余量。

8. 从接线盒、线槽等处引到外围设备的线路均加金属软管保护，使用的金属软管长度不超过 1 m。

(三)金属防护管安装

该工序的施工流程：施工准备→检查校对→防护管加工→支吊架制作→支吊架安装→管线安装→管线接地→安装资料提交。

防护管安装质量控制要点：

1. 管线与通风、上下水管之间的最小距离：平行为 100 mm，交叉为 50 mm。

2. 明敷防护管弯曲半径不小于管外径的 6 倍。

3. 明敷防护管进入接线盒要用锁螺母或护圈帽固定，露出锁紧螺母的丝口为 2～4 扣。

4. 明敷防护管排列整齐，间隔 1.5 m 固定一次。

5. 电线管路中间加装接线盒，满足国标《电器装置安装工程施工及验收规范》(GB 50258—96)的规定。

(四)电缆布放

该工序的施工流程：施工准备→现场测量→穿放敷设→绑扎固定→标志铭牌挂设→质量

检查→安装资料提交。

质量控制要点包括电缆型号规格,电特性应符合设计规定。电缆的长度根据线路测量的长度进行选配,尽量减少设备间线路的接头。槽道中的电缆分系统每隔一定距离用绑扎带进行捆扎。分歧或支线电缆从通信槽道上的预留孔引出后,采用镀锌金属管保护,在转弯及电缆接续处均设置配套的接线盒。与设备连接处采用金属软管保护。电话电缆进入房间后以明装方式,用塑料线槽保护至分线盒或话机接线盒。电源电缆在桥架上用防护管单独防护,防护管接头或转弯处用套管连接。电缆接续方式:采用扭绞加焊接续或接线子压接,外套热缩管绝缘,并设置在接线盒中。电缆穿管时,管口处套塑料橡皮,防止损伤电缆。电缆布放后进行对号和绝缘测试。天花板上部的金属电缆槽、槽管安装、电缆布放完成后,作为隐蔽工程请监理工程师检查确认。

(五)室内设备安装

该工序的施工流程:施工准备→开箱验货→机柜、机架→设备插盘→设备配线→硬件检查→设备加电→软件安装→单机调试→系统调测→网管调测。

质量控制要点:铁件加工做到全线标准化、统一化;安装时注意防震性能,防震架制作规范;设备可靠接地,接地阻值达到设计要求;电源线、地线必须采用整段材料,且排列布放规范化、标准化。电缆扎扣根据电缆多少选择不同型号(150 mm/300 mm),扎后剪平。电源线和地线布放时,同其他电缆分开布放、分别绑扎。在系统调试前,特别注意对电源电压、各种熔丝的检查,防止电压过高对设备产生破坏。需要换插件板时,严格按照操作维护手册的要求将对应硬件退出服务,逐级切断电源,并戴上防静电手环才能接触印刷线路板。定期保存,以免数据丢失。使用仪表前确认电源电压符合仪表电源要求后,方可接通使用。卡接电缆芯线使用卡接钳,不得用其他工具代替,芯线线径符合卡接端子的要求。

第十一章　电力工程

第一节　工程概况

一、主要工程数量

新建电力配电所8座，新建10/0.4 kV动力照明变电所21座，新建10/0.4 kV通信信号变电所12座，新建10 kV一级贯通线和综合贯通线，一级贯通线采用YJV62-10 3×(1X70)电缆，综合负荷贯通线采用YJV62-103(1X95)电缆。一级、综合贯通线725 km，其中综合贯通线370 km，一级贯通线355 km。沿铁路两侧预置电缆槽敷设，新建箱式变电所136座，箱式电抗器20座。

二、系统构成

电力工程新建济南东、红岛两座35/10 kV变配电所，新建邹平、淄博北、青州北、潍坊北、高密北、机场10 kV配电所。新建自济南东变配电所至红岛变配电所电力综合贯通线及一级负荷电力贯通线各一条。新建配电所原则上自地方接引两路独立外部电源，专盘专线。章丘北、临淄北、胶州北无配电所的车站自地方接引两路独立外部电源。新建10/0.4 kV箱式变电站为区间和站场用电负荷供电。设置电力远动系统，纳入PSCADA系统，由济南局调度所管理。

三、主要技术标准

1. 10 kV变配电所电源线路采用全电缆线路或架空方式，架空线路导线型号为JKLYJ型；高压电缆型号为YJV22-8.7/10 kV型，采用直埋或沿城市电缆沟敷设。济青高铁全线新建10 kV一级贯通线和综合贯通线各1条，采用YJV62型及ZR-YJV62型单芯电缆。

2. 10 kV配电所主接线采用单母线断路器分段，母联互备投；10 kV高压开关柜采用GIS型六氟化硫气体绝缘柜；各变、配电所调压器不设旁路开关；所外不设跨所供电装置；调压器采用中性点接小电阻接地方式；直流电源装置采用智能型高频开关、铅酸免维护蓄电池装置。

3. 为各车站站房供电的10/0.4 kV动力照明变电所与站房合建；在站内两侧道岔区设箱式变电所为道岔融雪设备供电；区间中继站、基站及保养点设箱式变电所为用电负荷供电；10 kV配电所所在地车站动力照明变电所由配电所站馈线供电，无配电所车站接引两路地方电源供电。

4. 配电所、动力照明变电所、通信信号变电所、箱式变电所设置电力远动终端纳入SCADA系统，以实现电力设备的遥信、遥测、遥控、遥调。

第二节 电力工程的施工方案与工艺流程

一、施工测量

(一)架空线路测量

架空线路测量的流程:测量准备→线路、杆位定测→测量资料整理。

其质量工艺卡控要点如下:

1. 架空线路时避免与铁路、道路、其他电线路、山谷、河流以及各种建筑物交叉跨越。使线路平直,减少转角杆。在开阔地段,不出现不必要的转角。

2. 路径选择应在交通运输方便的处所,便于施工、维护,路径最短,减少投资。

3. 路径和杆位的选择不占或少占农田,路径选择确有困难,须经过农田时,设置直线杆,以免影响机耕。

4. 避开易被车辆碰撞及河流、雨水冲刷地带,防止受外力影响造成倒杆、断线事故。

5. 路径选择与站场规划相协调,减少拆迁工程,电杆定位尽量与站台美观相适应;通过市区取得城建部门同意。

6. 跨越杆档距在 300 m 以上,如无地形可利用时,电杆高度在 20 m 以上。跨越较大河流时采用桥梁电力支架或电缆敷设。

7. 铁路一侧有通信线时,电力线路设在另一侧;两侧都有通信线路时,根据电力线路对通信线路的干扰影响,确定路径位置。

8. 路径选择时,与站场规划相协调,考虑站场美观因素。

9. 由技术训练、有经验的人员负责线路测量工作,指挥信号统一、准确,测量员能胜任自己的测量工作,具备良好的职业道德和吃苦奉献的精神。

10. 用于测量的仪器按计量法规的要求进行定期检验,检定合格后使用,未经检定合格的仪器不用于测量生产。用于工程项目的测量设备建立台账,仪器的型号、精度指标、使用状态、检校情况做好记录,确保测量仪器处于受控状态。

11. 在定测路径时,做好与其他单位或部门之间的沟通工作。

(二)电缆线路测量及电缆配盘

电缆线路测量及电缆配盘的施工流程:测量准备→控制点定测→线路定测→测量资料整理→电缆配盘。其质量工艺卡控要点如下:

1. 测量路径的选择依据设计施工图纸。每一个观测数据,都在现场认真检查,避免因返工降低工作效率或对后续工作产生影响。

2. 电缆配盘:按一定的要求将每盘电缆进行编组、配盘,把长度不等的电缆安排在预定的段落内,以保证合理的经济效果。电缆配盘以电缆线路图、电缆控制点的分布等为依据。

3. 采用人工测量方式,使用测量绳及测量尺进行测量。根据事先确定的电力线路走向测量各控制点间的距离,并做好记录。

4. 路基、桥梁、隧道的结合处及电缆上下桥等重要部位,均标记为线路的重要控制点。以上重要地段的测量长度考虑适当的裕量,一般要在实际测量确定的长度上加 5 m。

5. 现场测量数据由 2 人分别记录,以便更好地开展资料整理及数据确认工作。测量原始记录、资料、计算书、图表真实完整，并由专人妥善保管，同时测量记录规范。

6. 测量结果计算前，对与施工测量相关施工图纸进行全面复核，确认测量计算所采用的设计数据正确无误。当发现图纸数据与复核结果不符合时及时与设计单位联系解决，防止设计图纸中设计施工数据错误导致计算结果发生错误。

7. 由工程技术人员根据测量结果编制电缆物资申请计划和电缆配盘计划。电缆配盘计划中明确电缆型号、电缆长度、电缆敷设地点等。

8. 电缆敷设工作中，严格要求按电缆配盘计划进行相应的电缆敷设工作，以免造成增加电缆接头制作等额外工作。

二、杆塔基础开挖及浇制

杆塔基础开挖及浇制的施工流程：施工准备→基坑开挖→基础浇筑→保养、拆模、回填。其质量工艺卡控要点如下：

1. 基础所用的水泥、砂、石料、钢筋等原材料的进场验收、钢筋配设、配合比试验、混凝土强度、预埋螺栓等符合设计要求。

2. 底盘、卡盘的规格、型号符合设计要求。

3. 基坑深度符合设计规定。

4. 基础的地质条件符合设计要求。

5. 基础浇筑前的钢筋配筋符合设计要求。

6. 开挖不设外模板的基础坑时，其形状、尺寸及相对位置符合设计要求。

7. 当基础位于尚未沉实的土层上时，将基础坑底挖至原土表面 0.5 m 以下，然后夯实并砌筑垫层至基础底面设计标高处。

8. 基坑开挖完成后，对开挖基坑底面进行土壤承载力试验。如地质情况与设计不符，及时与设计单位联系解决。

9. 基础浇筑选用商品混凝土，现场搅拌混凝土采用混凝土搅拌机。

三、杆塔安装

杆塔安装的流程：施工准备→杆塔组立→横担安装→绝缘子安装→拉线制作安装。其质量卡控要点如下：

1. 单横担的安装，直线杆装于受电侧，分歧杆、90°转角杆（上、下）及终端杆装于拉线侧。

2. 焊完后整杆弯曲度不超过电杆全长的 2‰。

3. 铁塔组立后，各相邻节点间主材弯曲不大于 1/750。

4. 铁塔组立后，塔脚板与基础面接触良好，有空隙时垫铁片，并灌注水泥砂浆。保护帽的混凝土与塔脚板上部铁板结合严密，且不得有裂缝。

5. 架空线路杆塔上涂写每根杆塔的编号，高压线路的变台杆、开关杆、分歧杆、换位杆、引入杆、终端杆有相序标志。

6. 电杆上横担、叉梁及铁塔的接地方式符合设计要求，接地良好。

7. 螺栓连接质量符合如下规定：螺杆与构件面垂直，螺杆头平面与构件间不应有间隙；螺栓紧固后，螺杆丝扣露出的长度单螺母不少于 2 个螺距；双螺母与螺母相平；当必须加垫圈时，每端垫圈不超过2个。

8. 螺栓的穿入方向符合如下规定

(1)对立体结构,水平方向由内向外、垂直方向由下向上。

(2)对平面结构

①顺线路方向,双面构件由内向外,单面构件由送电侧穿入或按统一方向;

②横线路方向,两侧由内向外,中间由左向右(面向受电侧)或按统一方向;

③垂直方向,由下向上。

四、电力线路设备安装

(一)避雷器安装

避雷器安装的施工流程:施工准备→安装避雷器→引线连接→检查避雷器→接地线制安→填写记录。其质量卡控要点如下:

1. 避雷器到达现场按批次进行检查,其规格、型号、质量符合设计要求和相关产品标准的规定。

2. 避雷器安装位置、方向符合设计要求。

3. 避雷器金具用镀锌件或有防腐涂层。

4. 连接线无散股破损,接线端子压接牢固。

5. 连接新避雷器的引线线,在连接部位的接触面涂抹上电力复合脂并且将连接螺栓紧固至扭力值。

6. 安装好避雷器以后进行设备检查,再次确认避雷器已安装垂直,各连接螺栓已紧固到位,外部接线连接正确、牢固,设备上和支柱上没有遗漏器具和零件。

(二)三极隔离开关安装

三极隔离开关安装的施工流程:施工准备→托架安装→开关安装→开关调整→引线连接→接地线安装→填写安装记录。其质量卡控要点如下:

1. 引线连接要紧密,并按规定缠裹铝包带;当采用绑扎连接时,绑扎长度不小于150 mm。

2. 隔离开关在安装前进行仔细检查,开关配件齐全,绝缘子不能有掉釉及破损现象。

3. 接地装置的接地电阻不得大于设计规定值。

4. 所有用铁配件和螺栓均为热镀锌制品。

5. 设备间的电气连线符合工艺要求。

五、架空线路施工

架空线路施工的施工流程:施工准备→放线→导线连接→紧线及驰度观察→导线在绝缘子上的固定。其质量卡控要点如下:

1. 导线截面损坏不超过导电部分截面17%时,可敷线修补,敷线长度超出缺陷部分,两端各缠绕长度不小于100 mm。

2. 导线磨损的截面在导电部分截面积的6%以内,损坏深度在单股直径1/3之内,用同金属的单股线在损坏部分缠绕,缠绕长度超出损坏部分两端各30 mm。

3. 导线磨损的截面,在导电部分截面的5%以内,且单股损伤深度小于直径1/3时,可不作处理。

4. 导线损伤有如下情况之一时，锯断重接：

(1)在同一截面内，损坏面积大于导线导电部分截面面积的17%。

(2)钢芯铝线的钢芯断一股。

(3)导线出现松股，直径超过1.5倍导线直径而又无法修复。

(4)金钩破股已形成无法修复的永久变形。

5. 导线采用钳压接续管进行连接时，符合如下规定：

(1)接续管型号与导线的规格配套。

(2)压接后的接续管的弯曲度不大于管长的2%；大于2%时应校直(可用木锤轻轻敲击校直，敲时必须垫木块，禁止用铁锤直接在连接管上敲打)。

6. 导线钳压口数及压口尺寸，符合规范规定。

7. 压接后或经校直的接续管不应有裂纹。

8. 压接后接续管两端附近的导线没有灯笼抽筋等现象。

9. 压接后接续管两端出口处，合缝处外露部分涂红油漆。

10. 同一挡距内，同根导线的接头不得超过一个，导线接头位置与导线固定处的距离大于0.5m。导线跨越标准轨铁路、一、二级公路、电车道、一、二级通信线路、通航河流以及特殊管道时，无接头。

11. 不同金属、不同规格、不同绞向的导线，严禁在挡距内连接。

12. 对于10 kV及以下导线弛度误差不大于5%时，同挡内各相导线力求一致，水平排列的导线弛度相差不大于50 mm，对于大挡距导线弛度误差不大于+2%或小于−2.5%。

13. 钢芯铝绞线的绑扎要求：在绝缘子或线夹上固定时缠铝包带，缠绕长度超出接触部分20～30 mm。

14.10 kV线路每相过引线，引下线与邻相的过引线，引下线平行导线之间的净空距离不小于300 mm，10 kV导线与拉线，电杆或构架之间的净空距离不小于200 mm。

15. 采用悬垂线夹固定导线时，悬垂线夹安装后，绝缘子串垂直地平面。个别情况下，其在顺线路方向与垂直位置的倾斜角可不大于5°。

六、电缆线路施工

电缆线路施工的流程：施工准备→固定电缆展放支架→架设电缆盘→电缆展放→电缆整理固定。其质量卡控要点如下：

1. 电缆在电缆槽内敷设时远离钢轨侧敷设，每个接触网基础处U形设，适当预留，在每个桥墩下盘圈预留3 m，在箱变基础内预留10 m。桥梁伸缩缝处适当移动电缆卡具，利用其支撑作用使电缆与伸缩缝保持一定距离，避免电缆的磨损，遇电缆井做弧形预留敷设，平缓自然过渡。

2. 上下桥处、路基引上引下处进箱变全程穿钢管保护敷设。

3. 电力贯通线三根单芯电缆在电缆槽中敷设时呈品字形布置，每隔1 m用绝缘绑扎带进行绑扎，每隔4 m设置品字形固定卡具一套进行固定。

4. 单芯电缆穿金属管敷设时，其三相电缆穿于同一根管内。

5. 与通信信号电缆交叉时，位于通信电缆下方，间距为不少于 250 mm。

6. 综合贯通由济南向青岛方向供电，济南侧为进线侧，青岛侧为出线侧。一级贯通由青岛向济南方向供电，青岛侧为进线侧，济南侧为出线侧。进线侧（进线柜）金属屏蔽层及金属护层经护层保护器接地，出线侧（出线柜）金属屏蔽层及金属护层采用直接接地。

7. 直埋电缆的拐弯、接头、交叉，设明显方位标桩（根据现场情况喷标桩上方向箭头、中间接头符号），直线段每隔 50 m 设置标桩。

8. 电缆弯曲半径不小于 20D（D 为电缆直径）。

9. 电缆爬架安装完成后在桥墩上垂直安装，节与节之间用 4 mm 编织软铜线连接，在桥上用 16 mm^2 黄绿相间地线与预留接地端子连接，中间采用隔板隔开。

10. 不同回路的电缆同沟敷设时互相隔离。在箱变至正线段电缆分管敷设；在站场过轨后同沟敷设时，采取物理隔离措施（如穿管、钢钩悬挂、砌筑红砖等）。

11. 同槽电缆隔离：桥梁段两路电缆间距不小于 200 mm，接触网杆处用电缆穿阻燃软管隔离；路基段用防火槽隔离（贯通电缆在下，有外电源电缆情况下外电源电缆在下）。

12. 电缆中间头处采用电缆中间头对接箱形式，对接箱放于电缆沟内，相与相之间间隔 50 cm。对接箱采用欧式插拔头，统一在进线侧接护层保护器。三相对接箱接地串接后连接于接触网支柱基础或附近桥梁伸缩缝处接地端子上。

13. 进出箱变预留：在箱变内高压侧安装三层支架，箱变内电缆预留 3～5 m，保证箱变内电缆不交叉。

七、电力电缆头制作

（一）各项工序的具体流程

1. 10 kV 三芯户外热缩式电力电缆终端头的施工流程：电缆测试→剥切电缆外护套→剥切电缆铠装→剥切电缆内护套→焊接地线→收缩三指套→剥铜屏蔽层→剥半导电层→剥线芯绝缘层→收缩应力热管→装热缩管→安装伞群→压接接线端子→收缩密封处理→电气性能测试→填写制作记录。

2. 10 kV 三芯户内热缩式电力电缆终端头制作的施工流程：电缆测试→剥切电缆外护套→剥切电缆铠装→剥切电缆内护套→焊接地线→收缩三指套→剥铜屏蔽层→剥半导电层→剥线芯绝缘层→收缩应力热管→装热缩管→压接接线端子→收缩密封处理→电气性能测试→填写制作记录。

3. 10 kV 三芯热缩式电力电缆中间接头制作的施工流程：电缆测试→剥电缆外护套→剥切铠装层→剥内护层→锯芯线→固定应力管→压接接线管→包绕填充胶→固定热收缩绝缘管→固定外绝缘管→固定半导电管→安装屏蔽网及地线→固定护套→电气性能测试→填写制作记录。

4. 10 kV 三芯户外冷缩式电力电缆终端头制作的施工流程：电缆测试→剥切电缆外护套→剥切电缆铠装→剥切电缆内护套→连接地线→收缩三指套→收缩冷缩管→剥铜屏蔽层→剥半导体层→剥线芯绝缘→安装终端→安装相色罩帽→压接接线端子→电气性能测试→填写制作记录。

5. 10 kV 三芯户内冷缩式电力电缆终端头制作的施工流程：电缆测试→剥切电缆外护套

→剥切电缆铠装→剥切电缆内护套→连接地线→收缩三指套→收缩冷缩管→剥铜屏蔽层→剥半导体层→剥线芯绝缘→安装终端→安装相色罩帽→压接接线端子→电气性能测试→填写制作记录。

6. 10 kV 三芯冷缩式电力电缆中间接头制作的施工流程：电缆测试→剥切电缆外护套及铠装层→剥切电缆内护套→剥铜屏蔽层→剥半导电层→剥主绝缘层→套入本体→压接接线管→收缩中间接头→包半导电胶带→固定铜网、连铜编织带→包胶带及固定恒力弹簧接地铜编织线→包铠甲带→电气性能测试→填写制作记录。

7. 10 kV 单芯户内冷缩电力电缆终端头制作的施工流程：电缆测试→剥外护套及钢铠→切除铜屏蔽层→剥除半导体→切除绝缘层、固定铜编织带→套入冷缩户内终端→套入相色帽及压接接线端子→缠包胶带及连接接地线→电气性能测试→填写施工记录。

8. 10 kV 单芯户外冷缩电力电缆终端头制作的施工流程：电缆测试→剥外护套及钢铠→切除铜屏蔽层→剥除半导体→切除绝缘层、固定铜编织带→套入冷缩户外终端→套入相色帽及压接接线端子→缠包胶带及连接接地线→电气性能测试→填写施工记录。

9. 10 kV 单芯冷缩式电力电缆中间接头制作的施工流程：电缆测试→剥外护套及钢铠→剥切除铜屏蔽层→剥除半导电层→切除电缆绝缘层→清洗电缆→套入冷缩式中间接头及铜屏蔽网→接续电缆连接管→冷缩头固定→冷缩头收缩→绕半导电带→固定铜屏蔽网套及绕包胶带→固定接地编织线及包缠胶带→缠绕铠装带→电气性能测试→填写技术记录。

10. 10 kV 单芯电力电缆可触摸式接头制作流程：电缆测试→剥切电缆外护套及钢铠→剥切电缆铜屏蔽层→剥切电缆半导体层→剥切绝缘层及固定铜编织带→推入应力锥→压接接线端子→将接头本体推入电缆→前接头固定及装防护帽→前接头安装完毕→前接头＋后接头的安装→后接头安装完毕→电气性能测试→填写技术记录。

（二）以上工序的质量卡控要点

1. 电缆终端与中间接头由熟悉工艺且培训合格的人员制作，并严格遵守有关制作工艺规程。

2. 电缆终端及中间接头制作时，空气相对湿度宜为 70% 以下，防止尘埃、杂物落入绝缘内。严禁在雾和雨雪气候条件下室外制作 6 kV 及以上电缆终端与电缆中间接头。

3. 制作电缆终端和接头前，熟悉安装产品工艺资料，做好检查，并符合如下要求：

(1)电缆绝缘状况良好，无受潮；

(2)附件规格、型号及电压等级应与电缆和 GIS 高压开关柜或变压器出线端子的规格、型号互相吻合，符合设计要求，密封完好，且在合格使用期内；

(3)与电缆配套的工机具齐全完好，消耗材料齐备，清洁绝缘表面的熔剂与附件厂家自带的一致。

4. 制作电缆终端与中间接头，从剥切电缆开始连续完成。剥切电缆时不损伤线芯和绝缘层。附加绝缘的包绕、热缩、冷缩、装配清洁。

5. 电缆终端和中间接头采用预制件结构时，符合如下要求：

(1)电缆的剥切长度符合要求，芯绝缘和半导电层过渡处光滑平整；

(2)电缆手套的固定由掌心处开始，分别向袖口和指端处收缩，收缩过程中挤出掌心处的空气，使之密封；

(3)插入硅橡胶接头时硅脂涂抹均匀，慢慢推入，不得伤害接头和电缆；

(4)连接处导电良好，能长久稳定传输额定电流；

(5)终端头和接头处的绝缘能承受电缆工作条件下的额定电压和瞬时过电压；

(6)接头外壳具有良好密封性和足够机械强度。

6. 电缆终端头采用可触摸插拔头时，符合如下要求：

(1)安装应力锥到规定位置，不得套反；

(2)可触摸接头附件按说明书规定的顺序安装，位置正确，连接牢固；

(3)可触摸接头可靠接地。

7. 电缆线芯连接时，除去线芯和连接管内壁氧化层。压接模具与金具配套，压接后端子或连接管上的凸痕光滑，无毛刺或尖角。

8. 电缆终端和中间接头接地安装符合如下要求：

(1)电缆中间接头处的电缆铠装、金属屏蔽层各自有良好的电气连接并相互绝缘；

(2)电缆终端头的电缆铠装、金属屏蔽层用接地线分别引出，单芯电缆终端头接地一端直接接地，另一端采用护层绝缘保护器接地；

(3)中间接头的接地符合设计要求；

(4)接地线采用铜绞线或镀锡铜编织线，其截面面积要求如下：电缆截面为 120 mm^2 及以下时，接地线截面为 16 mm^2；电缆截面为 150 mm^2 及以上时，接地线截面为 25 mm^2。

9. 装配、组合电缆终端和接头时，各部件间的配合或搭接处采取堵漏、防潮和密封措施。

10. 电缆终端头固定牢固，符合电气绝缘距离要求；电缆终端头上有与系统一致的相色标志。

11. 电缆护层保护器按如下要求安装：

(1)电缆护层保护器的连接线尽量短，且截面符合最大电流通过时的热稳定要求；

(2)电缆护层保护器接地端与接地体可靠连接。

(3)电缆终端头与电缆护层保护器间的裸连接线做绝缘处理。

12. 控制电缆在如下情况下可有接头，但连接牢固，并不受到机械拉力：

(1)当敷设长度超过其制造单根(盘)长度时；

(2)必须延长已敷设竣工的控制电缆时；

(3)当消除使用中的电缆故障时。

八、接地装置安装

接地装置安装的施工流程：施工准备→挖接地网→敷设接地→测试接地→填写施工记录。接地装置包括如下类型：

(一)环形综合接地装置

环形地网：综合接地装置由水平接地体和垂直接地体组成，环绕建筑物外墙闭合成环，水平接地体距建筑物外墙间距不小于 1 m，埋深 1.2 m。水平接地体采用 40 mm×5 mm 热镀锌扁钢，垂直接地体采用复合固态接地体、L50 mm×5 mm 热镀锌角钢。

综合接地网接地电阻要求小于 1 Ω，当接地电阻达不到要求时，采取增加接地极或外延地网等措施，使其达到要求。

(二)接地汇集线、接地引上线

1. 按图纸要求设置接地汇集线,各汇集线单独用 2 根 25 mm^2 的铜绝缘导线与环形接地网冗余连接。接地汇集排中心距离地面 150 mm 安装。

2. 各汇流排地网上的连接点之间以及连接点与引下线连接点之间的间距不小于 5 m。当条件受限制时,引下线在地网上的接地点与其他汇集线的接地点间距不小于 5 m;引上线与环形地网水平接地体连接点用螺栓栓接。

(三)贯通地线连接

依据《铁路防雷及接地工程技术规范》(TB 10180—2016)规定,距贯通地线 20 m 范围以内的铁路建筑物构筑物的接地装置与综合接地系统等电位连接。

依据动力照明图纸防雷接地要求:环形地网位于路基段,在环形地网两侧分别采用 2 根 1×50 mm^2 裸铜缆与路基段接触网支柱预留接地端子连接,沿弱电上下路基电缆槽内敷设并用水泥包封;接地装置位于桥梁段,在环形地网两侧分别采用 2 根 1×50 mm^2 裸铜缆与桥墩底部预留接地端子连接。

(四)质量工艺卡控要点

1. 接地网:水平接地体用 40 mm×4 mm 热镀锌扁钢,垂直接地极用复合接地极和角钢。

2. 焊接要求及防腐:焊点饱满平滑无毛刺,无漏焊、夹渣、咬肉现象。天网、避雷带等暴露在空气中部分焊接处先打磨,刷防锈漆,再刷银粉漆。漆面边大于焊面边缘 50 mm。埋设在地下部分焊接处采用防腐沥青漆,包裹范围大于焊点 5 mm 以上,厚度不小于 5 mm。

3. 汇集线与地网之间连接,与汇集线连接端压铜鼻拴接,用铜螺丝,两平垫一弹簧垫,双螺帽压紧。

4. 铜鼻压接要求用专用液压钳,压接紧实,无毛刺,无暴露在外线芯。

5. 接地体搭接长度:扁钢为其宽度的 2 倍(至少焊接 3 个楞边),圆钢为其直径的 6 倍(两侧焊接)。扁钢与圆钢或者角钢连接时,除在扁钢两侧焊接外,还将扁钢本体弯成弧形或直角形(或加焊 L 形扁钢),与钢管或角钢焊接成一个整体。

九、配电所调压器安装

配电所调压器安装的施工流程:运输道路调查→运输与安装准备→短距离运输→本体就位安装→绝缘介质或器件检测→附件安装→分接开关安装→电气接(配)线及接地→调整调试→清洁与防腐→填写记录。其质量工艺卡控要点如下:

1. 外观检查及进场验收符合如下要求

(1)调压器的规格、型号符合设计要求,质量证明文件齐全;

(2)调压器外观无变形;

(3)干式调压器的环氧浇筑体无裂缝及破损,引线绝缘包扎完好、固定牢固。

2. 调压器的安装位置、方向符合设计要求;接地正确、可靠,安全净距符合 TB 10758—2010 附录 A、TB 10420—2003 附录 A 的相关规定。

3. 调压器安装后器身完整,无锈蚀现象,铭牌齐全,相色标志正确。

4. 瓷套管顶部密封结构正确,连接母线后,顶部结构无松动现象。

5. 分接开关安装正确,动作可靠。

6. 调压器本体固定稳固，铁芯及外壳可靠接地。

7. 干式变压器温度自动监测和保护报警装置安装符合产品技术文件要求。

8. 调压器的电气性能检验项目及要求符合《电气装置安装工程电气设备交接试验标准》(GB 50150—2016)的规定。

十、配电所补偿装置安装

(一)工序流程

1. 动态无功补偿装置(SVC)安装流程：运输道路调查→运输与安装准备→框架、绝缘子安装→控制柜安装→电容器、电抗器晶体管阀组安装→母线安装、电气接线→接地及质量检查→清洁与防腐→填写记录。

2. 固定无功补偿装置和动态无功发生器(SVG)安装流程：运输道路调查→运输与安装准备→控制柜安装及高压设备安装→电气接线、接地→质量检查→填写记录。

(二)质量工艺卡控要点

1. 集中补偿装置进场验收要求

(1)柜体外壳无变形或锈蚀，防腐层完好；外观完整，附件齐全。

(2)瓷套管无裂纹、破损，所有接缝无裂缝或渗油。

(3)附属的电子元件、仪表、按钮、开关及控制保护装置外观正常，固定稳固，无受潮。

(4)产品规格、型号、质量符合设计要求和相关产品标准的规定。

(5)成套补偿装置附属的电压互感器、电流互感器、氧化锌避雷器、电容器、电抗器等高压设备外观完好，规格、型号、质量符合产品技术文件要求。

2. 集中补偿装置附属的高压设备安装位置、方向、接地方式符合设计要求，接地良好，安全净距符合《铁路电力工程施工质量验收标准》(TB 10421—2003)及《高速铁路电力工程施工质量验收标准》(TB 10757—2010)附录 A 的相关规定。

3. 安装后的设备及柜体外观完整，无锈蚀现象，铭牌齐全，相色标志正确。

4. 电气性能检验项目及要求符合《电气装置安装工程电气设备交接试验标准》(GB 50150—2016)的规定。

十一、开关柜安装

(一)施工流程

1. 10 kV 气体绝缘开关柜组装的施工流程：施工准备→开箱检查→盘柜就位→盘柜固定→装配母线排→连接其他机柜和相位→装上母线支撑→安装电流互感器→安装电压互感器→安装接地母线→开关柜接地→安装低压室→装上母线盖→安装端壁→机柜扩展→填写安装记录。

2. 变配电所盘柜安装(高压开关柜及控制保护屏等)的施工流程：施工准备→开箱检查→盘柜就位、组立、固定→填写安装记录。

(二)质量工艺卡控要点

1. GIS 开关柜的安装要求

(1)按产品技术文件要求进行开关柜的吊装和搬运，不得损伤柜体表面涂层；

(2)由端柜侧开始进行安装，第一面开关柜就位固定后，调整其位置、垂直度和水平度，达到产品技术文件要求后固定牢靠；

(3)自第二面 GIS 开关柜起，在 GIS 开关柜并列安装的同时，进行柜体之间主母线的连接；

(4)并列开关柜全部就位后，将每台柜内的主接地母线连接成一个整体，并从全部并列开关柜的两端与接地网可靠连接；

(5)二次回路接地连线的接地点符合设计要求；

(6)开关柜的压力通道和通风机的安装位置和固定方式符合产品技术文件要求；

(7)开关柜气室现场需要充补气时，按照产品技术文件要求及时进行抽真空处理、充气，并进行检漏和微水测量。

2. 高压电缆连接的要求

(1)电缆终端头的制作形式符合开关柜的产品特性。对采用电缆插接装置进行电气连接的电缆，电缆终端头与插接头的连接方式符合产品技术文件要求；

(2)电缆插头插入电缆插口后固定牢靠，电缆在开关柜底板处按产品技术文件要求进行固定及接地；

(3)开关柜底板处的电缆孔进行封堵。

3. 高压开关柜传动测试的要求

(1)对开关柜内的断路器、隔离开关进行手动操作传动检查，并检查电气闭锁回路及三工位隔离开关动作的可靠性；

(2)对开关柜内的断路器、隔离开关进行电动操作传动检查，开关动作及电气联锁功能符合设计要求。

4. 高压开关柜在带电投运之前的检测工作

(1)开关柜的底座槽钢、框架和接地母线已可靠接地；

(2)进出线电缆的方向、相序正确，电缆的规格、型号符合设计及产品技术文件要求；

(3)GIS 开关柜的断路器室和母线室的六氟化硫气体压力达到产品技术文件要求的额定值；

(4)开关柜内的断路器、隔离开关传动检查正常，并符合有关标准的规定；

(5)开关柜的电气试验项目，符合产品技术文件要求和国家有关该类产品试验标准的规定。

十二、塔式投光灯安装

塔式投光灯安装的工序流程：施工准备→基础浇筑→灯塔组立→与接地装置连接→灯具安装→配电箱安装→线、管安装→基础散水处理→填写安装记录。其质量工艺卡控要点如下：

1. 灯塔基础高度、位置符合设计要求，作业标准符合杆塔基础作业指南要求。

2. 投光灯的规格、型号、安装位置符合设计要求。

3. 灯塔的金属构件均镀锌或涂油漆防腐。

4. 每套灯具在相线上设熔断器。

5. 投光灯的底座及支架固定牢固、可靠，可调部位转动灵活。

6. 投光灯外缘与电力线路、接触网带电部分安全净距满足标准规定。
7. 灯具、保护管等电气装置安装符合设计要求。
8. 投光灯的防雷及接地设置符合设计要求。
9. 投光灯爬梯的规格符合设计要求。

十三、电力箱式设备安装

(一)箱变安装

箱变安装的施工流程:施工准备→设备运输→开箱检查→设备就位安装→电缆连接→接地连接→电气试验→防火防水封堵→填写安装记录。其质量工艺卡控要点如下:

1. 箱变的规格、型号符合设计要求,质量证明文件齐全。
2. 箱变外观完好,本体无变形,无锈蚀或机械损伤。
3. 箱变内电气元件完好,设备接线完整。
4. 箱变安装稳固,不得侵入铁路限界。
5. 箱变接地电阻符合设计要求。

(二)箱式电抗器安装

箱式电抗器安装的施工流程:施工准备→设备运输→开箱检查→设备就位安装→电缆连接→接地连接→电气试验→防火防水封堵→填写安装记录。其质量工艺卡控要点如下:

1. 箱式电抗器的规格、型号符合设计要求,质量证明文件齐全。
2. 箱式电抗器外观完好,本体无变形,无锈蚀或机械损伤。
3. 箱式电抗器内电气元件完好,设备接线完整。
4. 箱式电抗器安装稳固,不得侵入铁路限界。
5. 箱式电抗器接地电阻符合设计要求。

(三)分接箱安装

分接箱安装的工序流程:施工准备→设备运输→开箱检查→设备就位安装→电缆连接→接地连接→电气试验→防火防水封堵→填写安装记录。其质量工艺卡控要点如下:

1. 分接箱的规格、型号符合设计要求,质量证明文件齐全。
2. 分接箱外观完好,本体无变形,无锈蚀或机械损伤。
3. 分接箱内电气元件完好,设备接线完整。
4. 分接箱安装稳固,不得侵入铁路限界。
5. 分接箱接地电阻符合设计要求。

十四、隧道照明系统安装与调试

隧道照明系统安装与调试的工序流程:施工准备→电缆挂架安装→电缆敷设→灯具安装→配电控制设备安装→接地制安→通电试验→填写安装记录。其质量工艺卡控要点如下:

1. 所用灯具进场验收符合相关规定。
2. 电缆挂架安装位置符合设计要求。
3. 电缆挂架金属构件均镀锌或涂油漆防腐。
4. 电缆挂架、灯具及配电箱安装牢固可靠,导线及配线、保护管敷设平整,系统接线正确。

十五、交直流电源系统安装与调试

交直流电源系统安装与调试的工序流程：施工准备→盘柜组立→蓄电池安装→接地制作→交直流系统配线→交直流盘系统调试→填写安装记录。其质量工艺卡控要点如下：

1. 交直流盘、蓄电池的规格、型号符合设计要求。

2. 蓄电池外壳密封完好，无裂纹和机械损伤。

3. 交直流盘安装符合设计要求，盘、柜独立或成列安装时，其垂直度、水平度以及盘、柜面不平度和盘、柜间接缝符合盘柜安装施工规范要求；盘柜安装牢固、可靠。

4. 蓄电池安装符合规范要求，蓄电池与蓄电池、蓄电池与充电装置及直流盘间的连线紧固可靠，紧固螺栓的力矩符合产品技术文件的要求。

5. 蓄电池与蓄电池、充电装置间的正负极连接正确，单个蓄电池及整个蓄电池组的电压正常。

6. 纳入远动的交直流盘监控模块和电动操作开关功能符合设计要求。

7. 交直流系统间的电线、电缆的屏蔽接地连接可靠，与接地干线就近连接；设备接地(PE)或接零(PEN)标识清晰。

十六、综合自动化系统安装与调试

综合自动化系统安装与调试的工序流程：施工准备→综合自动化盘组立→二次系统配线→通信网络连接→所内系统试验→与外部联调试验→填写安装记录。其质量工艺卡控要点如下：

1. 保护控制柜及相应元器件的规格、型号、高度、安装位置符合设计要求。

2. 保护控制柜及相应元器件等设备外观完好，无裂纹和机械损伤。

3. 综合自动化盘安装符合设计要求，组立后整齐美观，其垂直度、水平度以及盘、柜面不平度和盘、柜间接缝符合盘柜安装施工规范要求，且盘柜安装要牢固、可靠。

4. 综合自动化盘的接地要牢固可靠、接触良好。

十七、安全监控系统安装与调试

安全监控系统安装与调试的工序流程：施工准备→盘柜组立→监测元件安装→线管(槽)布设→电缆敷设→安装监控系统配线→安装监控系统调试→填写安装记录。其质量工艺卡控要点如下：

1. 监控盘、传感器、变送器、电动阀门及执行器等设备的规格、型号符合设计要求，质量证明文件齐全。

2. 监控盘及烟感、温感等设备外观完好，无裂纹和机械损伤。

3. 监控盘及其监控设备的安装符合设计要求，与综合自动化盘成列安装，其垂直度、水平度以及盘、柜面不平度和盘、柜间接缝符合盘柜安装施工规范要求；盘柜安装牢固、可靠。

4. 设备的接地方式和接地电阻符合设计要求。

5. 电缆敷设符合设计要求及相关施工规范。

6. 监控系统的功能调试满足设计要求，监控系统的接入不改变被监控设备的功能，监控系统的故障不影响呗监控设备的正常工作。

7. 显示器画面显示、打印制表和显示器画面拷贝功能良好，符合设计要求。

十八、远动系统调试

远动系统调试的工序流程：施工准备→RTU终端安装→控制中心设备安装→调试准备→变配电所综自调试→控制中心本地调试→远动通道调试→控制中心对变配电所联调→填写记录。其质量工艺卡控要点如下：

1. 设备进场进行检查，其型号、规格及质量符合设计要求及相关标准的规定。

2. 远动装置盘柜(包括主机柜、控制台、调度台、模拟盘和打印机)的安装质量符合标准规定。

3. 远动接地装置的安装按设计进行，控制站接地网接地电阻满足设计要求。

4. 远动装置至通信端子箱间的连接电缆以及遥测电缆采用屏蔽电缆，电缆屏蔽层可靠接地。

5. 电源电缆和数据传输电缆分开敷设，间隔不小于300 mm，当间隔不满足要求时采取防护措施。

6. 电源单元的输入、输出电压的极性和电压值满足产品的技术要求。

7. 主控单元和通信单元的测试按产品的技术要求进行功能检查，工作应正常。

十九、电气试验

(一)设备单体试验

1. 工序流程图(图4-11-1)

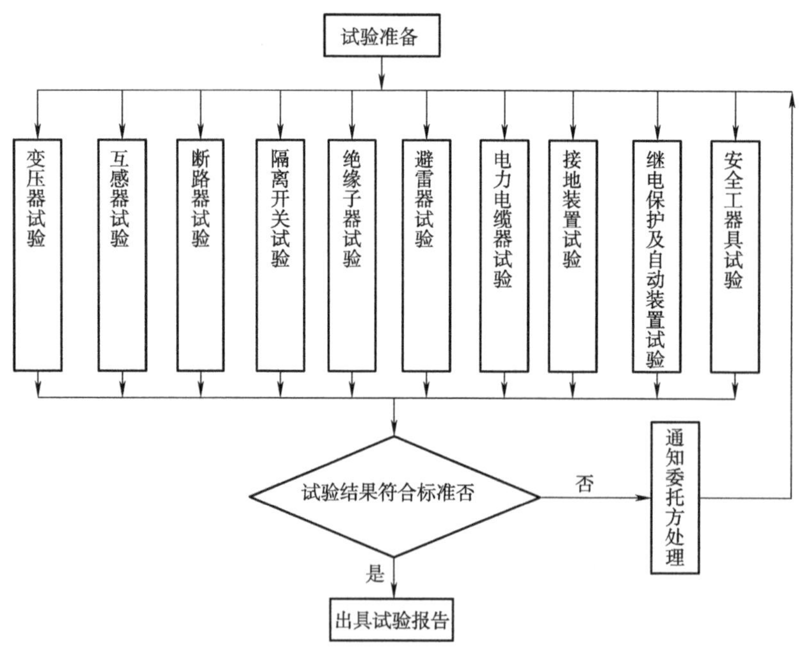

图4-11-1　设备单体试验的工序流程图

2. 质量工艺卡控要点

(1)各类设备的单体试验符合GB 50150规定条款的要求。

(2)继电保护、安全自动装置试验和电气设备安装工程系统试验符合 DL/T995 规定条款的要求。

(3)采用的试验方法满足国家相关职能机构和电力行业颁布的试验导则和试验方法的要求。

(二)配电所整组传动试验

1. 工序流程图(图 4-11-2)

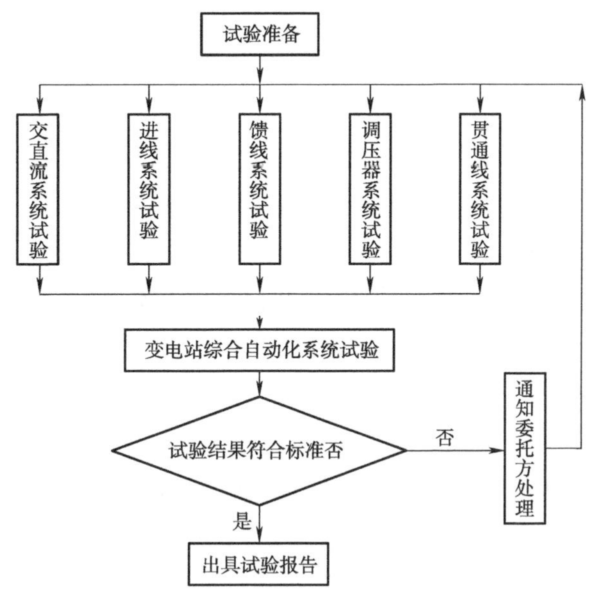

图 4-11-2 配电所整组传动试验的工序流程图

2. 质量工艺卡控要点

(1)继电保护、安全自动装置试验和电气设备安装工程系统试验符合 DL/T995 规定条款的要求。

(2)采用的试验方法满足国家相关职能机构和电力行业颁布的试验导则和试验方法的要求。

(3)整组试验还满足设计文件的要求。

二十、配电所启动送电

配电所启动送电的工序流程:施工准备→外电源引入,变、配电所母线受电→核对电压、相位、相序→所用变及其他设备冲击受电→变、配电所馈线送电→电力线路送电→填写记录。其质量工艺卡控要点如下:

(一)变、配电所启动前具备的条件

1. 变、配电所工程竣工,电气试验合格,并经验收检查。

2. 编制变、配电所受电启动及送电开通方案,并经过上级主管部门批准。

3. 设备技术文件和图纸齐全。

4. 外部电源已送电,所内进线设备编号及相序核对无误。

5. 各种通信联络设施齐全,话路畅通、清晰。

6. 所内有可靠的操作电源。

7. 建立运行小组和事故抢修小组。

8. 各种运行规章制度健全。

(二)变、配电所启动前的检查

1. 拆除所内各种临时设施及施工用临时电源线路，对电气设备及瓷件进行一次清扫。

2. 系统模拟盘、临时接地线、验电工具、值班用品及抢修用工具、材料齐全。

3. 所有隔离开关、断路器均在分闸位置。

4. 变压器、调压器的分接开关在指定位置。

5. 具有远动控制功能的变电所，所内的控制方式选择开关置于当地控制位置。

6. 所有断路器的重合闸装置退出运行。

7. 受电前，用兆欧表测量变压器、断路器的绝缘电阻合格。

8. 具有远动功能的变、配电所受电前将通信盘投入运行。

(三)受电启动的程序及内容

1. 外部电源引入后，核对电压、相位及相序，符合设计要求。

2. 所用电系统投入运行；在交流盘核对电压及相位、相序，符合设计要求。

3. 所内用电设备的冲击受电符合标准要求。

(四)其他注意事项

1. 受电启动试运行，由现场调度发布操作命令，值班员操作，并设专人监护。无调度命令，严禁操作。

2. 试运行期间，制定严格的值班制度，值班人员加强巡视，做好值班记录。

第十二章　电气化工程

第一节　接触网工程

一、工程概况

（一）主要工程量

济青高铁接触网专业的工程量包括：支柱组立 14 192 棵，硬横梁架设 331 组，供电线支柱组立 1 675 棵，接触悬挂架设 949.567 条公里，供电线架设 285.356 条公里，供电线电缆敷设 42.7 条公里，正馈线架设 598.81 条公里，保护线架设 618.43 条公里，避雷线架设 540 条公里，回流线架设 67.06 条公里。

（二）主要技术标准

1. 采用单项工频 25 kV 交流供电制式，采用 AT 供电方式；济青高铁工程正线接触网采用全补偿弹性链形悬挂；站线、渡线、联络线、动车走行线、动车存车线等采用全补偿简单链形悬挂。

2. 接触网悬挂参数：新建高铁正线及站线导高为 5 300 mm，最低高度不小于 5 150 mm。正线的接触网结构高度一般为 1 600 mm，隧道、跨线建筑物、封闭雨棚等净空受限制时结构高度可适当减小，最短吊弦长度不小于 600 mm。结构高度变化时应提前进行，逐步变化，变化不宜大于 4‰。

一般情况下高铁正线锚段长度不大于 2×700 m，同一锚段内两半个锚段长度差不大于 100 m；其他站线、联络线、存车线等锚段长度一般不大于 2×800 m，困难时不大于 2×850 m；附加线最大锚段长度一般不大于 2 000 m。

高铁正线（含联络线）接触网绝缘、非绝缘锚段关节采用 5 跨形式，13 跨电分相内采用 5 跨绝缘关节形式。

新建高铁正线接触网电分相采用无电区长度大于 220 m 的锚段关节式电分相形式，采用两个 5 跨绝缘关节加三跨中间柱组成的 13 跨关节形式。济青高铁全线上、下行接触网电气分开，渡线采用分段绝缘器实现电气分段。

3. 接触悬挂线材及张力（表 4-12-1）

表 4-12-1　济青高铁使用接触悬挂线材及张力

线材名称	应用地点	线材规格	张力（kN）
接触线	高铁正线	CTMH150	30
	正线间渡线	CTMH150	15
	站线	CTS120	15
承力索	高铁正线	JTMH120	21

续上表

线材名称	应用地点	线材规格	张力(kN)
承力索	正线间渡线	JTMH120	15
	站线	JTMH95	15
弹性吊索	350 km/h 速度段	JTMH35	3.5

4. 接触网支柱与支持结构

(1)支　　柱

腕臂支柱一般采用热浸镀锌 H 型支柱,硬横跨支柱采用热浸镀锌等径钢管柱,硬横跨为热浸镀锌三角钢管硬横梁。软横跨支柱、供电线支柱采用热浸镀锌格构式桥钢柱;特殊地段供电线支柱采用热浸镀锌等径(多棱)钢支柱。

(2)支持装置

①腕臂结构

新建高铁区段腕臂支持装置采用绝缘旋转全腕臂结构型式,采用孔内安装,一般为水平腕臂与斜腕臂组成的平腕臂三角形结构,采用承力索座固定承力索。斜腕臂与水平腕臂间加设腕臂支撑。

②定位装置

正线定位器长度选用原则:按受电弓中心距定位器支座的距离不小于 1 300 mm 原则选用,困难时不小于 1 200 mm。站线定位器按受电弓中心距定位器支座的距离不小于 1 050 mm 原则选用。采用限位定位装置时,定位器坡度一般控制在 8°～13°(定位器与受电弓夹角),一般正定位、反定位均设定位管吊线,定位器设防风拉线,困难情况下正定位设定位管支撑。采用非限位定位装置时定位管通过定位管支撑与斜腕臂间进行连接固定。定位器与定位器底座间加装等电位连接线。

③锚段关节

锚段关节的转换柱和道岔柱采用单柱双腕臂型式;三支悬挂处采用双柱或双拼支柱三腕臂安装,双柱之间距离为 2.5m,腕臂底座间距为 1.6m,悬挂采用横向底座方钢型式。

5. 接触网零件

所有零部件执行《300～350 km/h 电气化铁路接触网装备暂行技术条件(OCS-3)》及《电气化铁路接触网零部件》(TB/T 2075—2010)等标准。新建线路腕臂绝缘子一般采用棒形瓷绝缘子,车站内雨棚区段、隧道内及污染源 2 km 范围内绝缘子采用棒形合成绝缘子,腕臂绝缘子抗弯强度不小于 16 kN;正线接触悬挂下锚、掐绝缘用绝缘子一般采用棒形悬式复合绝缘子,济青正线补偿下锚侧采用棒形悬式复合双重绝缘子。正馈线、供电线悬挂一般采用盘形悬式瓷质绝缘子;单绝缘绝缘子公称泄漏距离不小于 1 600 mm,双重绝缘绝缘子公称泄漏距离不小于 1 600 mm /145 mm。

6. 接触网电分段

济青高铁全线上、下行正线间电气分开;在变电所出口、分区所出口附近及联络线设置接触网电分相装置,电分相采用带中性段、空气间隙绝缘的双断口锚段关节形式。

7. 接触网主要设备选择

(1)隔离开关:隔离开关类型为单极电动隔离开关、双极电动隔离开关、带接地刀闸单极电动隔离开关、单极电动负荷隔离开关等。隔离开关采用成熟、可靠且实际使用性能良好的产品。隔离开关的破冰能力应保证最大覆冰厚度时的可靠分、合。隔离开关的绝缘子为合成绝缘子,泄漏距离 1 600 mm。

(2)分段绝缘器:分段绝缘器为消弧型,其中绝缘元件的泄漏距离 1 600 mm。分段绝缘器主绝缘本体不与受电弓滑板直接滑动接触,应具备耐弧能力和滑道自洁性能,具有引弧功能,受电弓滑动接触通过时,不允许存在断电间隙。分段绝缘器的抗拉破坏荷载不小于额定工作张力的 3 倍,耐磨性能不低于 100 万弓架次。

(3)避雷器:避雷器为氧化锌避雷器,带脱离器、计数器,要求具有动作记录及泄漏电流测量功能的在线监测器;与之匹配的合成绝缘子泄漏距离 1 600 mm。避雷器安装后应有防脱措施,避雷器计数器要安装在便于观察的位置。

8. 接地方式

该工程根据《铁路防雷及接地工程技术规范》(TB 10180—2016)及《高度铁路设计规范》(TB 10621—2014),结合信号等专业的接地要求,设计接地回流系统如下。

AT 区段架设保护线(PW),作为钢轨回流的并联通道,工作接地兼闪络保护。直供区段架设回流线(NF),作为钢轨回流的并联通道,工作接地兼闪络保护。

9. 防护措施

立交桥、有行人通过的架空跨线建筑物设处、路堑等线路边存在人员的邻近区段设置网栅防护,防止抛物、坠物。对易受装卸和其他机动车辆损伤支柱和位于用地界外的供电线支柱需设置防护桩等措施对支柱进行防护,避免支柱遭受外部撞击破坏。

二、施工流程与质量控制要点

接触网专业的施工流程如图 4-12-1 所示。

(一)预留基础检查

预留基础检查的工艺流程:施工准备→基础型号核对→支柱基础跨距及拉线基础方向核对→基础限界测量检查→螺栓间距及基础扭转检查→螺栓外露测量检查→螺栓保护层测量检查→基础标高测量复核→螺栓防腐及接地端子检查。其质量卡控要点如下:

1. 支柱基础型号核对、跨距核对、拉线基础方向核对及限界测量检查。根据接触网平面图核对支柱基础拉线基础型号,同时利用钢卷尺测量检查基础侧面限界是否符合要求。腕臂柱侧面限界偏差为 0～50 mm,硬横跨支柱侧面限界偏差为 0～20 mm。根据接触网平面图纸核对拉线基础方向,同时利用钢卷尺测量检查跨距、拉线与支柱距离。其中,支柱基础距离梁端一般不小于 5 m,下锚拉线基础与下锚支柱基础位于同一片梁上。基础顺线路方向施工偏差为±500 mm。

2. 螺栓间距测量及扭转检查。利用专用模具检查拉线基础螺栓间距和扭转检查。卡控标准与支柱基础检查相同。利用专用模具检查支柱基础螺栓间距和扭转检查。螺栓相邻间距误差为±1 mm,对角线间距误差为±1.5 mm,靠近线路侧的螺栓连线的法线垂直线路中心线,一组螺栓的整体扭转偏差为±1.5°。

3. 螺栓外露和保护层测量检查。根据基础构造安装图,利用钢卷尺对基础外观及保护层

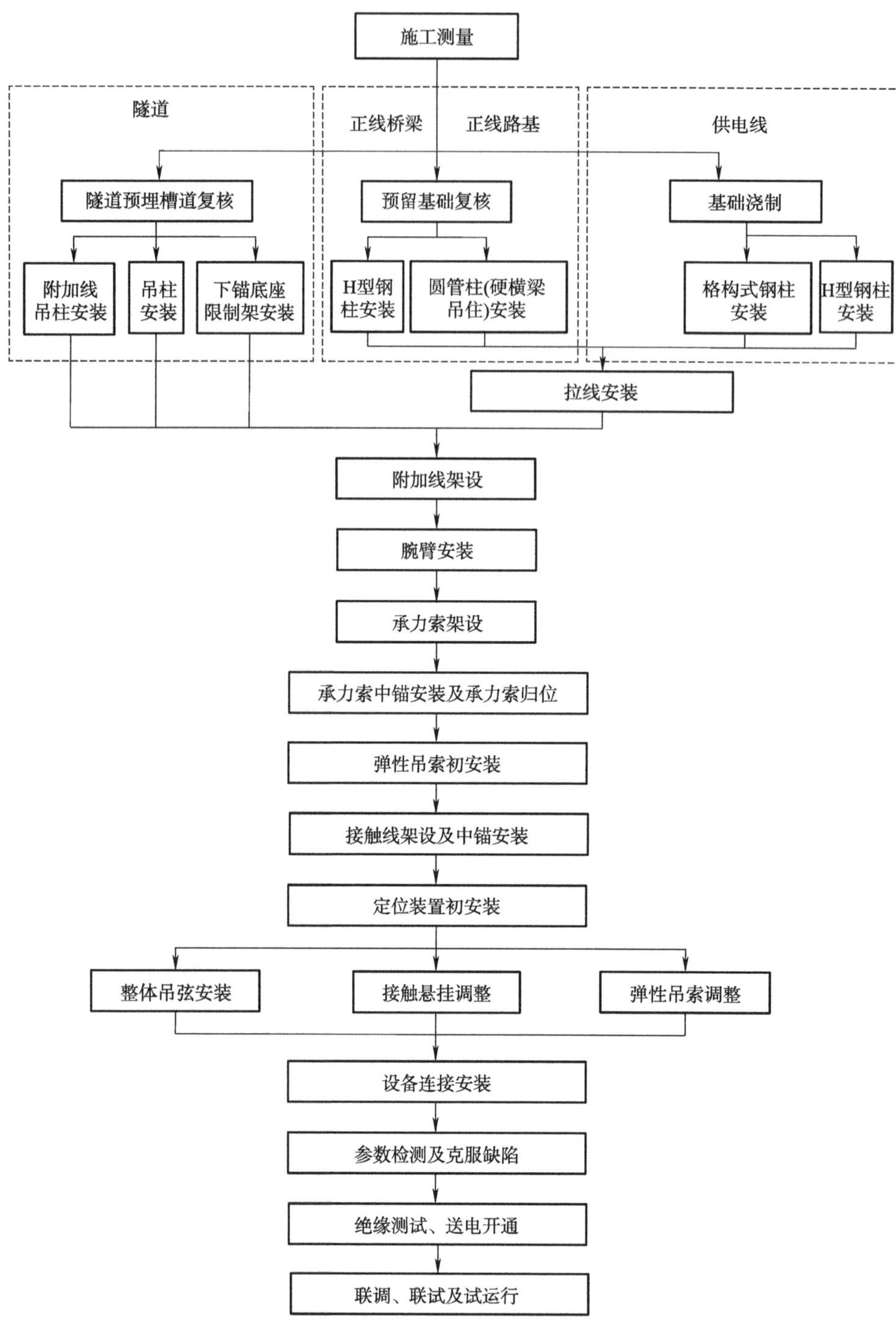

图 4-12-1　接触网专业的施工流程

进行测量检查。螺栓外露长度及螺纹长度偏差为 0～5 mm；螺栓呈竖直状态，每根螺栓顶部中心位置偏差为 0～1 mm；预埋钢板与基础面齐平或略高，中部预留孔中的混凝土略高于预埋钢板顶面，允许偏差 0～5 mm；混凝土保护层厚度不小于 40 mm，允许偏差±10 mm。

4. 基础标高测量复核及防腐检查。利用水准仪和塔尺对基础高程进行测量复核，桥梁、路基区段预留基础顶面高程符合设计要求，允许偏差±5 mm。观察检查基础表面无缺损、无漏浆、露筋等现象。目测检查螺栓的防腐情况，对出现螺栓生锈或被混凝土等污染的现象进行记录，及时督促土建单位整改。同一组硬横跨两基础中心连线垂直于车站正线，允许偏差不超过 2°；两基础中心间距允许偏差±20 mm，且都符合侧面限界设计要求；两基础顶面高程相等，相对偏差不超过 50 mm。

5. 预留接地端子检查。检查基础预留接地端子预留位置、外露符合设计要求。进行绝缘导通测试确保接地端子与综合贯通地线可靠连接，测量接地电阻值符合设计要求。

（二）隧道预留槽道检查

隧道预留槽道检查施工的工艺流程：施工准备→槽道组跨距测量→槽道组型号检查→槽道间距测量→槽道组平直度及垂直度检查→槽道埋深检查→T 形螺栓安装空间检查。其主要质量控制要点如下：

1. 槽道组跨距及型号检查。根据接触网平面布置图，利用钢卷尺对预留槽道组进行跨距检查，同组滑槽顺线路方向位置允许偏差为±500 mm。同时根据图纸的预留槽道功能，确定预留槽道类型，对预留槽道组的型号进行检查确认。隧道内在拱顶预埋弧形的槽道，顺线方向上下行线路错开布置。

2. 槽道间距测量。同组滑槽的两根槽道保持平行，不允许出现向两边岔开或者向内合龙，两槽道间距允许偏差为±5 mm，并且同组滑槽的两端槽道间距相减的差值范围在±5 mm。每组槽道检查两端及中间处。单根槽道的倾斜施工允许偏差为±3 mm，槽道不得出现扭转变形，如果站前施工出现类似情况，保证单根槽道的扭转倾斜施工偏差为±3 mm。同一组滑槽的两根槽道严禁在隧道施工缝的两侧，并且槽道距离伸缩缝的距离不小于 600 mm。

3. 槽道组平直度及垂直度检查。利用丁字尺、线坠及钢卷尺检查槽道组平直度和垂直度。垂直线路槽道中心线与线路中心线垂直度偏差 5‰ L（L 为槽道长度）。

4. 槽道埋深及 T 形螺栓安装空间检查。每组滑槽检查槽道两端及中间处埋深。槽道嵌入混凝土二次衬砌外表面偏差为±3 mm。如果出现嵌入槽道深度超过 3 mm，需要打磨二次衬砌表面，打磨时不能触碰槽道，防止破坏镀锌层，打磨至槽道嵌入 3 mm 时停止。滑槽内泡沫填充物完好，不被混凝土覆盖，不得锈蚀。T 形螺栓在槽道内滑动各处均能顺利通过。

（三）基础浇筑

基础浇筑的施工流程：施工准备→基坑开挖→清理基坑→安装框架→安装基础螺栓→浇制基础→制作试块→基础养护→浇制基础帽。其质量控制要点如下：

1. 基坑开挖。对于易塌方土质基坑开挖时采取相应的基坑支护措施。其中桩基坑深度允许偏差为 0～100 mm，杯型基础深度允许偏差为 0～50 mm。

2. 安装框架及基础螺栓。根据基础类型按设计地脚螺栓型号、数量安装在固定框架上，安装完成后的地脚螺栓端部钩口方向都朝向基坑中心。螺栓外露施工允许偏差为 0～5 mm。

3. 浇制基础及制作试块。基础浇筑过程中每注入 300 mm 厚度混凝土时，用振动棒捣固一遍，逐层捣实，并注意边角处的捣固质量，并且同一基础连续浇制不得有间歇。拆除基础框架后，用抹子将基础面抹平，确保表面平整，无蜂窝、麻面、棱角损坏或露筋现象。基础浇筑作业按标准制作试块，并在同条件的作用下进行抗压强度试验。试块制作数量标准为：每 50 m^3 混凝土或每个小站制作一组混凝土试块（每组 3 块），大于 500 m^3 的车站或区间每 100 m^3 制作一组混凝土试块。

4. 基础养护。基础浇制完毕后的 10～12 h 以内，立即开始覆膜遮盖并浇水养护，在炎热和有风的天气里，在灌注后 2～3 h 以内用覆膜遮盖并浇水养护。浇水次数以保持混凝土表面经常湿润为准。气温低于5℃时不得浇水养护,可采取棉被覆盖后覆土保温处理。

5. 基础帽浇制。基础帽在钢柱安装、整正、加上全部负荷后方可进行浇制。基础帽将全部螺栓遮盖,基础帽表面平整、光洁、棱角分明。

(四)H型钢柱安装及整正

H型钢柱安装及整正的工艺流程:施工准备→螺母预调平→支柱安装→支柱整正→测量检查→填写记录。其主要质量控制要点如下:

1. 材料进场检验。GH240支柱外观尺寸240 mm×240 mm,翼板厚度17 mm,允许偏差+2.5 mm、−1.5 mm,腹板厚度10 mm。GH280支柱外观尺寸280 mm×280 mm,翼板厚度18 mm,腹板厚度10.5 mm。GHT240支柱外观尺寸270 mm×248 mm,翼板厚度32 mm,允许偏差±2.5 mm,腹板厚度18 mm。锌层均匀,锌层无剥落、起皮现象。焊接构件的所有焊缝都是密封焊缝,无气孔、沙眼等焊接缺陷,法兰盘孔间距与图纸一致,支柱开孔与开孔图一致。

2. 螺母预调平。H柱安装前先清理基础面,复查螺栓状态及相互位置尺寸,后进行底部螺母的安装,按照支柱斜率要求用水平尺对各个螺母进行调平后再进行H柱安装。

3. 肩架、底座安装。根据"能地面、不高空"的原则,在支柱组立前,将附加线肩架、腕臂底座、棘轮底座等与支柱直接连接的零部件安装到位。将正馈线柱顶肩架在支柱组立前安装在支柱上。肩架安装时先用梅花扳手预拧紧,后用力矩扳手紧固至标准值。AF线肩架与支柱连接螺栓M20,支柱外侧穿向支柱里侧,紧固力矩120 N·m;AF线肩架顺线路的螺栓M20,穿向来车方向,紧固力矩120 N·m。PW线支座安装在距下底座中心孔300 mm预留孔上。与H型钢柱连接螺栓由钢柱内侧穿向外侧,棘轮底座各连接螺栓紧固力矩都为120 N·m。

4. 支柱安装。桥梁上支柱从桥下进行吊装立杆时,起吊、安放时轻起轻放。钢柱吊装时都采用尼龙吊装带,防止损伤支柱表面漆层及镀锌层。支柱吊装对位时严禁碰撞基础螺栓,每个螺栓都戴上主螺母并预紧后方可收吊臂。下落时要缓缓下落,防止刮伤螺纹。H柱安装时注意H柱开孔方向,腕臂底座开孔在线路侧,铭牌在田野侧。每根基础螺栓配三母双垫。H柱底板法兰下为一母一垫(垫片在螺母与法兰间),用于调整H柱的倾斜度,法兰上方为双母单垫(垫片在螺母与法兰间)。螺母平面(没有倒角的一面)朝向支柱法兰侧。避免螺纹受力,螺栓螺纹均有外露时尽量保证至少一个螺母与基础面贴紧;螺栓外露无螺纹时钢柱法栏与基础面间距为50 mm。螺栓在螺母外露头不小于5 mm。

5. 支柱整正。利用经纬仪配合钢卷尺测量支柱倾斜度。先对支柱的纵线路方向和横线路方向斜率进行检查,对不达要求的进行调整。支柱倾斜度、侧面限界等的测量采用多功能激光测量仪。进行整正时,先松动主螺母,用撬棍抬动支柱,根据斜率,有目的地调整柱底调整螺栓。紧固螺母时,对角循环紧固。柱底调整螺母至少有一个与基础顶面相接触。整正完成后,用力矩扳手紧固至1235 N·m。

6. 测量检查。测量从基础面算起支柱顶端中心的倾斜值,按照整正倾斜标准进行调整。

7. 支柱二维码安装。每个支柱在线路侧预留孔内安装二维码标志牌,能在济青公司后台实时查看现场安装过程。

(五)隧道吊柱安装

隧道吊柱安装的工艺流程:施工准备→吊柱预配→吊柱安装→吊柱整正→测量检查→填写记录。其主要质量控制要点如下:

1. 进场材料检验。吊柱表面光滑，且无裂痕、伤痕、砂眼、气泡等缺陷；焊接处焊缝牢靠、均匀平滑、无裂纹、无虚焊；镀层与金属结合牢固、均匀，没有剥落、起皮、漏镀、锈蚀现象；吊柱法兰盘符合设计要求，其螺栓孔间距允许偏差为±2 mm；螺杆与螺母配合良好。

2. 吊柱预配。吊柱安装前将腕臂底座、斜撑底座提前安装在吊柱上，并进行预紧固防止脱落。上下腕臂底座间距 1 600 mm。

3. 吊柱安装。安装 T 形螺栓时，逐个插入槽道内，并旋转 90°后预拧紧，螺栓头部标志槽与槽道垂直。T 形螺栓为四垫两母；斜型垫圈放置在槽道与吊柱底板间，锥型垫圈放置在吊柱底板下方，平面紧贴吊柱底板，球型垫圈放置在锥型垫圈外侧"凸面朝向锥型垫圈凹面"，平垫放置在球型垫圈与螺母间，最外侧为双母。

4. 吊柱整正。调整垫片采用环形闭口垫片，不超过 2 片，总厚度不超过 20 mm。螺栓外露长度不小于 30 mm。T 形螺栓紧固力矩 400 N・m。安装吊柱斜支撑使支撑处于受拉状态，并将各螺栓紧固至标准力矩值。吊柱受力后，要求横、顺线路方向为垂直，向受力反方向偏斜 0°～0.5°；初安装时，一般吊柱按向受力反方向倾斜 0.5°～1°施工（吊柱下端向腕臂安装侧倾斜）；悬挂下锚非支腕臂的吊柱，垂直安装，吊柱下端向腕臂反侧倾斜 0～0.5°。吊柱侧面限界符合设计要求，允许偏差 0～20 mm。

（六）硬横梁安装

硬横梁安装的施工流程：施工准备→硬横梁组装→硬横梁安装→填写记录。其质量控制要点如下：

1. 进场材料检验。硬横梁跨度长度符合订货长度，允许偏差符合要求（$15<L\leqslant 20$ 为±8 mm、$20<L\leqslant 30$ 为±10 mm、$30<L\leqslant 40$ 为±15 mm、$L>40$ 为±20 mm）。横梁边、中梁拱度符合设计要求，横梁不变形。锌层均匀，锌层无剥落、起皮现象。法兰盘螺栓孔间距符合图纸要求。连接螺栓为 8.8 级，螺杆与螺母配合良好。

2. 硬横梁组装。硬横梁在地面组装及存放时，在横梁下侧用垫木或临时支架，不使横梁的弦杆承受横梁的重力。梁段之间连接螺栓穿向田野侧，螺栓采用交叉循环方式进行紧固，紧固力矩为 280 N・m。

3. 硬横梁安装。硬横梁吊装采用高强度尼龙带进行吊装，防止破坏镀锌层。硬横梁与支柱、硬横梁各梁段间结合密贴，连接牢固可靠，螺栓紧固力矩符合设计要求（280 N・m）。横梁安装高度符合设计要求，施工允许偏差 0～100 mm。硬横梁承受全部荷载后，不得出现正驰度。硬横跨吊柱受力后横、顺线路方向垂直，倾斜度不得大于 1°。硬横梁吊柱底座与横梁连接螺栓由下向上穿，紧固力矩 280 N・m。吊柱与底座连接螺栓由下向上穿，紧固力矩 280 N・m。调节吊柱垂直度的调节垫板镀锌，垫板不超过 2 片，严禁使用未镀锌垫片。硬横跨支柱受力后横、顺线路方向垂直，施工允许偏差 0～0.5%（±2 mm/m），侧面限界符合设计要求，允许偏差 0～20 mm。横梁调整完成后，交叉、循环紧固地脚螺栓，力矩符合设计要求 1528 N・m。

（七）拉线安装

拉线安装的施工工艺流程：施工准备→拉线安装→校核支柱顺线路倾斜度→填写记录。其主要质量控制要点如下：

1. 进场材料检验。钢绞线规格、型号、质量符合技术规格书要求。成品钢绞线任何长度上不得焊接，捻制钢绞线的钢丝无任何接头。钢丝镀层连续、均匀、平滑，无漏镀或其他影响使用的表面缺陷，其色泽在空气中暴露后可呈青灰色，无断股、交叉、折叠、硬弯、松散等缺陷。拉线板等焊接零件的焊缝为细密平整的细鳞形，并封边，咬边深度不大于 1 mm；焊缝无裂纹、气孔、夹渣等缺陷。NX-4 线夹、NUT-4 线夹等铸件表面光洁、平整，无裂纹等缺陷。重要部位无气孔、砂眼、缩松、渣眼及飞边等缺陷存在。与其他零件连接及与线材接触的部位无胀砂、结疤、毛刺等妨碍连接及损坏线材的缺陷。

2. 拉线预制。拉线预制使用专用拉线预制工具。为保证预制质量，采取现场测量，车间统一预制的模式。

3. 拉线安装。拉线板水平安装，底部与拉线基础密贴，基础螺栓用力矩扳手紧固至设计值 200 N·m，底板与 NUT-4 线夹连接螺栓由田野侧穿向线路侧，开口销掰至两支夹角 120°。NUT-4 线夹受力后，螺扣外露长度不小于 20 mm，且最大不得大于螺纹全长的 1/2。NUT-4 线夹拉线回头主线在线夹的直面，副线在田野侧。拉线回头 500 mm（端头至回头从线夹露出部分距离）。单拉线 NUT-4 线夹安装在拉线底板的靠近支柱侧的孔中。拉线回头端部绑扎 150 mm，露头 70 mm，尾部绑扎 20 mm；绑线密实平顺；2 个细绑线全部在副线上拧好；NUT-4 线夹处拉线回头绑扎线线头向上，NX-4 线夹处拉线回头绑扎线线头向下。对锚角钢与支柱的连接螺栓穿向来车方向。NX-4 线夹螺栓销由田野侧穿向线路侧，开口销掰至两支夹角 120°。NX-4 拉线回头主线在线夹的直面，副线在下方。回头绑扎与下部拉线回头一致。网下锚角钢与支柱的连接螺栓穿向拉线方向，有冲突则可改成四排交错穿向（第一、三排穿向补偿侧，第二、四排穿向拉线侧）。

（八）附加线架设

附加线架设的施工工艺流程：施工准备→起锚→线材展放→测量、落锚→附加线归位→填写记录。

1. 进场材料检验。绝缘子分批按比例进行耐压试验，合格后方能进场。检查线材无断股、交叉、折叠、硬弯、松散等缺陷，如有缺陷按规定进行处理；表面镀锌良好，无锈蚀。架设前将施工所需线盘按规定安装在作业车放线架上，线头从线盘的上方引出。

2. 附加线悬挂安装。柱顶平肩架与固定角钢连接螺栓由 H 型钢柱外侧穿向内侧。直角挂板双耳圆孔与肩架连接，螺栓穿向来车方向。直角挂板长孔与球头挂环连接，螺栓由田野侧穿向线路侧。绝缘子球窝缺口在线路侧。正馈线预绞式悬垂线夹与绝缘子连接螺栓由田野侧穿向线路侧。肩架与支柱密贴，牢固可靠，肩架呈水平状态，允许偏差不大于 50 mm。H 型钢柱正馈线柱顶平肩架本体与固定角钢连接螺栓由下向上穿；正馈线柱顶平肩架两本体之间的连接螺栓穿向来车方向。

3. 附加线架设。采用研制的特殊附加线放线支架，正馈线、保护线同时展放，提高施工效率。

(1)作业车放线速度为 3 km/h，平板上安排 2 人观察线盘状态，作业平台上安排 1 人观察滑轮运行情况，每根支柱安排 1 人上杆挂放线滑轮固定线材，安排巡视人员观察线材是否有磨损卡滞现象。

(2)附加线架设作业平台上安装 2 套支架，以便于线材转角及支柱上人员固定线材。支架固定牢靠，结构稳定。

(3)支柱上安装放线滑轮的作业人员扎好安全带。支架上的放线滑轮固定牢靠。

(4)附加线架落锚采用铝紧线器,采用“尼龙套子＋手搬葫芦＋拉力计＋紧线器”的连接模式进行下锚作业。当紧线过程中拉力计显示张力达到设计额定张力时,停止紧线,测量附加线驰度。

(5)整个锚段 $L/4$、$L/2$、$3L/4$ 位置安排 3 组人员进行附加线弛度测量。测得驰度平均值符合设计安装曲线规定,施工允许偏差 0～5%。

(6)确定预绞式耐张线夹安装位置,预留足够长度后断线,线头朝上,将余线收起,安装好耐张线夹,与下锚件连接。

(7)正馈线下锚连接件:拉线底板＋四腿直角挂板＋杵环杆＋绝缘子＋预绞式耐张线夹。

(8)四腿直角挂板与拉线底座连接螺栓销穿向线路侧,四腿直角挂板与杵环杆螺栓销从上向下穿,销钉掰至两腿夹角 120°～130°。杵环杆焊口朝线路侧。

(9)绝缘子与耐张线夹连接螺栓穿向线路侧,销钉掰至两腿夹角 120°～130°。绝缘子球窝缺口朝向线路侧。

(10)安装耐张线夹前,将心形环穿过耐张线夹,使线夹与导线平行。确定耐张线夹的安装位置,对齐线夹的安装色标,在导线上做安装标识。

(11)安装预绞式耐张线夹同时缠绕线夹两腿,要注意保持两腿间的间隙均匀。

(12)为方便安装,在线夹每条腿缠绕最后 1～2 个螺距时,将预绞丝分开,逐根单丝缠绕。保证所有的单丝末端扣合到位。

4. 附加线归位。落锚完成后,每根支柱由 2 人配合将保护线和正馈线从放线滑轮内提出分别归位。

(1)正馈线预绞式悬垂线夹安装。调整好驰度后,做好安装位置标记。将橡胶衬垫的中心对准安装标记,一上一下扣在导线上,并用电工胶带缠绕固定。取出一根预绞丝,将色标对准橡胶衬垫的中心位置,色标向外,分别缠绕两侧的预绞丝。预绞丝与橡胶衬垫良好贴合,不出现明显间隙。依次安装预绞丝,尽量保证预绞丝在橡胶衬垫和导线上的间隙基本相同。将铝合金套壳扣合在安装好的预绞丝中部,将 U 形夹片从铝合金套壳的下侧向上插入。安装完毕,保证预绞丝的末端全部缠绕入位。

(2)保护线预绞式保护条安装。保护线归位:将保护线安装在支柱预留孔内,安装前缠绕预绞式短保护条,缠绕方向与保护线外层绞向一致,确保安装完成后保护条在线夹两侧伸出长度相等。根据具体的安装要求在线缆上确定安装中心,并做好标记。做标记时不能损伤线缆。取三组预绞丝片中单丝数量最多的一组首先进行安装。将保护条上的中心色标对齐线缆上的安装标记,开始缠绕。缠绕时,可握紧一端,缠绕另一侧直到末端扣合到位,然后缠绕另外一侧;也可以同时缠绕两侧。安装完成后的保护条中央色标处即是线索上的安装标记。每套保护条末端紧密扣合在线索上,保护条间略有间隙。

(3)采用导线接续条对向下锚处预绞式接续条安装。安装前,导线末端先缠绕一层电工胶带,防止导线端部散股,用钢刷或砂纸除去导线表面整个安装长度上的表面氧化层,并在导线表面涂抹导电膏,以保证接续条的电气性能。安装线条末端时,为防止变形和方便安装,将线条末端拆开,单独缠绕每根单丝,用手扣紧到位。

(九)腕臂参数测量及计算施工工艺

施工工艺流程如图 4-12-2 所示。

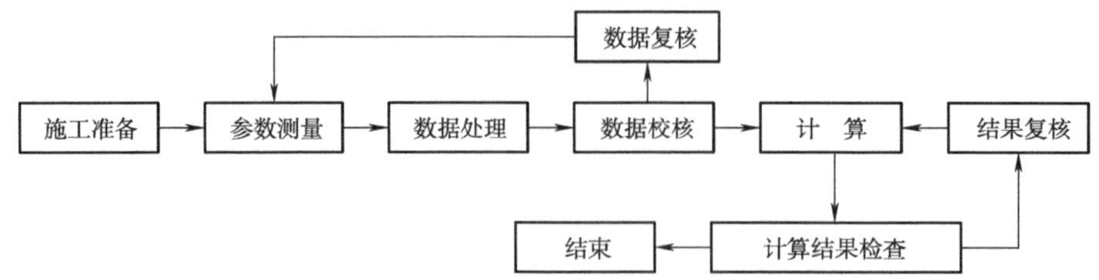

图 4-12-2　腕臂参数测量及计算施工工艺流程

主要质量控制要点如下：

1. 数据测量、处理、复核：组建专业测量计算组，对全体成员进行测量方法及计算软件应用培训，使用专业测量仪器进行测量。当现场测量计算后 h 值与 6 800 mm 相差在 50 mm 以上时，重新复核数据正确性。当数据相差在 50 mm 及以下时，进行腕臂上下底座同时升降处理，记录人员在测量数据备注中标注清楚，并对腕臂安装人员交底。技术员对测量组数据进行整理，经技术主管校核无误后签字确认，由计算组进行计算。若发现数据存在问题则发回测量组重新复测，确保原始测量数据准确。

2. 计算：采用专业的计算软件进行计算，确保计算结果准确。计算精确至毫米。

3. 复核、检查：工程部接到计算人员的预制表格后，组织人员对计算结果进行审核，确保结果数据准确。工程部对计算结果审核无误后签字确认，发往预配车间进行预配。若审核不通过则发回计算组重新复测数据、计算，直至计算结果审核通过。

（十）腕臂预配施工工艺

腕臂预配施工的工艺流程：预配准备→领取预配表→测量、下料→腕臂管打孔→组装腕臂及定位装置→斜拉线预制→检验、标记→包装→成品储存。其质量控制要点如下：

1. 材料进场检验：铝合金管表面光滑无裂纹，无脱皮现象，不允许有碰伤、划伤、凹坑、凸起、压痕、缩松、气孔、砂眼、渣眼、飞边等缺陷。铸造零件表面有钝化处理。紧固件表面无锌瘤、锌渣、锌灰存在；外螺纹、内螺纹光整；螺杆、螺母均无裂纹，配合良好；螺杆头部打性能等级标记。

2. 测量、下料：依据腕臂各零部件所计算出的数据，分别测量出每个零部件的具体位置，用记号笔划线，划线时垂直腕臂纵切面，划痕清晰，短横线为零部件安装位置。划线完成后在腕臂端部贴上标明站区、锚段、支柱号等信息的标签，标签贴在靠近安装绝缘子的一侧。

3. 腕臂打孔：切割、打孔作业佩戴护目镜确保安全。将腕臂管贴有标签的一端抬至钻孔平台并放置水平，背对标签，校核工装位置，确保钻孔中心在腕臂管中心线上。腕臂端头距孔中心为 45 mm（根据设计图纸标示绝缘子的销钉位置确定），利用孔距、孔位专用模具定位并夹紧后，开始钻孔，孔径为 18 mm。

4. 组装腕臂：采用专用预配平台进行，确保预配精度。各种装配平台在平均预配 500 组腕臂后进行校核。所有预配工序采用实名制预配，腕臂预配质量实名制追溯。采用专用预配平台设置的工装与激光水准线相结合，可保证腕臂上所需要组配的零部件中心与腕臂管中心在同一个平面上。利用专用工装模块配合激光水准线找正零件中心。用木锤或塑料型榔头敲打零件对正零件中心，以免零件表面被损伤。用力矩扳手紧固定位环、套管单耳的连接 U 螺栓、承力索座、双套管连接器顶紧螺栓和备母，遵循交叉、循环紧固的原则，依次将螺栓紧固至标准扭矩值。顶紧螺栓的备母松至螺栓头部并使用特殊力矩扳手,所有零配件在预配中心反复紧固不超过 2 次。所有承力索底座靠近线路侧顶紧螺栓在现场紧固,预配中心只预拧紧防松即可。在平腕臂端头安装管帽时,将管帽放置腕臂端头,用手压紧直到紧贴腕臂管端头。左手紧握管帽本体,右手用专用六方扳手,紧固顶紧锥套,使锥套端部与管帽本体端部平齐(误差:低于管帽本体底面不超过 2 mm)。

5. 组装定位装置:支撑管及定位管预配须在专用预配平台上进行,专用平台可保证两个双耳套筒在一个竖直面。腕臂支撑、定位支撑、定位管预配时,双耳套筒顶丝都在同一侧(线路侧安装),用力矩扳手对双耳套筒顶紧螺栓、套管单耳及其他零部件的连接 U 螺栓进行紧固,依次将螺栓紧固至标准扭矩值,顶紧螺栓的备母使用特殊力矩扳手。在进行交替、循环紧固的过程中检查 U 螺栓是否扭面,检查定位器支座是否与定位管垂直。可通过双耳套筒观测孔观测到支撑(定位)管本体的端部,确保支撑(定位)管全部穿入双耳套筒内。防风拉线环的 U 螺栓穿向来车方向,防风拉线环与定位管成 45°夹角。正定位时,定位管上斜拉线固定钩朝向田野侧;反定位时,定位管上斜拉线固定钩朝向线路侧。所有螺栓用力矩扳手紧固至标准力矩值。

6. 斜拉线预制

(1)斜拉线根据设计需要和定位形式需要预制,在专用平台进行,平台设备包括压接工具(电动液压钳及模具)、断线钳、长度定测工装。

(2)压接尺寸符合规定,压接边缘距连接线夹端部 5 mm,压接模具及参数与压接压接管相同。将预留 300 mm 的钢丝绳端头与直径 6 mm、长度 35 mm 的不锈钢丝并线共同插入连接线夹压接孔内,并全部插到底部再进行压接。

(3)对定位勾开口朝向支柱侧(反定位)的松开承力索座靠近平腕臂端部的顶紧螺栓,对定位勾开口朝向线路侧(正定位)的松开承力索座靠近支柱侧的顶紧螺栓,将载流环线鼻子贴在承力索座顶紧螺栓孔上,将松下的顶紧螺栓旋入,载流环与承力所座成 45°安装。

7. 检验、标记:检查螺栓紧固力矩达到标准,开口销掰到位、防松垫片安装正确后,在零部件与螺母、螺栓上用红色油性记号笔做出标记,红色记号在来车方向。预配的各项长度位置偏差±3 mm,各项尺寸偏差不大于 3 mm。

8. 包装:包装注意绑扎牢固,避免管材上的零件与管材相磨或者互磨。按照同站区、同锚段打包在一起。

(十一)腕臂安装

腕臂安装的施工工艺流程:施工准备→安装底座→组装绝缘子→腕臂安装→测量复核→填写记录。其主要质量控制要点如下:

1. 绝缘子耐压试验:棒式绝缘子分批按比例进行耐压试验,合格后使用。

2. 腕臂底座安装:腕臂底座旋转双耳与绝缘子连接螺栓销穿向来车方向。腕臂底座与旋转双耳连接螺栓销由上向下穿。销钉掰至两腿夹角 120°～130°。单腕臂底座与 H 型钢柱连接螺栓由线路侧穿向田野侧,紧固力矩 120 N·m。双腕臂底座槽钢与 H 型钢柱连接螺栓、双腕臂底座与底座槽钢连接螺栓都由线路侧穿向田野侧,紧固力矩 120 N·m。双腕臂底座槽钢与支柱密贴紧实,底座槽钢呈水平状态,用水平尺测量。双腕臂底座螺栓销穿向与单腕臂底座一致,销钉掰至两腿夹角 120°～130°。

3. 腕臂安装:符合腕臂安装曲线,在平均温度时垂直于线路中心线。腕臂无弯曲,承力索悬挂点距轨面的高度符合设计要求。腕臂组装完成后,确保承力索座、套管座、腕臂、绝缘子等零件的中心在同一个竖直面上。腕臂组装时,将套管座两本体之间的连接螺栓用力矩扳手紧固至设计力矩值(100 N·m)。螺栓穿向来车方向。腕臂预配时对已紧固到位的螺栓进行了标识,现场不可随意松动。当不满足安装要求需要现场调整时,上报工程部,得到允许后方可改变位置。对经过重新调整的腕臂零件必须按照零件的设计力矩紧固到位。腕臂安装完成后采取 ϕ2 mm 铁丝固定措施,腕臂统一偏向顺车方向。需现场紧固的螺母使用力矩扳手紧固至设计力矩值,止动垫片掰到位,不得缺失,连接销钉与开口销穿向正确。

4. 测量检查

(1)平腕臂坡度测量检查,与计算值比较,符合设计要求。

(2)承力索距轨面高度及拉出值测量复核,与计算值比较,符合设计要求。

(十二)隧道外棘轮补偿装置安装

隧道外棘轮补偿装置安装的施工工艺流程:施工准备→安装底座→向轮径缠绕补偿绳→向轮毂上绕线→棘轮组与固定底座连接→棘轮组与坠砣连接→棘轮调整。其主要质量控制要点如下:

1. 材料进场检验

补偿装置底座尺寸符合图纸要求,零配件齐全。棘轮本体无裂纹,毛刺。棘轮本体在运输过程中无砸伤,变形。补偿绳无断股、断丝、散股,补偿绳长度符合图纸要求。防腐镀锌层良好,无脱落。

2. 底座调整

用线坠观测,调整调节板,使调节板中心孔与上连接底座的孔中心处在同一铅垂线上,连接底座相对于支柱中性面应左右对称,用力矩扳手紧固调节板螺栓。上下底座连接角钢内侧间距保证 502 mm。

3. 棘轮绕绳及安装

(1)线头夹子尽量靠近楔子,压扁线头夹子夹紧补偿绳,露出绳头 60～80 mm 左右,保证自由状态下楔子不从绳上脱落。

(2)采用木榔头或垫木板敲击方式将楔子装卡在轮体楔套中,敲击力不宜过大,保证补偿绳在敲击下不变形,严禁采用铁器工具直接敲击补偿绳。补偿绳按棘轮槽均匀排列,不得出现跳槽、叠压现象。

(3)钢丝绳在棘轮本体槽内,避免坠砣在上升下降时发生脱槽现象。固定钢丝绳的双耳楔形线夹,保证其楔子和钢丝绳紧密结合,防止钢丝绳滑动,导致钢丝绳各股受力不均匀使钢丝绳受损。

(4)工作时棘轮支架与补偿绳之间无相互摩擦、偏斜、摆动等,补偿绳处于铅锤状态,制动卡块与棘轮的距离 15～20 mm,间隙均匀。

(5)根据厂家提供的《铁坠砣下锚补偿安装曲线图》,按温度确定棘轮大小轮绕绳圈数,棘轮补偿装置补偿绳的缠绕圈数为:大轮＋小轮＝4.25 圈。

4. 棘轮与坠砣串连接

坠坨杆与补偿绳楔形线夹连接销钉穿向线路侧,坠坨杆焊口朝向支柱,坠砣表面光洁平整，坠砣串排列整齐，其缺口相互错开 180°，且同一侧的缺口在一条铅垂线上(上下缺口对齐，坠坨串缺口垂直于线路)。坠砣杆夹板螺栓穿向线路侧。多余补偿绳盘 200 mm 直径的圈用绑扎线固定于主绳上，且与线路平行。限制导管处于铅锤状态。路基段坠坨限制架安装在田野侧，桥梁段坠坨限制架安装在线路侧。坠砣限制架顺线路方向两固定角钢水平中心线在同一垂面上。调整时先调整接触线坠砣高度，再调整承力索坠砣到同一高度。

(十三)隧道内棘轮补偿装置安装

隧道内棘轮补偿装置安装的施工工艺流程：施工准备→安装底座→向轮径缠绕补偿绳→向轮毂上绕线→棘轮组与固定底座连接→棘轮组与坠砣串连接→棘轮调整。其主要质量控制要点如下：

1. 安装底座

棘轮上下底座安装后处于水平位置，上下中心孔铅锤，固定角钢中心与棘轮底座连接孔中心线的横向距离约为 210～230 mm。

2. 棘轮组与棘轮底座连接

棘轮安装完成后补偿绳与导向轮在一个垂线上，补偿绳与制动卡块无偏磨现象。

3. 坠砣限制架安装

(1)坠砣导向轮转动自如，无偏离导框滑轨。坠砣移动无阻力，棘轮大、小轮相对运动灵活。导向轮固定角钢处于水平。垂直线路观测，两个固定角钢都与导向滑轮固定角钢左右对正。坠砣补偿绳始终保持在自然垂直状态，两侧滑道与自然下垂的坠砣补偿绳平行。坠砣滑道与导轮之间的间隙约为 5 mm。

(2)顺线路方向观测，两侧坠砣滑道与补偿绳重叠在同一铅垂面内。坠砣码放整齐，坠砣挡板无变形。

(十四)承力索架设

承力索架设的施工工艺流程：施工准备→起锚→承力索展放→落锚→承力索中心锚结安装→承力索归位。其主要质量控制要点如下：

1. 材料进场检验：出厂检验合格证书齐全，原材具有质量证明书；单线及绞线表面光洁，无明显划痕、压痕、散股、断股、接头等现象；成品绞线整齐密贴地卷绕在线盘上，无交叉、跳线和匝空间隙；绞线两端头在线盘侧面固定牢固，绞线各相邻层绞向相反，最外层绞线距线盘侧板外缘不得小于 50 mm。核对线盘线材型号、锚段制造长度与物资需求计划相符。

2. 起　　锚

(1)检查架线锚段的支柱装配及补偿装置安装正确后，用双股镀锌铁线将起锚侧的棘轮与棘轮框架固定在一起，使棘轮不能转动。

(2)平衡轮螺栓由上向下穿，开口掰至 120°。观察平衡轮的倾斜角度，安装偏角超过 20°即为不合格。下锚绝缘子球窝缺口朝向线路侧。

(3)安装终端锚固线夹前，先将承力索端头部分锉光棱角，用手钳轻轻敲击楔子尾部，使楔子逐渐套入到承力索上。

(4)卡住右螺纹楔套六方，旋紧终端双耳，线索距离终端双耳根部距离约为 10～12 mm，紧固力矩达到 80 N·m。

(5)终端线夹与绝缘子的连接螺栓穿向线路侧。开口销两肢掰开夹角 120°～130°。

3. 承力索展放

(1)安装线盘时,确保线头从上方抽出,设专人看守线盘。

(2)正线承力索小张力架设,张力为 3 kN,行驶速度一般为 3～5 km/h。作业平台上 1 人观察线条的走向,1 人负责指挥司机操作。架线车向前运行至下一支柱时停车。1 人负责扳正腕臂并扶住,2 人抬起承力索放入承力索座处的滑轮内。

(3)采用尼龙绳悬挂放线滑轮,禁止用铁线悬挂,避免划伤平腕臂表面。

4. 落　　锚

(1)采用 A、B 两个马蹄形卡具,防止损伤绝缘子及补偿绳。

(2)提前将落锚坠砣串依照温度曲线表提至设计高度固定。导链葫芦进行紧线,当棘轮齿轮离开制动卡块 2 cm 时停止紧线,剪线后安装终端线夹与起锚安装相同。

5. 承力索中心锚结安装

(1)承力索架设完成后立刻进行承力索中锚安装。中锚安装完成后将起锚处固定棘轮的铁线拆除,使棘轮正常补偿转动。中心锚结绳跨中最低点不低于该跨承力索的最低高度。安装后两边锚结绳张力要一致。起、落锚补偿坠坨高度一致。

(2)承力索中锚绳放在承力索座靠近支柱侧的线槽内。承力索与中锚绳分别包压衬垫,在距腕臂中心 200 mm 处,对称安装安装中心锚结线夹。螺栓由线路穿田野侧,长螺栓在上,短螺栓在下。承力索中心锚结的张力严格按当日温度与张力对照表安装。中心锚节腕臂垂直于线路,允许偏差为±10 mm。

(3)用扭矩扳手交替紧固螺栓组,采用沿对角线按固定顺序循环多次紧固至力矩 46 N·m,紧固力矩需均匀缓慢施加,2min 后检查紧固力矩(消除螺栓残余应力)。

(4)承力索中心锚结线夹螺栓紧固前,在螺栓旋停位置均匀涂抹 1～2 滴螺纹锁固胶,涂抹长度约 8 mm,涂抹后尽快将螺栓紧固到规定的紧固力矩,防止锁固胶被污染。螺纹锁固胶只有在该中心锚结线夹调整到最终的安装位置后才可涂抹。

6. 承力索归位

(1)新线架设后经过延伸 3d(72 h)后才可以进行承力索归位。承力索安装在承力索座托线夹时,正定位承力索放在靠近支柱侧的槽内,反定位承力索放在远离支柱侧的槽内。

(2)承力索归位作业时先测环境温度,对当时温度下的腕臂偏移值采用“腕臂偏移测量仪”进行复测。如有偏差,进行调整。调整时根据腕臂偏移表查出承力索线夹在当前温度应该所处的位置,用腕臂偏移测量仪测出平均温度时承力索线夹的距离,移动激光头至当前温度承力索线夹的位置,用记号笔在承力索上作出标记,将腕臂移动至标记处。

(3)铜铝衬垫开口朝向承力索座压紧螺栓一侧,衬垫与承力索钳压密贴。

(4)承力索中心锚接绳或配线上铜铝衬垫开口与承力索上的开口相对。弯折压块压线螺栓上止动垫圈的止动肢,长肢向下弯折与压块侧平面贴紧,短肢向上弯折与螺栓头六方侧平面贴紧。压线螺栓紧固力矩为 50 N·m。

(5)承力索归位时配线长度为 180 mm。安装完成后,两侧露出线夹部分长度相等。

(十五)接触线架设

接触线架设的施工流程:施工准备→起锚→接触线展放→落锚→接触线中心锚结安装。其主要质量控制要点如下:

1. 材料进场检验

出厂检验合格证书齐全，原材具有质量证明书；表面光洁，无明显划痕、压痕、硬弯、扭转、焊接接头等现象；线材整齐密贴地卷绕在线盘上，无交叉、跳线和匝空间隙。两端头牢固固定在线盘侧面，最外层绞导线距线盘侧板外缘不得小于 50 mm；外形几何尺寸符合要求，层间垫衬电缆纸；核对线盘线材型号、锚段制造长度与物资需求计划相符。

2. 起　　锚

(1)检查架线锚段的支柱装配及补偿装置安装正确后，用双股镀锌铁线将起锚侧的棘轮与棘轮框架固定在一起，使棘轮不能转动。

(2)平衡轮螺栓由上向下穿，开口掰至 120°。观察平衡轮的倾斜角度，平衡轮安装偏角不超过 15°。下锚绝缘子球窝缺口朝向线路侧。

(3)150 接触线型号和锥套一致。

(4)120 接触线型号和锥套一致。

(5)接触线终端线夹安装前，端部需锉光棱角。

(6)终端线夹与绝缘子的连接螺栓穿向线路侧。开口销两肢掰开夹角 120°～130°。接触线端头伸出楔子大端的长度 15～20 mm。

3. 接触线展放

(1)接触线架设采用恒张力放线车进行施工。前接触线调直器，不可随意调整，由厂家专业技术人员调试、检测，在架线过程中发现问题及时向施工单位技术人员联系，经检查调试后方可继续进行架线作业。

(2)在起、落锚柱与第一根转换柱之间停车悬挂工具吊弦，并在第一根和最后一根转换柱处工具吊弦的滑轮用尼龙绳与对面腕臂进行对拉，将悬挂点接触线拉至实际位置。

(3)正线接触线必须恒张力架设，张力为 10 kN；架线车走行速度不超过 5 km/h，架线过程中除起落锚，不宜停车。恒张力车尽可能避免停车、启动，速度保持稳定匀速。

(4)每跨内工具吊弦的数量不少于 4 根。悬挂均匀，保证悬挂后呈受力状态。为避免产生波浪弯，挂 S 钩时从上向下拉，不可人为抬动接触线。

(5)作业过程中不将工具、身体等外力与接触线碰撞，严禁攀登、手拽、脚踩接触线，严禁把已架设接触线当作受力支撑点。

(6)为避免影响接触线展放，安排专人及时清理线层间垫衬电缆纸。

4. 落　　锚

(1)因接触线张力大，本线为 30 kN，落锚作业使用的手搬葫芦、钢丝套、紧线器等专用工具大于 3 t 级的安全系数，选用 4.5 t 或 6 t 的导链葫芦。其余接触线落锚卡控重点与承力索类似。

(2)接触线架设完成后每隔 300 m 检测一次平直度，间隙不大于 0.1 mm/1 000 mm。将工具吊弦及时更换为尼龙绳固定，固定的尼龙绳位置为正式吊弦的位置，数量与吊弦相同。

5. 接触线中心锚结安装

(1)接触线架设完成后立刻进行接触线中锚安装；中锚安装完成后将起锚处固定棘轮的铁线拆除，使棘轮正常补偿转动。

(2)接触线中锚线夹本体的牙型嵌入接触线沟槽并摆正。

(3)线夹与接触线沟槽密贴入槽,本体外观无损伤、偏斜、变形、裂纹、烧伤或其他不良状态。预紧两侧4个螺栓,再用力矩扳手交叉、循环紧固。紧固螺栓前,在螺栓旋停位置均匀涂抹1~2滴螺纹锁固胶,方式与承力索中心锚结线夹相同。

(4)接触线中锚线夹距离相邻吊弦线夹距离为500 mm,回头外露40 mm。中心锚结绳长度为$5h+500$ mm,h为承力索至接触线的间距。

(十六)定位装置安装

定位装置安装的施工工艺流程:施工准备→复测腕臂偏移值→定位管安装→定位器安装→定位器坡度、拉出值检测。其主要质量控制要点如下:

1. 复测腕臂偏移值

接触线架设完成后尽快安装定位装置(初安装),防止接触线径向应力放散过程中扭面。安装定位装置前先按腕臂偏移表复核腕臂偏移量,调整未达标者,使其达标。

2. 定位管安装

(1)铝合金定位环连接螺栓穿向来车方向,定位管55套筒顶紧螺栓安装在来车方向。定位管55套筒螺栓销由上向下穿。开口销掰至120°~130°。

(2)定位管斜拉线先把线环顺绞制方向旋转90°后套入承力索座下部的钩环里,这种连接方式可确保斜拉线承受所有负荷。安装完成后调整到设计位置,中心面处于铅垂面上。斜拉线上部尾线线鼻子安装在腕臂预配时未拧紧的线路侧顶紧螺栓上,顶紧螺栓紧固力矩为75N. m,备母紧固力矩为50 N·m。

3. 定位器安装

(1)电气连接线安装在来车方向。定位支座位置上螺栓由上向下穿,铜铝垫片的铝面与定位支座侧相贴,铜面与电气连接线相贴,连接线夹平侧与铜铝垫片的铜面相贴。电气连接线与定位直接连接的连接线夹呈水平且与线路平行;与定位器连接的一端,连接线夹与定位器钩平行。电气连接线不低于定位支座下沿。

(2)长环侧安装在防风拉线定位环上,短环侧安装在定位器上。防风拉线使主线穿过拉线环和定位器。

(3)在安装定位线夹之前,使用砂纸清理线夹表面的杂质或氧化物。调整安装时,注意检查尼龙定位销是否丢失或遗落。有环夹板在远离定位钩和定位支座侧,即环口面向定位钩和定位支座。扭矩扳手交替紧固至25 N·m。

(4)U形销向上折弯60°,接触线安装方向确保锚支定位卡子的受力方向与接触线载荷方向一致。锚支定位卡子线夹连接螺栓由下向上穿,紧固力矩44 N·m。用手钳将止动垫片的短肢弯折固定在螺母的侧面,并轻轻敲击使其密贴。

4. 定位器坡度检测、拉出值与导高测量

用坡度检测尺测量定位器坡度并进行记录,定位器坡度为8°~13°。用激光测量仪进行测量定位点导高及拉出值并记录。定位装置的调整和弹性吊索的安装调整同时进行、同时达标。

(十七)弹性吊索及调整安装

弹性吊索及调整安装的流程:施工准备→弹性吊索预制→弹性吊索初安装→弹性吊索整体吊弦安装→弹性吊索调整→接触线高度检测。其主要质量控制要点如下:

1. 弹性吊索预制

(1)在预配车间按 18 m+20 cm 截取弹性吊索绳，弹性吊索绳为 35 mm^2 青铜绞线。在弹性吊索绳总长的中间部位做上标记，端头、30 mm 及 170 mm 标记处用胶带绑扎。

(2)弹吊安装前检查棘轮补偿装置，确保棘轮无卡滞、偏磨现象，坠砣符合额定张力要求。对存在卡滞、偏磨现象要在承力索固定前进行整改调整，确保补偿作用正常。在安装弹吊前进行检查确认，防止补偿装置不起作用，在安装弹性吊索、整体吊弦中发生错误。为消除补偿装置对张力的影响，起、落锚两边的坠砣重量一致，小于±1%的误差。

(3)安装前首先检查腕臂的偏移位置是否与施工当天的温度相符，特别是起、落锚附近的腕臂偏移值大，特别注意是否正确。如有不符，要进行腕臂偏移位置的调整。

(4)弹吊张力紧线工具在使用中对张力计进行复核，以其中一台为标准进行串联，明确每一台的标准张力值。初安装与调整使用同一台张力紧线工具。严禁使用张力计损坏、张力显示不正确的张力紧线器，更不得使用其他没有张力显示的工具替代。

(5)弹性吊索初安装在完成承力索归位后，架设接触线之前进行。作业过程中作业车平台、梯车高度确保不与接触线发生碰撞，作业人员在安装过程中，不在接触线上使用安全带，不将身体、工具等外力与接触线碰撞，严禁攀登、手拽、脚踩接触线，不将接触线当成受力支撑点。

(6)弹性吊索安装从中锚向下锚方向两侧同时安装。从中心锚结到下锚方向的半个锚段范围内只允许一个作业小组按顺序依次安装，不得跳跃，不能任意选择安装位置。

(7)弹性吊索线夹螺栓由上向下穿，紧固力矩为 23 N·m。安装时张力紧线器全部在下锚方向侧进行张拉。初安装张力紧至 3.5 kN，弹性吊索线夹安装位置同样以外沿为准，弹吊尾端 170 mm 处。

2. 弹性吊索调整及整体吊弦安装

(1)弹吊调整是在接触线架设后，与整体吊弦安装、悬挂调整同时进行、同时达标。靠近中心锚结侧跨中和悬挂点处测量接触线高度符合设计要求后紧固弹吊线夹。

(2)依据吊弦计算结果测量吊索悬挂的 2 根吊弦的位置，按照整体吊弦安装方法将吊弦安装。同时完成跨中整体吊弦的安装，安装完毕后依次向另一组下锚方向移动梯车。

3. 接触线高度检测

跨中第一吊弦与相邻弹性吊索吊弦的高度差必须小于 10 mm，一般小于 5 mm，不得出现 V 字形。检查定位器限位间隙及定位器坡度，对不符合设计标准的进行调整。定位点和相邻弹性吊索吊弦的接触线高度为等高，误差要小于 3 mm。复核定位点拉出值是否正确，施工误差±30 mm。整个锚段弹性吊索调整后，对承力索、接触线补偿装置再次进行检查，检查无问题后调整作业全部完成。

(十八)整体吊弦安装

整体吊弦安装的工序流程如图 4-12-3 所示。

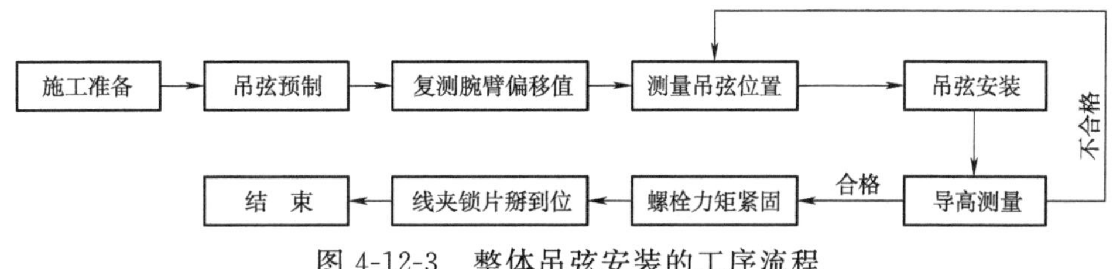

图 4-12-3　整体吊弦安装的工序流程

其主要质量控制要点如下：

1. 物资进场检验

检查零部件是否齐全；零件是否有影响使用的质量缺陷或变形；线夹本体型号与规格是否一致；紧固件之间的配合是否灵活；吊弦线无散股和断股现象。

2. 吊弦预制

(1)承力索高度测量前先对腕臂偏移进行复核。承力索及接触线架设完成、定位装置安装后在承力索座两侧最靠近的位置分别测量2次，取其平均值为该定位点承力索的高度，作为计算吊弦的参数。

(2)整体吊弦计算：计算组根据测量组签字确认的参数数据表进行计算，后将计算结果整理成预制表格并签字确认后发工程部。工程部审核预制表确认无误后发往预制车间进行计算，若审核不通过时，则返回测量组、计算组重新测量核对初始数据及计算过程和结果。

(3)两端预留量按320 mm考虑。吊弦线下料的总长度为$K=D+640$ mm。压接管距心形环按0 mm控制。

(4)压接管中心与压接模型腔中心重合。压接模具上下模合龙，无间隙，每次压接到位。

3. 吊弦位置测量、安装

(1)接触线架设经过延伸3d(72 h)后方可进行吊弦安装，吊弦安装前检查腕臂偏移量、补偿坠砣额定张力、补偿功能符合设计要求后方可进行安装。吊弦的安装位置从定位点向跨中测量，吊弦间距一跨内总偏差小于200 mm时，将偏差在跨中消除；大于200 mm时重新计算，不得安装。安装位置允许偏差50 mm。

(2)先安装承力索吊弦线夹，后安装接触线吊弦线夹。吊弦的安装与弹性吊索二次调整同步进行；吊弦安装从中锚向下锚方向进行，一个锚段只能有两个作业小组同时进行。

(3)任何温度下均垂直安装，承力索与接触线吊弦线夹在垂直方向的相对施工允许偏差±20 mm。吊弦安装时除位置安装正确外，线夹上的U形环要垂直于接触线，无偏斜现象，整根吊弦垂直，处于受力状态。不能用敲移U形环的方法调整接触线的高度。安装时确保对号入座，位置正确。

4. 测量、螺栓紧固及锁片

(1)吊弦间距测量所产生的偏差要累积在跨中调整。两个弹性吊弦点与定位点接触线高度等高，相对定位点的接触线高度允许偏差为±10 mm，施工控制在±5 mm以内，但不得出现V字形；跨中第一个吊弦与弹性吊弦的高度差小于10 mm，施工控制在5 mm以内；相邻吊弦处接触线高差不大于10 mm，施工控制在5 mm以内。

(2)用扭矩扳手紧固吊弦线夹螺栓，紧固时止动垫圈不得旋转，紧固后接线端子与承力索成45°角。接触线吊弦线夹螺栓在直线段由线路侧穿向田野侧，在曲线段由低轨穿向高轨，紧固力矩为25 N·m。承力索吊弦线夹螺栓穿向与接触线吊弦线夹穿向相反，承力索、接触线吊弦线夹紧固力矩均为25 N·m。

(3)承力索吊弦线夹的载流环与列车前进方向相反，接触线吊弦线夹的载流环与列车前进方向一致，载流环的大小符合设计要求并保持一致，载流环不与吊弦线交叉。用手钳将止动垫圈的长肢弯折固定在线夹本体侧面，并轻轻敲击使其密贴，同时保证短肢朝上；短肢弯折固定在螺母最近的六方侧面，并轻轻敲击使其密贴。

(十九)电连接安装

电连接安装的施工工艺流程:施工准备→电连接测量→电连接预制→线索除锈→线夹压接→线夹尺寸检测→电连接绑扎。其主要质量控制要点如下:

1. 电连接测量、预制

(1)测量两承力间距 C,工作支结构高度 h_1,非工作支结构高度 h_2,计算电连接线长度,电连接预留的驰度满足因温度变化引起的位移长度。

(2)根据现场测量后计算电连接线长度进行裁剪。裁线时在裁剪处用胶带进行缠绕绑扎,防止线头散开、变形。

2. 线索除锈

(1)承力索电连接线夹:表面进行打磨清理,除去氧化层及脏污。要求清理后的表面成金属亮色。在清洁过的线夹表面均匀地涂一层导电脂。

(2)接触线电连接线夹:打磨接触线槽内,打磨线夹牙形,打磨线夹孔内,卡子上涂抹导电脂,线夹孔内涂抹导电脂。

3. 线夹压接

现场使用专用的电动液压泵及配套的压接钳、模具,电动液压泵的压力不小于 70 MPa,液压钳压接力不小于 24 t。

(1)承力索电连接线夹安装及压接:确认线夹组成和安装位置正确后,启动电动液压泵,开始加压直至模具闭合,在最大压力下(压力表指示不小于 70 MPa)保持 5 s,然后卸压松开模具。在合模之前采用点动控制方式。模具对称中心面与承力索、线夹的中心对称面重合一致。压接接合处无胶带等绝缘夹杂物。

(2)接触线电连接线夹安装及压接:确认线夹组成和安装位置正确后,启动电动液压泵,开始加压直至模具闭合,在最大压力下(压力表指示不小于 70 MPa)保持 5 s,然后卸压松开模具。安装时区分不同锚段、不同温度要求,同一悬挂接触线、承力索间的电连接垂直安装,接触线与承力索电连接线夹在同一垂直面上,同一组的两根电连接预留驰度一致。

4. 线夹尺寸检测

承力索电连接线夹 C 形开口闭合密切,若开口较大,进行二次补压。

第二节　牵引变电工程

一、工程概况

(一)主要工程量

牵引变电专业的工程量包括:牵引变电所 6 座(邹平、朱台、胡营、河滩、咸家、红岛);分区所 7 座(明家、麻家、南蓬科、埠头子、东官庄、杜戈庄、王新);AT 所 12 座(毛庄、西王、郝一、义和、龙南、荣家庄、进潘、官家庄、邢家东、翟家埠、西角兰、五龙庄);2 座直供开闭所(济南东动车所开闭所、淄博北存车场开闭所)。

(二)系统构成

该工程新建 6 个牵引所,正常时,牵引变压器采用固定备用方式,由一路进线给全所供电。当进线电源或主变压器故障时,自动投入装置动作投入备用进线变压器组。正常时,各馈线断路器投入运行,上下行分别供电,馈线上下行并联隔离开关处于分位;当一条馈线上的设备发生故障时,正常馈线通过合上下行并联隔离开关给发生馈线设备故障的供电臂进行供电。7个分区所,正常时,两供电臂上、下行进线断路器处于合位实现并联供电,相邻两供电臂之间的电动隔离开关为分位;当相邻某一牵引变电所解列时,合上两供电臂之间的电动隔离开关,由另一相邻牵引变电所越区供电;当一侧供电臂上行或下行故障时,则断开该侧进线断路器,保证下行或上行无故障供电臂正常运行。当采用末端并联供电方式时,同一供电臂上的两台AT变压器采用一主一备运行方式,当一台故障后,另一台 AT 变投入运行;当采用末端不并联供电方式时,同一供电臂上的两台 AT 变压器全部同时投入运行,分别用于上下行,当一台故障后,投入并联隔离开关,由另一台 AT 变带上下行。12 个 AT 所,正常时,两供电臂上、下行进线断路器处于合位实现并联供电,当一侧供电臂上行或下行故障时,则断开该侧上、下行进线联断路器,保证下行或上行无故障供电臂正常运行。当在 AT 所处采用并联供电方式时,两台 AT 变压器采用一主一备运行方式,当一台故障后,另一台 AT 变投入运行;当在 AT 所处采用不并联供电方式时,两台 AT 变压器全部同时投入运行,分别用于上下行,当一台故障后,投入并联隔离开关,由另一台 AT 变带上下行。2 个开闭所,来自牵引变电所的进线电源作为主供电源,当主供电源失电后,由来自网上 T 接的其中 1 条进线电源供电,一旦主供电源恢复供电后,自动倒闸,切换至主供电源供电。当 AT 所上、下行断路器间的母线隔离开关打开时,上、下行线路只在分区所处并联,可实现末端并联的 AT 供电方式。当分区所及 AT 所上、下行断路器间的隔离开关打开时,可实现上、下行线路分开运行的 AT 供电方式。

当某一侧(上行或下行)线路需要退出运行或发生故障时,断开需要退出运行或故障线路的牵引变电所、AT 所、分区所有馈线断路器,使上、下行线路解列,另一侧线路正常供电。当F线故障时,可通过打开牵引变电所内 F 线馈线隔离开关,切除 F 线,实现直接供电方式。济青高铁全线设置电牵远动系统,纳入 SCADA 系统,由济南局调度所管理。

(三)主要技术标准

1. 牵引变电所引入两路独立 220 kV 电源,一主一备,采用线路变压器组接线方式,在各所两路进线隔离开关外侧各装一组电压互感器、一组避雷器并通过手动隔离开关接引在进线电源上。设置四台单相牵引变压器,两两构成"V/V"接,两组运行,两组固定备用,牵引所采用"V/X"接线方式,计费采用高压侧计费方式。

牵引变电所 2×27.5 kV 侧采用单母线不分段方式,馈线断路器采用上、下行馈线断路器互相备用的方式。在 2×27.5 kV 母线上设保护、测量用电压互感器。在主变压器 27.5 kV 侧出口及每条馈线出口处均设用于过电压保护的氧化锌避雷器。

2. 分区所同一供电臂末端通过两台断路器实现上、下行接触网并联供电,每个供电臂通过断路器设两台自耦变压器,1 台运行,1 台固定备用,并设置自投装置。不同供电臂之间设电动隔离开关,实现越区供电;上下行并联断路器之间设电动隔离开关,必要时可使上下行分开独立运行。各条进线均设电压互感器,以实现检压的需要,并设置氧化锌避雷器用于过电压保护。

3. AT 所内设两台自耦变压器,1 台运行,1 台固定备用,并设置自投装置。上下行接触网之间通过两台断路器相联,实现上、下行接触网的并联供电,上下行并联断路器之间设电动隔离开关,必要时可使上下行分开独立运行。

4. 开闭所从附近牵引变电所引出一路馈线作为开闭所一条进线，另从接触网上 T 接作为开闭所另一条进线。

二、施工流程与质量卡控要点

(一)基坑开挖及基础浇筑

基坑开挖及基础浇筑的施工流程：施工准备→基坑开挖及防护→模板制安→搅拌混凝土→浇筑基础→拆除模板→养护及试验→整理记录。其质量卡控要点如下：

1. 变电所设备基础严格按照设计要求采用 C20、C30 等规格混凝土。

2. 模板的支护是变电基础施工的重中之重，采用多道加强横撑对模板进行固定防止振捣时跑模；顶部最上层的模板采用全新模板，坚持用一次即换的原则。浇筑时使用豆油作为脱模剂，能较好保证基础外观的美观度。

3. 集中开挖、集中支模、集中浇筑，在施工前期对所内基础施工进行规划，所内基础通过 6 次集中浇筑完成，对同批次基础支模等方面进行严格把关和误差控制，通过对基础位置、尺寸、表面平整度的控制，保证后期构支架组立后“横成排、竖成列”的整体效果。

4. 基础混凝土强度等级符合设计文件要求，牵引变压器、组合电器、断路器基础各取一组试块；其他基础每个工作班不少于一组试块。混凝土的力学性能标准条件养护试件的试验龄期为 28d。混凝土试块与基础进行同等养护，作为基础抗压强度的依据。

5. 混凝土的基础材料砂、石、水泥、水等送专门的检测机构进行检测和凝土配合比试验，并取得原材料合格的检测报告和混凝土配合比试验报告。

6. 基础施工各部位允许偏差范围符合《高速铁路电力牵引供电工程施工质量验收标准》(TB 10758—2010)第 4.2 章，具体见表 4-12-2。

表 4-12-2　基础施工各部位允许偏差范围表

<table>
<tr><th colspan="2">施工部位</th><th>允许偏差</th></tr>
<tr><td rowspan="3">基础轴线位置允许偏差</td><td>独立电气设备</td><td>±10 mm</td></tr>
<tr><td>三相联动设备</td><td>±10 mm</td></tr>
<tr><td>构支架基础</td><td>±20 mm</td></tr>
<tr><td rowspan="3">基础顶面高程允许偏差</td><td>独立电气设备</td><td>$^{0}_{-20}$ mm</td></tr>
<tr><td>三相联动设备</td><td>$^{0}_{-10}$ mm</td></tr>
<tr><td>构支架基础</td><td>$^{0}_{-10}$ mm</td></tr>
<tr><td rowspan="3">断路器</td><td>各单元本体水平差</td><td>$^{+2}_{0}$ mm</td></tr>
<tr><td>相间水平差</td><td>$^{+5}_{0}$ mm</td></tr>
<tr><td>单元各组与各相关单元轴线误差</td><td>$^{+5}_{0}$ mm</td></tr>
<tr><td colspan="2">预埋件、预留沟槽位置</td><td>符合施工图要求</td></tr>
<tr><td colspan="2">GIS 基础整体水平误差</td><td>$^{+5}_{0}$ mm</td></tr>
<tr><td rowspan="2">预埋螺栓
允许偏差</td><td>中心距</td><td>±2 mm</td></tr>
<tr><td>外露长度</td><td>$^{+20}_{0}$ mm</td></tr>
</table>

续上表

<table>
<tr><td colspan="2">施工部位</td><td>允许偏差</td></tr>
<tr><td rowspan="3">基础型钢允许偏差</td><td>不直度</td><td>1 mm/m
5 mm/全长</td></tr>
<tr><td>水平度</td><td>1 mm/m
5 mm/全长</td></tr>
<tr><td>位置偏差及不平行度</td><td>5 mm/全长</td></tr>
</table>

7. 大型设备基础一次连续浇筑完成，确保混凝土搅拌均匀、以不超过 300 mm 分层振捣密实。

8. 混凝土基础浇筑完毕后，及时采取有效的养护措施。自然养护期间，在混凝土浇筑完毕 1 h 内对混凝土进行保温保湿养护，养护时间符合规定。当环境温度低于 5℃时，禁止浇水养护。

9. 钢筋绑扎

(1)连接点按照设计要求绑扎、均匀牢固，插筋不走形变样，$d_1=d_2=d_n$。

(2)插筋伸至基础底部的钢筋网上，并在端部做成直钩状。

(3)拼装模板时，仔细核对图纸，检查位置，形状及尺寸是否正确。

10. 模板制作

(1)牵引所基础模板因重复利用率较高，优先选择钢模板。如采用木模板，制作时与基础接触的表面一定要光洁，浇筑混凝土前涂敷脱模剂，以便于拆模和提高基础表面光洁度。

(2)模板安装时要核对施工图纸平面布置尺寸及基础面标高，误差符合表 4-12-2 的要求。

(3)基础模板支设牢固，能承受混凝土的侧向压力和施工负荷，拼缝严密不漏浆。

(4)接触混凝土的模板面要光滑，内模板外侧、外模板内侧采取脱模措施及防止基础四周凹凸措施。

(5)基础预埋螺栓或预埋件位置及标高误差符合表 4-12-2 的要求。非镀锌预埋件埋入基础部分进行除锈。

(6)采用钢制定位板对基础螺栓加以固定。

11. 浇筑基础

(1)将商品混凝土用混凝土车通过混凝土运送滑槽匀速送入到基础模板内。

(2)将混凝土缓慢均匀地平铺在基坑模板内，顺序是先边角后中间。

(3)每浇筑 250～300 mm 厚混凝土时进行一次振捣，各振点间距不大于 400 mm，并以行列式顺序进行。

(4)基础浇制完，其上表层与模板顶面抹齐抹平，个别不平整处可用 1∶2.5 的水泥砂浆填补。

12. 拆除模板

(1)拆除模板时间要根据天气及所用混凝土材料确定。非冬期施工时，混凝土中如不含速凝剂一般可在 48 h 后拆除模板；冬期施工时，如养护温度在 10 ℃以上，一般可在 5 d 后拆除模板。

(2)拆除模板时，保证混凝土表面及棱角不受损伤。

(3)拆除模板后，及时在基础外表面安装成品保护模具，保护完成后的基础不被破坏。

13. 基础养护

(1)基础的外露表面，在混凝土进入初凝期后要敷盖棉被养护。气温在＋5 ℃以上时，要在规定养护期内进行浇水养生。

(2)在混凝土初凝期内，及时取出预留孔桩模，且不得损伤基础结构。

(二)构支架组立

构支架组立的施工流程：施工准备→构架立柱吊装→构架横梁吊装→地线架吊装→设备支架组立→安装收尾。其质量卡控要点如下：

1. 紧固件齐全，螺栓露出螺母2～5扣。紧固力矩值符合相关要求。

2. 横梁安装注意起拱方向，设计要求钢横梁按$L/360$预留上拱度。

3. 所有钢构架均与基础垂直，在调整中用经纬仪测量，如有误差，可通过调节螺母调整。

4. 钢架构安装方向正确、牢固、水平，所用紧固件符合设计要求，镀锌层完整无锈蚀现象。

5. 横梁平直，弯曲度不大于对应长度的5‰，构架与设备支架垂直，倾斜度不大于其高度的3‰。

6. 同一轴线上安装的构架及支架电杆的偏移不大于20 mm，同一轴线上安装的构架及支架偏移不大于10 mm，同一组构架的高低差不大于5 mm。

7. 构架立柱吊装：根据起重机停靠位置及吊臂长度，确定吊绳绑扎位置，指挥起重机将立柱吊离地面转到基础上方，使其根部安装孔与基础预埋螺栓相对，然后落钩就位，用螺帽将其固定。同一组构架支柱立完后进行垂直度调整和相对位置的测量检查，如有偏差调整至正确位置。

8. 构架横梁吊装：横梁吊装时，在横梁两侧绑扎晃绳引导，正式起吊前进行试吊，横梁吊到立柱顶后，使其安装孔与支柱安装孔相对，用螺栓加以固定，注意横梁起拱方向和挂线环安方向与施工图相符，挂线环在横梁的顶面。

9. 地线架吊装：地线架吊到立柱顶时，有人扶住，对准螺孔，用螺栓加以固定，用经纬仪测量，保证地线架与立柱在同一垂直中心线上，然后紧固螺栓。

10. 设备支架组立：设备支架可吊装也可用人工组立，在组立时注意支架方向与施工图相符，同一轴线上支架组立完成后要逐个进行调整，确保其本体垂直且位于同一安装轴线后再加以固定。

(三)变压器安装

吊装就位工序的流程：吊装准备→受力计算→吊装就位；主变安装工序的流程：施工准备→安装散热器→安装净油器→安装油枕→安装防爆筒或压力释放阀→安装高压套管→安装气体继电器→补充注油→安装呼吸器→安装温度计→安装风扇及配线→工作收尾。其质量卡控要点如下：

1. 主变压器在装卸和运输过程中的倾斜角度不得超过15 ℃，且没有严重冲击和振动，有加速度记录仪的查看记录结果。

2. 充氮运输的主变压器，其充氮表压力保持在正压0.01～0.03 MPa。

3. 主变压器的就位误差不大于±10 mm。

4. 主变压器就位过程中保持器身及附件的完整无损。

5. 将钢丝绳穿入变压器的吊装吊耳，绑扎牢靠，吊车按照计算好的技术参数进行一次试吊。

6. 试吊没有问题后，将变压器一次吊装就位。

7. 本工程主变采用吊装就位方式，部分困难地段采用人工就位。

8. 散热器安装

(1)制造厂有标记的按制造厂标记进行装配；制造厂无标记时，须测量散热器和油箱连接法兰的孔距，进行尺寸选配，编好标志。

(2)拆下散热器集油管封板，用白布蘸汽油擦净法兰接合面。

(3)关闭油箱蝶阀，取下法兰封板，擦净法兰接合面，擦净(或更换)密封胶垫，在胶垫两个接合面涂抹密封胶，然后将胶垫镶入法兰槽内。

(4)吊起散热器(靠油箱侧有排气孔的为散热器上端，靠外侧有排气孔为下端)至油箱近旁，调整高度和位置，使法兰相接，注意密封垫不要错位，带上螺母，并对角拧紧。

(5)依次安装全部散热器。

9. 安装净油器

拆开净油器封板及上下盖，擦净内壁及管路锈污，用合格的变压器油清洗。装好下盖及滤网。装入制造厂规定重量的经干燥和用合格变压器油清洗干净并浸泡 24 h 后的吸附剂，以装满内腔为宜，装好上盖和连接管路。关闭油箱蝶阀，取下连接法兰封板，擦净法兰接合面及密封胶垫，涂上密封胶。

10. 安装油枕

打开油枕端盖及气体继电器连接的法兰封板，将内壁擦洗干净。将胶囊顺油枕方向放置平整，胶囊口安装不允许皱褶，要严密畅通，方向不扭转。向胶囊内充 2 kPa 氮气作漏气检查，经检查无漏气后，将压力泄放，装上端盖。将油标管擦干净，装上浮子，轻轻拧紧固定螺母，将油标管固定，根据产品说明书规定做好油位标志线。打开小油枕端盖，从油标呼吸塞处注入变压器油，同时，用手不断剂压小胶囊，排尽小胶囊内的空气，当油标浮子浮起时，从油标放油塞处放油，使浮子落到油标底部后，关闭放油塞，装上呼吸塞。吊装油枕前，先将油枕与托架的连接螺栓松开，将油枕就位后，拧紧托架固定螺栓。

11. 安装压力释放阀

打开压力释放阀下盖板，清洗其内壁。打开油箱顶部防爆座的封板，擦净接合面，在密封胶垫两侧涂抹密封胶，镶入密封槽内。将压力释放阀正确安装在器身上，注意二次接线孔应位于压力释放阀的下方。压力释放阀就位后，打开运输锁闭系扣，使之处于正常工作位置。

12. 安装高压套管

用汽油擦净瓷套表面及法兰接合面，检查套管油位及有无渗油现象。拆下高压套管上端的接线板、导电密封头，从上向下穿入 ϕ1.5 mm 镀锌铁线。拆下油箱上高压套管座封板，清洗套管座法兰，擦净密封胶垫，涂抹密封胶，镶入法兰密封槽内。将高压套管吊起，油标朝外，放气塞在最高位置，吊至套管座上方时，将高压侧接线端栓在提前穿入的铁线上。牵引套管内的铁线，落钩时要稳要慢，要扶正套管不要碰撞套管座，待法兰相接时，把铁线牵出套管顶端，上好法兰连接螺栓，穿上销子，上好导电座密封头和接线板。依次装好其他高压套管。

13. 安装气体继电器

打开气体继电器封板，擦净连接法兰接合面，解除内部扎绳，触试开口杯和挡板动作灵活。拆下油箱和油枕与气体继电器相联接的法兰封板，并擦净接合面和密封胶垫，涂抹密封胶，镶入密封槽内。将气体继电器置于两法兰中间，箭头指向油枕侧，适当拔动油枕，对好位置和间隙，如胶垫无错位，便可对角拧紧连接螺栓。拧紧油枕与支架的连接螺栓。

14. 补充注油

在油箱注油阀上联接输油管路。打开散热器上、下蝶阀，拧开散热器、油枕、气体继电器、防爆筒、高低压套管上的排气孔。打开油箱注油阀，开启滤油机，将合格的变压器油注入油箱，自下而上监视各部排气阀，当排气阀出油时，立即关闭该排气阀，最后当油枕顶部排气阀也出现油流时，停止注油，关闭该排气阀。关闭油箱注油阀，拆除输油管路。静止 24 h 后从所有排气阀排气、放油，使油位略高于正常油位。

15. 安装呼吸器

将 3%硅胶重量的氯化钴溶于水中，水量能被硅胶全部吸附为宜。将硅胶浸泡在氯化钴溶液中，使它充分吸收，直至硅胶变为粉红色。将粉红色硅胶在 115 ℃～120 ℃的烘箱内干燥处理，至全部变为蓝色为止，降温后装入呼吸器内。取下呼吸器罩、密封胶圈，在罩内注入变压器油至油面线后，将罩装上，密封胶圈不再装回。

16. 安装工作收尾

检查各连接部位、油气阀门有否渗漏现象并处理，气阀再次放气，检查蝶阀定位螺栓是否齐全，是否在全开位置固定。注油 24 h 后，取油样做耐压试验。装散热器之间的连接扁钢带。铁芯接地套管用 40 mm×4 mm 扁铜做好单独接地连接，油箱接地连接紧固，并符合厂家规定。清扫擦净油箱外表，锈蚀部位补漆。填写设备安装技术记录。

(四)室外 220 kV 设备安装

1. 互感器安装的工序流程：施工准备→互感器吊装就位→互感器安装调整→填写安装技术记录。其质量卡控要点如下：

(1)铭牌方向一般朝检修方向，互感器极性标志根据施工图确定其朝向。

(2)要求支柱垂直及托架上平面水平，托架的孔距与设备孔距相一致。

(3)互感器安装面水平，并列安装时排列整齐；同一组互感器的极性方向一致；变比选择符合图纸要求。

(4)互感器二次接线盒，电压互感器与电流互感器保持一致。

(5)互感器外壳接地根据电压等级采用多股硬芯电缆接地，接地线走向横平竖直连接牢固。

(6)设备外观完整无缺损，油浸式互感器无渗油，油位指示正常。

(7)互感器补油时，按制造厂规定进行。

(8)电流互感器备用绕组短封并接地，电压互感器备用绕组 N 端接地。

(9)互感器的规格、型号及安装位置符合设计要求。

(10)互感器的变比和极性方向符合设计要求，其备用二次绕组可靠接地。核对互感器极性标志，根据施工图确定其朝向。

(11)绝缘油的油位及耐压强度试验符合产品技术规定。

(12)起吊过程中,用稳固绳加以引导,防止碰伤设备。互感器吊至设备支柱上端后,调正方向缓缓下落对位。对位后及时用螺栓固定。

(13)用线坠或经纬仪检查其垂直度,如不垂直,可在互感器底座与托架间加垫片调整,每处加垫不得超过3片。

2. 隔离开关安装工序流程:施工准备→吊装就位→本体调整→主刀装配调整→主刀传动调整→接地刀装配调整→接地刀传动调整→补漆收尾。其质量卡控要点如下:

(1)隔离开关到场后按照规范要求进行检查。

(2)核对隔离开关的相间距离、分闸时触头打开距离或角度、合闸时相间不同期值是否符合产品技术规定。

(3)轴承、拐臂、延长轴等传动部件安装符合产品技术规定。

(4)隔离开关的操动机构安装符合产品技术规定。

(5)隔离开关的相间距离与设计要求之差不大于10 mm,或符合制造厂规定。

(6)支柱绝缘子垂直于底座平面,且连接牢固。

(7)连杆内径与转轴或连接头的直径匹配,两者间的间隙不大于1 mm;销钉铆接部分牢固,但不得进行焊接。

(8)隔离开关的机械闭锁装置动作灵活,准确可靠。

(9)按产品的技术规定调整好开关的相间距离,并保证各单极开关的底架相互平行、各接地刀转轴同心。

(10)检查各支柱绝缘子是否垂直于底架,否则用制造厂提供的垫片进行调整,调整后的支柱绝缘子,在开关合闸后,其动触头与触指间的距离符合产品规定。

(11)调整各交叉连杆的长度及分合闸止钉的位置,使各开关的分合闸角度均达到产品的技术规定。

(12)配合设备供货商专业人员,严格按照作业指导书要求做好主刀装配调整、主刀传动调整、接地刀装配调整、接地刀传动调整、补漆收尾等工作。

3. 断路器安装工序流程:施工准备→支柱框架及机构箱安装→单极灭弧室安装→SF_6管道连接→二次接线→接线端子安装→行程测量→补充SF_6气体→检查测试→清理收尾。其质量卡控要点如下:

(1)断路器在安装时,基础达到承载要求。基础的中心距离及高度误差不大于10 mm,安装底架顶面水平误差不大于2 mm,相间中心距离误差不大于5 mm。断路器本体垂直、牢固,接地良好。

(2)所有部件的安装位置正确,并按照厂家的规定保持其水平或垂直位置。

(3)传动调整时,断路器内充有额定压力的SF_6气体,调整后的各项参数,符合产品的技术要求。

(4)连接处密封良好,固定可靠,额定电压下管路连接处无渗油现象。

(5)六氟化硫断路器的气体压力及压力传感器的质量符合产品技术规范。

(6)检查每个极柱气体预充情况符合安装说明书要求,用吊车使用吊装带平稳吊起极柱,安装到支架上。

(7)断路器不得在现场进行解体检查,组装时选用的器具、吊点及吊装程序符合产品技术要求。

(8)断路器本体垂直、牢固，接地良好。

(9)断路器的同期和速度及其他各项动作参数符合产品要求及有关规定。

(10)设备接线端子平整、清洁，载流部分不得有缺损及锈蚀。

(11)所有部件的安装位置正确，并按照厂家的规定保持其水平或垂直位置。

(12)在传动调整时，断路器内充有额定压力的 SF_6 气体，调整后的各项参数，符合产品的技术要求。

(13)断路器及其操动机构在安装、调整后，按照有关规定接地。

(14)配合设备供货商专业人员，严格按照作业指导书要求做好端子箱安装固定、SF_6 管道连接、抽真空、充 SF_6 气体等工作。

4. 避雷器安装工序流程：施工准备→底座安装→避雷器组装→避雷器调整→附件安装→接地线制作→作业收尾。其质量卡控要点如下：

(1)避雷器外部完整无缺损，封口处密封良好，安装牢固；倾斜度不大于 3‰。

(2)并列安装的避雷器三相中心在同一直线上；铭牌位于易于观察侧，且三相位于同一侧。

(3)放电记录器密封良好，动作可靠，并按产品的技术规定连接；安装位置一致，且便于观察；接地可靠。

(4)均压环水平不歪斜，工作接地、保护接地分别与地中接地装置可靠连接。

(5)避雷器外部完整无缺损，连接处密封良好，安装牢固，其垂直度符合规范规定。

(6)放电记录器密封良好，动作可靠，并按产品的技术规定连接；安装位置一致，且便于观察；接地可靠。

(7)放电动作记录器按规范要求绝缘安装在支柱的下托架上，放电记录器恢复至零位。

(五)室内盘、柜安装

1. GIS 高压柜安装工序流程：施工准备→开关柜就位→开关柜拼接→接地线安装→开关柜气室充气→压互、避雷器安装→开关柜试验→填写安装记录。其质量卡控要点如下：

(1)检查全部柜体的规格、型号、质量符合设计文件要求和相关技术标准的规定；部件齐全，无锈蚀和机械损伤。

(2)GIS 开关柜的基础预埋型钢或基础框架，其水平度和直线度的允许偏差符合产品技术文件的要求。

(3)GIS 开关柜的运输和吊装按照技术文件要求方法进行，不得损伤柜体表面涂层，不得随意倾倒平放。

(4)GIS 开关柜安装时要由端柜侧开始进行安装，第一面开关柜就位调整其位置、垂直度和水平度，达到要求后固定牢靠。自第二面开关柜起，在柜体就位安装的同时进行柜体间主母线连接。

(5)柜体与基础型钢间采用点焊连接。

(6)接地线的安装位置要根据设计及产品技术文件要求与室内接地母排的连接牢固可靠。柜内接地母线，从柜体两端分别接引接地线与接地母排或接地网连接。

(7)GIS 开关柜每个单元连接后连接螺栓要用力矩扳手进行检查，紧固力矩满足要求。

(8)在安装过程中，操作人员穿工作服，每道工序完成后用酒精把手洗干净，然后再进行下一道工序。

(9)全部开关柜柜体及二次接线的接地线安装位置符合设计文件要求，与室内接地干线或者室外地网连接牢固可靠。

(10)安装完成后，模拟检验全部高压开关柜内各闭锁装置动作准确可靠。

(11)检查全部功能单元的密封圈表面清洁，无变形及破损；密封槽表面光洁，无划痕。

(12)各安装单元螺栓紧固力矩值符合产品技术文件要求：母线及法兰连接 20 N·m，机架连接螺栓 40 N·m，接地母线连接螺栓 70 N·m。

2. 二次盘、柜安装工序流程：施工准备→综自及交直流盘组立→二次系统配线→填写安装记录。其质量卡控要点如下：

(1)二次盘、柜安装符合设计要求，组立后整齐美观，其垂直度、水平度以及盘、柜面不平度和盘、柜间接缝符合盘柜安装施工规范要求，且盘柜安装牢固、可靠；接地牢固可靠、接触良好。

(2)控制电缆头制作时，施工环境保持清洁、干燥，不得伤及电缆绝缘层，确保应有的绝缘强度、可靠的电气性能和机械强度，用 500 V 的兆欧表摇测其绝缘，制作前后均不得小于 5 MΩ。

(3)监控柜、通信柜及监控主机送电前，按照规定对二次回路配线或数据传输电缆进行详细检查，流互不得开路、压互不得短路、计量回路符合设计要求；参照产品技术说明书，通过当地主机分别对每个间隔内的电气装置进行单体传动试验及相互闭锁功能检查。

(4)二次盘、柜上元器件、仪表接线回路正确符合规范要求。

(5)二次配线不得有中间接头，电缆布线整齐、稳固、无交叉扭曲，极性正确，严禁错接与短路，接触可靠牢固；控制电缆采用单端接地。

(6)正式向综合自动化柜上电前，对二次回路配线或数据传输电缆进行详细检查及有关的绝缘测试，确认合格后，方可上电。

(7)根据设计图纸及产品文件要求，分别对设备进行单体及相互闭锁功能上电检查，确认综合自动化系统的联锁、联动、数据采集自动诊断功能、保护定值修改和事故回溯功能符合设计要求。

(8)依据盘柜布置图，将盘、柜按顺序搬放到安装位置。首先把每面盘、柜大致调平，然后从成列盘、柜一端的第一面开始调整，使整列盘柜水平、垂直、接缝密贴、模拟线对应，然后安装盘柜间连接螺栓。

(9)根据设计要求，选用点焊固定盘柜或压板固定盘柜，每面盘柜不少于 4 个固定点，安装牢固。

(10)用 25 mm^2 的镀锡软铜编织线将每列盘柜内的接地母线连通(如果厂家的接地母排没有连通)，接触良好，软铜编织线两端搪锡或压上搪锡的接线端子；盘柜内的接地母线在整列盘柜两端用接地电缆与室内接地干线连接。

(六)接地装置安装

接地装置安装的工序流程：施工准备→测量布设→地网沟开挖→地网敷设→地网沟回填→接地母线安装→接地电组测试→隐蔽记录填写。其质量卡控要点如下：

1. 接地网及接地母线的规格、型号符合设计要求，熔接模具与地网材料匹配，焊药使用前试用，保证无杂质、受潮现象。

2. 焊接时每一次试用模具后都清理模具熔腔并烘干。

3. 接地体材料的焊接部位清理干净并烘干，不得带有泥土等杂质。

4. 焊接模具试用次数符合产品寿命的相关规定，出现有漏焊，或者不能清理干净的模具及时更换。

5. 设备的接地引下线与地网的连接符合设计要求，且牢固可靠。

6. 铜材质接地体连接工艺采用热熔焊。

7. 热熔焊接模具要与接地体材料匹配，焊接前对模具熔腔和型腔进行清理，做到无焊渣或者泥土，并使用喷灯烘干。

8. 接地体材料焊接前要保证无泥土等污物，同样需要烘干。

9. 焊接模具使用产品规定次数后必须更换，或者在出现焊接工艺质量下降时更换模具。

10. 敷设完毕的室外接地网，须在监理单位检查签认后方可回填。回填土分层夯实，沟沿培土埂防沉降。

11. 接地干线至少在不同的两点与接地网相连接，每一设备的工作接地和保护接地单独与接地干线或者接地网可靠连接。所有设备接地线露出地面部分与埋入地下部分均有防腐措施。主变压器外壳、避雷针两点接地。

12. 接地装置布设根据牵引变电所防雷接地平面布置图进行测量，网格状抛洒白灰标记线、符号，指引开挖接地网沟和垂直接地极安设点。

13. 水平接地体如为铜绞线，在展放过程中不出现散股现象，材料裁断后要在头端绑扎，避免头端散股。

14. 在接地极难以打入的土壤坚实地带，可用洛阳铲钻孔，再将接地极直接埋入孔中夯实。

15. 选择正确的熔焊模具，在 T 或十字形连接部位进行热熔焊接。

16. 模具每使用完一次都要用施工毛铁刷进行内腔清理。

17. 在需要有外引接地母线的地方至少预留两根接地材料从不同两点与地网连接。

（七）母线及金具安装

引下线及设备连接线工序流程：施工准备→测量下料→金具安装→引下线制安→驰度调整；硬母线安装工序流程：施工准备→测量下料、煨弯→接触面加工及钻孔→主母线安装→分支母线安装→质量检查→涂刷相色。硬母线安装的质量卡控要点如下：

1. 安装螺孔禁止采用气焊割孔或电焊吹孔。

2. 母线的防腐处理符合如下要求：除锈彻底，防腐漆涂刷均匀，粘合牢固；母线涂漆均匀，不得有起层、皱皮等缺陷；母线表面相色标识根据《高速铁路电力牵引供电工程施工技术规程》（Q/CR 9609—2015）要求“牵引变压器二次侧 F 线为黄色、T 线为绿色、N 线为紫色”设置。

3. 母线刷相色漆符合如下要求：单片母线均预留 100 mm 不刷相色漆，保证检修时悬挂接地线可靠连接；钢母线的所有表面涂防腐相色漆；刷漆均匀，无起层、皱皮等缺陷，并整齐一致。

4. 母线在如下各处不刷相色漆：母线的螺栓连接及支持连接处，母线与电器的连接处以及距所有连接处 10 mm 以内的地方；供携带式接地线连接用的接触面上，不刷漆部分的长度为母线的宽度或直径，且不小于 50 mm，并在其两侧涂宽度为 10 mm 的黑色标志带。

（八）电缆敷设

电缆敷设的工序流程：施工准备→土沟开挖、揭开电缆沟盖板→沟底高程测量检测→电缆管制安→隐蔽工程检查→电缆敷设→土沟回填、盖板恢复→质量检查→填写安装记录。其质量卡控要点如下：

1. 27.5 kV 电缆敷设注意：电缆敷设排列整齐，间距均匀，无交叉现象；电缆牌排列一致；电缆固定用无磁卡子；卡子与电缆间加胶皮或电缆绝缘皮；在电缆夹层拐弯处前 2 个电缆支架用卡子固定。

2. 控制电缆敷设注意：电缆敷设排列整齐，间距均匀，无交叉现象；电缆采用白色绑扎带固定，绑扎方向一致，水平绑扎线间距不大于 800 mm；弯曲半径不得小于 10 倍电缆直径；电缆拐弯时加辅助支架。

3. 电缆标牌打印制作完成，清点电缆型号齐全。

4. 电缆支架、吊架、桥架的加工、安装、接地符合规范规定，按照 BIM 图规划情况安装完成，并且接地可靠。

5. 电缆施工前预埋件按照设计要求安装牢固，预留孔、洞、槽正确；电缆沟、电缆层或电缆井施工完毕并清理干净；施工道路畅通；电缆沟排水畅通、盖板齐全；电缆层的门窗完好。

6. 电力电缆的绝缘电阻不小于 400 MΩ，控制电缆的绝缘电阻不小于 5 MΩ。

7. 电缆通过道路、建筑物时穿钢管防护(敷设单芯电力电缆时需将钢管切开一条缝，保证不产生闭合磁路)。

8. 电缆敷设时采用电缆盘展放方式，电缆不能有拧绞弯曲。

9. 电缆穿管防护时，管径内径大于电缆外径的 1.5 倍。

10. 电缆之间、电缆与管道、道路、建筑物等之间的平行和交叉的最小距离符合验标要求。

11. 敷设电缆将电缆盘放置在专用放线架上，放线架安置稳妥，敷设时从电缆盘上端引出。敷设较长电缆时用座式或吊式滚轮，避免电缆在地面或支架上摩擦拖拉。

12. 电缆盘在滚动前，检查电缆盘的牢固性，滚动顺着电缆盘上的箭头指示或电缆的缠绕方向。

13. 电缆支架、桥架、吊架电缆敷设，电缆严禁形成相互交叉；敷设后的电缆排列整齐，在变压器低压侧靠近变压器端终端头附近预留备用长度。

14. 电缆在支架、桥架、吊架上的排列、固定、电缆标志牌的设置符合规范规定。

15. 二次电缆穿管敷设时注意：电动隔离开、断路器采用 ϕ100 mm 保护管；手动隔开、互感器、主变端子箱、避雷器、架构灯塔照明采用 ϕ50 mm 保护管；保护管与设备机构箱垂直，保护管穿入箱体 10 mm；互感器保护管与接线盒间用不锈钢软管连接；H 型钢柱保护管采用不锈钢 U 形抱箍固定。

(九)27.5 kV 单芯电缆头制作

插接式电缆头制作工序流程：施工准备→电缆绝缘测试→剥切电缆→接地线安装→防水密封胶带安装→电缆头内部安装→绝缘部分安装→固定部分安装→电气试验。其质量卡控要点如下：

1. 电缆头保证可靠的电气性能、机械强度，并满足电气试验的要求，导电良好、能长久稳定传输额定电流。端头的绝缘能承受电缆工作条件下的额定电压和瞬时过电压。

2. 端头的绝缘能承受电缆工作条件下的额定电压和瞬时过电压。

3. 具有良好密封性和足够机械强度。

4. 施工环境保证清洁、无尘。相对湿度不超过75%，温度高于5 ℃。严禁在潮湿有雾及极度潮湿的天气进行室外电缆终端头的制作，在潮湿天气制作时，采取必要的防潮措施或搭设工作帐篷后再进行操作。

5. 同一类型的电缆压接端子在正式施工前，制作代表样品送有资质的检验部门检测(重点监测耐拉力、握着力、接触电阻等几个指标)，待检测机构出具试验报告证明合格后，正式施工进行压接操作。

6. 中间接头制作保证屏蔽层与铠装层相互绝缘，无任何短连现象。终端头的屏蔽层、铠装层的接地线分别引出。

7. 电缆终端的制作在水平状态下地进行，完成后再竖直安装。

8. 剥切电缆护层、铠装带和屏蔽层时不损伤芯线绝缘，屏蔽层的端部平整，无毛刺。

9. 固定电缆终端的时候，注意不要使电缆发生扭曲。

10. 电缆只能用钢锯锯断而不能剪断。

11. 插拔式电缆制作时，如接地线要求接在钟罩上，将钟罩的颈部用砂纸打磨，再用卡子将接地线牢固固定在钟罩的颈部，但钟罩有专用接地线，并与接地网可靠连接。

12. 插拔式电缆头内有一测试线，如不需要，制作时拆除。

13. 将电缆头插入电缆插座内，确认电缆头与插座配合适当，然后再压缩工序，以节省材料和缩短制作时间。

14. 电缆头制作，从剥切到完成必须连续作业，一次性完成，防止受潮。

15. 插拔式电缆终端头的制作封闭严密，芯线连接紧密，绝缘带包扎严密。

16. 电缆头安装固定牢靠，相序正确。

17. 电缆头制作时，严格按照电缆制作说明书中各道工序中的要求的尺寸和标准制作。

(十)二次配线

二次配线的工序流程：审核图纸→准备材料→打印号码管→电缆头制作固定→校线套号码管→线束走线固定→行线→剥线→接线→调整号码管→按图检查、校对→卫生清洁。其质量卡控要点如下：

1. 电流互感器、电压互感器本体二次本体接线采用圆形环圈接线，端子箱内采用网格式接线。

2. 隔离开关机构箱、断路器端子箱、GIS柜内采用圆把式接线。

3. 综自设备，将原设备电缆槽更改为网格式布线架接线，固定端子排滑槽外边缘至门边沿距离不得小于180 mm，增加电缆进线孔处的防火封堵盒。

4. 电缆芯线统一为红色，提高整体观感质量。

5. 电缆头地线采用4 mm^2 黄绿地线，地线焊接，控制柜、机构箱黄绿地线统一采用圆把固定后接入地线排。

6. 二次电缆头制作时采用黑色自粘袋缠绕略厚于电缆外径，热缩管采用黑色，长80 mm。

7. 二次电缆头伸入机构箱100 mm，采用白色扎带固定，端子箱、控制柜内电缆牌分层一字排开。

8. 电缆芯线在机构箱、端子箱、控制柜内每100 mm固定一次，线芯线号管统一为40 mm，电缆芯线预留芯超出端子排套线芯热缩管。

（十一）变电所试验

变电所试验种，设备单体试验流程如图 4-12-4 所示，变电所整组传动试验流程如图 4-12-5 所示。

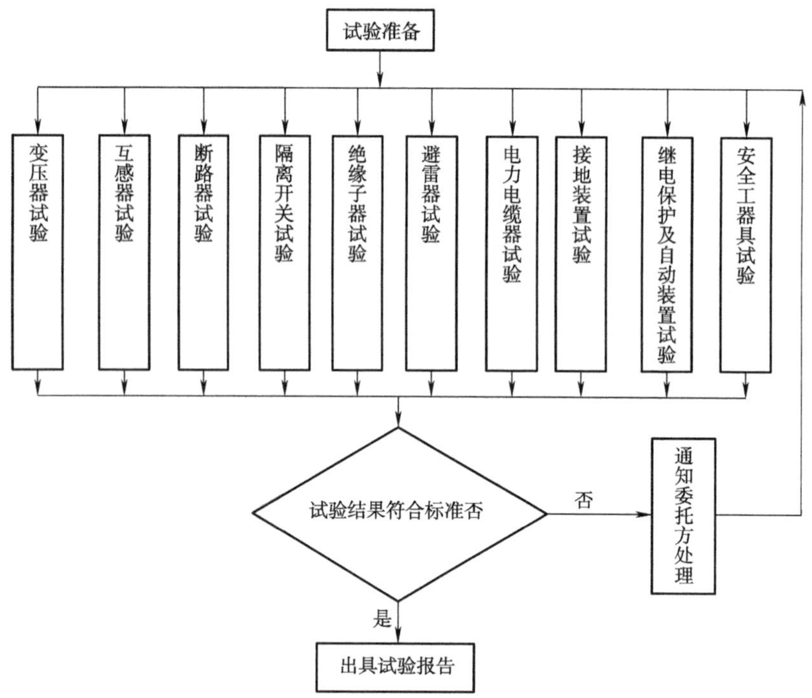

图 4-12-4　设备单体试验流程

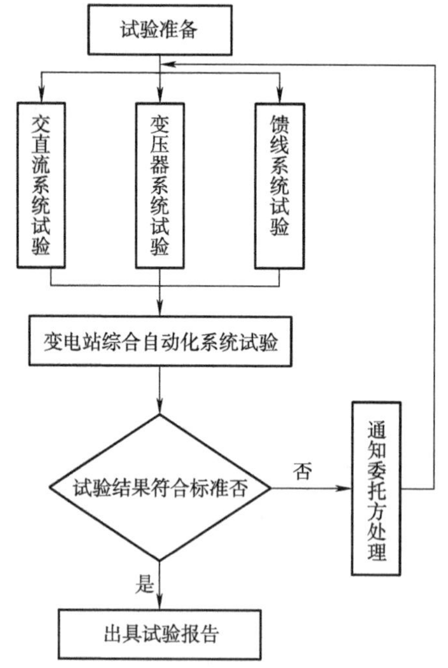

图 4-12-5　变电所整组传动试验流程

其质量卡控要点如下：

1. 各类设备的单体试验符合 GB 50150 规定条款的要求。

2. 继电保护、安全自动装置试验和电气设备安装工程系统试验符合 DL/T995 规定条款的要求。

3. 继电保护、安全自动装置试验和电气设备安装工程系统试验符合 DL/T995 规定条款的要求。

4. 检测人员进入工程现场进行检测时必须佩戴安全防护设施，如：安全防护帽、绝缘手套、绝缘靴、绝缘垫、防刺鞋、工作服、防护眼镜、防尘口罩等。检测区域用隔离带实施隔离，防止无关人员进入检测区域影响检测结果的准确性或对误入者构成人身伤害。

5. 所有大型检验、试验仪器设备的搬运在有经验的搬运人员指导下进行。搬运前对检验、试验仪器设备可能出现相对运动的部件固定牢固，防止损坏。精密检验、试验仪器设备的搬运做好防震工作。

6. 试验设备的接地处可靠接地，高压引线尽量缩短并用绝缘物支持牢固，试验区域内禁止与试验无关人员入内。

7. 试验开始应自零电位开始升压，升压速度均匀；禁止高电位合闸，以防被试设备受冲击电压而损坏。加压过程中有专人监护并与操作人相互唱和确认。

8. 当检验中出现停电时，检验员立即对仪器设备和被检物品实施保护措施，防止仪器设备和物品损坏。当出现仪器设备或设施损坏时，当事人采取有效措施防止损害继续蔓延，并及时报告。

9. 试验结束时，试验人员先对被试设备放电后再拆除接线，并检查和清理现场。

（十二）远动系统调试

远动系统调试的流程：施工准备→牵引所亭本地调试→远动通道调试→远动系统联调。其质量卡控要点如下：

1. 遥信试验按位置遥信和事故遥信试验分别进行，位置遥信按遥信对象表逐个进行确认，显示屏幕、模拟盘、被控站配电盘的显示和被控对象实际状态一致；设有光带显示的模拟盘，当满足光带点亮条件时，光带可靠点亮；事故遥信按远动事故遥信对象表逐个在被控站保护盘上模拟故障，控制站音响报警，显示屏幕显示故障站名、故障种类和故障对象，模拟盘上相对应的灯应闪光，打印机正确打印事故记录；对于设有模拟盘和显示屏幕亮/暗屏运行的远动系统，当被控站发生故障时，由暗盘运行方式自动转换为亮盘运行。遥测试验按照遥测对象表逐个进行试验，核对实际值与显示值，检查遥测精度满足设计要求，且遥测综合误差（包括变送器）不大于 1.5％。

2. 故障点标定装置接口试验，按产品测试程序进行测试，并符合如下规定：精度检查，故障点标定装置可靠起动，误差满足设计要求；事故起动试验，在被控站模拟馈线故障，故障点标定装置可靠起动，故障显示和打印记录正确，显示值与实际值误差满足设计要求；再计测试验，控制站起动再计测，功能良好，满足设计要求。

3. 远动系统在线自检功能检查符合如下规定：对存储器的自检自动完成；对系统各硬件模块的自检，功能良好，满足产品和设计要求；对通道状态监视功能良好。

4. 系统切换功能检查符合如下规定：主备机的切换，模拟在线机故障，自动和手动切换，离线机投入运行；主备通道的切换，模拟通道故障，自动和手动将故障通道切除，备用通道投入运行；系统外设的主备切换，模拟外设故障，自动和手动切换，备用外设投入运行。

5. 复示终端功能试验符合设计要求。

6. 编制 SCADA 调试方案

根据已经编制的工程量清单以及联调联试对 SCADA 调试完成的要求,制定整体工期计划,将所有的工作任务进行分解,组织相应的技术人员进行技术交底,做好交底记录。

7. 组织 SCADA 调试协调会

根据工期安排,召集通信专业单位、设备相关厂家、供电段等相关单位进行协调。会议主要明确调试计划,明确专业接口问题,明确需要配合的人员时间、联系方式,明确提供系统主接线图的时间,预留出设计、供电段、电调中心的确认时间,明确 IP 分配表提供时间。

8. 牵引所亭本地调试

牵引所亭本地调试是变电所整组传动试验一起进行的,在远动联调时进行再次确认,主要的工作是综自盘柜与交直流屏、网开关屏、安全监控、空调之间通信和调试工作,同时要核对是否已完成设计范围内所有工作。

9. 通道调试

根据 SCADA 组网结构图,对通信通道做全面测试。通道两端(调度端、被控站)将与通道相关设备断开,两端通道直接连接在笔记本电脑上,两个笔记本 IP 设在同一个网段上,用本地网测试方法对通道进行网络诊断 PING,检查数据是否正常,有无丢包现象,主备用通道数据是否均正常。完成后,相关人员在记录上签字,通道两端设备连接,根据 IP 分配表设定 IP,检查通道是否建立。

10. 远动系统联调

控制中心对牵引所亭调试。调度中心调试人员和变电调试小组同时开展工作,根据已经审核批准的点表进行远动调试,一般按照遥控、遥信、遥测顺序来调试。

调度中心对网开关联调。网开关系统联调时,网开关调试小组分成 2 组,每组配电对讲机。1 组人员去网开关本体位置,1 组人留在所内进行观测。

调试完成后,各相关单位要签字确认。

(十三)送电开通

1. 牵引变电所受电启动的工序流程:施工准备→电源引入→核对电压、相位、相序→变压器冲击→27.5 kV 侧受电冲击→电容补偿装置冲击→所用变压器冲击→馈线电缆冲击→变压器带负荷试验。

2. 牵引变电所送电开通中的工序流程:牵引变电所依次受电启动空载运→变电所依次向接触网馈电线送→开闭所受电启动并向接触网馈电线送电→分区所受电启动→自耦所受电启动→供电臂上下行接触网并列运行→接触网短路试验→供电系统负载运行 24 h。

其质量卡控要点如下:

(1)牵引变电所受电卡控要点

工程已竣工,电气试验合格,并经验收检查确认可以投运。编制受电及送电开通方案,并经过上级主管部门批准。设备技术文件和图纸齐全。外部电源已送电,所内进线设备编号及相序核对无误。各种通信联络设施齐全,话路畅通、清晰。所内有可靠的操作电源。建立运行小组和事故抢修小组。各种运行规章制度健全。

(2)牵引变电所送电开通卡控要点

测量馈线的绝缘电阻，确认正常后，分别向各馈线送电，线路末端验电无异常；当线路出现故障时，相应的馈线保护迅速动作。监视线路运行时的负荷及电压变化，按时做好记录。按规定带负荷运行，全所无异常情况。

(3)电源引入

拆除进线临时接地线，进线隔离开关地刀在分位。外电源带电后，验电为所内设备冲击做好准备。

(4)核对电压、相位及相序，符合设计要求。

(5)变压器冲击

对牵引变压器进行受电冲击：冲击合闸试验为 5 次，中性点接地的电力系统，试验时变压器中性点接地。第一次受电冲击时间为 10 min，变压器无异常，然后手动分闸。第二～四次受电冲击时间为 5 min，每次间隔时间为 5 min；然后分别模拟变压器超温、压力释放、重瓦斯保护动作分闸。第五次受电冲击后手动分闸。当设有备用变压器或电源自动投入装置时，采用自投功能对变压器进行第五次冲击。变压器冲击时，注意观察电流值。

(6)27.5 kV(55 kV)侧受电冲击

冲击 27.5 kV(55 kV)侧设备，断开馈出线开关，断开隔离开关电机电源，确保接触网不带电，做好安全措施；投入 27.5 kV 电压互感器，核对母线电压及相位。

(7)所用变压器冲击

冲击所用变压器，在交流盘核对所用变电压、相位及相序，符合设计要求。

(8)馈线电缆冲击

确认接触网上网开关处于分位，开关外侧设临时接地线。馈线电缆进行全电压冲击，在电缆末端验电，确认馈线方向正确。

(9)变压器带负荷试验

准备负荷设备(电容)及相关材料、工器具。按照电力公司要求进行带负荷试验。投切负荷设备(电容)时分断 220 kV 侧断路器。

(10)牵引变电所在启动前进行传动试验检查，检查试验的项目保证变电所能可靠地投入运行并满足设计说明书的要求。

(11)确认每台电气设备均能够进行可靠的操作，按设计说明书规定的运行条件及设备操作对象表的顺序，在控制室逐一对本所的所有电气设备进行传动检查，并模拟事故状态的产生。在本所对自动装置的动作情况及返回信号的正确性进行确认，达到设计规定。

(12)在配备综合自动化功能的变电所，除进行上述试验项目外，根据计算机操作菜单显示的功能，进行相应电气设备的顺序控制及程序操作功能的检查。

(13)对于配备远动操作系统的变电所，除进行上述两项试验检查外，根据设计要求，对操作对象的位置信号、故障信号、预告信号等在电力调度中心进行检查确认，同时检查事故记录和事故打印功能的完整性。在具备条件的情况下，由电力调度中心进行必要的遥控操作检查。

(14)变电所受电前变压器、断路器、馈线的绝缘电阻合格。受电时，其高压侧母线电压、相位及相序，低压侧母线电压及相位以及所用电电压、相位、相序均符合设计要求。牵引变压器、电容补偿装置冲击合闸试验无异常。送电后带负荷运行 24 h，全所无异常。

(15)变电所开关动作准确无误，闭锁功能符合设计规定要求。各种声光信号显示正确，测量仪表指示准确。

(16)各种保护装置动作准确可靠,保护范围符合设计规定。

(17)对于具有远动操作功能的变电所,其“四遥、五遥”及程序控制功能符合设计规定。

第三节　科技创新及新工艺应用情况

一、新 设 备

(一)CEM-100 型普拉塞恒张力架线车(图 4-12-6)

普拉赛恒张力放线车是中铁电气化局集团从奥地利引进的电气化铁路接触网施工专用机械,用于电气化铁路接触线和承力索的放线和架设。该设备有如下优点:

环保性好:两级燃烧更加环保(两级燃烧的柴油机适用于要求和废气排放值最小的使用场合);

安全性高:普拉塞恒张力架线车全程由司机专业操作,在车辆前部、后部、驾驶室、作业平台、遥控器,都配备有紧急停车按钮,一遇突发情况能及时停止作业,提高安全保障;

质量可靠:放线平直,不扭曲,不打弯,质量高,放线车停止时实际张力值与设定张力值的偏差不超过±1%,符合高铁施工高标准要求。

图 4-12-6　CEM-100 型普拉塞恒张力架线车

(二)高速铁路接触网全自动腕臂生产线 GWBZ-01

高速铁路接触网全自动腕臂生产线采用集装箱的方式,由铝合金型材固定桁架机械手,由伺服电机、减速机以及运动控制系统组合而成,是“四电”接触网专业全自动腕臂预配智能生产的设备,实现了高速铁路接触网专业全自动化腕臂预配的功能,填补了世界高速铁路建设领域的空白。

1. 设备采用集装箱整体安装,便于运输,能够长期、重复使用,节约项目预配中心重复建设成本。

2. 设备采用单独的“运动控制系统”,通过分析腕臂计算结果,全自动化进行腕臂预配,全程无需人工干预。人工预配一组需要 15 min 左右,而智能化腕臂生产线只需要 5 min 左右。对 100 组腕臂预配进行试验分析,智能化腕臂生产线预配合格率高达 99%以上。可见,智能化腕臂生产线在生产效率、精度上都远超人工预配。

3. 拧紧系统采用世界先进的伺服电机来进行控制，精度达到±1 N·m；尺寸控制采用磁接近开关及世界先进的伺服电机来进行控制，精度达到±1 mm。

4. 采用二维码信息技术，将腕臂预配相关信息与运营单位“接触网一杆一档”相结合，通过扫描二维码可读取所有相关信息。

5. 有效避免接触网专业发生的“松、脱、断、裂、卡、磨”等问题，提高接触网系统的安全性、可靠性，确保接触网系统的品质和精度，能有效提升产品品质，通过使用自动化设备可有效提高产品的精度。

6. 可靠的自动化产品较人更便于管理。

（三）高速铁路接触网吊弦自动化生产线 GJXZ-01

“高速铁路接触网吊弦自动化生产线”利用自动化技术模拟人工制作吊弦工艺进行全自动吊弦压接制作，综合利用了计算机信息技术、精密液压技术、气动技术、电气自动化技术、精密机械传动技术，按照整体吊弦线制作的工艺要求将铜绞线、心形环、压接管、压接端子组装成不同长度的整体吊弦线，实现了接触网吊弦的自动化生产，填补了国内设备空白。

1. 外观结构设计合理，整体采用“可移动式车间”设计理念，全部设备安装在集装箱式设备房内，运输方便，节约移场后的调试时间。

2. 系统智能读取吊弦线制作数据，并将其通过网络传送到 PLC 上，机械手将心形环，钳压管，压接端子放置到位，伺服驱动辊子的转动，带动导线向前走，通过导向管，绕线台，完成独创的绕线压接技术；压力传感器控制实现精密预压和压紧；伺服及拉线位移传感器实现长度控制，拉力传感器保证吊弦线长度控制时的张力恒定，压接完成后进行自动喷码标识，由三轴桁架式机器人移出，整个过程实现全自动控制。

3. 预制的吊弦，成品精度高，通过精密位移传感器测量并传输给 PLC 控制伺服系统实现长度精密控制，在标准预配张力 15 kg 拉力下，控制在±1 mm 精度范围内。

4. 压接质量可靠，PLC 控制系统对压接管、压接端子的压力大小及时间进行精密控制，吊弦耐疲劳性能得到提高；有效避免接触网专业发生的“松、脱、断、裂、卡、磨”等问题，提高了接触网系统的安全性、可靠性。

5. 生产效率高，人工预制吊弦需要 2～3 人配合，一根耗时 160s 左右，吊弦自动化生产线只需要 1 人进行辅助，一根耗时 120s 左右。

6. 设备测试期间，对 200 余根吊弦预制进行试验分析，自动吊弦预制合格率高达 99%以上，吊弦自动化生产线在生产效率、预制精度上都远超人工预制，能满足工厂化生产的需要。

7. 可靠的自动化产品较人更便于管理。

二、新　工　艺

（一）有砟轨道高速运行

济青高铁工程经过地震活动断裂带，必须采用有砟轨道且不降速通过，对接触网安装悬挂调整有了更高要求。相对于无砟轨道，有砟轨道在精调时才能捣固到位。为不影响接触网施工，施工单位利用站前浇筑 CPⅢ控制桩测量反算出设计轨面高程，根据轨面高程进行腕臂测量计算。既保证了整体施工进度不受道砟捣固影响，又保证了悬挂调整的精确，减少了后期精调工作量，为列车 350 km/h 高速运行必备的弓网关系创造了条件。

(二)隧道内高压电缆敷设固定

济青高铁以 10.1 km 青阳隧道穿越长白山进入滨州市邹平县，为保证 AT 供电距离满足设计规范，在青阳隧道内设置接触网电分相，敷设高压电缆供电。从隧道口至上网开关约 1.7 km，路径上需经过其他专业设备洞室，隧道口水沟至隧道里电缆槽落差达到 3m，施工难度非常大。既要保证功能使用，又要保证美观安全，还要满足运营维护要求。施工单位结合隧道内其他专业线缆管沟布置综合考虑，采用高强度铝合金五联挂架固定挨着电缆槽往上固定在隧道侧壁上，既保证了与公网通信漏缆的安全距离，又方便了运营维护；过设备洞室时，因未单独预留电缆槽，无入槽敷设条件，考虑高压电缆敷设需满足弯曲半径，又需满足强弱电缆之间的隔离，采用几字形支架先固定在电缆槽底，再用水平电缆挂架与几字形支架衔接固定在电缆槽盖板之上的工艺施工，既保证了电缆槽盖板的正常安装，满足高压电缆的平顺美观通过，也不影响设备洞室人员与设备的自由进出；隧道口电缆由水沟进入到隧道内时，垂直落差达到 3m，为满足高压电缆的弯曲半径，也不磨损电缆，现场测量计算采用高低错落有致的小钢柱固定在边坡和水沟上，在小钢柱上安装电缆挂架，既达到了弯曲半径要求，又美观好看。接触网高压电缆直径达到 75 mm，每一条供电臂有 5 根电缆，把这些电缆安全可靠的安装固定在隧道侧壁上，为列车高速运行提供了供电保障。

(三)潍坊北站接触网 42 号道岔调整

济青高铁最先设计的潍坊北站为满足潍莱高铁的整体工期建设，山东省联合铁路总公司综合考虑，对潍坊北站进行了Ⅰ类变更，同期建设电化潍莱高铁潍坊北站。从潍坊北站到达济青高铁、潍莱高铁高速运行下不减速正常过渡换线，这对接触网的悬挂调整提出更高要求。为满足此功能，相比于其他车站正常采用的 18 号道岔，此处需采用带第三组辅助悬挂的 42 号道岔，一边加大了道岔导轨长度，另一边也增加了过渡时接触网悬挂长度和调整精度。对此，施工单位严格按照设计图纸要求，采用配套设计软件计算悬挂腕臂，接触线架线安装后，对此处道岔持续进行调整。送电进入联调联试期后，根据铁路总公司综合检测列车逐级提速检测出来的缺陷，反复调整、逐处复核，最终保证了检测列车在最高 385 km/h 下无缺陷安全通过。

三、新材料

(一)接触网耐疲劳型整体吊弦

鉴于部分已开通运营高铁运行中出现的整体吊弦断股、断裂，影响列车运行安全，造成接触网供电系统整体寿命降低，运行维护保养费用增加等问题。济青高铁采用抗疲劳型整体吊弦并改进压接工艺。耐疲劳吊弦线与现有传统的吊弦线相比，由于采用了先进的有针对性的制备工艺，消除了传统吊弦线的不足，具有更高的强度及耐疲劳特性，通过测试疲劳寿命有明显提高，有助于提高整体吊弦安全可靠性，并且线材表面可进行防腐处理，适用于隧道、工业区、沿海等腐蚀较严重区段使用。

为避免压接对吊弦线造成的损伤，针对压接管将引进原型技术采取增加压接管厚度和长度，根据载流环角度和吊弦抬升后造成吊弦线弯曲的角度，对压接管端口的喇叭口尺寸进行了明确规定，压接管两端的出口处做了扩口翻边处理，可以使吊弦线在出口处弯曲时过渡舒缓，降低压接管棱边对线材的剪切和磨损，减小线材损伤。

高铁建设伊始，施工单位引进国外技术，采用尖齿三点式压接，缺点为接近点压接，压接处应力集中，绞线轴向受力不均，在压接管韧性较差的吊弦线既要承受大的压接应力，又受到反复弯曲，存在相互间的摩擦等多重作用，容易在压接处出现断丝、断股。压接方式创新改进采用椭圆环状对接压接，压接的有效接触面积增大，摩擦力增大，应力分散，压接管与模具为椭圆，压接对同一位置的压接管向心部同时收缩，在压接处形成一个椭圆形的缩颈，吊弦线相互有序排列，单丝单股受损小。

耐疲劳型整体吊弦的全线使用既延长了使用寿命，增强了观感质量，又克服了以往高铁运营中吊弦断股、松脱的质量通病，提升接触网系统的整体安全可靠性，减少开通运营维护成本。

（二）接触网铝合金零件表面防腐——微弧氧化

针对济青高铁沿线淄博地区、青岛沿海重污染地区和盐雾环境的防腐处理要求，济青高铁铝合金接触网零部件应用最新前沿防腐技术-微弧氧化处理技术。微弧氧化处理技术是一种直接在铝合金零件表面原位生长功能膜层的绿色环保表面处理技术，采用专用电源对铝合金零部件施加高电压，击穿表面的氧化膜并产生等离子微弧放电，促使绝缘膜薄弱处熔化并快速冷却，将熔化的绝缘膜烧结成晶态氧化物，因此在工件表面形成一层均匀、连续且具有优异防腐耐磨性能的氧化层。

微弧氧化具有高硬度、高耐磨，显微硬度 600～1 000 HV；耐腐蚀，中性盐雾试验耐 2 000 h 以上；耐高温、结合力强、柔韧性强、绝缘性好，同时微弧氧化工艺具有无污染、陶瓷化处理的零部件使用寿命长等特点。在重污染地区以及沿海地区接触网铝合金零部件采用微弧氧化防腐处理措施，可以提升接触网系统的整体安全可靠性，减少开通运营维护成本。

四、新　工　具

（一）高铁精密拧紧系统（图 4-12-7）

该系统由高铁精密拧紧设备、止转工装、专用套筒、冬期保温装置及其他附件组成，经过多次现场测试，可实现吊弦安装扭力精度控制、吊弦安装过程数据存储，从根本上解决了人为因素给安装精度带来的不可控性。

（二）数显式弹性吊索安装检测仪（图 4-12-8）

济青高铁正线接触网采用全补偿弹性链形悬挂，为保证弓网关系，采用性能更好的工具。

图 4-12-7　高铁精密拧紧系统

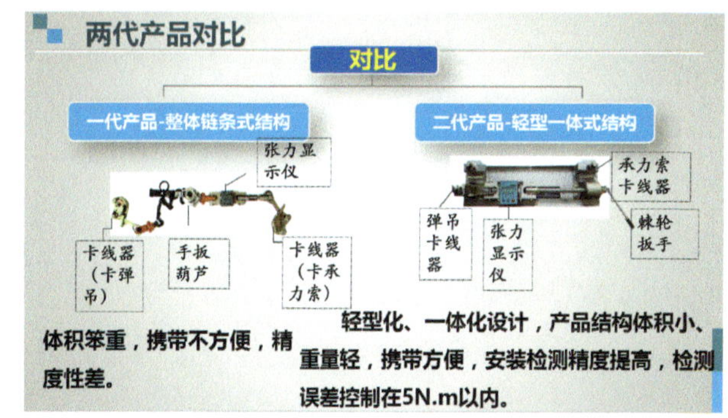

图 4-12-8　数显式弹性吊索安装检测仪

（三）敷设贯通电缆时使用地滑轮

该滑轮可以很好地解决电缆与电缆槽之间摩擦，在敷设过程中既节省了大量人工，同时也保护了工人的安全，防止电缆受磨损，从而大大提高了效率。

（四）灾害监测系统雨量计传输电缆保护

其他高铁线雨量计传输电缆引下保护管材料为尼龙帆布管，济青高铁雨量计传输电缆引下保护管设置方式为 ϕ50 mm 镀锌钢管。改变后的济青高铁雨量计传输电缆引下保护管，相比其他高铁线路原雨量计引下保护管设置方式及材料，感观上更为美观，耐老化程度更强，使用时间更长。

（五）腕臂预配成品保护措施

腕臂预配完成后使用气泡膜对腕臂成品进行包裹软隔离，并采用木质保护架进行固定硬隔离，确保二次倒运装卸、运输途中成品保护措施有效到位，杜绝发生镀锌层造成擦伤、磨损的现象。

五、信息技术应用

接触网杆一杆一档：接触网杆柱的固有信息、杆柱的检测信息及杆柱的维修保养信息，通过系统自动采集、人工导入、人工录入等多种数据维护方式，对数以万计的支柱，实现了仅需鼠标一点，就能获得每根支柱的构造资料、安装环境、位置特征、运用状态、检测监测、维修保养等实用信息。一旦发生突发事故，能为各级抢修指挥人员可以及时查看事故地点的设备状态，了解事故现场情况、制定事故抢修预案以及抢修料具准备等提供技术支持，实现了科学决策、快速决策。同时，也为日常维修工作提供依据。

第十三章　综合接地系统

第一节　工程概况

济青高铁全线设置综合接地系统，贯通地线敷设范围由石济客专与济青高铁工程分界至红岛，包括济南东站、高铁正线各车站、动车走行线、济南东动车所、红岛存车场。主要技术标准如下：

1.《铁路防雷及接地工程技术规范》(TB 10180—2016)；

2.《铁路信号设备雷电及电磁兼容综合防护实施指导意见》(铁运〔2006〕26 号)；

3. 铁路综合接地系统图册：通号(2016)9301(铁总建设〔2016〕238 号)；

4. 济青高铁从济南东站牵引变电所至胶州北牵引变电所间沿线路两侧各敷设一根截面积 70 mm^2 的贯通地线，其余区间敷设一根截面积 35 mm^2 的贯通地线；

5. 贯通地线外护套采用金属/合金护套，技术要求按照《铁路贯通地线暂行技术条件》(铁运〔2012〕241 号)执行；

6. 地线采用环保型接地铜缆，采用压接施工工艺，电缆槽地线采取防盗措施。

第二节　工程施工流程及方案

一、施工流程

综合接地的施工流程如图 4-13-1 所示。

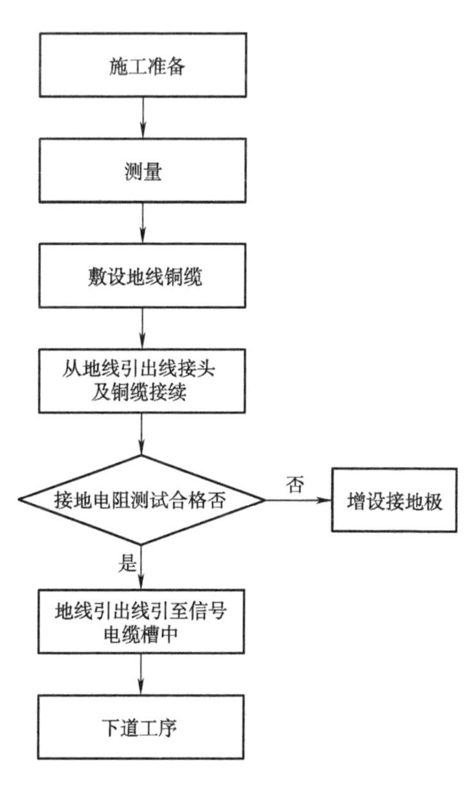

图 4-13-1　综合接地施工流程

二、综合接地方案

由于其他专业综合接地内容均在各自章节给出，此处仅列出接触网与电力综合接地施工方案。

(一)接　触　网

AT 区段架设保护线(PW)，作为钢轨回流的并联通道，工作接地兼闪络保护。直供区段架设回流线(NF)，作为钢轨回流的并联通道，工作接地兼闪络保护。

1. 综合接地区段

(1)支柱接地

PW 线(NF 线)与支柱(隧道内与吊柱)非绝缘安装，并把柱底加劲板的预留孔通过软编钢绞线与基础预留的接地端子相连，实现闪络接地保护。站场范围内股道间支柱利用接地扁钢与综合接地分支线相连。若接触网支柱 5 m 范围内有弱电设备接入综合接地时，此处接触网支柱与基础接地端子间不设连接线。

(2)设备接地

避雷器采用双引线接地，计数器绝缘安装。一根连接避雷器底座和保护线(回流线)，另一根采用独立的接地铜缆连接避雷器设备底部的接地孔和计数器，再从计数器下部引出电缆接入接触网基础上预留的综合接地端子，接地点(接地端子)距离弱电设备接地点距离不小于15 m。无法避免小于15 m时，此引下线单打接地极，接地电阻不小于10 Ω；此处支柱也不与接地端子连接。避雷器引下线采用截面70 mm^2的软铜缆。

隔离开关的托架及操作机构箱采用双引线接地，一根连接隔离开关底座和保护线(回流线)。另一根连接操作机构箱和接触网基础上预留接地端子。设备接地引下线单独设置，采用70 mm^2的接地铜缆。接地点(接地端子)与通信、信号及其他电子信息系统在贯通地线上接入点间的距离不小于5 m。

(3)其　　他

对于采用综合接地系统的线路，接触网接地(包括设备接地、防雷接地等)及距离接触网带电部分5 m范围内的金属结构物接地纳入综合接地系统，并满足《铁路防雷及接地工程技术规范》(TB 10180—2016)的相关要求。

2. 无综合接地区段

(1)支柱接地

无综合地线区段，或无法与综合地线连接时，接触网钢柱通过架空地线或单独设置接地极接地。架空地线下锚处及长度超过1 000 m的锚段每隔不大于500 m单独设接地极实现安全接地，接地电阻不大于10 Ω；零散支柱设接地极单独接地，接地电阻不大于30 Ω。

(2)设备接地

避雷器采用双引线接地，计数器绝缘安装。一根连接避雷器底座和架空地线(或单设接地极)，另一根采用独立的接地铜缆连接避雷器设备底部的接地孔和计数器，再从计数器下部引出电缆接入独立接地极，接地极距离弱电设备及其接地点距离不小于15m。避雷器引下线采用截面70 mm^2的软铜缆。独立接地极接地电阻不大于10 Ω。

隔离开关的托架及操作机构箱采用双引线接地，一根连接隔离开关底座和架空地线(或单设接地极)。另一根连接操作机构箱和独立接地极。设备接地引下线单独设置，采用70 mm^2的接地铜缆。独立接地极接地电阻不大于10 Ω，接地极与通信、信号及其他电子信息系统接地点间的距离不小于5 m。

(3)其　　他

距接触网带电部分5 m范围内的金属结构物须接地。

3. 接地类型

(1)隧道接地

在开关洞里侧洞壁上距洞内底面200 mm预留2个桥隧型接地端子(供开关底座接地用)，在开关洞里侧洞壁上距洞内底面约4 m预留10个桥隧型接地端子(供上网电缆接地用)，顺线路位置距离洞中心两侧各5个，每个端子间距200 mm。

青阳隧道从大里程隧道口DK49＋180至接触网电分相处DK47＋400范围内，每隔400 m在隧道两侧电缆槽内各预留12个桥隧型接地端子(接地端子顺线路方向相互之间距离1 m)

供接触网 T 线电缆、F 线电缆、电缆支架接地用。

隧道内接触网所有预埋的槽道均与隧道内环向或纵向接地钢筋电气上有效连通。

(2)站场接地

站场范围内股道间支柱利用接地扁钢接地，接地扁钢与综合接地分支线相连。若接触网支柱 15 m 范围内设有弱电设备接地，则不设软扁钢绞线连接。

车站内支柱基础地面以下的接地端子接接地扁钢。要求接地钢筋与基础地脚螺栓在基础内连接。

侧线铺轨前，在线间碎石层下方敷设热镀锌扁钢(规格 50 mm×4 mm，厚度不小于 4 mm)，将接触网基础上的接地端子与站台墙靠钢轨侧预留的接地端子连接起来。

当正线为无砟轨道区段或线间有客车上水设施等金属物时，在线间敷设一根热镀锌扁钢，将线间接触网基础的接地端子等电位连接，无砟轨道板及相关金属设置的接地均可就近与扁钢连接。

(3)区间路基接地

为进一步提高路基地段接地性能，沿线接触网支柱基础钢筋均作为接地极使用，在制作接触网支柱基础时，预留满足综合接地要求的接地端子和连接线与电缆槽内接地端子连接。因此要求电缆槽内对应每个接触网基础处设有接地端子，由制作接触网基础的专业或单位负责将电缆槽内接地端子与接触网基础相连。

路基区段接触网支柱基础处，一般在沿线路方向小里程基础面预留 2 个桥隧型接地端子，接触网开关、避雷器等设备安装支柱(柱型 GHS240B/9.0、GHT240B /11.0)则在沿线路方向小里程基础侧面预留 3 个桥隧型接地端子，大里程侧预留 3 个桥隧型接地端子。

(4)区间桥梁接地

桥梁地段梁体上预留的接触网支柱基础接地钢筋与桥梁纵向或横向接地钢筋连接，接触网支柱基础接地端子设置于接触网支柱基础顶面上，一般在沿线路方向小里程基础面预留一个桥隧型接地端子，接触网开关、避雷器等设备安装支柱(柱型 GHS240B/9.0、GHT240B/11.0)则在沿线路方向大小里程基础面线路侧各预留一个桥隧型接地端子。

(5)避雷线接地

①综合接地区段

避雷线不绝缘悬挂，为雷电流向大地泄放提供通道。对于路基段的钢支柱，将支柱与基础结构钢筋电气连通，避雷线与钢支柱可靠连接，钢支柱与综合接地可靠连接。为实现雷电流泄放冗余，除每隔不大于 500 m 避雷线单独引下一次外，在隔离开关支柱两侧邻近支柱各设置一处引下线，通过接地引下线将避雷线与基础上预留的接地端子相连，引下线采用 1×VV-1kV-1×70 mm 的铜芯电缆。

防雷接地引入综合地线连接点与通信、信号及其他电子信息系统在贯通地线上接入点间的水平距离不小于 15 m。

②无综合接地区段

避雷线不绝缘悬挂，为雷电流向大地泄放提供通道。对于路基段的钢支柱，将避雷线与支柱可靠连接。每根支柱均接地极，接地电阻不大于 10 Ω。为实现雷电流泄放冗余，避雷线每隔不大于 500 m 单独引下一次，通过引下线将避雷线与接地极相连，引下线采用 1×VV-1kV-

1×70 mm 的铜芯电缆。

防雷接地单独设置接地极与通信、信号及其他电子信息系统设备及接地点间的水平距离不小于 15 m。

③供电线支柱接地

成排供电线支柱架设避雷线，架设避雷线的供电线支柱均要接地极，接地电阻不大于 10 Ω，同时通过接地引下线将避雷线与接地极相连，引下线采用 ϕ16 mm 圆钢或与避雷线同材质。接触网供电线的避雷线不得进入所围墙内，避雷线的接地装置与牵引变电所的主接地网引接出的接地端子(该端子一般设置在供电线出线侧围墙外)相连，连接线采用裸导线，裸导线采用截面积 50 mm^2 镀锌钢绞线，埋入地中的直线长度不小于 15 m。

零散支柱设独立接地极，接地电阻不大于 30 Ω。

避雷线和零散供电线支柱接地极通过连接线都保证至少和接触网 PW 线、综合接地贯通地线(与弱电设备接入点不小于 15m)、牵引变电所主接地网三者之一可靠相连，构成可靠短路电流回流路径，连接线采用裸导线，裸导线采用截面积 50 mm^2 镀锌钢绞线，埋入地中的直线长度不小于 15 m。

(二)电　　力

1. 区间桥梁段

超过 3 km 以上的贯通电缆设置 10 kV 电力电缆对接箱，电缆终端头及对接箱接地连接至贯通综合接地，区间桥梁段电力电缆沟内预留电力用接地端子。

2. 站　　场

站场设备距离贯通地线 20 m 范围以内的接地装置与综合接地连接，站场电力电缆沟、电缆井内预留电力用接地端子。

第十四章　防灾安全监控工程

第一节　工 程 概 况

一、主要工程数量

自然灾害及异物侵限监测系统工程共有电缆敷设 143.71 km，风监测设备安装 50 套，雨监测设备安装 16 套，雪监测设备安装 10 套，异物侵限监测设备安装 1 处，监控单元安装 49 套，室内配线 49 处，终端软件修改 7 台。

二、系统构成

铁路自然灾害及异物侵限监测系统作为列车行车安全管理的重要组成部分，在列车的行车保障体系中起着重要的作用。系统对危及列车运行安全的自然灾害(风、雨、雪)及异物侵限进行监测报警，向行车调度以及运营维护等相关单位提供行车管制预案以及设备状态信息等。

自然灾害及异物侵限监测系统工程是风监测子系统、雨量监测子系统、雪深监测子系统、地震监测子系统(预留接口)、异物侵限监测子系统组成的集成系统。

三、主要技术标准

1. 新建济南至青岛高速铁路自然灾害及异物侵限监测系统工程施工图设计文件及相关图纸；

2.《高速铁路信号工程施工技术规程》(Q/CR 9607—2015)；

3.《铁路自然灾害及异物侵限监测系统工程施工及验收标准》(Q/CR 9745—2014)；

4.《高速铁路信号工程施工质量验收标准》(TB 10756—2010)；

5. 国家相关职能机构和铁路总公司实行的有关验收标准、技术标准和施工规范。

四、工程特点

济青高铁自然灾害及异物侵限监测系统从前端传感器、控制单元、传输通道至中心设备、网络设备等均采用了双冗余结构(雨、雪前端传感器除外)，极大地保障了系统的安全性和可靠性。

第二节　施 工 组 织

一、组织机构

根据工程具体特点，施工单位组建一个工区，负责济青高铁自然灾害及异物侵限监测系统工程施工任务，下设两个作业队，共 60 人，根据工程进展和工期要求进行调整，以满足工程需要。第一作业队负责济南东至潍坊北区段范围内的自然灾害及异物侵限监测系统工程施工及设备的安装。第二作业队负责潍坊北至红岛区段范围内的自然灾害及异物侵限监测系统工程施工及设备的安装。

每个作业队均配作业队长、副队长、技术主管、专职安全员、专职物资员、工班长，人员根据工程进度进行调配。

二、施工顺序

1. 电缆敷设：路径定测→电缆敷设→接续→引入→测试．
2. 现场设备安装：现场环境调查→设备安装→设备单机调试→设备系统调试。
3. 监控单元设备安装：设备安装→设备配线→设备单机调试→设备系统调试。
4. 工务终端设备安装：设备安装→设备配线→设备单机调试→设备系统调试。
5. 调度所设备安装：设备安装→设备配线→设备单机调试→设备系统调试。
6. 接入路局中心设备安装：设备安装→设备配线→设备单机调试→设备系统调试。
7. 系统联合调试：各端口测试→各子系统测试→各子系统联网测试→各子系统功能测试→系统联合测试。

三、施工进度情况（表 4-14-1）

表 4-14-1　济青高铁自然灾害及异物侵限监测系统工程实际施工进度表

序号	名　　称	工期（天）	开始时间	完成时间
1	敷设电缆	60	2017 年 11 月 20 日	2018 年 1 月 20 日
2	风、雨、雪、地震设备安装	50	2017 年 12 月 20 日	2018 年 2 月 10 日
3	异物侵限传感器安装	15	2018 年 1 月 20 日	2018 年 2 月 5 日
4	监控单元安装	40	2017 年 12 月 30 日	2018 年 2 月 10 日
5	终端设备安装	17	2018 年 2 月 11 日	2018 年 2 月 28 日
6	单机调试	15	2018 年 3 月 1 日	2018 年 3 月 15 日
7	静态验收	14	2018 年 3 月 16 日	2018 年 3 月 30 日
8	系统调试		2018 年 4 月 1 日	至试运行开始

第三节　防灾系统施工工艺及方法

一、设备安装方法

（一）风、雨、雪传感器安装方案

1. 风速风向计及数据传输单元的安装

风速风向计设于线路的迎风侧，安装位置距离轨面高度满足设计要求，安装在线路迎风侧与线路方向同侧的接触网支柱上。现场设备箱设在风速风向计支柱上，采用抱箍安装的形式，具有防水、防尘等功能，风速风向计下引电缆采用高强度波纹管防护。安装装置和现场设备箱采用 304 型不锈钢材料制造，如图 4-14-1、图 4-14-2 所示。

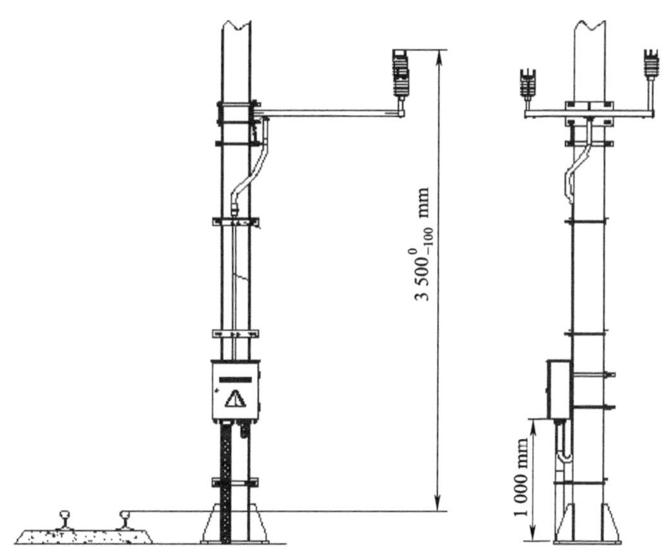

图 4-14-1　风速风向计与数据传输单元安装示意图

2. 风速风向计的安装

风速风向计采用托架安装在接触网支柱上，根据设计文件和现场情况调整安装高度；风速风向计托架与接触固定处采用不小于 10 mm 的绝缘垫片使托架与接触网支柱绝缘隔离；固定风速风向计托架的螺母背向线路侧，螺栓不得与接触网支柱接触；参照设备技术文件，利用指北针对风传感器指向角度进行调整，调整完毕后，将风传感器固定牢固。

3. 风速风向计数据传输单元的安装

(1)风监测数据传输单元箱体安装在接触网支柱上

箱体侧面与线路平行，箱体门背向来车方向，箱体门开启朝向线路外侧；箱体中心距地面高度为 1 500 mm；箱体与地面保持垂直；与接触网支柱之间加装厚度不小于 10 mm 的橡胶垫片。

(2)风监测数据传输单元箱体安装在桥梁地段

数据传输单元箱体采用金属支架和补强板安装在防护墙外侧；防护墙内侧壁到线路中心距离为 2 200 mm 时，箱体门背向线路，靠防护墙侧的金属支架采用 M20 mm 通透式防松螺栓和补强板固定在防护墙上，另一侧金属支架底板采用 M20 mm 化学锚栓固定在电缆槽道隔壁上或电缆槽道内；防护墙内侧壁到线路中心距离为 1 900 mm 时，箱体门面向线路，安装同上；金属支架严禁跨桥梁接缝处。

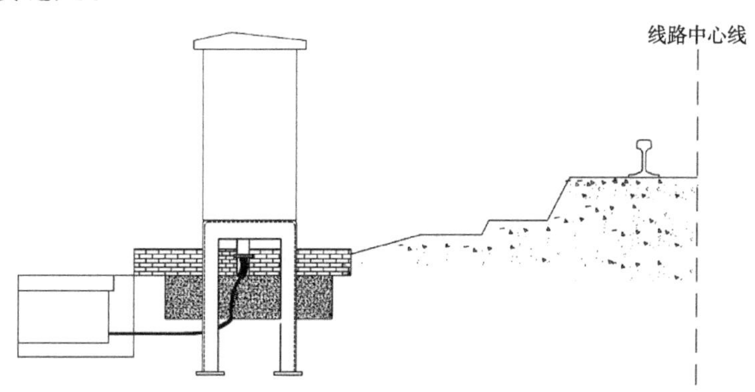

图 4-14-2　路基地段数据传输单元地面安装示意图

4. 雨量传感器及数据传输单元的安装

雨量计的安装方案参照风速风向仪安装方法。

5. 雪深计及数据传输单元的安装

(1)雪监测设备安装在接触网支柱上，传感器安装高度距离钢轨顶面 (4.5±0.1)m，如图 4-14-3、图 4-14-4 所示。

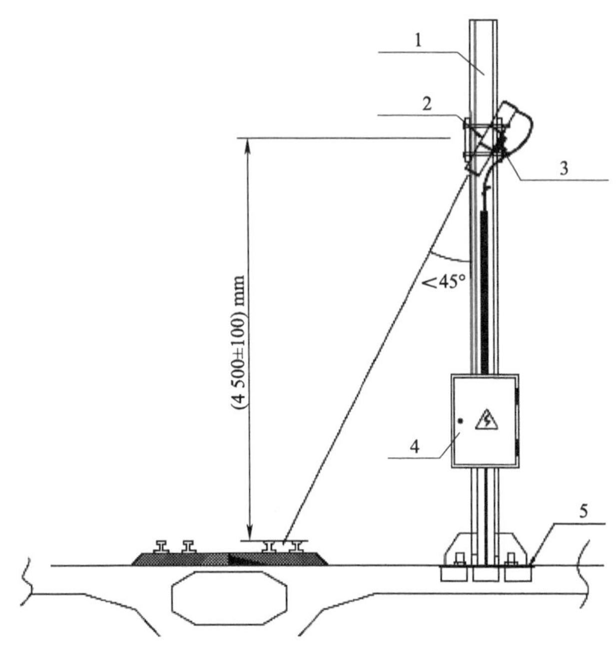

图 4-14-3　雪监测设备安装在桥梁地段接触网支柱上安装示意图

1—接触网支柱；2—雪深计；3—雪深计安装托架；4—数据传输单元；5—电缆槽盖板

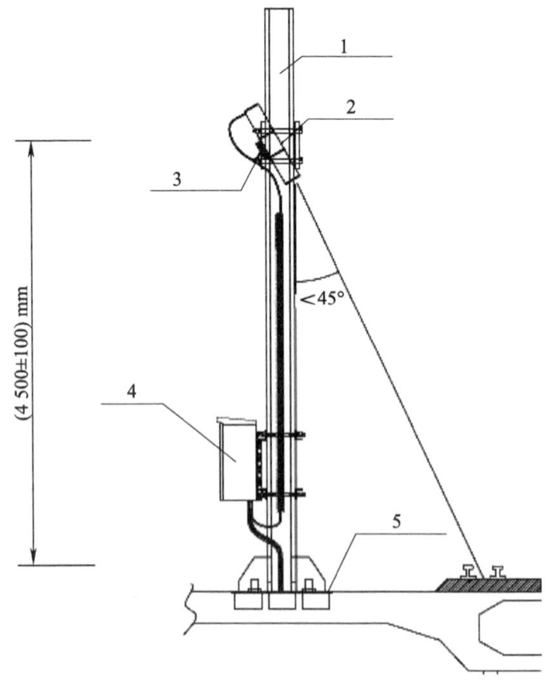

图 4-14-4　雪监测设备安装在路基地段接触网支柱上安装示意图

1—接触网支柱；2—雪深计；3—雪深计安装托架；4—数据传输单元；5—电缆槽盖板

雪深计安装支架与接触网支柱固定时固定螺杆从铁路内侧往护栏侧方向穿，接触网两边都有胶垫。从铁路内侧往护栏侧看为：螺杆、弹垫、平垫、角铁、角铁胶垫、接触网支柱、支架固定面板胶垫、支架固定面板、平垫、弹垫、双螺母（注意：平垫、弹垫的顺序），如图 4-14-5 所示。

图 4-14-5　雪深计的安装示意图

（1）支架穿线时，用高强度波纹管防护，将高强度波纹管两端用黑色 PVC 胶布与线缆缠绕、密封。

（2）支架下引线缆防护

①支架下引线缆用高强度波纹管防护，用强粘接力、抗老化、耐酸碱、耐高温（60 ℃）、耐低温（−40 ℃）胶水将高强度波纹管 PVC 接头与支架结合处粘接住。

②支架与接触网支柱固定前加 10 mm 的减震胶垫，固定支架的螺栓不能接触到接触网支柱体。

（3）支架接地采用 10 mm^2 铜缆通过法兰盘上的接线柱与馈线卡螺杆连接。

（4）雪深计安装时调整雪深计监测角度使其指向线路内侧，并调整雪深计角度将传感器稳定在正常工作角度，调整完毕后，将雪深计固定牢固。

（5）雪深计数据传输单元的安装符合相关规定。

（二）异物侵限现场控制器安装方法

1. 异物侵限双电网安装

（1）异物侵限现场控制器安装前在地面检查每块网片外观完好，无裂痕，并对每块监测防护网内嵌的双电网进行导通测试，测量内嵌电缆单芯线导通性小于 3 Ω。然后用兆欧表对内嵌电网的绝缘性能进行测试，绝缘电阻需达到 500 MΩ 方可使用。

（2）在保证所有悬臂梁固定牢固并在同一水平面以后，先安装水平承重网，然后安装垂直部分的竖直监测网。

（3）上跨铁路的道路桥梁防护墙外侧具备检修通道时，监测电网采用 3 组 U 形卡（配平、弹垫加双螺母）进行固定，螺母朝向监测电网内侧，螺栓外露长度不小于 5 mm，表面涂抹厌氧防松胶并做防锈处理。

(4)上跨铁路的道路桥梁防护墙外侧不具备检修通道时，除安装监测电网外，还加装用于安装和检修使用的水平承重网，水平承重网采用2组U形卡(配平、弹垫加双螺母)进行固定，并涂抹厌氧防松胶，螺母朝向内侧，螺栓外露长度应不小于5 mm。单片水平承重网与支架搭接宽度符合设计要求。

(5)两头网片安装用加长线网片，加长线不少于5 m(以便于接入HZ-24和电缆设备连接)；网片加长线引入HZ-24用高强度软管防护，高强度软管电网侧用高强度防水胶带缠绕不少于两圈，进入HZ-24侧灌注冷封胶防水。

2. 异物侵限双电网接续

(1)绑扎定型

站在异物侵限现场控制器内侧面对异物侵限现场控制器，对异物侵限现场控制器出线做预留(预留量必须足够再做两次接续，预留处不可打死弯)用呢绒扎带绑扎。

(2)芯线开剥

将线缆外护套统一用环切刀开剥60 mm。用手把屏蔽线与芯线从外护套根部分离后屏蔽线留30 mm。从外护套根部去除芯线外铝箔(必须要剔除干净彻底)。

(3)接续压接

把开剥好的20 mm的芯线用手拧接紧对折后套上奶嘴接头帽，使用专用压接钳压接。

(4)把压接好的接续帽放入接线盒内，待测试后灌胶，最后套保护盒并外罩不锈钢罩固定。

(5)两头网片进入HZ-24配线整齐，软件用绕环方式接入端子，同端子线与线间用平垫隔开，配双螺母紧固。

(6)相邻监测电网之间、监测电网与引下至现场控制器的电缆之间的线缆接续余留(300±50)mm的余量。

(7)竖直监测电网导通测试

单侧所有接线完成后，在竖直监测电网与电缆连接处用万用表分别测量电网1、电网2的电阻值并记录，根据防护范围通过电阻值确认导通性(单侧28 m的监测电网单芯电阻值不大于70 Ω)；线间及对地绝缘电阻大于500 MΩ。

3. 异物侵限控制电缆引下安装

(1)监测电网的线缆采用不同的电缆保护管自桥梁两侧沿桥墩分段固定引入现场控制器并安装电缆铭，过弯处采用钢丝橡胶软管防护，竖直以及过路位置宜采用钢管防护，钢管与钢丝橡胶软管结合处做密封处理。

(2)桥上引下8芯电缆及50 mm^2地线采用ϕ50 mm热镀锌钢管防护。

(3)引下线缆敷设时原则上优先考虑将钢管安装在大桥基墩的背离钢轨侧或线路的上下行两侧，不得将钢管安装在紧靠钢轨侧，计算出引下线缆及保护钢管等数量，并进行预加工。

(4)管线敷设时水平偏差不超过2 mm/m；垂直线管与地面保持垂直，垂直度偏差不超过3 mm；垂直敷设时固定在桥墩上的管卡间距为1.5～2 m。

(5)引下线缆在上跨铁路的道路桥梁上和现场控制器内做适当预留。

(三)监控单元设备安装方案

1. 安装监控单元机柜

2. 电缆引入、做成端及配线

(1)电缆从地沟或防静电地板下引入机柜。

(2)电缆的成端制作、电缆接地连接完成后将电缆固定。采用电缆的成端工艺,能够阻止内屏蔽数字信号电缆的潮气进入,从而保持电缆的绝缘性能长期处在良好状态。同时将内屏蔽、铝护套、钢带连接封闭在胶体内,防止连接部位因氧化而引起的接触不良。

(3)根据电缆配线图进行电缆分线。由于内屏蔽数字信号电缆采用皮泡皮结构,绝缘层强度较低,施工时需防止损坏芯线的绝缘层。

(4)电缆两端进行屏蔽接地,即将钢带、铝护套、内屏蔽层进行接地。将钢带、铝护套、内屏蔽用 7×0.52 mm 铜芯塑料线引出后,连接到接地端子排上。

(5)供电和数据传输不采用同一四芯组,扭绞电缆芯线组在线槽内不开绞。

(6)电缆芯线与室外导通、测试,确认正确后与端子连接。

3. 安装线缆桥架

(1)桥架安装要求

①机架安装完毕后,水平、垂直度符合生产厂家规定。若无厂家规定时,垂直度偏差不大于 3 mm;

②机架上的各种零件不得脱落或碰坏,各种标志完整清晰;

③机架的安装牢固,按施工的防震要求进行加固;

④桥架安装位置符合施工图规定,左右偏差视环境而定,最大不超过 50 mm;

⑤桥架水平偏差不超过 2 mm/m;

⑥垂直桥架与地面保持垂直,无倾斜现象,垂直度偏差不超过 3 mm;

⑦桥架节与节间用接头连接板拼接,螺钉拧紧。两桥架拼接处水平度偏差不超过 2 mm;

⑧桥架转弯半径不小于其槽内的线缆最小允许弯曲半径;

⑨盖板紧固;

⑩支吊架保持垂直,整齐牢靠,无歪斜现象。

(2)设置桥架支撑保护

①水平敷设时,支撑间距一般为 1～15 m,垂直敷设时固定在建筑物构体上的间距小于 1 m;

②金属桥架敷设时,有如下情况设置支架或吊架:线缆接头处、间距 2 m、离开桥架两端口 0.5 m 处、桥架走向改变或转弯处;

③在活动地板下敷设线缆时,地板内净空不小于 150 mm。如果活动地板内作为通风系统的风道使用时,地板内净高不小于 300 mm。

4. 各地线与综合地线连接

自然灾害及异物侵限监测系统工程室内设备及现场设备均纳入高速铁路轨道交通工程贯通地线系统工程。贯通地线与防灾设备的安全地线、防雷地线、屏蔽地线、防静电地线、逻辑地线、电源线的中性线或地线等电位可靠连接,采用焊接法与综合地线连接。

5. 上电调试

上电调试中涉及的主要设备见表 4-14-2。

表 4-14-2 主要设备测试内容表

<table>
<tr><th>测试编号</th><th>测试设备</th><th>测试内容</th><th>正常状态</th><th>故障现象</th><th>结论</th></tr>
<tr><td rowspan="2">1</td><td rowspan="2">开关电源</td><td>通电测试</td><td>输入指示灯亮，故障指示灯灭</td><td></td><td></td></tr>
<tr><td>输出测试</td><td>一路输出 DC(24±0.5)V；
一路输出 DC(48±0.5)V</td><td></td><td></td></tr>
<tr><td>2</td><td>网络</td><td>与监控数据处理设备之间的防灾专用网络是否正常</td><td>正常工作</td><td></td><td></td></tr>
</table>

(四)接入路局灾害监控中设备安装

1. 应用通信服务器设备安装

2. 上电调试

(1)通用测试

通用测试完成表 4-14-3 的各项内容和要求。

表 4-14-3 自然灾害及异物侵限监控数据处理设备连通后测试内容

<table>
<tr><th>序号</th><th>测试项目</th><th colspan="2">测试内容</th><th>要　求</th></tr>
<tr><td>1</td><td>通信故障</td><td colspan="2">人为切断通信线路，监控终端报警并记录</td><td>有信号，并有记录</td></tr>
<tr><td rowspan="3">2</td><td rowspan="3">供电故障</td><td rowspan="3">人为切断现场电源后</td><td>查看监控终端、服务器是否正常工作</td><td>正常工作</td></tr>
<tr><td>故障报警信号</td><td>有信号</td></tr>
<tr><td>查看记录内容不丢失</td><td>记录不丢失</td></tr>
<tr><td>3</td><td>记录检索</td><td colspan="2">按时间、子项目或记录顺序检索记录</td><td>检索工作正常</td></tr>
</table>

(2)网络交换机连通性测试

该测试的内容见表 4-14-4、表 4-14-5。

表 4-14-4 网络交换机连通性测试内容

序号	测试内容	描　述
1	本地网络连通性	测试本地网络是否通达
2	远程网络连通性	测试与外部网络是否通达

表 4-14-5 网络连通性测试

<table>
<tr><td>内容</td><td colspan="3">网络连通性(通过√未通过×)</td></tr>
<tr><td>目的</td><td colspan="3">测试局域网、广域网络是否连通</td></tr>
<tr><td rowspan="5">步骤</td><td colspan="2">描述</td><td>完成情况</td></tr>
<tr><td>1</td><td>本地网络设备之间互相 PING</td><td></td></tr>
<tr><td>2</td><td>本地网络各工作站之间互相 PING</td><td></td></tr>
<tr><td>3</td><td>远程网络设备之间互相 PING</td><td></td></tr>
<tr><td>4</td><td>远程网络各工作站之间互相 PING</td><td></td></tr>
</table>

（五）调度所终端设备安装

1. 机柜设备及终端安装

2. 上电调试

调度所设备连通后的测试内容见表 4-14-6。

表 4-14-6 调度所设备连通后测试内容

序号	测试项目	测试内容		要　　求
1	通信故障	人为切断通信线路，监控终端报警并记录		有信号，并有记录
2	供电故障	人为切断现场电源后	查看监控终端是否正常工作	正常工作
			故障报警信号	有信号
			查看记录内容不丢失	记录不丢失
3	中文显示界面	能显示各项操作、现场实时信息、信息传送故障和报警信息		显示正常

二、电缆敷设

（一）敷设电缆工艺流程

防灾电缆线路施工的工艺主要包括：施工准备及施工配盘、电缆路径测量定位、电缆沟开挖及回填、电缆敷设、电缆中间头接续、电缆沟封盖、电缆终端头制作、电缆测试等。

（二）敷设电缆的方案、方法及措施

1. 施工准备及施工配合：准备电缆线路施工的工机具，测量工具如：皮尺、钢卷尺、测量绳、标桩、红油漆等，施工工具如：锹、镐、钢钎、大锤、电缆支架、电缆滑车，材料如：电缆标志桩、电缆保护钢管、管口封堵材料等。根据设计电缆线路的路径，查清电缆线路上是否有地下设施，从而确定具体的施工和防护方案。了解电缆沟土质情况，根据具体情况，从而确定正确的施工方法。

2. 施工测量及定位：根据线路的路径图，找出设计定测时所确定的电缆路径的大致位置，并在路径上的重要地点（如长直线段的中点、上下坡处、过障碍处、过轨、过公路、进建筑物、上桥、进隧道、拐弯处、中间接头处、需特殊预留电缆的地点等）做好标记。同时，用测量工具测量电缆路径长度。

3. 电缆沟开挖及砌制：电缆沟开挖采用铁镐、铁锹，电缆沟开挖时，保护好施工可能危及的围墙基础、桥墩、路基，施工完毕后，按照原样进行恢复。直线部分开挖时保持其直线性，以免出现电缆路径偏移。电缆沟垂直开挖，挖出的泥土，放置于距沟边 0.3 m 以外。电缆过轨、过公路加强埋设电缆保护管保护。电缆保护管按电缆外径的 1.5～1.7 倍选择镀锌钢管。电缆沟深度不能满足规范和标准要求时，采用保护管或水泥电缆槽的方式进行保护。电缆沟开挖完后，请监理工程师检查确认电缆沟开挖深度符合设计要求，达不到要求的立即返工。

4. 电缆敷设：敷设电缆前，先进行电缆配盘，根据电缆沟长度选择适合的电缆盘，并根据电缆的电压等级对即将敷设的电缆进行测试，检查电缆型号、规格、电压等级是否符合设计要求，检查电缆是否存在铠装压扁，电缆绞拧、护层折断等未消除的机械损伤。电缆敷设若采用人力牵引的方式进行，敷设较长电缆前，在电缆行经路线上每隔 20 m 放一个电缆滑车，在路面摩擦太大的地方每隔 10 m 放一个电缆滑车，在转弯处放万向转弯滑车，防止磨坏电缆的外绝缘层或受到机械性损伤。电缆敷设时，在电缆的两端按技术规范预留长度。

5. 电缆沟回填：在电缆上下部铺不小于 100 mm 厚的软土或细砂层作为电缆的保护层，并加盖保护板或砖块防护，然后进行回填，将回填土一直回填至高于原地面 0.3 m，并及时恢复被损坏的道床、路基和植被，按规定设置电缆标桩。

第十五章　经验体会与问题探讨

第一节　路基施工经验与教训总结

一、特殊路基施工

对于浸水路基的施工要做好路堤施工防排水措施和雨天施工的防护措施。

(一)路堤施工防排水措施

为了防止雨天雨水浸入路基，路基填筑时从底层顶面开始设置4%排水横坡，同时在路基边缘人工设置截水沟防止雨水冲刷路基边坡；在线路纵向每25 m延路基边坡设置排水槽，排水槽内铺设彩条布或塑料纸防止雨水冲刷路基边坡；在路基两侧设置临时排水沟，排水设施与当地排水系统相连。

(二)雨天施工防护措施

施工前在路基边坡范围外挖临时排水沟使雨水能及时排走，施工过程中，保持临时排水系统的完善和畅通，同时准备适量的彩条布，满足雨天时对受雨水影响大的部位面覆盖彩条布，使雨停后能立即恢复生产，把雨天对施工的影响降到最低。

路基填筑时，已摊铺完成的松土层在雨天来临前提前压实，来不及碾压封顶的，用彩条布覆盖，已经碾压完成的路面同样用彩条布覆盖，防止雨水进入路基。淋雨路基要进行晾晒，达到要求后进行正常施工。

二、过渡段路基施工

1. 过渡段路基填筑与相邻路基工程同步施工。

2. 过渡段与混凝土结构物连接时，在结构物防水层与保护层完工、圬工强度达到设计要求后进行施工。填筑过程中，保证桥台、横向结构物稳定、无损伤。

3. 过渡段两侧及锥体填土与过渡段级配碎石及相邻路基施工相协调，三者同步分层填筑，不能同步填筑时，在填筑交界设置台阶，台阶坡度1:2，高度约0.6 m，避免交叉作业相互干扰。

4. 路堤与路堑连接处按设计要求顺原地面纵向开挖台阶。

5. 过渡段掺水泥级配碎石混合料在4 h内碾压完毕，若不能连续填筑时及时养生。

6. 掺水泥级配碎石不在雨天和气温5 ℃以下时填筑，降雨前对已经摊铺的水泥级配碎石尽快碾压密实并覆盖。

7. 过渡段路堤边坡的工程防护施工在地基和路堤变形稳定后进行，与相邻路堤的防护施工相互协调。

过渡段施工是整个路基施工过程中控制的重点，路基过渡段施工质量直接影响路基工后沉降的评估及铁路运营的安全，本着确保路基过渡段施工填筑质量的出发点，从级配碎石填料的加工生产、运输到现场使用时间的把握，到碾压工艺、试验数据的提炼和采集，都为今后的路基过渡段施工提供了一套可供现场采用的经验和依据。

三、路基基床施工

(一)基床以下及基床底层

松铺厚度采用35 cm时,压实厚度30 cm,碾压7遍。经7遍碾压后压实系数K、地基系数K_{30}、动态变形模量E_{vd}等参数指标均能满足要求。机械组合:挖掘机、推土机、压路机、平地机、自卸车。质量情况:横坡4%,平整度6 mm。

此法在确保达到设计要求压实条件下,可以在提高施工效率和降低成本之间达到更好的平衡,又能满足设计要求,为最佳的工艺参数。具体工艺如下:

按照“先静后振、先慢后快、纵向到底、横向到边、轮迹重叠”的原则,两侧向中心做纵向进退式碾压,即静压1遍,弱振碾压2遍,强振碾压3遍完成初压后,碾压时由两侧至中间、轮迹行与行之间重叠0.4 m左右,前后相邻区段也要重叠3 m,最大速度不超过4 km/h,辗压时确保均匀,无漏压、无死角、无明显轮迹。最后再静压一遍收面。

(二)基床表层

松铺厚度采用25 cm时,压实厚度20 cm,碾压7遍。经7遍碾压后动态变形模量E_{vd}、地基系数K_{30}、压实系数K均能满足要求,机械组合:挖掘机、推土机、压路机、平地机、自卸车。质量情况:横坡4%,平整度6 mm。

此法的优点是提高施工功效,减少填筑层数,在确保达到设计要求压实度的条件下,可以在提高施工效率和降低成本之间达到更好的平衡,为最佳的工艺参数。具体工艺如下:

按照“先静后振、先慢后快、纵向到底、横向到边、轮迹重叠”的原则,从两侧向中心做纵向进退式碾压:即先静压1遍,弱振碾压2遍,强振碾压3遍,完成初压。碾压时,各区段接头处互相重叠压实,纵向搭接长度不得小于2.0 m,纵向行与行之间的轮迹重叠控制在0.4～0.5 m,上下两层填筑接头处应错开,控制在3.5～4.0 m。

第二节　桥梁工程施工经验与教训总结

一、墩台施工

(一)钢　　筋

首先钢筋必须严格按照图纸设计制作,必要时除锈,间距均匀,安装时绑扎牢固,注意保护已绑扎钢筋以免局部变形。其次垫块数量根据现场施工情况适当增加或减少,尤其注意变截面位置。

模板方面:由于模板对墩台外观起到决定性作用,全部使用钢模,设计的定型钢模板以单元面积大、接缝严密为原则,交给专业厂家制作加工。在加工完成后要进行试拼验收,使用前要“刨光”处理后打磨脱模剂。

(二)混　凝　土

混凝土对于墩身施工质量与外观起到直接因素。首先,原材必须严把质量关,确定合理的配合比。同一桥梁选用同一产地、同一品牌的水泥,以避免不同水泥产生的色差,同时避免水化热过大而造成的混凝土表面开裂。其次,在浇筑过程中,对于坍落度及初凝时间要严格控制。在振捣过程中，最好是分为 30～40 cm 为一层浇筑，并要快插慢拔，以使振捣到位、气泡充分排出。振捣时间不可过长，也不可过短，在 30 s 左右为宜。混凝土的自由下落高度不得超过 2 m，为了避免离析，应严格控制串筒至混凝土高度，不宜超过 1.5 m。最后，浇筑完成后要加强混凝土的养护工作，不仅为了防止裂缝，也为了表面颜色统一。

二、大跨度桥梁施工

128 m 简支拱跨越的 205 国道车流量大，交通复杂，与既有公路斜交角度较大；205 国道道路两侧原土区域的地基沉降量对支撑系统也会产生较大影响，导致支架布设时，支架两端位置会形成较大的三角不等跨区域，其空间受力较为复杂，梁体线型保证困难。大角度斜交公路简支拱施工技术研究与应用，极大地改善了简支拱施工的环境和条件，合理地利用了作业空间，达到了工期短、速度快、质量好的优良效果，保障了结构实体质量及施工安全。

(一)安　　全

在该工程施工之前制定两个导流方案，一个是道路半封闭导流方案、一个道路全封闭方案。通过对现场车流量和人员的实际考察，205 国道车流量较大，而且该路段是淄博市大车通行的主要路段，为了保证车辆行驶安全和施工过程中支架的安全，综合考虑风险系数，最终采取全封闭的导流措施。205 道路施工段落采取了 6 个月全封闭措施，制定了详细的施工周期计划，128 系杆拱支架搭设、梁体混凝土浇筑、拱肋支架搭设、拱肋混凝土压注全部顺利施工完毕，期间未发生一次事故。

(二)技　　术

1. 支架搭设

支架搭设的主要难度是跨度大、与 205 国道道路的斜交角度较大。根据现场实际情况进行多次研究分析，并经过多次方案修改和支架验算，制定了既经济又安全的支架搭设方案。支架搭设采取了二次分配梁的方法，其特点如下：一是柱顶分配梁采用 3 拼 I45b 型钢组焊，分段制作安装后再现场连接成整体，安装好后与钢管立柱顶用间断焊缝连接牢靠，有效地保证了支架主体分配梁的抗弯抗压的性能。二是因 F7、F8、F12、F13 处上部贝雷梁不连续，故在分配梁上设置二次分配梁，二次分配梁采用双拼 I45b 型钢，解决了斜交角度的大难度问题，同时也保证跨路中心一次分配梁和路边两侧二次分配梁标高一致。

2. 拱肋压注混凝土

(1)在施工左侧下钢管混凝土过程中，发生过一次堵管状况：在大小里程两侧施工各两车混凝土压注后，第五车混凝土已到场，因为要对称压注，要等第六车混凝土到现场才能施工，20 min 后混凝土才到现场，再次压注时大里程侧混凝土已经压不进去。采取措施为：对拱肋小里程侧混凝土采取缓慢压注，拆除大里程压浆管处的泵管，将大里程混凝土拱肋管内混凝土全部放出。先检查泵管混凝土是否初凝，检查办法就是让泵车输送混凝土，若泵管最后一节有混凝土顺利流出，再将泵管安装到拱肋压浆孔处，继续压注；若泵管最后一节混凝土不能流出，还需集中人力将泵管从最后一节到第一节慢慢拆除，拆除一节，泵送试验一次，直到泵送过程中，有混凝土流出，然后重新将泵管安装好，再进行压注。

(2)在压注混凝土之前，对拱肋支架下降 10 cm，及支架与拱肋分离 10 cm 侧模，让拱肋处于一个自然状态再进行压注，使拱肋压注过程中拱肋的挠度自然变化。

三、特殊结构桥梁施工

(一)关于简支拱施工建议

1. 支架搭设过程中,严格控制立柱高度,保证同排支架均匀受力,避免部分立柱受力过大而部分立柱不受力,导致安全事故的发生;

2. 支架预压时,可采用钢筋与分配梁焊接垂直地面以上 2 m 左右进行监控,保证检测数据的准确性(在底板设置监控点时随预压袋的增加不易测量);

3. 简支拱位于曲线时,梁部施工按曲梁直做,拱肋预埋件按直线预埋,其余预埋件(防撞墙钢筋、竖墙钢筋、接触网基础、预埋套筒等)按照曲线位置预埋,预埋前必须加强测量放样,避免预埋偏位;

4. 拱肋混凝土泵送时,混凝土供应必须及时且混凝土和易性必须好,坍落度损失小,否则容易造成堵管。

5. 加强拱肋焊缝的检测及吊杆张拉力的控制,保证全桥施工质量。

6. 拱肋支架拆除时通过卷扬机等设备实现逐孔拆除的工艺以加快支架拆除速度。

7. 支座砂箱上下筒之间采用塑料胶带缠裹严实,避免雨水渗入而导致砂箱内的砂子不能放出。

(二)施工中存在的不足及改进措施

1. 纵向预应力管道与拱脚、拱脚钢筋、拱脚定位支架干扰较大,在施工拱脚、拱脚支架时未充分考虑预应力管道位置,导致拱脚及其支架开孔及重新绑扎部分拱脚钢筋。改进措施为:拱脚安装定位及钢筋绑扎时充分考虑预应力管道位置关系,通过 CAD 三维制图或 BIM 技术模拟拱脚、预应力管道及钢筋的相对位置关系,提前预留好预应力管道位置,避免返工。

2. 系梁施工时,A 段与 B 段施工过程中投入劳力不足,导致系梁施工时不能够 24 h 不间断施工,且熟练工数量不足,在关键工序作业中 3 个节段不能够同步作业,影响了系梁施工速度。改进措施为:在工期要求紧张时,每个节段施工时配置不同的有经验的施工班组,班组数量必须保证能够 24 h 不间断施工,且关键工序必须有足够的熟练工。

3. 梁体施工时预埋件数量多、种类多,在施工过程中部分预埋件材料数量不足,导致现场存在停工待料现象。改进措施为:材料进场后加强材料的盘点、避免丢失,对部分易损件要多备,材料计划提报时考虑试验检测消耗品等,材料进场后加强验收,避免存在残次品。

4. 部分工序施工时,由于施工人员、技术人员经验不足,对图纸理解不够透彻,导致部分工序存在返工现象。改进措施为:加强技术交底管理,委派业务熟练,有丰富经验的技术人员跟班作业,避免或减少返工现象的发生。

四、桥面系施工

桥面系施工过程中,加强对模板高程、线型的控制,混凝土浇筑前认真检查模板加固质量以及各种预埋件设置情况。因桥面系施工队伍以及工点较多,应形成整体平行、局部流水的施工组织顺序,加强施工队伍之间的资源配置、调配工作,保证机械、设备材料的使用效率。因桥面系工作内容较多,应根据工点、资源配置等情况合理安排施工顺序,尽量减少工序之间的互相干扰、制约情况的发生。

第三节 轨道工程施工经验与教训总结

一、有砟轨道床施工

采用GRP1000以及惯导设备采集捣固数据，钢轨作用边道砟必须清理干净，不高于轨枕10 cm(易将枕木头显露出来避免大机作业损伤枕木)。捣固车作业时，应有两人在机前沿线路前进方向清除障碍，在直线段可以安装激光发射仪自动对准进行线路捣固作业，作业范围为400～600 m。当采用激光发射仪时需注意激光发射器的定位必须精准，整个捣固线路不能存在大波浪，以免影响捣固质量。捣固后需安排技术人员对线路捣固质量进行实时监控检查，当大机捣固线路水平、方向等质量超限时需及时反馈给大机作业人员，大机作业人员根据情况进行大机作业调整。在站台范围内还需注意站台限界的测量。

二、无砟轨道床施工

CRTSⅢ型板式无砟轨道底座板在施工过程中经常出现裂纹，济青公司就底座板裂纹形成的原因及预防措施进行研究总结，对以后无砟轨道底座板施工起到参考借鉴作用。

(一)收缩裂纹形成原因及预防措施研究

1. 收缩裂纹形成原因分析

底座板混凝土表面出现收缩龟裂，主要原因为混凝土水化热产生的收缩裂纹，此种裂纹出现在混凝土凝固初期7d内，裂纹分布密度大，长度较短且多呈无规则状分布。被雨水浸湿后呈现网状纹路，缺水易起皮，影响底座板外观质量和使用寿命。

2. 预防措施研究

(1)优化混凝土配合比

在保证混凝土强度前提下，根据原材料的实际情况，适当降低水泥用量，采用具有引气、减水效果的减水剂，降低用水量，适当提高砂率，严格控制混凝土坍落度为120～160 mm，含气量控制为2%～4%。

(2)浇筑过程严禁加水，增加抹面效果

严格控制施工过程及工艺，严禁混凝土随意加水，底座板混凝土坚持抹面不少于三次，且要把握好抹面时机，不宜太早，抹面时不得采用洒水的方式提浆。严格控制原浆收面。

及时在能够收面的时间内完成收面工序，当发现混凝土可能干得比较快时，应提前增派收面工人进行突击收面，完成压光收面工序。

(3)避开高温时段浇筑

夏季最不适宜无砟轨道底座板薄板结构混凝土浇筑施工，混凝土入模温度应不高于30 ℃。如有条件，应考虑避开高温的夏季，这样有利于保障底座板的施工质量。如必须安排在夏季进行底座板混凝土浇筑，则应避开每日高温时段，尽量安排在晚间施工，并切实做好自密实混凝土的保证坍落度工作，防止坍落度损失过快，影响混凝土泵送、振捣和抹面。其余季节，气温异常偏高时，也应避开高温时段，以预防底座板混凝土出现裂纹。

(4)做好底座板混凝土养护工作

日最低气温高于5 ℃时，底座板混凝土采取覆盖保湿、滴灌养生或采用混凝土节水保湿养护膜这种新材料进行养护。冬期施工时采取覆盖 1 层塑料薄膜保湿＋3 层以上棉被保温隔热＋1 层薄膜或彩条布防雨的覆盖保温措施进行养护。现场安设养护标识牌，设置专人及时养护，足额养护 14d 以上。

（二）横向裂纹形成原因及预防措施研究

1. 横向裂纹形成原因分析

横向裂纹又称为温度递度裂纹，此种裂纹在薄板状结构上较常出现，特别是北方地区的昼夜温差大，多发生在混凝土养护期过后龄期 20～60d 时。混凝土与空气接触面大，受太阳照射且经过昼夜温差变化作用，导致表层混凝土反复热胀冷缩形成从结构顶部往下部逐步发展的裂纹，此种裂纹多呈横向发展逐步贯通。

2. 预防措施研究

(1)梁面凿毛率要达到 90%，足额安装剪力钉

为保证底座板薄板状结构与已浇筑完成数月的箱梁接茬后，结构徐变、温度形变一致分解至箱梁共同承力。应重视底座板施工前对拉毛效果的检查，若拉毛效果未达到设计要求，应对梁面进行补充凿毛，凿毛范围见新面不应小于 90%，浮砟、碎片等应清除干净，并足额安装剪力钉。

(2)严格控制原材料进场质量

只有控制了底座板混凝土原材料进场质量，才能保证混凝土的耐久性和使用寿命。通过多次研究比对，碎石经过两次水洗，严格控制碎石的含泥量≤1%，碎石采用三级配，在保证混凝土工作性能的前提下调高大粒径碎石的比例。宜采用水洗河沙，不宜采用机制砂，严格控制河沙的含泥量不超过 2.5%。

(3)合理降低水泥用量

在保证混凝土强度前提下，根据原材料的实际情况，合理降低水泥用量，可减缓混凝土浇筑后水化热影响，提高混凝土耐久性和抗裂性。

(4)优化施工组织和物流组织，缩短工序衔接时间。

(5)尽量将底座板浇筑完成到轨道板铺设的时间间隔缩短到 25d 内完成，并且特别在延长养护期至隔离层土工布和弹性缓冲垫层铺设前夕，拆除底座板养护措施立即进行。隔离层土工布和弹性缓冲垫层铺设有利于控制横向裂纹的产生。

(6)做好保温隔热措施

因北方地区温差较大，如果不能及时进行轨道板铺设，养护期后应继续覆盖底座板表面，避免被太阳光照射，隔断混凝土表面与环境进行直接热量传递，降低温度递度裂纹产生可能。

(7)冬期不宜施工

针对部分地区无砟轨道底座板施工极易出现温度梯度裂纹的情况，建议日最低温度低于 0 ℃后，不进行底座板混凝土浇筑，否则第二年开春过后会出现裂纹。对于冬期施工的底座板应当采取 1 层塑料薄膜保湿＋3 层以上棉被保温隔热＋1 层薄膜或彩条布防雨的覆盖保温措施进行养生直至粗铺前停止，特别注意要延长养护期。

（三）凹槽四角裂纹形成原因及预防措施研究

1. 凹槽四角裂纹形成原因分析

经过多次现场检查、排查、摸索发现，凹槽四角裂纹往往由于凹槽处钢筋保护层过大，凹槽

模板拆除过早，凹槽处混凝土捣固不足，未及时灌水养护，抹面遍数不足，抹面时机把握不到位等因素引起。

2. 预防措施研究

(1)四角增加防裂网片

经过试验比对，凹槽处四角增加小方格尺寸 1.5 cm×1.5 cm 的防裂网片 10 cm×10 cm，防裂网片距离凹槽模板 1.5 cm，距离底座板混凝土顶面 2～3 cm。凹槽处钢筋加设一圈 U 形钢筋，增加抗剪力，能够有效地控制凹槽处四角裂纹的产生。

(2)严格控制防裂网片顶面保护层

施工现场往往标高带晚于防裂网片绑扎时间，造成标高带出来后防裂网片往往早已绑扎完成。作业工人、质检员未根据标高带复核防裂网片的位置也会造成防裂效果失效。经过摸索，当标高带交底出来后，自检时质检员必须和工人复核两侧排水坡标高带，以两侧方钢标高带顶面绷线，实测防裂网片的顶面保护层严格控制保护层。

(3)注重振捣，合理选择养护方式

试验比对时，经常出现防裂网片被破坏造成防裂效果失效，应注重凹槽处捣固，避免防裂网片安装区域垂直振捣破坏防裂网片，严格抹面三次，控制好抹面时机，在混凝土达到 2～3 MPa 的强度时进行灌水养生。

(四)损伤性裂纹形成原因及预防措施研究

1. 损伤性裂纹形成原因分析

混凝土凝固初期被扰动，形成损伤性裂纹，或表现为棱角损伤，此种裂纹多出现在凹槽壁四周顶面或底座板顶面转角处，受模板拆除时间过早，未完全初凝时被扰动或桥梁另半幅重车碾压振动作用损伤形成裂纹，这种裂纹缝隙一般较宽，缝宽 0.2 mm 以上，伴随混凝土凹陷、变形、掉块等情况共同出现。

2. 预防措施研究

(1)控制好凹槽模拆模时机，尽量待混凝土基本初凝成型，拆模不粘模，把握凹槽拆模时间以不出现塌陷裂纹和缺棱掉角等损伤为准。在保证施工工序衔接前提下尽可能推迟模板拆除时间，根据天气、混凝土情况试验凹槽模板拆除时间。

(2)优化施组，加快桥面系施工，底座板施工时桥面系各道工序应相应结束，避免施工运输重型车辆影响施工；

(3)优化梁面交通组织，底座板混凝土浇筑(混凝土罐车上桥时)应根据混凝土供应线路先里后外原则，避免底座板混凝土初凝前，重型罐车来回碾压桥面形成振动。

(五)预留锚栓孔处不规则裂纹形成原因及预防措施研究

1. 预留锚栓孔处不规则裂纹形成原因分析

底座板施工时预留安装轨道板固定装置(轨道板压杆)的锚栓孔距底座板顶面距离过小，灌注速度过快，扣压时采用的扣压力过大，底座板混凝土未达到设计强度，均会导致预留锚栓孔处出现不规则裂纹，影响底座板外观质量和使用寿命。

2. 预防措施研究

(1)根据试验比对研究：当混凝土强度达到设计强度后，预留锚栓孔距离底座板顶面净高度大于 8 cm 即可预防预留孔被拉裂。针对超高内侧的底座板往往由于预留孔距底座板顶面距离过小的情况，须在底座板内预留孔上部增加防裂钢筋，或在梁面进行植筋，植筋长度大于10 cm，并按植入钢筋抗拔力不小于65 kN进行检测检验。

(2)根据试验比对研究：当P5600轨道板设置5道压紧装置时，扣压力直线段按65 N·m，曲线段按70 N·m控制即可满足轨道板预防上浮的要求和预防预埋锚栓孔不规则裂纹的产生。

(3)严格控制好自密实混凝土灌注方式，应当采取先快后慢方式，下料应连续。前2 min应快速灌注以利于自密实混凝土适应内腔环境，后3～4 min应采取关闭1/3～1/2小料斗放料阀门的方式减缓混凝土灌注速度。灌注完成后，防溢管内混凝土液面高度应高于轨道板面30～40 cm。结束时先关闭进料阀，再插入出浆孔挡板关闭出浆口。

三、跨区间无缝线路施工

跨区间无缝线路最大程度地减少了轨道接头，实现了线路的无缝化，消除了缓冲区和伸缩区的影响，改善了线路状况，优化了行车条件，加强了轨道结构强度，而且减少了维修材料及劳动力消耗。

(一)特质保温箱使用

济青高铁全线无缝线路施工时为防止山东地区冬期施工轨温降低过快，采取了特制保温箱进行保温覆盖，使钢轨所处施工环境温度较为稳定，从而保证焊接质量。

(二)数字打印机使用

在无缝线路标示标记方面，施工单位和济南局济南西工务段联合开发的数字打码机颠覆了传统的人工油喷方式，提高工效，保证施工质量，规避人工操作出错风险，使标示标记更为规范标准。

第四节　站场施工经验与教训总结

一、一般中间站施工

(一)严格进行施工图审核

在进行图纸审核的过程中，应更加地仔细认真，尽可能在施工前发现疑问，并与设计院开展深入沟通，通过优化工艺工法或更改设计图的方式，优化设计，节约成本。

1. 位于DK135+097.7的框构中桥，设计与线路斜交14.6°，现场按斜交斜做的方法施工，施工完后发现涵洞填土总宽度比设计横断图宽了2m，导致较多的填料浪费。后期通过计算发现，若能在初期变更设计，按照斜交正做的方法对该桥进行施工，就能有效解决上述问题，有效节约成本。

2. 位于DK135+440的旅客地道，由于旅客地道主体和旅客地道楼梯由两家设计院设计，施工单位在审核图纸时发现旅客地道的出入口结构尺寸与旅客地道楼梯口的尺寸对不上，及时向设计院反馈，通过修改旅客地道的出入口的结构尺寸解决了这一问题。

(二)施工过程细节问题的处理

1. 路基土石方施工中施工筏板时，未设置横坡，一下大雨，填料的积水不容易排出去，导致填料含水率偏高。在后续筏板施工中，通过给筏板增设3‰横坡的方法，解决了这个问题。

2. 路堤拱形骨架施工时，由于工期紧张，现场只考虑了拱形骨架施工的便捷性，未预留出下边坡电缆槽的位置，导致在后续施工下边坡电缆槽时，必须破除拱形骨架后施工，给施工单位造成了不小的经济损失。

3. 站台墙区域线间排水沟施工时，由于工期紧张，现场先填筑基床表层级配碎石后，再反挖施工，并且混凝土施工过程中只使用了单面模板，导致线间排水沟线型不很平顺，施工完后花了大量的人工去修补、调整排水沟。由于使用单面模板，导致混凝土的使用量比设计量多了500多方，造成了不必要的浪费。若按照先施工线间排水沟，再填筑基床表层级配碎石的顺序施工则不会出现上述问题。

（三）与站后"四电"工程相关的问题

1. 施工接触网基础时，根据平面图布置了接触网基础桩位，由于未考虑到道岔岔后延长段轨道曲线加宽的问题，导致有6个接触网基础施工完毕后，相邻线路中心到接触网基础中心的距离小于设计值，最后全部返工处理，给施工单位造成了不小的经济损失。

2. 综合接地施工中，车站站前与站后工程接口多且复杂，施工过程中与站后"四电"单位联系过少，在施工中有些地方未预留接口，导致部分地段综合接地工程出现返工。

二、主要客运站施工

（一）施工方案设计

1. 在营业线施工、站场改造过渡施工中，应进一步加强设计阶段的现场调查工作，准确、详细摸清既有设备的情况，并在设计阶段给出完善的管线迁改设计方案。胶州北站站改施工中，胶济客专改线部分线下工程施工，受到贯通自闭线、信号和通信光电缆的影响，期间多次迁改，影响了路基、桥涵等线下工程实施，也造成了一定的投资浪费。

2. 在项目前期工作、设计阶段应详细做好施工组织设计，胶州北站42号道岔的预铺、部分管线迁改均出现了二次征地的问题，可通过加强施工组织设计的深度，有效避免此类问题的出现。

3. 机械设备的优化建议：42号道岔拉铺过程中受施工现场条件限制，每台上位机与遥控器信号的传输不是很稳定，偶尔会有网络延时的情况发生，造成上位机间运行不统一，对整体插铺42号道岔造成一定影响。在今后的施工中，尤其是涉及营业线天窗点内施工使用的重要机械设备，应提前深入了解设备的技术情况，包括整体性能、操控特点，避免因机械自身原因对整体施工目标造成影响。

（二）组织管理

1. 应加强分包商考核，综合考虑分包各方因素进行招标，选择重合同守信誉、履约能力强的队伍、切勿只注重低价中标，忽视其施工能力。

2. 完善队伍淘汰机制，及时对分包、分供进行评价，优秀合作者进行推荐，不合格者进行淘汰。

3. 加强成品保护，合理安排工序，避免因抢工造成施工混乱，顺序不合理，后期返工等情况出现。济青高铁后期收尾工作主要集中在对由于前期各工序穿插施工，下道工序对上道工序产生的损坏、污染进行的修复清理工作。

第五节　房建施工经验与教训总结

一、全过程做好优化设计，提高设计工作质量

（一）精心组织，高效推进

济青高铁站房建筑规模大、专业多，系统集成复杂，设计阶段和相关审查程序多。公司对各项设计工作均提前进行筹划，先后开展了方案审查、初步设计审查、施工图咨询审查和风洞试验、超限审查、基坑设计、特殊消防设计、消防审查等多项专项审查，各项工作之间无缝衔接，有效推进，确保了设计过程顺利推进。

（二）严格审查，确保设计质量

施工图不可避免会出现诸如设计遗漏、做法不明确、相关专业设计冲突等质量问题。在施工单位招标确定后，公司第一时间组织开展图纸会审工作，提前查找问题并在施工前形成处理方案，高效的问题排查工作，有效地避免了因设计问题带来的工程废弃、工期拖延等情况，提高了施工质量和进度。

（三）应用“四新”技术优化设计

在红岛站雨棚金属屋面系统方案研究中，通过现场试验和专家审查，对红岛站雨棚金属屋面设计进行了优化，节约投资 2 498 万元。另外对房屋面积、使用材料等同样进行了优化，并积极争取市政配套费减免政策，共计节约投资 2.23 亿元，节约土地 121 亩。

（四）深入研究政策，依法合规节约建设费用

地方单位要求对站房施工图开展强审工作。经过对相关政策的深入研究，并与山东省住建厅沟通对接，用正式函件确认了高铁项目无需进行地方施工图强审程序，依法合规进行处理，节约审查修改时间 3 个月，节约审查费用 1 800 多万元。

（五）优化设计方案，提高安全性、美观性

在建设过程中，组织设计、施工等单位深入研究设计方案，对其进行了大量优化，如优化了双柱变形缝做法；在混凝土柱单侧做预埋板；采用幕墙做法（背拴）的方式以确保变形缝盖板的永久固定；顶棚顶底封口梁立面做法相同；雨棚立柱增加石材踢脚，便于站台面保洁，美观耐用；结合铁路总公司站台帽石侧立面综合整治要求，全线经过多次研究、制作样板，最后采用了硅酮密封胶封堵方案，目前侧立面总体外观整洁、无开裂现象，效果良好；红岛站屋脊处采光天顶由平面优化为 130 个独立三角形采光顶，增加的立面部分设为开启扇，中间设不锈钢水槽作为排水及维修通道，确保了消防安全，大大降低了漏水隐患等。

二、加强接口管理，协调推进工程建设

（一）认真组织，做好接口管理

站房工程涉及专业多，系统复杂性较高。公司按照建筑、结构、水暖、机电设备、钢结构、装饰装修、静态标识、客服等专业对工作单元进行了划分，明确各专业责任人，落实接口管理工作中各方职责，明晰工作流程和工作程序，确保每个工序、每项工作都有人负责，科学有序地对接口质量进行全过程控制，系统、完整地实现了建设中的无缝衔接。

（二）主动协调，高效推进

大型站房建设范围内涉及站场、站房、地铁、出租车道、高架车道等多类型工程，施工过程相互干扰大，需要协调的问题多。公司每周组织各参建单位开展建设协调会，对现场问题和技术问题进行统一研究处理，对各项工程施工节点和接口要求进行安排，根据进展及时组织做好场地移交和工序移交，确保各项工程高效推进。

三、加强外部协调，确保市政配套同步开通使用

（一）建立联席会议制度，掌握主动

公司牵头建立了联席会议制度。济南东站、淄博北站、潍坊北站、红岛站共组织 206 次联席会和专题会议。建立了与地方人民政府以及设计、监理、施工等单位相互沟通的微信群、QQ群，每日上报工程进展和日交班会开展情况，及时解决现场存在的问题，提高了工作效率。

（二）克服外部环境影响，保证工程建设顺利推进

在环保督察和上合组织峰会等重大活动期间，公司提前筹划，储存了氧气、乙炔、施工建材等重要资源，并协调了环保、城管局、建设局、公安、街道等各级有关单位，对施工现场进行封闭，并加强安全管理，避免了在重大活动期间出现停工。

四、科学组织，保证站房施工有序推进

（一）地铁、通廊交由站前单位施工

大型站房地铁、通廊等下部结构工程量大，施工周期长，但涉及专业相对较少，技术相对简单。通过充分研讨，确定直接由各站前施工单位实施，大大加快了大型站房总体进度，建设工期提前了至少 8 个月。

（二）优化施工方案

潍坊北站屋面钢结构跨度大，单榀桁架重达 50 t，现场作业面狭窄，施工时正线铺轨已完成。为保证工程线行车安全，经过方案比选，并协调站前单位，选用了跨外大吨位履带吊吊装工艺，大大缩短了工期，保证了行车安全。

潍坊北站室内吊顶均为异形结构，折面和分缝较多，经反复研究，采取地面拼装、整体提升的方式，大大提高了工效和质量。

红岛站钢结构体量巨大、造型复杂，施工场地狭窄，经方案比选，采用起重吨位大、作业范围广泛的 6 台行走式塔吊安装方案，最大型号 ZSC1200，最大吊重 70 t。合理规划了塔吊行走作业区域，理顺了吊装作业次序，满足了高峰期施工进度要求，便于后期拆除。

第六节　“四电”施工经验与教训总结

一、接触网施工

济青正线济南东至胶州北范围接触网按照 350 km/h 设计施工，按照济青高铁、青连铁路、石济客专剩余工程联调联试及运行试验实施方案，济南局检测列车先动态检测提速至 160 km/h，铁路总公司综合检测列车进场按照提速试验方案提速至设计时速的 110%（385 km/h）。济青高铁接触网采用全补偿弹性链形悬挂方式，在提速到 200 km/h 时无任何缺陷，随着综合检测

列车逐级提速，施工过程中问题渐渐暴露出来。主要集中体现在如下三方面，需在以后施工过程中引起重视。

(一)锚段关节过渡

济青正线普通锚段关节采用5跨非绝缘关节，电分相采用两个5跨绝缘关节加三跨中间柱形成的13跨关节形式。关节中的等高点在两根中心柱跨中，高度比相邻定位点抬高0～40 mm。高速检测过程中个别关节存在等高点不在同一位置，过渡时受力不均有硬点。以后关节调整中，单个锚段调整完成后需重点测量等高点处参数满足平稳过渡要求。

(二)道岔过渡

济青正线上道岔采用18号无交分道岔，经过渡线时，渡线拉出值总是达到500 mm以上。按照设计图纸参数调整理论上就会达到500 mm以上，只能尽量减少，以后施工过程中可以在验标允许范围内减小A柱拉出值，B柱渡线拉出值范围往小调整。

济青正线与潍莱正线过渡道岔采用42号无交分道岔，按照设计图纸调整，在350 km/h以下试验时无硬点，但继续往上提速试验时还会出现硬点，且正反向行驶不在同一里程，此时应重点检查导向锚段线材类型及张力，应与正线锚段一致。

(三)中心锚结调整

济青正线一般采用两跨式防断中心锚结，高速检测过程中，在接触线中心锚结绳线夹处会产生硬点。以后中心锚结调整过程中，应严格按照验标要求，在中心锚结线夹处接触线高度与相邻吊弦接触线高度应相等，误差范围不能超过10 mm。

二、组织管理

在“四电”接口管理方面，从进场开始，施工单位就高度重视“四电”接口管理工作，成立了“四电”接口管理小组，定期检查，建立“四电”接口问题库；外部接口管理方面，采取协同济青公司、监理、预介入单位督促站前整改，同时与站前施工单位直接对接、沟通协调；内部接口管理方面，通过召开接口管理会，制定专业间接口的界面分工，明确专业间的工序衔接，从而杜绝了因上道工序不达标，导致后续工序不合格的现象发生，避免了返工，提高了施工效率，提升了质量。

第五篇

科技创新与质量创优

第一章　科技创新方针目标及组织机构

一、工作方针

鼓励各参建单位根据各自研发能力围绕公司科技创新目标进行原始创新；鼓励各参建单位利用各自渠道和优势引进对建设项目有实用价值的创新技术与研究成果，通过适用性试验研究或继续研究进行消化、吸收、应用、再创新。

二、创新目标

紧密结合济青高铁工程建设，通过开展建设管理创新、工程设计创新和施工技术创新，达到提高经济和社会效益、提高工程质量和安全管理水平，全面实现工程建设管理目标。

三、组织机构及工作方式

公司成立科技创新领导小组，由分管领导任组长，组员为公司各部门以及各设计、施工、监理单位的现场负责人。小组下设办公室，办公室设在工程管理部，负责各类科研项目的立项、孵化、现场应用和总结工作，负责制定考核和奖惩办法。各参建单位成立科技创新实施机构，在公司总体目标的基础上，制定各自的实施目标和实施方案，具体负责各单位科技创新工作的开展，确保本单位目标科技创新目标公司总体目标的实现。

科技创新工作主要采用三种方式，一是公司主导、参建单位配合；二是广泛与设计单位、驻济科研院校的横向合作，发挥“产学研”优势开展科技创新工作；三是各参建单位通过自身优势和平台立项，在济青高铁工程实施中独立完成科技创新工作。

四、科技创新机制

在济青高铁建设初期，济青公司即建立了一套完整的科技创新实施体系，并制定了相应的科技创新管理制度，出台了《科技创新管理办法》，明确了各参建单位在科研立项与组织实施过程中的权责，形成了公司主导、逐级负责、目标分解、逐级落实的科研管理模式。

项目准备期间，济青公司首先在对现场进行专题调研的基础上，掌握工程建设中实际存在的技术难题，对现场工程质量技术存在的普遍性、倾向性问题及技术难点进行归纳汇总，并通过专家论证，在项目开工半年内，确立了一批重点科研课题；其后，公司组建专门的科研课题小组和专业技术攻关小组，针对重点科研课题制定了详细的攻关计划和具体措施，组织各级力量参与到科研和技术攻关当中。

项目实施过程中，定期检查、总结科技创新工作，按照管理办法实施严格的考核奖惩机制，在该机制下，各参建方积极响应公司科研与技术创新工作的号召和部署，齐心协力、创优争先，推动了科技创新在工程项目中的实施和应用，提高企业的创新能力，全面提升建设管理水平，打造了良好的科研与技术创新氛围，实现了建设项目科技创新目标。

第二章　科技创新主要内容

根据济青高铁工程实际，围绕管理创新、设计创新、施工创新三方面来开展科技创新。主要内容为：非控股高速铁路建设管理新模式；高速铁路新结构、新设计方法应用；施工先进技术、先进工艺、先进设备、新型材料应用；质量、安全控制方法；环境保护、水土保持、能源节约等内容。

一、管理创新

（一）地方控股和多元投融资体制的实践

济青高铁实现了我国干线铁路由地方控股的首次突破。公司要积极进行融资创新，多方式、多渠道筹集建设资金，加强济青高铁项目招商引资尤其是引入战略投资者，其主要目的不单是解决项目资本金问题，而是为了使济青公司从开始组建就按照资本来源多元化和现代企业制度要求进行规范运作，这也是铁路投融资体制改革的核心要求。

（二）建设资金的集中管控

研究成立资金结算中心，盘活闲置资金，实现存量资金保值增值，大幅提高资金使用效益；同时，对建设资金的使用全过程实时监控，强化对各参建单位财务收支活动的监督。

（三）隧道和站房工程应用 BIM 技术

在隧道、站房工程设计阶段构建施工图主体 BIM 模型，为后期 BIM 应用工作做好模型基础；对各专业沟、槽、管、洞位置进行检查，消除差、错、漏、碰现象。在施工阶段主要内容是三维可视化的施工技术交底，实现技术交底的直观、易懂、不出差错；虚拟施工，实现工程项目全过程三维虚拟施工演示；三维形象进度管理，实现三维可视化的计划与实际进度的对比，并进行工期预警；施工信息（含施工、监理）录入（加载），实现施工过程中重要施工信息的填报和管理功能；快速自动算量，实现工程量、材料、人工、机械设备的实时计算；问题提交与解答，实现问题的快速提交、快速解答、快速反馈、问题回溯等管理功能；安全风险管理，为安全风险培训、消减风险、控制风险提供指导和形象的参考；建立竣工模型，为运营管理提供涵盖设计和施工信息的三维可视化的模型。

（四）铁路站区土地综合开发

实施铁路用地和站场毗邻区域土地综合开发利用，是铁路投融资改革的重要内容，也是济青高铁项目筹集吸引铁路建设资金和弥补运营资金缺口的重要渠道。按照《国务院关于改革铁路投融资体制加快推进铁路建设的意见》（国发〔2013〕33 号）和《国务院办公厅关于支持铁路建设实施土地综合开发的意见》（国办发〔2014〕37 号）文件精神，公司从项目开始即着手开展沿线土地综合开发机会研究，立足“多式衔接、立体开发、功能融合、节约集约”的原则，与各市县签订综合开发协议，通过综合开发收益反哺高铁建设，实现铁路建设和新型城镇化的良性互动机制。

（五）征地拆迁采用公司全员参与市县分级负责的模式

征地拆迁工作是工程顺利开展的关键，公司形成了从领导到员工全员参与的征地拆迁组织体系，同时，督促在各级人民政府间建立市、县（区）、镇的分级负责、层层落实的责任体系，建立的责任追究制度，通过蹲点包保、征迁快报、贺电、锦旗、表扬信等方式促进征地拆迁工作的开展。

（六）研究地下水开采对高铁沉降变形影响的工程和管理措施

沿线存在多处地下水位降落漏斗，由此引起的地面沉降变形不可避免的引起路基与桥涵等结构物的沉降变形，公司组织设计、施工单位对沿线地下水源情况、开采情况进行细致调查，分析其对高速铁路沉降变形的影响，研究实施的措施包括了封井的工程措施和限采的管理措施。

（七）控制采空区对高铁沉降变形的影响

沿线矿区较多，采空区存在很多未知因素，公司组织设计、施工单位进行了细致调查，分析其对高速铁路沉降变形的影响，研究包括留设保安矿柱的工程措施和限采的管理措施。

（八）对“四电”工程主要设备物资深度管控

“四电”工程设备物资质量和性能直接影响高速铁路运输安全，公司借鉴其他高速铁路“四电”集成施工中出现的问题，研究如何加强“四电”工程设备物资质量的源头控制，探索“四电”工程设备物资的采购的新型管理模式。对于行车关键设备，建立“一机一档、一杆一档”式的信息档案，实现建设期与运营期在维修保养、资产管理方面的有效关联、无缝对接。

（九）完善高铁现代化安防体系

在目前高速铁路安防体系的基础上，组织设计、铁路运输企业、铁路安保部门进行研究，增加自控监控、报警设施和装置，达到完善现有安防体系、减少安保人员、减低运营安保成本的目的。

（十）建设高铁绿色通道

做好本线绿色通道建设是贯彻党的十八届五中全会精神的具体行动，公司组织专业设计单位对沿线普通路基、浸水路基、岩石路堑等各种路基，以及桥梁、隧道、站区不同的区段进行细致研究，充分考虑北方气候特点，研究提出符合济青高铁生态的绿化方案，以恢复路域环境为重点，以经济适宜植物为主选，突出站场，兼顾区间，建设成为三季有花，四季有青，防护与美化兼顾，内景与外景相协调高速铁路绿色通道。

（十一）小型房屋利用地（空气）源热泵技术

采用空气源或地源热泵技术，可以大大降低能耗。组织设计单位在调查研究的基础上，对于远离城市的小型车站站房或生产生活房屋采用热泵空调进行采暖和制冷，可以减少运营能耗，并降低工程造价。

（十二）建设环保型“海绵站区”

充分发挥站区绿地、道路、水系等对雨水吸纳、蓄渗和缓释作用，有效缓解站区内涝，削减城市径流污染负荷，节约水资源，保护和改善城市生态环境。济南市是“海绵城市”的试点城市，公司与济南市有关部门对接，共同在济南东客站和章丘北站站区施做海绵型绿地、道路与广场等，消纳自身雨水。

二、设计创新

（一）高速铁路有砟轨道封闭技术

有资料表明，采用有砟轨道，在列车速度超过 200 km/h 时，会造成道砟飞溅，损坏高速列车，危及行车安全。本线 DK208＋600～DK213＋150 活动断裂带范围铺设有砟轨道，使用道砟胶封闭道床，为高铁安全运行提供基础条件。

（二）高速铁路有砟轨道道床固化技术

采用有砟轨道，在列车动荷载作用下，道砟会发生粉化，使轨道发生几何变形，造成铁路维修频繁，影响铁路的平顺性，由于列车速度高，“天窗”时间短，使得维修困难。设计单位对 DK208＋600～DK213＋150 活动断裂带范围内正线铺设有砟轨道，采用了有砟道床固化技术，达到安全和少维护的目的。

（三）断裂带路基设计方案及防灾

济青正线 DK208＋572～DK213＋254.4 段共计约 3.07 km 路基位于安丘—莒县断裂带中，该断裂带具有地震地表破裂危险性，需采取抗断措施。同时要考虑在主断裂处设置自动化沉降观测系统，根据采集的信息，分析评估对路基变形影响程度，及时发出预警信息，提出路基抢险维修对策，并与行车自动控制系统、旅客服务系统连接，达到自动控制列车、确保旅客安全的目的。

（四）在地层复杂地段地基处理中使用螺杆桩

青阳隧道前后的山前冲洪积土层中，有角砾土、碎石土、卵石土夹层，分布极不均匀，密实程度变化较大，设计采用螺杆桩进行地基加固处理。螺杆桩是一种“上部为圆柱形、下部为螺丝形”中等直径、组合式部分挤土灌注桩，具有强度高、工期短、功效高、沉降小、抗震小、不取土、不排浆、不污染、施工及成桩质量不受地下水影响的特点。

（五）防灾安全监控系统两级架构

区别于其他高速铁路防灾安全监控系统的路局、线路中心及现场监测设备的三级架构，济青高铁研究建设了两级架构的路局中心防灾安全监控系统。路局调度所中心设备实时采集铁路沿线风、雨、地震及上跨铁路的道路桥梁的异物侵限现场数据，接收既有灾害监测系统及地震、气象部门系统相关信息，进行数据分析及处理，为运营管理提供有效、准确、可靠的监测、预警及报警信息，异物侵限报警及地震预警、报警时联动触发信号系统、牵引变电系统进行紧急处置。

三、施工创新

（一）隧道施工使用水压爆破技术

在青阳隧道Ⅱ级围岩地段使用水压爆破技术。采用水压爆破所产生的声响和振动比常规爆破小，对隧道周围的居民影响较小。而且水压爆破方法比常规爆破方法所产生的粉尘的毒气要少很多，大大减少粉尘对施工人员的伤害。同时能缩短通风时间，提高施工效率；水压爆破使爆炸能量经过水传递到炮眼围岩中几乎无损失，十分有利于岩石破碎；水压爆破能够减少炸药用量，提高经济效益。

（二）隧道施工采用混凝土喷浆机械手作业

采用混凝土喷浆机械手作业工能够提高喷浆效率和喷浆质量，达到节约材料和时间的目的。同时能够提高施工人员的施工安全系数、降低了劳动强度，提高了工作效率，避免操作人员站在粉尘中施工，改善了作业环境，保障了操作人员的健康。

（三）浅埋下穿居民区地段微振动爆破技术

隧道 DK40＋850～DK43＋420 段为浅埋段，该段地表有 4 处村庄，800 余户居民，且村庄内房屋多为土坯房、毛石房。下穿村庄地段爆破对村庄房屋影响较大、施工风险控制要求较高。在该段实施了微振动控制爆破技术。

（四）跨高速公路现浇简支拱桥施工安全技术

邹淄特大桥 DK66＋870 处跨越青银高速公路，设计为 1-144m 简支拱桥，采用现浇支架法施工，施工时要保证高速公路双向四车道通行，施工安全控制难度大，施工单位利用系统工程原理，遵照铁路总公司风险管理办法的相关规定，对施工安全技术进行了攻关。

（五）桩基钢筋笼自动化焊接技术应用

鉴于全线桥梁比重较大，桩基数量多的工程特点，各特大桥工点都使用了桩基钢筋笼自动焊接技术，达到钢筋笼生产成本降低、提高生产效率、提高焊接质量的目的。

（六）沿海地带铁路工程抗腐蚀高性能混凝土

在胶州、红岛站附近滨海平原，由于过量开采地下水，地下水位下降，改变了地下水的天然流场，形成了反向径流，使得海水入侵地下水使得沿海地带环境土、环境水具有较高侵蚀性，施工单位对沿海地段混凝土在材料、外加剂、施工方法等方面采用了相应措施，提高混凝土抗腐蚀性，保证了设计要求的使用寿命。

（七）轨道板冬期铺设施工技术

由于济青高铁部分轨道底板施工及轨道板铺设需要安排在冬期施工，为保证混凝土冬期施工质量，公司组织施工单位对自密实混凝土施工工艺、工法进行研究，首先研究了抗冻性自密实混凝土的配合比，使混凝土各项指标满足冬期施工要求；二是要采用可移动保温棚施工技术，通过棚内升温装置，使棚内施工环境温度满足混凝土施工的外部环境满足要求。

（八）在既有客运专线上插入 42 号道岔施工

济青高铁胶州北站要在既有胶济客站线路上插入 42 号道岔，42 号道岔超长、超重，在运营的铁路上插入，安全、准确、按时是基本要求，在实施过程中，施工单位研究解决了场地狭窄、施工人员多、施工组织难度大的问题，研究解决了工电配合多、设备改造多、软件换装施工复杂的问题，顺利完成了 2 组 42 号道岔的插铺施工。

（九）使用隧道漏缆支架作业平台车

目前，隧道内通信漏缆支架安装工艺简单，一定程度上影响了漏缆安装的美观和施工效率，本线针对隧道通信漏缆支架安装、漏缆敷设、设备安装等研究设计专用隧道漏泄电缆支架作业平台车，保证了隧道内通信漏缆安装施工质量、提高施工效率和节约施工成本。

（十）站房大型钢结构屋面变形监测

根据有关部门统计，在钢结构的安全事故中，由于构造与连接不当而引起的各种破坏，如失稳以及过度应力集中、次应力所造成的破坏等占相当的比例，一旦构造（特别是中间构造）出现问题，便会直接危及结构构件的安全。因此，对站房屋架钢结构杆件的应力及其变化、截面处的挠度（沉降）及其变化、截面的温度及其变化，在施工阶段、使用阶段进行监测，掌握其各阶段的安全状况，对其进行安全评价非常重要。济青高铁工程在济南东客站、红岛站、潍坊北站、淄博北站等站房大型钢结构屋面进行了变形监测。

第三章　典型科技创新项目

在济青高铁工程建设期间，随着各科研项目的培育和在现场的深化应用，科研项目对工程的积极作用不断显现。以下以BIM技术在实践中的应用为例，对其效果进行展示。

一、基于BIM平台的协同管理

(一)协同管理平台搭建

在项目建设初期，济青公司就着力搭建公用的BIM协同平台，该平台的建设确保了BIM模型数据的统一性与准确性，提升了BIM模型数据传输效率及质量，提高了各参与方协作效率，为工程项目的设计、施工、运营、维护提供了数字化基础。

(二)协同平台组织架构(图5-3-1)

1. 平台由虚拟资源池、大数据处理集群、分布式存储集群组成；
2. 大数据处理集群为平台提供了海量结构化、半结构化和非结构化数据的存储和计算；
3. 分布式数据存储集群，提供了图片、视频等不能直接参与计算的海量非结构化数据存储能力。

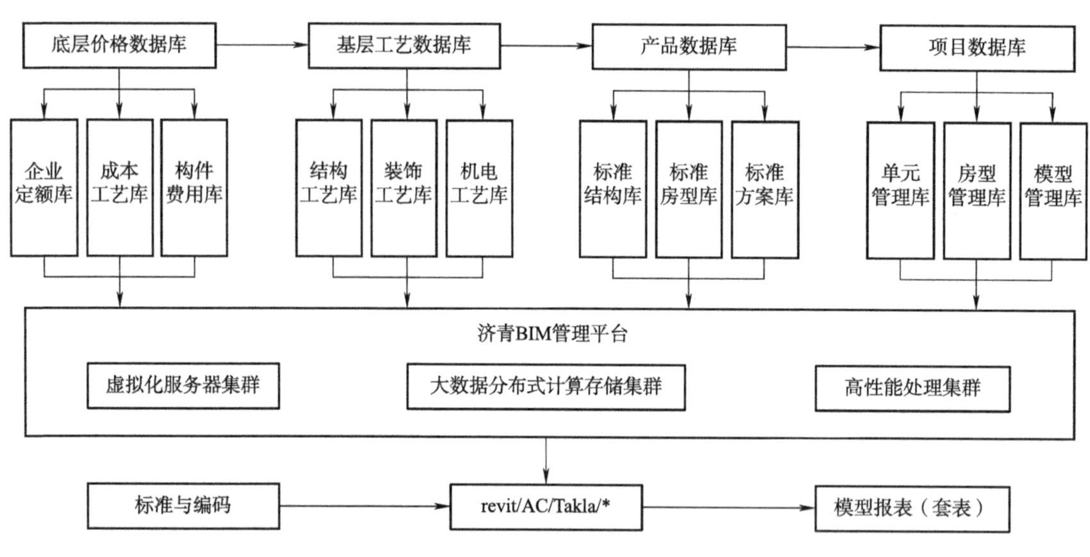

图5-3-1　协同平台组织架构

(三)协同平台管理效果

管理平台的搭建旨在满足铁路项目大数据全流程可视化、集成化的管理需求，与现有铁路建管平台无缝整合，实现企业资源和工作流程与BIM工程管理的有效对接，形成工程大数据和企业管理数据无缝对接、顺畅流转的集成平台。

管理平台实现了基于项目特点的工程项目设计、施工、运营的全方位精细化管理。平台以项目全生命周期过程管理为核心，实现了同一平台多项目在线管理，满足项目各业务部门的管理需要。平台充分利用前期设计信息建立的 BIM 模型信息，进行施工阶段的管理，满足施工过程中业主、监理、咨询等单位的业务协同，不断沉淀设计施工阶段的工程信息，服务项目运营管理，并辅助后续项目开发决策。

1. 实现了大数据全流程中央集成管控

在此平台上，所有项目参与方和专业人员输入和管理数据，这些数据可以随时查阅，不能人为更改，修改过程可以追溯，保证了项目管控的真实性。平台还能根据需求，汇总生成详细多层级的智能 BIM 总控报告。报告的生成基于此前各个部门和参与方输入的数据，自动生成和交互，减少之前繁琐的统计，报告编制和反馈过程。统一的数据来源，真正实现了大数据全流程中央集成管控。

2. 实现了项目参与各方的高效协作配合

项目参与各方在统一的平台上，使用统一的模型，统一的中央数据库，所有人员一起实时协同，共享协作，包括业主、设计、监理、咨询、工程管理部、物资采购部、财务人员等一起协同工作，使得项目的模型优化、工程量计算、造价估算、招投标管理、分包管理、进度控制、变更管理、成本控制、付款等全部通过一个平台进行，改变了过去各自为政的方式，转为相互协作的高效作业方式。

3. 实现了虚拟模型与实体建造相结合

项目在开工之前在平台上进行虚拟建造，从而预测方案的收益、风险等多方面的项目数据，提前去除错误、规避浪费，得出优化方案，再运用虚拟优化方案指导实际施工，实现项目全流程虚拟可视化管理，帮助企业更好地控制项目的成本、时间、质量，实现高效真实的项目管控和企业管理。

4. 实现了企业级标准化智能化管理

此综合管理平台既满足了单一项目的精细管理要求，还能运作管控整个企业级别的多项目施工，智能处理所有数据，所有的数据最终统一流向整个企业的运作管理平台，为企业管理者决策提供真实可靠依据，最终形成企业级别数据化标准化模板，进行企业高级智能化管理。

二、基于 BIM 技术的指导管理

在实际使用过程中，BIM 平台从三维校审、性能化分析、虚拟建造、场坪布置、施工方案模拟、深化设计、三维技术交底、质量管理、安全管理、进度管理、成本管理、物资管理以及 VR 应用等不同维度实现了对项目施工过程的方案优化和实施指导。

（一）三维校审

通过建立 BIM 三维空间几何模型，在模型中提前预警工程项目中各个专业在空间上的冲突、碰撞问题，提高了工程项目的设计质量并弱化了对施工过程的不利影响，显著减少了由此产生的变更申请单，从而大大提高了施工现场的生产效率，降低了由于施工协调造成的成本增长和工期延误。

BIM 技术的应用解决了传统 CAD 图纸由于二维表达方式与实际建造之间的不对等问题。通过对三维构建信息的充分表达，BIM 技术在实际应用过程中提前预警了大量诸如各专业二维图纸表达错误、各专业图纸中构件不交圈问题、各专业图纸中自身碰撞问题、各专业之间空间占位和碰撞问题、各功能区域净高问题等不同类形的设计漏洞，如图 5-3-2、图 5-3-3 所示，使得项目开工之前能够通过专业人员的模型建立检查上述漏洞，减少了后期施工的衍生问题。

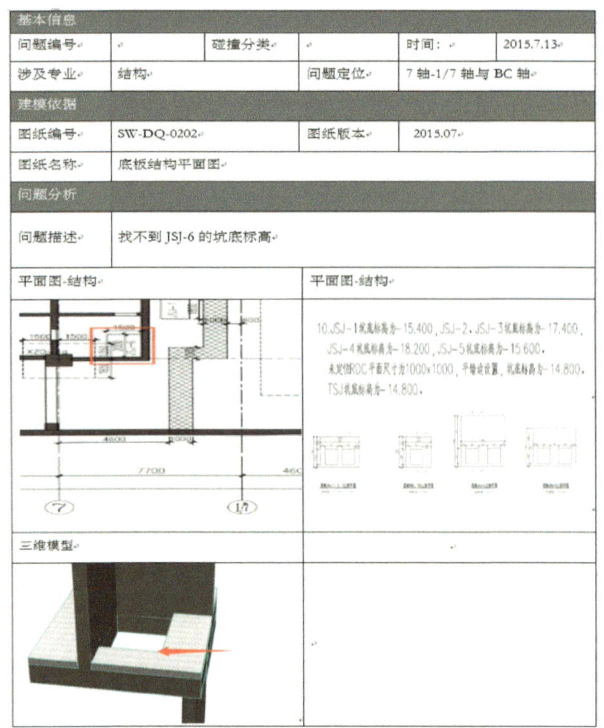

基本信息					
问题编号		碰撞分类		时间：	2015.7.13
涉及专业	结构		问题定位	7 轴-1/7 轴与 BC 轴	
建模依据					
图纸编号	SW-DQ-0202		图纸版本	2015.07	
图纸名称	底板结构平面图				
问题分析					
问题描述	找不到 JSJ-6 的坑底标高				
平面图-结构			平面图-结构		
三维模型					

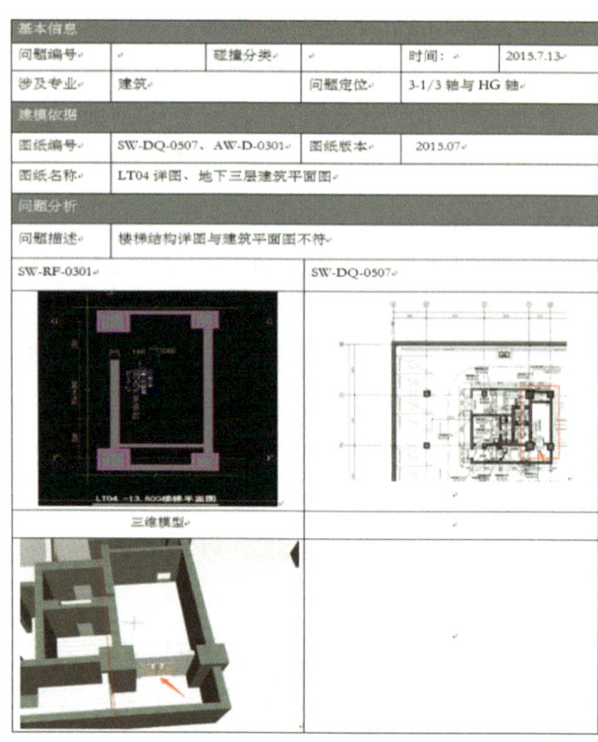

基本信息					
问题编号		碰撞分类		时间：	2015.7.13
涉及专业	建筑		问题定位	3-1/3 轴与 HG 轴	
建模依据					
图纸编号	SW-DQ-0507、AW-D-0301		图纸版本	2015.07	
图纸名称	LT04 详图、地下三层建筑平面图				
问题分析					
问题描述	楼梯结构详图与建筑平面图不符				
SW-RF-0301			SW-DQ-0507		
三维模型					

图 5-3-2 运用 BIM 技术生成的漏洞检测预警报告（一）

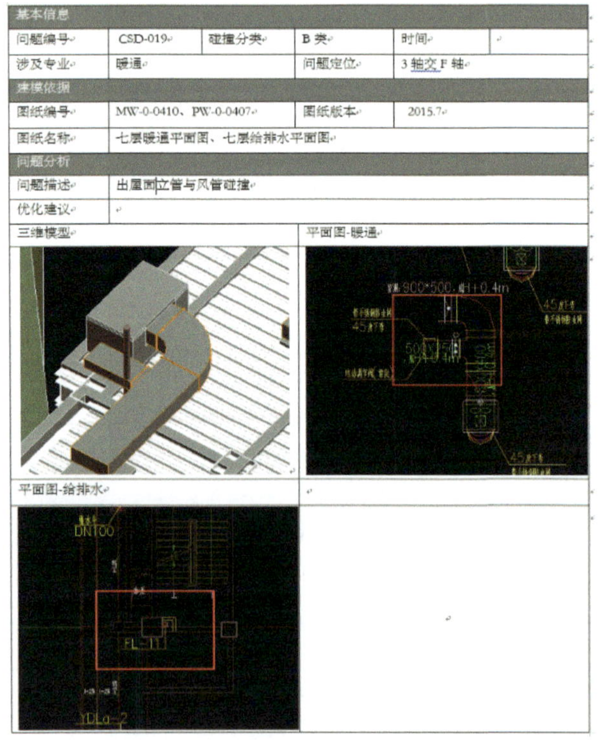

基本信息					
问题编号	CSD-019	碰撞分类	B 类	时间	
涉及专业	暖通		问题定位	3 轴交 F 轴	
建模依据					
图纸编号	MW-0-0410、PW-0-0407		图纸版本	2015.7	
图纸名称	七层暖通平面图、七层给排水平面图				
问题分析					
问题描述	出屋面立管与风管碰撞				
优化建议					
三维模型			平面图-暖通		
平面图-给排水					

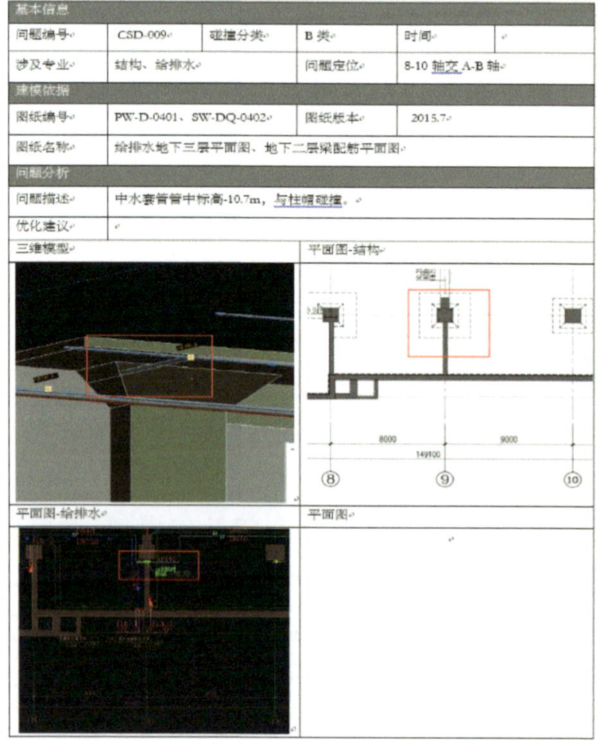

基本信息					
问题编号	CSD-009	碰撞分类	B 类	时间	
涉及专业	结构、给排水		问题定位	8-10 轴交 A-B 轴	
建模依据					
图纸编号	PW-D-0401、SW-DQ-0402		图纸版本	2015.7	
图纸名称	给排水地下三层平面图、地下二层梁配筋平面图				
问题分析					
问题描述	中水套管管中标高-10.7m，与柱帽碰撞。				
优化建议					
三维模型			平面图-结构		
平面图-给排水			平面图		

图 5-3-3 运用 BIM 技术生成的漏洞检测预警报告（二）

（二）性能化分析

除了对三维参数的清晰化表达外，如图 5-3-4 所示，通过建立 BIM 模型还能对建筑项目的景观可视度、日照、风环境、热环境、声环境等性能指标进行分析，从而优化设计方案，为建筑的可持续发展、使用人员的舒适度及运营维护成本提出优化建议。同时对于通过 BIM 技术对站房类人员密集场所进行疏散模拟，也能为建筑使用过程的安全问题提供有效的优化建议。

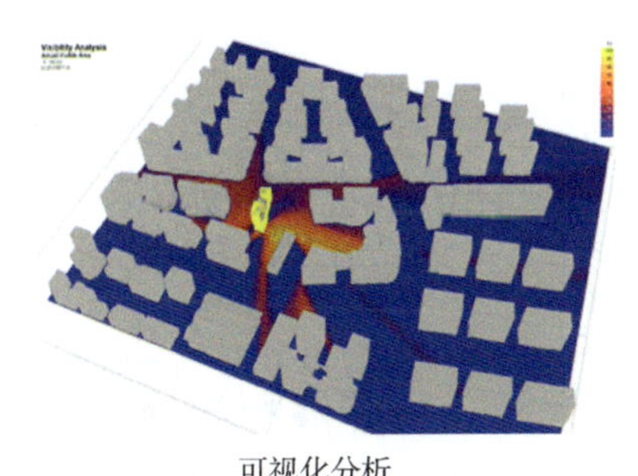
可视化分析

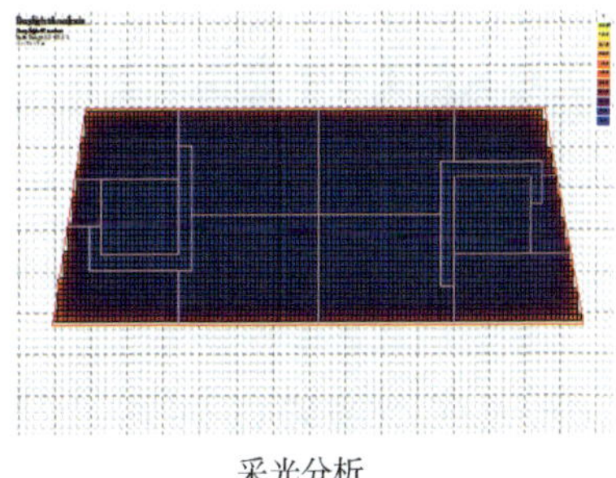
采光分析

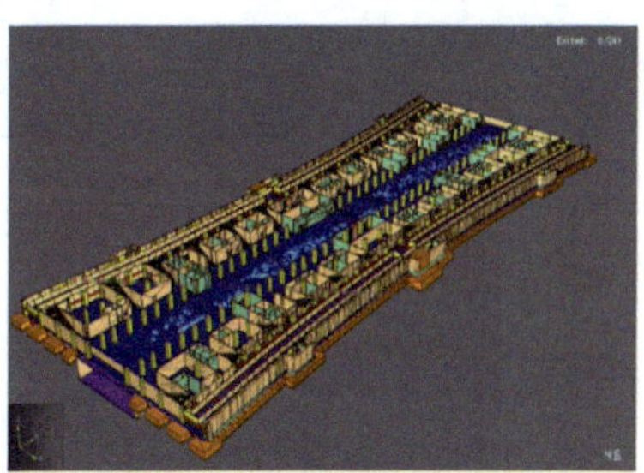
疏散分析

图 5-3-4　性能化分析

（三）虚拟建造

济青公司尝试通过 BIM 模型集成进度、预算、资源、施工组织等关键信息，对施工过程进行模拟，及时为施工过程中的技术、生产、商务等环节提供准确的形象进度、物资消耗、过程计量、成本核算等核心数据，这一尝试提升了沟通和决策的效率，实现了对施工过程的数字化管理，从而达到节约时间和成本的目的。

同时通过虚拟建造技术，将站房全专业模型（建筑、结构、暖通、给排水、电气、幕墙、内装、夜景照明等）、基坑模型、临建模型等整合起来，如图 5-3-5 所示，对可能存在的问题和风险进行了提前预警，实现了施工组织的事前科学合理优化。

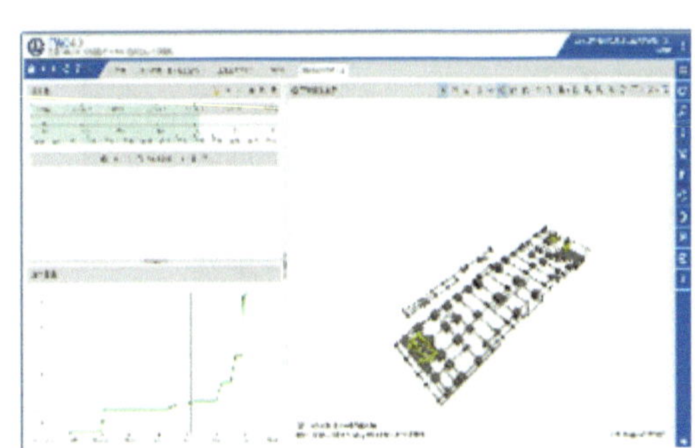

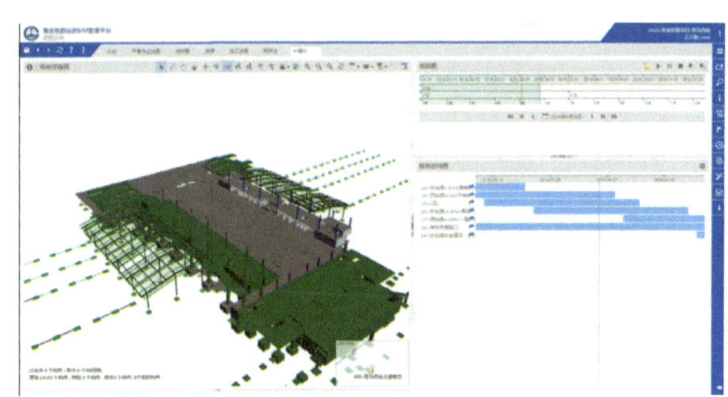

图 5-3-5　虚拟建造

（四）场坪布置

济青公司将基于无人机航拍获得的 GIS 模型和 BIM 模型进行了整合，利用 BIM 的三维可视性，直观反映施工现场情况，合理高效地规划现场施工平面，有效避免了二次搬运及相关事故的发生，减少了临建布置、大型机械的拆装路径、施工堆场的定位、施工道路的规划等的用地规模。根据施工的进度，对施工现场的部件进行调整，使施工现场平面布置按施工进度进行更新，如图 5-3-6、图 5-3-7 所示。

图 5-3-6　场地布置规划

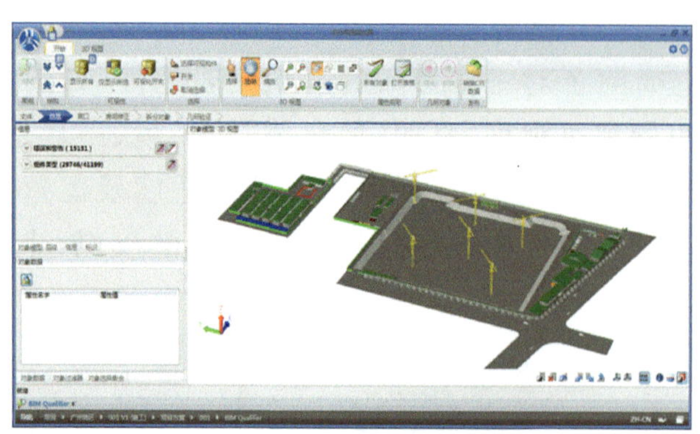

图 5-3-7　塔吊作业区域规划

(五)施工方案模拟

针对技术方案无法细化、不直观、交底不清晰的问题,BIM 技术的运用能够指导施工方案的编制,可以直观地对复杂工序进行分析,将复杂部位简单化、透明化,提前模拟方案后的现场施工状态,对现场可能存在的危险源、安全隐患、消防隐患等进行提前排查,对施工方案的施工工序进行合理排布,有利于方案的专项性、合理性。同时可视化的动态展示,有利于与施工人员进行交底和沟通。

同时 BIM 模型还能支撑施工方案的论证环节,其中高铁站房工程层数高、跨度大、高支模方案编制困难,应用 BIM 的可视化优势,可以清楚看到施工过程中的实际情况,直观地完成方案的编制,如图 5-3-8、图 5-3-9 所示。

图 5-3-8　脚手架施工模拟

图 5-3-9　脚手架构件

(六)深化设计

施工过程中,由于设计院的蓝图无法指导钢结构、幕墙、精装等复杂环节的直接加工制作和现场安装,需要在专业的详图深化软件中建模,深化出构件详图(用于指导加工)和构件布置图(用于指导现场定位拼装)。通过 TEKLA、Rhino 等深化设计软件完成深化设计模型的建立,模型中含有构建的三维造型、组成构件以及细部节点信息,从而使得构建的场外预加工、场内拼装设想得以实现,如图 5-3-10～图 5-3-13 所示。

(七)三维技术交底

BIM 技术的三维可视化特点为实施沟通提供了一个三维交流环境,使得技术交底清晰直观,容易理解,大大提高了沟通交流的效率和质量。同时基于平台的移动端工作系统,各方人员都可以实时查看模型和相关节点，并对技术实施方案进行批注，及时沟通交流、优化方案、预判风险，时刻做好准备，以防突发状况。

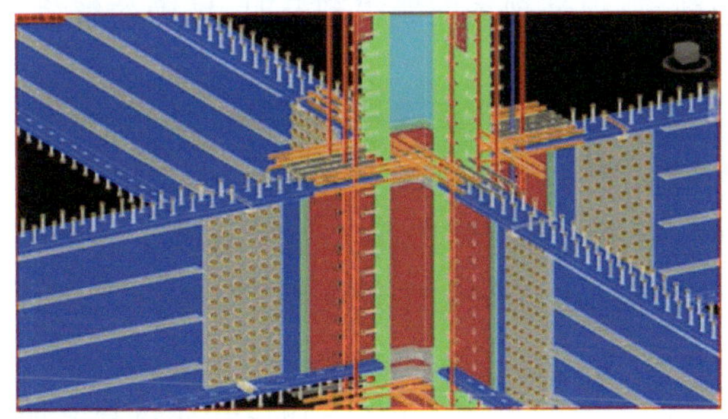

图 5-3-10　连接板节点深化

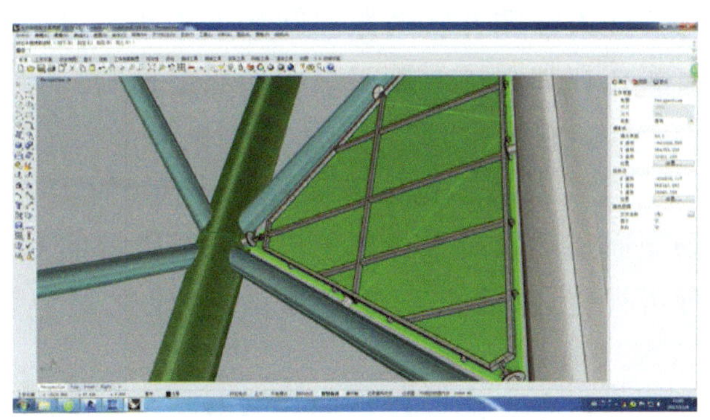

图 5-3-11　桁架铝板挂件深化

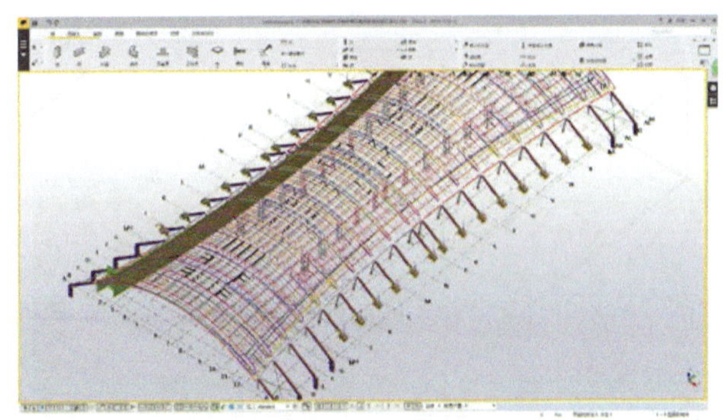

图 5-3-12　钢结构屋面深化

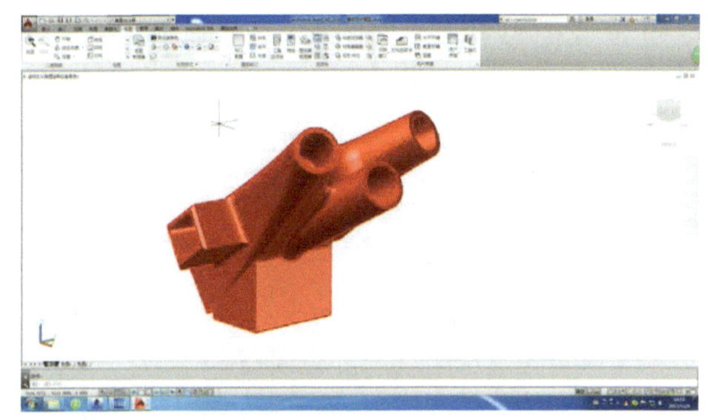

图 5-3-13　铸钢连接点深化

对施工过程中的重难点、复杂节点及存在安全质量隐患的部位，通过 BIM 模型可进行施工过程全模拟，利用视频、三维截图等方式对施工工艺、施工顺序及施工过程中应该特别注意的地方进行详细说明，如图 5-3-14 所示。

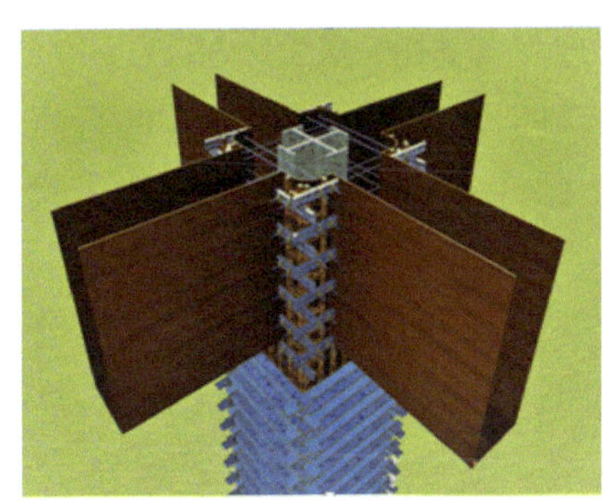

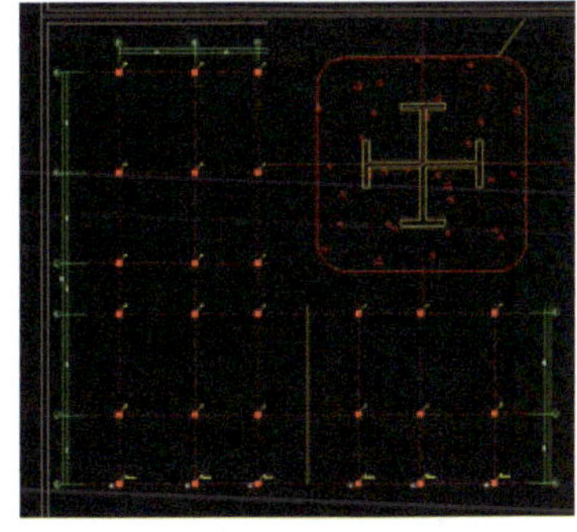

图 5-3-14　对弧角型钢柱、梁节点模板加固进行可视化技术交底

(八)质量管理

移动端 App 的设计旨在使管理人员能够在施工现场随时随地查看 BIM 模型及相关质量验收规范，不必再带图纸和纸版规范去现场，现场质量人员除可查看本专业图纸和模型外，利用模型可同时查看相关专业的模型，了解其他专业的设计要求，将现场的建筑物实体与 BIM

模型对比，直观快速地发现现场质量问题。

同时利用移动端 App 将现场发现的问题拍照并在模型中进行定位标记，对发现的问题进行责任人分派并实时跟踪问题处理状态，提高沟通效率，保证现场问题得到及时、准确的解决，实实在在加强了对施工过程的质量控制。

（九）安全管理

BIM 系统还充分整合了基于视频的实时监控功能，实现了对现场安全用电、安全用水、现场交通疏散以及主体施工过程中危险源的有效控制，借助 BIM 模型和视频技术实现了安全管理可视化，提前进行危险源识别，建立安全管控分级制，建立安全防护模型，安全投入一目了然。

通过建立的三维模型让各分包管理人员提前对施工面的危险源进行判断，并通过建立防护设施模型内容库，快速地在危险源附近进行防护设施模型的布置，比较直观地针对安全死角进行提前排查。将防护设施模型的布置对项目管理人员进行模型和仿真模拟交底，确保现场按照布置模型执行，如图 5-3-15 所示。

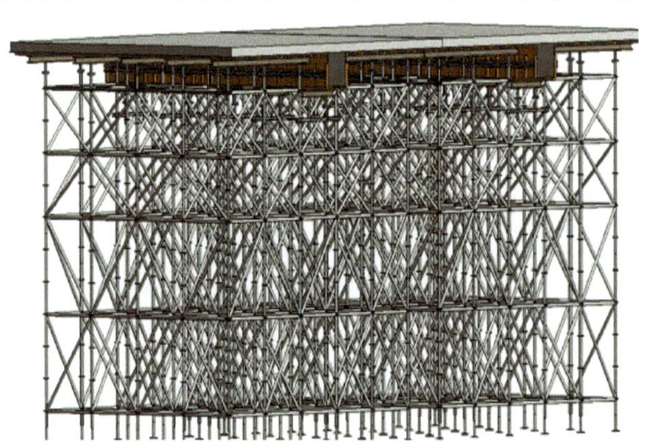

图 5-3-15　安全措施模型

（十）进度管理

BIM 系统还实现了与已有进度管理软件的对接。允许利用现场编制的 MS Project、P3/6 进度计划，将 BIM 模型与输入 Project、P3/6 中的数据进行匹配，并计算成本、劳动力，进行资源平衡。通过调整资源投入，优化进度工期直至满足工期需求。允许利用 iTWO 进行施工模拟，核查进度计划。

同时，作业人员可以实时录入实际施工进度，通过实际进度与计划进度模型的对比分析，系统可以自动通过颜色差异来显示模型进度，有助于实时进行计划纠偏，如图 5-3-16 所示。

（十一）成本管理

根据 BIM 系统可以实现的三维化立体数据平台、动态的时间轴线、WBS 等关系发展而来的数据库，能够建立工程项目中与成本相关的各类时间轴线、施工顺序、立体空间延展等各个展现角度的数据库，使成本管理方面的数据处理分析能基于每一个具体构件相应的记录，极大提高了工程项目成本分析与核算的准确性与效率，如图 5-3-17 所示。

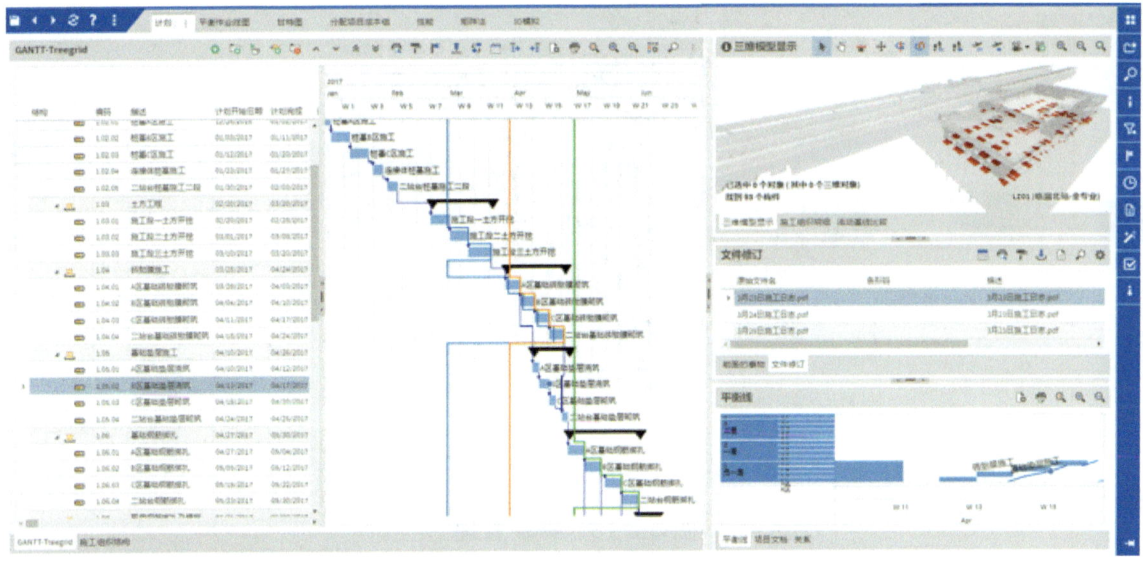

图 5-3-16　进度分析对比

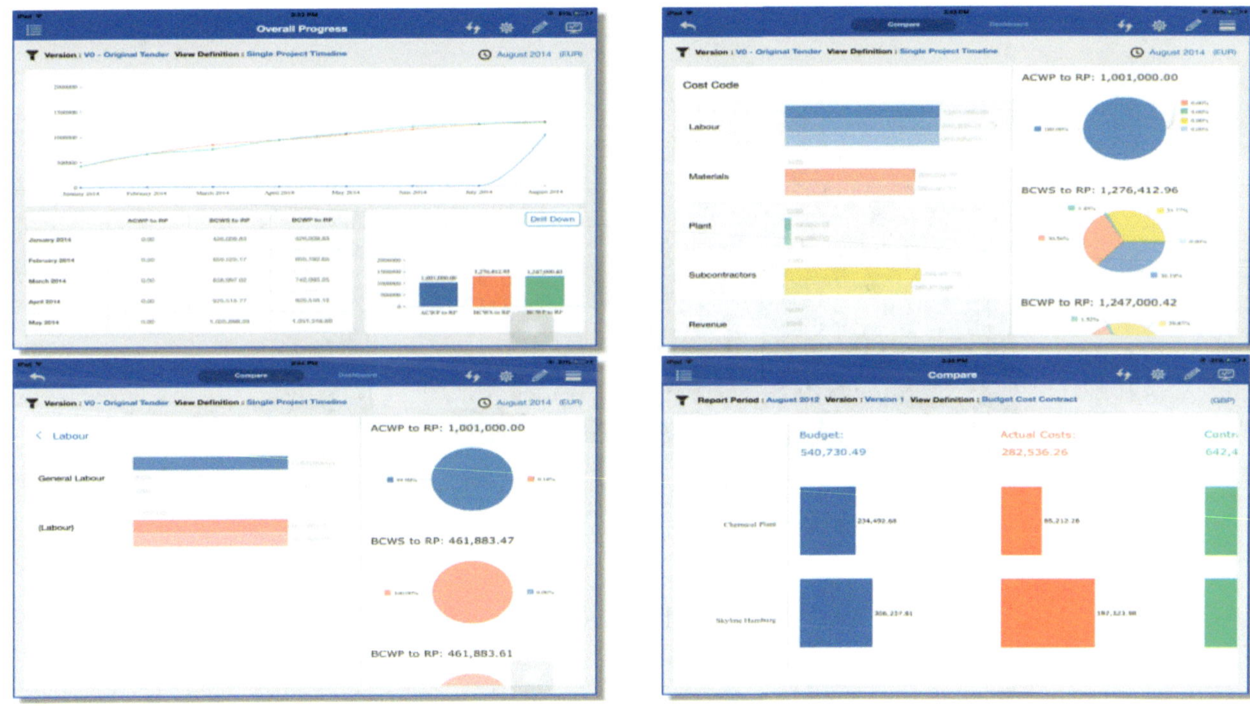

图 5-3-17　成本分析对比

（十二）物资管理

基于模型中的分类编码及构件的唯一身份 ID，根据平台中施工计划和构件的挂接关系，可以自动生成与施工计划和实际进度相对应的材料清单，为现场物资管理人员提供有效的决策参考，使得资源配置过程更加合理高效。构建信息指导了从材料加工制作到设备供应的所有准备过程，确保现场物资符合施工需要，如图 5-3-18 所示。

（十三）VR 应用

系统还集成了 VR 实景模拟技术，在 VR 实景模拟的配合下，可以将功能模块丰富的平台

工程名称：红岛站
设备编号：WCC-01,02
机组型号：PFS140,1CFST-B
整机原产地：中国武汉
生产商：麦克维尔空调制冷有限公司
生产日期：2016.9.5
压缩机形式/产地：螺杆式/苏州
冷凝器形式/产地：壳管式/武汉
制冷量：132USRT
输入功率：93kW
额定电压：380V
制冷剂：R134a
冷却水流量：96m3/h
冷却水进出水温度：32℃/37℃
冷冻水流量：57m3/h

图 5-3-18　物资管理

和精细准确的模型更好地展示出来，利用 CAVE 虚拟现实显示系统、拼接屏系统以及电子砂盘系统展示工程项目的建设情况，提升项目对外的影响力，方便各个参与方参观学习，如图 5-3-19 所示。

图 5-3-19　VR 应用

第四章　科技创新成果

一、科研项目

1.《济青高速铁路征地拆迁模式创新与实践》(本公司)

2.《客运专线CRTSⅢ型板式无砟轨道施工技术研究》(中国中铁航空港建设集团有限公司)

3.《悬浇连续梁群应力监测及线型控制技术》(中国中铁航空港建设集团有限公司)

4.《预制箱梁综合施工技术研究》(中国中铁航空港建设集团有限公司)

5.《900吨箱梁提、运、架设施工工艺研究》(中铁十二局集团有限公司)

6.《高速铁路CRTSⅢ型板式无砟轨道成套施工技术研究》(中铁十二局集团有限公司)

7.《机场明挖隧道施工关键技术研究》(中铁十二局集团有限公司)

8.《自动张拉系统在高速铁路预制后张法箱梁施工中的应用技术研究》(中铁十二局集团有限公司)

9.《刚构连续梁跨越国省道超低净空施工技术研究》(中铁十二局集团有限公司)

10.《旋挖钻穿越多层流沙施工技术研究》(中铁十二局集团有限公司)

11.《预应力管桩穿越钙质结核层施工技术研究》(中铁十二局集团有限公司)

12.《基于互联网+的连续桥梁冬期施工及智能养生技术》(中铁三局集团有限公司)

13.《沿海地区高铁站房双曲面幕墙及金属屋面施工技术研究》(中国建筑股份有限公司)

14.《沿海地区高铁站房浪花造型钢结构施工技术》(中国建筑股份有限公司)

15.《沿海地区高铁站房在现有结构上施工的大跨度异形复杂钢结构施工技术》(中国建筑股份有限公司)

二、科研成果奖项(表5-4-1)

表5-4-1　济青高铁科研成果奖项统计

序号	项目名称	奖项名称	获奖等级
1	济青高铁红岛站BIM综合应用	第六届“龙图杯”全国BIM大赛	综合组一等奖
2	济青高铁6标段淄博北站、潍坊北站BIM技术深度应用	第七届“龙图杯”全国BIM大赛	施工组二等奖
3	青岛新机场高地铁站房工程BIM技术综合应用	第七届“龙图杯”全国BIM大赛	施工组二等奖
4	基于BIM技术的济青高铁管理模式创新研究与实践	山东省国资系统2017年度优秀研究成果	三等奖

续上表

序号	项目名称	奖项名称	获奖等级
5	济青高铁建设实名制管理信息系统应用	山东省国资系统2017年度优秀研究成果	优秀奖
6	济青高铁潍坊北站BIM技术应用	山东省建筑信息模型(BIM)技术应用成果	综合组最佳应用奖
7	济青高铁红岛站BIM技术综合应用	山东省建筑信息模型(BIM)技术应用成果	综合组最佳应用奖
8	济青高铁淄博至潍坊BIM技术深度应用	2018首届“优路杯”全国BIM技术大赛	金奖
9	青岛新机场高地铁站房工程BIM技术综合应用	2018首届“优路杯”全国BIM技术大赛	铜奖
11	青岛市红岛交通枢纽BIM技术应用	第九届“创新杯”建筑信息模型(BIM)应用大赛	交通枢纽工程类BIM应用第二名
12	大型高铁站房钢结构施工综合技术应用与研究	中国施工企业管理协会评选，工程建设科学技术进步奖	二等奖
13	沿海地区高铁站房双曲面幕墙及金属屋面施工技术研究	中国施工企业管理协会评选，工程建设科学技术进步奖	三等奖
14	沿海地区高铁站房浪花造型钢结构施工技术	中国施工企业管理协会评选，工程建设科学技术进步奖	三等奖
15	沿海地区高铁站房在现有结构上施工的大跨度异形复杂钢结构施工技术	中国施工企业管理协会评选，工程建设科学技术进步奖	二等奖
16	基于互联网+的连续桥梁冬期施工及智能养生技术	交通建设科技成果奖	二等奖

三、论文发表

1. 杨书生．济青高铁劳务实名制管理信息系统设计与应用研究[D]．成都：西南交通大学，2018.

2. 邓振利，程玉芳，王琳，等．济青高铁征地拆迁模式的探索与实践[J]．建筑工程技术与设计，2017(15)：4361-4362.

3. 许世扬．基于二维码的信息管理技术在济青高铁桥梁施工管理中的应用探究[J]．建筑建材装饰，2018(16)：13-15.

4. 冯昭洁．新建济南至青岛高速铁路土地复垦方案编制初探，济青公司征地拆迁部．

5. 王小奇．济南至青岛高速铁路引入青岛枢纽方案探讨[J]．科技创新与应用，2015(11)：18-19.

6. 刘杰．济南至青岛高速铁路引入济南铁路枢纽方案研究[J]．高速铁路技术，2016(3)：63-68.

7. 刘杰．济南至青岛高速铁路引入青岛枢纽胶州北站方案研究[J]. 城市建设理论研究(电子版)，2016(11).

8. 张建立．济南至青岛高速铁路施工技术及流程分析[J]. 建筑建材装饰，2018(21).

9. 邓振利,程玉芳,王琳,等．济青高铁征地拆迁模式的探索与实践[J]. 建筑工程技术与设计，2017(15):4361-4362.

10. 李雪．高铁路基施工中预应力管桩施工技术[J]. 建筑建材装饰，2019(1):66,220.

11. 许金磊,马俊峰,杨鑫,等．大型方柱可调模板加固施工技术与研究[J/OL]. 工程技术(文摘版),2017,8(8): 106-107.

12. 任宏伟．CRTSⅢ型板式无砟轨道底座板施工技术[J]. 铁道建筑技术,2015(8): 85-87.

13. 陈高生,李沿芃,张大伟．风化、水、时间对膨胀性泥岩稳定性研究[J]. 江西建材，2017(24):16-19.

14. 张大伟,李沿芃,陈高生．明挖隧道衬砌渗漏水原因分析及处治对策研究[J]. 河南建材,2017(5):153-154.

15. 李沿芃,陈高生,张大伟．明挖隧道复合式防水、止水施工组织管理与质量控制措施研究[J]. 江西建材,2018(2):120-123.

16. 李沿芃,陈高生,张大伟．膨胀性泥岩对隧道明挖施工的影响评价与处置对策[J]. 山西建筑,2017,43(26):151-152.

17. 张大伟,张锐,王小江．膨胀性泥岩隧道明挖施工对隧道主体结构的影响评价及对策研究[J]. 河南建材,2017(5):22-23.

18. 张大伟,李沿芃,陈高生．膨胀性泥岩工程地质特性特征研究[J]. 山西建筑,2017,43(25):76-77.

19. 徐骏,李安洪,刘厚强,等．BIM在铁路行业的应用及其风险分析[J]. 铁道工程学报，2014(3):129-133.

20. 周明军,官铖．大型方柱可调模板加固施工技术与研究[J/OL]. 工程技术(文摘版)，2017,9(4): 351.

21. 张久明．高速铁路大角度单线并双线平移架梁研究[J]. 工程技术(引文版),2017,6(1):121.

22. 霍冰洁．济青客运专线预制箱梁冬季施工技术[J]. 工程技术(引文版),2017,6(1): 150-151.

23. 刘秀珍．浅谈铁路混凝土质量通病及缺陷治理[J]. 工程技术(引文版)，2017,6(1):31.

四、工法与专利

在济青高铁建设期间,随着新技术的研发和现场技术应用的深化,技术创新对工程的积极作用不断显现。截至2019年年底,济青高铁获批省级工艺、工法数量21件,实用新型专利119项,其中多项发明专利已在工程建设中发挥了重要作用,详细情况见表5-4-2。

表 5-4-2　济青高铁专利申报及工艺工法应用情况

序号	成果名称	专利号/工法号	成果类形
1	超深二次液压扩孔钻孔灌注桩可视可控施工工法	SDSJGF391—2017	省、部级工艺工法 20 项
2	大区域多标段平面控制网联测施工工法	SDSJGF111—2017	
3	钢筋笼滚焊机改进应用施工工法	SDSJGF285—2017	
4	基于 BIM 技术的大体量钢筋集中加工施工工法	SDSJGF348—2017	
5	明挖隧道变截面台车模板施工工法	SDSJGF240—2017	
6	膨胀性泥岩土体加固注浆施工工艺	SDSJGF445—2017	
7	新型便携式对拉螺栓加固头施工工法	SDSJGF426—2017	
8	新型明挖隧道拱顶模板支撑体系工法	SDSJGF423—2017	
9	大型车站综合支架与抗震支架综合施工工法	SDSJGF206—2018	
10	地下车站风管集中加工施工工法	SDSJGF205—2018	
11	双曲线复杂造型幕墙施工工法	SDSJGF2019034F	
12	CRTSIII 型无砟轨道自密实混凝土施工工法	SDSJGF721—2017	
13	CRTSIII 型板式无砟轨道底座板滑模施工工法	SJGF18-21-467	
14	基于互联网＋的连续梁冬期智能养生工法	SJGF18-21-471	
15	高速铁路桥梁聚氨酯弹性体伸缩缝气囊法现场浇筑技术	湘建科〔2019〕126 号	
16	预制箱梁钢筋整体绑扎与吊装施工工法	国铁工程监函〔2017〕78 号	
17	预制箱梁预应力管道成孔抽拔棒机械安装与拔除工法	湘建科〔2018〕124 号	
18	小型构件半自动化流水线预制施工工法	湘建科〔2019〕126 号	
19	CTRSⅢ型板式无砟轨道底座排水坡快速成型施工工法	湘建科〔2019〕126 号	
20	轨道调整采用快速测量系统工法	中施企协字〔2020〕68 号	
21	道路路基智能化连续压实施工工法	SDSJGF96—2018	实用新型专利 120 项
22	适用于弹性节点的非固化防水构造	ZL201620824476.1	
23	适用于砂性基坑的注浆装置	ZL20162C946654.8	
24	一种蠕动式滑模装置	ZL201720235028.2	
25	一种压力分离式止水带	ZL201720489377.7	
26	一种新型扳手及组件	ZL201720618334.4	
27	堵漏剂反应组件和后浇带止水装置	ZL201720235506.X	
28	一种简易裂缝宽度监测仪	ZL201720472783.2	
29	汽冷降温装置及其系统	ZL201720496908.5	
30	软基区临时便道铺设结构	ZL201720742544.4	

续上表

序号	成果名称	专利号/工法号	成果类形
31	一种 CRTSⅢ型无砟轨道底座板滴增压灌养护装置	ZL201720742555.2	实用新型专利 120 项
32	传感式自动收料计数仪	ZL201720742545.9	
33	一种无副坑电梯排水装置	ZL201720742548.2	
34	一种高铁预制箱梁的双面养护装置	ZL201620551656.7	
35	一种自动穿橡胶棒的双驱装置	ZL201620593899.7	
36	一种 CRTSⅢ型板式无砟轨道底座板混凝土自动成型机	ZL201720678879.9	
37	一种混凝土构件自动控制养生装置	ZL201720996039.2	
38	一种 CRTSⅢ型板式无砟轨道底座板 凹槽混凝土施工模板组合装置	ZL201720996038.8	
39	一种可循环利用的钢筋笼吊筋	ZL201720168118.4	
40	一种用于带状混凝土施工侧模上可调高的轨道转接件	ZL201720999103.2	
41	一种预应力孔道成型器	ZL201720169155.5	
42	桥墩混凝土全自动喷淋养护系统	ZL201620791910.0	
43	一种高速铁路预制箱梁混凝土温度智能检测方法	ZL201710903354.0	
44	一种钢筋笼滚焊机的新型托笼机构	ZL201720766594.6	
45	一种建筑模板快速夹持装置	ZL201720800951.6	
46	一种螺旋箍筋卡具	ZL201720766636.6	
47	一种排污水波纹管	ZL201720769567.4	
48	一种水泥聚苯模壳成型模具	ZL201720801392.0	
49	一种隧道拱顶支撑结构	ZL201720766540.X	
50	一种隧道通风装置	ZL201720801394.X	
51	墩身喷淋养护升降架	ZL201621120499.0	
52	CRTSⅢ型板式无砟轨道自密实封边模板防错台装置	ZL2017211453714	
53	一种防护墙保护罩	ZL201821863635.4	
54	一种无砟轨道底座板养护装置	ZL201821221002.3	
55	一种简支拱桥斜交布跨支架体系结构	ZL201720910613.8	
56	一种 500 m 长轨列车	ZL201620187979.7	
57	Ⅲ型板式无砟轨道底座高定位及排水坡控制装置	ZL201721145533.4	
58	一种连续梁跨公路附着式防护棚	ZL201721145534.9	
59	可快速拼接拆卸坡口式铁路桥墩模板	ZL201721289723.3	
60	一种铁路桥墩模板安装的手持调模工具	ZL201721288698.7	

续上表

序号	成果名称	专利号/工法号	成果类形
61	一种桥面防水施工喷涂用移动小车	ZL201721396247.5	实用新型专利120项
62	一种铁路桥梁聚氨酯弹性体伸缩缝现场浇筑工装	ZL201721288699.1	
63	一种轨道板自密实混凝土压杆接长装置	ZL201721145316.5	
64	一种具有自动取钩功能的500m长钢轨群吊双钩装置	ZL201920056264.7	
65	一种在钢轨上行驶的内燃式轨行平板车	ZL201721386356.9	
66	一种轨道板支撑装置	ZL201721065749.X	
67	一种混凝土底座板顶面平整度控制模具	ZL201721064018.3	
68	一种桥面预埋套筒定位装置	ZL201720890576.9	
69	一种桥面预埋竖墙钢筋定位装置	ZL201720587685.3	
70	一种支座螺栓孔精密定位模型	ZL201720586172.0	
71	一种桥梁竖墙便携式混凝土漏斗滑槽	ZL201720585674.1	
72	一种抽拔棒自动穿束机	ZL201720585675.6	
73	明挖隧道仿生液压跨步式拱顶内模衬砌台车	ZL201620813457.9	
74	一种封锚施工方法及梁端封锚模板	ZL201711163902.7	
75	一种高层箱梁预应力施工操作平台	ZL201721434410.2	
76	一种施工存梁区预制梁冬季和夏季两用型养护装置	ZL201721661490.5	
77	一种箱梁腹板和底板端头封锚后移动保温养护架	ZL201721661515.1	
78	预制箱梁内模的存放支架	ZL201821590660.X	
79	用于预制梁人工收面的操作平台	ZL201821590646.X	
80	拌和站料罐群的防风加固体系	ZL201821591427.3	
81	钢卷放料支架	ZL201821591415.0	
82	一种钢绞线支架	ZL201821727067.5	
83	一种单线铁路箱梁横移系统	ZL201921254045.6	
84	一种接触网基础预埋件定型装置	ZL201921844826.0	
85	箱梁钢筋笼吊具存放支架	ZL201921844857.6	
86	一种新型挡渣墙过水孔成孔器	ZL201921845645.X	
87	用于预制梁冬季施工的温控养护棚	ZL201821590635.1	
88	一种可周转的现场压力瓶存放架	ZL201821069083.X	
89	一种行走式塔吊外置缓冲限位装置	ZL201821069082.5	
90	一种行走式塔吊外置电缆架设装置	ZL201821069081.0	
91	一种上托和底托可转换的建筑用顶托	ZL201821069960.3	

续上表

序号	成果名称	专利号/工法号	成果类形
92	一种伸缩式钢筋间距卡	ZL201821069959.0	实用新型专利120项
93	一种新型行走式塔吊轨道梁	ZL201821069958.6	
94	一种组合楼板施工悬挑部模板支撑工具	ZL201821070622.1	
95	一种钢柱安装爬梯	ZL201821070619.X	
96	一种高大空间内施工用的可拆卸高空运输工具	ZL201821070618.5	
97	一种管桁架安装用临时支撑装置	ZL201821147725.3	
98	一种现浇路缘石用机具	ZL201821145830.3	
99	一种护筒中心定位装置	ZL201821145829.0	
100	一种手持式测绳缠线器	ZL201821145828.6	
101	一种可移动的二保焊焊机平台	ZL201821249084.2	
102	一种用于切割机下料的定位工具	ZL201821249083.8	
103	一种钢桁架焊接用挡风装置	ZL201821247584.2	
104	一种施工用压力气瓶存放及运输装置	ZL201821247583.8	
105	一种移动式钢桁架焊接用挡风装置	ZL201821248417.X	
106	一种钢柱焊接用挡风装置	ZL201821354216.8	
107	一种管桁架焊接挡风装置	ZL201821354409.3	
108	一种屋面材料运输装置	ZL201821354408.9	
109	一种可辅助定位的阴阳角抹子	ZL201821354076.4	
110	一种塔吊洞口封堵方法	ZL201810977391.0	
111	一种塔吊洞口封堵结构	ZL201821377958.2	
112	曲面金属幕墙面板与龙骨安装的连接装置及其连接方法	ZL201811176586.1	
113	一种幕墙放线辅助工具	ZL201821638733.8	
114	一种新型石材挂接装置	ZL201821638732.3	
115	一种物料提升装置	ZL201821638724.9	
116	一种龙骨隔墙管道防渗结构	ZL201821640790.X	
117	曲面金属幕墙面板与龙骨安装的连接装置	ZL201821638723.4	
118	线缆放线支架	ZL201821645316.6	
119	一种带锁紧机构的钢筋卷材拉直用承载装置	ZL201811321334.3	
120	一种建筑工地预留口封堵板材用自动转运及铺设装置	ZL201811320341.1	
121	一种建筑工程临时配电箱用可折叠式防护装置	ZL201811320333.7	
122	一种电动排烟开启窗折叠合页装置	ZL201811321332.4	

续上表

序号	成果名称	专利号/工法号	成果类形
123	一种带锁紧机构的钢筋卷材拉直用承载装置	ZL201821829142.9	实用新型专利120项
124	一种建筑工地预留口封堵板材用自动转运及铺设装置	ZL201821828174.7	
125	一种建筑工程临时配电箱用可折叠式防护装置	ZL201821829141.4	
126	一种电动排烟开启窗折叠合页装置	ZL201821828178.5	
127	一种高铁站防撞承重柱	ZL201821837647.X	
128	一种高铁站幕墙检修施工架	ZL201821837646.5	
129	一种高铁站雨棚钢结构检测台	ZL201821836846.9	
130	一种玻璃幕墙的安装结构	ZL201821836844.X	
131	一种钢结构加工用装配夹具	ZL201821836843.5	
132	一种钢结构加工用钢板折弯机	ZL201821838872.5	
133	一种装配式钢结构墙板	ZL201821839044.3	
134	一种简易幕墙玻璃吊装装置	ZL201821839043.9	
135	一种可调节角度的激光测距仪组件	ZL201821839041.X	
136	一种自动抹灰机	ZL201821839040.5	
137	一种混凝土面抹平装置	ZL201821886277.9	
138	一种路面水稳层施工模板	ZL201821886543.8	
139	一种可移动式幕墙龙骨角切机	ZL201820079346.9	
140	一种可拆分单元件幕墙龙骨加工台	ZL201820079347.3	

第五章　质量创优成果

在济青高铁建设初期，公司即出台《济青高速铁路有限公司工程创优管理办法》，该办法分为九章共33条，其中就创优组织机构及职责，工程质量和创优目标、计划，工程创优项目申报，工程创优的实施，工程创优保证措施，检查、总结与考核等涉及创优工作前中后全过程建立了完善的管理机制和应对措施。

一、管理机制和措施

在建设单位层面，公司成立了工程创优领导小组，要求各参建单位必须成立由项目主要领导挂帅的工程创优领导机构和日常管理机构；过程中严格采取标准化管理，建立全过程质量保证体系，突出现场控制、安全管理的重要性，设置定期检查、总结与考核制度，并设立严格的考核奖惩机制，要求所有参建单位均缴纳一定金额的保证金，根据创优目标的完成情况对保证金采取退还和收没处理。

二、创优目标的制定

在工程初期就定下了创优目标：

1. 全线综合工程创国家优质工程奖；

2. 全线勘察设计创铁路优质勘察设计金奖，争创全国优秀工程勘察设计奖；

3. 全线不少于两个单项工程创中国建设工程鲁班奖或中国土木工程詹天佑奖等极具挑战的创优目标，为建设期间的高质量管理提供了强大的推动力。

上述机制、措施和目标的制定形成了济青高铁独有的创优管理模式，在该模式下，各参建方积极响应公司科研与技术创新工作的号召和部署，齐心协力、创优争先，最终取得了可喜的成绩，详细获奖情况见表5-5-1。

所有目标均超额完成，为将济青高铁打造为高质量工程添砖加瓦。

表5-5-1　济青高铁质量创优获奖汇总表

序号	获奖工程名称	获奖名称	获奖年度	获奖单位	授奖单位	奖项等级
1	潍坊北站站房工程	中国建设工程鲁班奖	2020	中铁建工集团有限公司	建设部、中国建筑业协会	国家级
2	临青特大桥	国家优质工程奖	2020	中铁五局集团有限公司	中国施工企业管理协会	国家级
3	淄博特大桥	国家优质工程奖	2020	中铁十一局集团有限公司	中国施工企业管理协会	国家级

续上表

序号	获奖工程名称	获奖名称	获奖年度	获奖单位	授奖单位	奖项等级
4	红岛站站房工程	钢结构金奖	2020	中国建筑有限公司	中国建筑金属结构协会	国家级
5	潍坊北站站房工程	钢结构金奖	2020	中铁建工集团有限公司	中国建筑金属结构协会	国家级
6	红岛站站房工程	绿色施工示范工地	2020	中国建筑有限公司	中国建筑业协会	国家级
7	新建济南至青岛高速铁路淄博特大桥	2020—2021 年度“国家优质工程奖”	2020	中国铁建电气化局集团有限公司	中国施工企业管理协会	国家级
8	济青高铁——潍坊北站	2019 年度“夜光杯”照明科技奖	2019	杭州中联筑境建筑设计有限公司	中国照明学会室外照明专业委员会	国家级
9	济青高铁——潍坊北站	2020 年工程建设项目绿色建造设计水平评价三等奖	2020	杭州中联筑境建筑设计有限公司	中国施工企业管理协会	国家级
10	济青高铁——潍坊北站	2020 年中国建筑学会专项奖-公共建筑三等奖	2021	杭州中联筑境建筑设计有限公司	中国建筑学会	国家级
11	济青高铁——高密北站	2020 年度浙江省勘察设计行业优秀勘察设计奖(建筑工程设计类)三等奖	2020	杭州中联筑境建筑设计有限公司	浙江省勘察设计协会	省部级
12	济青高铁——潍坊北站	2020 年山东省优秀建筑设计项目竞赛一等奖	2020	杭州中联筑境建筑设计有限公司	山东省勘察设计协会	省部级
13	新建济南至青岛高速铁路工程选线设计	优秀工程设计二等奖	2020	中国铁路设计集团有限公司	国家铁路局	省部级
14	新建济南至青岛高速铁路工程站场设计	优秀工程设计二等奖	2020	中国铁路设计集团有限公司	国家铁路局	省部级
15	新建济南至青岛高速铁路工程轨道设计	优秀工程设计三等奖	2020	中国铁路设计集团有限公司	国家铁路局	省部级
16	新建济南至青岛高速铁路胶州机场隧道设计	铁道学会优秀勘察设计三等奖	2020	中国铁路设计集团有限公司	铁路总公司	省部级

续上表

序号	获奖工程名称	获奖名称	获奖年度	获奖单位	授奖单位	奖项等级
17	新建济南至青岛高速铁路工程“四电”系统集成设计	优秀工程设计三等奖	2020	中国铁路设计集团有限公司	国家铁路局	省部级
18	新建济南至青岛高速铁路工程地质勘察	优秀工程勘察一等奖	2020	中国铁路设计集团有限公司	国家铁路局	省部级
19	章丘北站站房工程	山东省建筑工程优质结构奖	2020	中铁十局集团有限公司	山东省建设厅	省部级
20	章丘北站站房工程	山东省建筑质量泰山杯工程	2020	中铁十局集团有限公司	山东省建设厅	省部级
21	临青特大桥	山东省建筑质量泰山杯工程	2020	中铁五局集团有限公司	山东省建设厅	省部级
22	红岛站站房工程	山东省优质结构奖	2020	中国建筑股份有限公司	山东省建设厅	省部级
23	青岛新机场航站楼及综合交通中心工程（高铁及地铁站房等）	山东省建筑工程优质结构奖	2020	中国建筑股份有限公司	山东省建设厅	省部级
24	跨荣潍高速公路特大桥工程	中国铁建杯优质工程奖	2019	中铁二十一局集团有限公司、中铁二十一局集团第五工程有限公司	中国铁建股份有限公司	省部级
25	新建济南至青岛高速铁路“四电”及相关工程	2019年中国铁建杯	2019	中国铁建电气化局集团有限公司	中国铁建股份有限公司	省部级
26	济南特大桥	中国中铁杯优质工程奖	2020	中铁十局集团第二工程有限公司	中铁股份有限公司	省部级
27	临青特大桥	中国中铁杯优质工程奖	2020	中铁五局集团有限公司	中国铁建股份有限公司	省部级
28	北胶新河特大桥	中国中铁杯优质工程奖	2020	中铁一局集团有限公司	中国中铁股份有限公司	省部级
29	新建济南至青岛高速铁路工程JQGTSG-6标段	中国中铁杯优质工程奖	2020	中铁上海工程局集团有限公司	中国中铁股份有限公司	省部级

续上表

序号	获奖工程名称	获奖名称	获奖年度	获奖单位	授奖单位	奖项等级
30	淄博特大桥	中国铁建杯优质工程奖	2020	中铁十一局集团有限公司	中国铁建股份有限公司	省部级
31	邹淄特大桥	中国中铁杯优质工程奖	2020	中铁三局集团有限公司	中国中铁股份有限公司	省部级
32	济青高铁——高密北站	2020年度杭州市建设工程西湖杯奖(优秀勘察设计)二等奖	2020	杭州中联筑境建筑设计有限公司	杭州市城乡建设委员会杭州市勘察设计行业协会	市级
33	济青高铁——潍坊北站	2020年度杭州市建设工程西湖杯奖(优秀勘察设计)二等奖	2020	杭州中联筑境建筑设计有限公司	杭州市城乡建设委员会杭州市勘察设计行业协会	市级
34	跨绣江河特大桥	优质工程二等奖	2019	中铁十局集团第二工程有限公司	中铁十局集团有限公司	局级
35	新建济南至青岛高速铁路“四电”及相关工程	2018年度中国铁建电气化局集团优质工程一等奖	2018	中国铁建电气化局集团有限公司	中国铁建电气化局集团有限公司	局级
36	新建济南至青岛高速铁路胶州机场隧道设计	中国铁路设计集团有限公司优秀设计特等奖	2020	中国铁设土建院	中国铁路设计集团有限公司	局级
37	新建济南至青岛高速铁路青阳隧道设计	中国铁路设计集团有限公司优秀设计一等奖	2020	中国铁设土建院	中国铁路设计集团有限公司	局级
38	新建济南至青岛高速铁路工程“四电”系统集成设计	优秀工程设计一等奖	2020	中国铁设电化电信院	中国铁路设计集团有限公司	局级

附　　录

附录1　济青高铁建设大事记

2014年6月10日，国家发改委批复济青高速铁路项目建议书（发改基础〔2014〕1247号）。

2015年1月12日，国家发改委批复济青高速铁路项目可行性研究报告（发改基础〔2015〕51号）。

2015年4月16日，山东省批复济青高速铁路有限公司组建工作（鲁政字〔2015〕72号）。

2015年6月19日，济青高速铁路有限公司创立大会暨第一次股东会、董事会、监事会在济南成功召开。

2015年6月23日，济青高速铁路有限公司完成工商注册登记。

2015年8月11日，济青高铁先期项目青阳隧道工程破土动工。省委常委、常务副省长孙伟到工程现场检查指导，对加快推进济青高铁建设进行安排部署。

2015年10月28日，省路联合批复济青高速铁路初步设计（铁总鉴函〔2015〕1057号）。

2015年12月20日，济青高铁组织召开济青高铁开工动员大会，标志着济青高铁全线正式开工。

2015年12月28日，国家发改委将济青高铁列为首批社会资本投资铁路示范项目（发改基础〔2015〕3123号）。

2016年3月18日，省委常委、常务副省长孙伟在济青高铁章丘制梁场主持召开现场推进会。

2016年4月20日，山东省委副书记、省长郭树清，省委常委、常务副省长孙伟，省委常委、济南市委书记王文涛等同志到济青高铁济南东站调研。

2016年5月05日，济青高铁临淄制梁场开始架设第一榀箱梁。

2016年10月11日，济青公司通过了铁路总公司工管中心评估组对悬臂浇筑连续梁首件工程的评估。

2016年10月17日，省委常委、青岛市委书记李群到济青高铁红岛站施工现场视察。

2016年10月28日，济青高铁全线第一块CRTS Ⅲ型无砟轨道底座板在临青特大桥桥面拉开施工序幕。

2016年11月06日，济青高铁全线最大跨度系杆拱连续梁即邹淄特大桥144m系杆拱连续梁拱肋拼装顺利合龙。

2016年11月16日，济青高铁全线第一块CRTS Ⅲ型无砟轨道板自密实混凝土成功灌注，标志着济青高铁正式进入铺板阶段。

2017 年 1 月 12 日，济青高铁首列 500 m 长钢轨列车运达寿光铺轨基地。

2017 年 3 月 16 日，济青高铁跨海青铁路特大桥顺利合龙。

2017 年 3 月 30 日，济青高铁临淄北至青州北站区间成功组立接触网第一杆，标志着济青高铁“四电”工程正式开工。

2017 年 4 月 12 日，济青高铁成功组立起济青高铁第一座通信铁塔，标志着通信工程全面步入攻坚阶段。

2017 年 5 月 11 日，济青高铁 CRTS Ⅲ型板式无砟轨道首件工程顺利通过铁路总公司工管中心专家组评估。

2017 年 6 月 04 日，随着 T11 专用长轨列车满载着 500 m 长轨安全顺利进入济青高铁寿光铺轨基地，标志着济青高铁提前一个月实现存轨 300 km 的目标，开创了国内高铁施工长轨进场和存放的心速度。

2017 年 7 月 15 日，济青高铁控制性工程青阳隧道成功贯通，比原计划工期提前 167 天。

2017 年 7 月 21 日，济青高铁三标箱梁架设顺利完成，标志着济青高铁高速段架梁工程顺利竣工，全面进入无砟轨道施工阶段。

2017 年 7 月 29 日，山东省委常委、常务副省长李群视察济青高铁铺轨现场。

2017 年 8 月 15 日，山东省委书记刘家义、省委秘书长胡文荣等同志到济青高铁潍坊北站调研指导工作。

2017 年 8 月 29 日，济青高铁站后“四电”接触网工程开始进行腕臂安装作业，标志着济青高铁站后“四电”工程正式进入上部安装作业阶段。

2017 年 11 月 04 日，济青高铁全线信号和通信工程的“样板工程”——13 号中继站宣告落成，标志着济青高铁信号和通信工程全线展开。

2017 年 11 月 29 日，济青高铁铺轨工程青岛方向时速 350 km 高速段铺轨顺利到达终点。

2018 年 4 月 17 日，济青高铁首组要点插铺 42 号道岔顺利完成。42 号道岔代表了当前我国道岔的最高技术水平，是全国高铁既有线插铺施工型号最大、长度最长的有砟高速道岔，也是全国首组采用换铺设备整组一次拉铺就位的道岔。

2018 年 6 月 14 日，铁路总公司党组书记、总经理陆东福，山东省副省长王书坚等同志到济青高铁济南东站检查并召开专题会议，双方就济青高铁开通及山东省铁路建设发展问题形成了明确意见。

2018 年 6 月 25 日，省委副书记、省长龚正主持召开会议，专题研究加快济青高铁、青连铁路建设，协调解决影响按期开通的重大问题，确保两条线路按期开通。

2018 年 7 月 25 日，济青高铁接触网开始送电。

2018 年 8 月 01 日，济青高铁开始联调联试。

2018 年 8 月 21 日～24 日，济青高铁济南东站至胶州北站顺利完成了最高运行速度 385 km/h 的试验检测工作。

2018 年 11 月 18 日，济青高铁联调联试顺利完成。联调联试历经 4 个阶段，用时 110 天，共 100 多个单位参加，1 000 多名参建人员日夜努力，共计开行检测列车 3 878 列，运行 18.5 万 km，安全顺利完成了全部提速和列控试验任务。

2018 年 11 月 20 日，济青高铁、青连铁路、石济客专运行试验启动大会在济南召开。

2018 年 11 月 21 日，济青高铁、青连铁路、石济客专运行试验正式开始。

2018 年 12 月 02 日，济青高铁开始按照运行试验计划拟定的运行图，在济青高铁、青盐铁路、济南东站至石济客专齐河站区间按图行车。

2018 年 12 月 08 日，济青高铁完成初步验收。

2018 年 12 月 10 日，济青高铁聚氨酯固化道床段时速 350 km 速度级实车试验取得圆满成功。

2018 年 12 月 14 日，济青高铁完成安全评估，具备开通运营条件。

2018 年 12 月 26 日，济青高铁全线开通运营。

附录 2　济青高铁工程参建单位名录

一、建设单位

济青高速铁路有限公司

二、部分工程代建单位

中国铁路济南局集团有限公司
石济铁路客运专线有限公司
青岛国际机场集团有限公司

三、设计单位

中国铁路设计集团有限公司
杭州中联筑境建筑设计有限公司

四、设计咨询单位

中铁第四勘察设计院集团有限公司

五、监理单位

中铁济南工程建设监理有限公司
铁科院(北京)工程咨询有限公司
济南市建设监理有限公司
北京瑞特工程建设监理有限责任公司
天津市路安电气监理有限公司
中铁华铁工程设计集团有限公司
乌鲁木齐铁建工程咨询有限公司
北京中铁诚业工程建设监理有限公司
北京铁研建设监理有限责任公司
上海天佑工程咨询有限公司
北京铁城建设监理有限责任公司
北京国寰环境技术有限责任公司
西安黄河工程监理有限公司
山东济铁工程建设监理有限责任公司
天津新亚太工程建设监理有限公司
上海建科工程咨询有限公司

六、施工单位

中铁隧道局集团有限公司
中铁十局集团有限公司
中铁三局集团有限公司
中铁十一局集团有限公司
中铁五局集团有限公司
中铁上海工程局集团有限公司
中国中铁航空港建设集团有限公司
中铁二十一局集团有限公司
中铁一局集团有限公司
中铁十二局集团有限公司
中国建筑股份有限公司
中铁四局集团有限公司
中铁城建集团有限公司
中铁建工集团有限公司
中铁电气化局集团有限公司
中国铁建电气化局集团有限公司
中国铁路通信信号有限公司
山东高速轨道设备材料有限公司
北京信息经纬技术公司
紫光软件系统有限公司

七、第三方检测单位

山东广信工程试验检测集团有限公司
山东铁正工程试验检测中心有限公司
中铁西北科学研究院有限公司
上海同纳工程质量检测有限公司
长江水利委员会长江科学院
上海富士特消防安全咨询有限公司
郑州中铁安全检测有限责任公司